A Casa das Jovens Viúvas

AZADEH MOAVENI

A Casa das Jovens Viúvas

◆ A vida das mulheres no Estado Islâmico ◆

ALTA CULT
EDITORA

Rio de Janeiro, 2021

A Casa das Jovens Viúvas
Copyright © 2021 da Starlin Alta Editora e Consultoria Eireli.
ISBN: 978-85-5081-563-3

Translated from original Guest House for Young Widows. Copyright © 2019 by Azadeh Moaveni. ISBN 978-0-399-17975-4. This translation is published and sold by permission of Random House an imprint of Penguin Random House LLC, the owner of all rights to publish and sell the same. PORTUGUESE language edition published by Starlin Alta Editora e Consultoria Eireli, Copyright © 2021 by Starlin Alta Editora e Consultoria Eireli.

Todos os direitos estão reservados e protegidos por Lei. Nenhuma parte deste livro, sem autorização prévia por escrito da editora, poderá ser reproduzida ou transmitida. A violação dos Direitos Autorais é crime estabelecido na Lei nº 9.610/98 e com punição de acordo com o artigo 184 do Código Penal.

A editora não se responsabiliza pelo conteúdo da obra, formulado exclusivamente pelo(s) autor(es).

Marcas Registradas: Todos os termos mencionados e reconhecidos como Marca Registrada e/ou Comercial são de responsabilidade de seus proprietários. A editora informa não estar associada a nenhum produto e/ou fornecedor apresentado no livro.

Impresso no Brasil — 1ª Edição, 2021 — Edição revisada conforme o Acordo Ortográfico da Língua Portuguesa de 2009.

Erratas e arquivos de apoio: No site da editora relatamos, com a devida correção, qualquer erro encontrado em nossos livros, bem como disponibilizamos arquivos de apoio se aplicáveis à obra em questão.

Acesse o site www.altabooks.com.br e procure pelo título do livro desejado para ter acesso às erratas, aos arquivos de apoio e/ou a outros conteúdos aplicáveis à obra.

Suporte Técnico: A obra é comercializada na forma em que está, sem direito a suporte técnico ou orientação pessoal/exclusiva ao leitor.

A editora não se responsabiliza pela manutenção, atualização e idioma dos sites referidos pelos autores nesta obra.

Dados Internacionais de Catalogação na Publicação (CIP) de acordo com ISBD

M687c	Moaveni, Azadeh
	A Casa das Jovens Viúvas: A vida das mulheres no Estado Islâmico / Azadeh Moaveni ; traduzido por Wendy Campos. - Rio de Janeiro : Alta Books, 2021.
	352 p. ; 16cm x 23cm.
	ISBN: 978-85-5081-563-3
	1. Livro-reportagem. 2. Mulheres. 3. Vida. 4. Estado Islâmico. I. Campos, Wendy. II. Título.
2021-3288	CDD 070.43
	CDU 070.4

Elaborado por Vagner Rodolfo da Silva - CRB-8/9410

Rua Viúva Cláudio, 291 — Bairro Industrial do Jacaré
CEP: 20.970-031 — Rio de Janeiro (RJ)
Tels.: (21) 3278-8069 / 3278-8419
www.altabooks.com.br — altabooks@altabooks.com.br

Produção Editorial
Editora Alta Books

Gerência Comercial
Daniele Fonseca

Editor de Aquisição
José Rugeri
acquisition@altabooks.com.br

Produtores Editoriais
Illysabelle Trajano
Maria de Lourdes Borges
Thales Silva
Thiê Alves

Marketing Editorial
Livia Carvalho
Gabriela Carvalho
Thiago Brito
marketing@altabooks.com.br

Equipe de Design
Larissa Lima
Marcelli Ferreira
Paulo Gomes

Diretor Editorial
Anderson Vieira

Coordenação Financeira
Solange Souza

Assistente Editorial
Caroline David

Equipe Ass. Editorial
Brenda Rodrigues
Luana Rodrigues
Mariana Portugal
Raquel Porto

Equipe Comercial
Adriana Baricelli
Daiana Costa
Fillipe Amorim
Kaique Luiz
Victor Hugo Morais
Viviane Paiva

Atuaram na edição desta obra:

Tradução
Wendy Campos

Copidesque
Ana Gabriela Dutra

Capa
Paulo Gomes

Revisão Gramatical
Thaís Pol
Hellen Suzuki

Diagramação
Joyce Matos

Ouvidoria: ouvidoria@altabooks.com.br

Editora afiliada à:

Para Nader

AGRADECIMENTOS

ESTE LIVRO TEVE INÍCIO COM uma matéria para o *New York Times*, e por isso sou grata a Terry McDermott, Dean Baquet, Michael Slackman e Doug Schorzman. Agradeço também a Tara Tadros-Whitehill, pelas imagens.

AGRADEÇO A ANN PITONIAK, MINHA editora, que trouxe sua visão e seu intelecto afiados, bem como sua devoção a este livro. Também na Random House, agradeço à minha editora de produção Hilary Redmon, e a Molly Turpin e London King. Obrigada à minha agente, Natasha Fairweather. Sou muito grata pelo apoio do programa New America Fellows, bem como à Universidade Estadual do Arizona: Awista Ayoub, Peter Bergen e Daniel Rothman.

Na Alemanha, Turquia e Síria, agradeço a Yasser Al-Hajji. Também, Björn Stritzel e Abu Ibrahim Raqqawi do Raqqa Is Being Silently Slaughtered. Devo muito a Mahmoud Sheikh Ibrahim, por sua integridade e por nos manter seguros. Obrigada ao comando de Ain Issa/ Raqqa das Forças Democráticas Sírias. No Iraque e no Governo Regional do Curdistão, meus agradecimentos a Shilan Dosky e Aziz Ahmed.

Na Tunísia, agradeço a Habib Sayah, Youssef el-Sharif, Seifeddine Farjani, Laryssa Chomiak e Moenes Sboui. Sou imensamente grata a Hassan Moraja. Ao acampamento de Naveena Kottoor, Joachim Paul e Magda Elhaitem, por me oferecerem um espaço e, mais tarde, lerem meus rascunhos. A Rad Addala, que me abriu todas as portas — não consigo expressar toda a minha gratidão.

Agradeço às pessoas maravilhosas de Londres: Salman Farsi, Ben Ferguson, Fatima Saleria, Yasminara Khan, Tam Hussein, Sajid Iqbal, Jemima Khan, Moazzam Begg, Ibrahim Mohamoud, Mohammed Rabbani, Asim Qureshi. Meus agradecimentos a Melanie Smith e ao Institute for Strategic Dialogue pelo acesso a seus arquivos. Agradecimentos especiais a Tasnime Akunjee, pelas atualizações ao longo dos anos. Ao Departamento de Jornalismo da Kingston University pelo apoio e grande incentivo, obrigada a Beth Brewster, Maria Ahmed, Fiona O'Brien e especialmente Brian Cathcart. Agradeço a Dan Townend, pela ajuda para encontrar o que eu precisava. No Foreign and Commonwealth Office, agradeço a Simon Shercliff e Jenny Pearce. E a G. R., pelo quase curso de educação religiosa e pelas respostas pacientes às minhas muitas perguntas.

Sou grata a meus amigos repórteres pelos conselhos operacionais: Lindsey Hilsum, Owen Bennet Jones, Richard Spencer, Jim Muir, Lyse Doucet e Leena Saeedi.

Pela ajuda com a pesquisa, agradeço a Alice Wojcik, Ameet Ubhi, Lindsey Allemang e Asha Hussein.

Sou grata aos editores com quem trabalhei ao longo do caminho: Alicia Wittmeyer, McKenna Stayner, David Shariatmadari, Jonathan Landman, Joanna Biggs e Toby Lichtig.

Agradeço aos amigos que leram o manuscrito antes ou depois de pronto: Joseph Logan, Mohammed Bazzi, Rifat Siddiqui, Lisa Beyer, Adam Shatz, Kareem Fahim, Zahra Hankir, Scheherezade Faramarzi e em especial lly Bassem Mroue. Sou grata a Rozita Riazati e Sarah Weigel. E um agradecimento extremamente atrasado a Khaled Dawoud.

Meus agradecimentos a Caroline Kelly e Farzaneh Katouzi.

A MEUS PRECIOSOS HOURMAZD E Siavash, pelo humor afiado e pelas críticas construtivas. E, principalmente, a Nader Nezam-Mafi, meu lar em outro tempo e espaço — meu amor e gratidão por tudo.

SOBRE A AUTORA

AZADEH MOAVENI É UMA JORNALISTA, escritora e acadêmica que há duas décadas se dedica ao Oriente Médio. Começou a fazer reportagens sobre o Cairo em 1999, durante o programa Fulbright pela Universidade Americana do Cairo. Nos anos seguintes, baseada em Teerã, trabalhou como correspondente da revista *Time* em toda a região do Oriente Médio, cobrindo o Líbano, a Síria, o Egito e o Iraque. É autora de *Lipstick Jihad* e *Honeymoon in Tehran* e coautora, com a vencedora do Prêmio Nobel da Paz Shirin Ebadi, de *Iran Awakening* [todos sem publicação no Brasil]. Em novembro de 2015, publicou um artigo de primeira página no *New York Times* sobre mulheres desertoras do EIIS, que foi finalista do Prêmio Pulitzer como parte da cobertura do *Times* sobre o EIIS. Seus trabalhos são veiculados no *Guardian,* no *New York Times e* no *London Review of Books.* Ela leciona jornalismo na Universidade de Nova York em Londres e, atualmente, é analista sênior para questões de gênero no International Crisis Group.

azadehmoaveni.com
Twitter: @AzadehMoaveni

SUMÁRIO

PRÓLOGO
ENTRE ESTAÇÕES
Primavera de 2007, Le Kram, Túnis   1

PARTE I: HERANÇA DE ESPINHOS

NOUR
Primavera de 2007, Le Kram, Túnis   15

ASMA
Verão de 2009, Raqqa, Síria   20

LINA
Verão de 2000, Weinheim, Alemanha   23

Primavera de 2010, Beirute, Líbano   28

EMMA
2007, Frankfurt, Alemanha   34

NOUR
Janeiro de 2011, Le Kram, Túnis   43

ASMA
Janeiro de 2011, Raqqa, Síria   57

RAHMA E GHOUFRAN
Junho de 2012, Sousse, Tunísia   64

NOUR
Setembro de 2012, Le Kram, Túnis   71

LINA
Início de 2014, Frankfurt, Alemanha   76

EMMA/DUNYA
Primavera de 2012, Frankfurt, Alemanha   78

EMMA/DUNYA
Verão de 2014, Frankfurt, Alemanha   83

SABIRA
Outubro de 2013, Walthamstow, Nordeste de Londres   89

PARTE II: GAROTAS DESAPARECIDAS

SHARMEENA, KADIZA, AMIRA E SHAMIMA
Dezembro de 2014, East London   105

PARTE III: CÂMBIO, DESLIGO

ASMA
2012–2013, Raqqa, Síria   123

NOUR
Outono de 2012, Le Kram, Túnis   128

RAHMA E GHOUFRAN
Verão de 2014, Sousse, Tunísia   143

EMMA/DUNYA
Fevereiro de 2014, Istambul, Turquia   145

LINA
Julho de 2014, Gaziantep, Turquia   147

SHARMEENA, KADIZA, AMIRA E SHAMIMA
Dezembro de 2014, East London   149

SABIRA
Abril de 2015, Walthamstow, Distrito Nordeste de Londres   157

PARTE IV: CIDADÃS DA MORADA DO ISLÃ

ASMA, AWS E DUA
Janeiro de 2014, Raqqa, Síria   165

EMMA/DUNYA
Primavera de 2014, Raqqa, Síria   185

LINA
Outono de 2014, Tal Afar, Iraque   191

EMMA/DUNYA
Outono de 2015, Manbij, Síria   193

SHARMEENA, KADIZA, AMIRA E SHAMIMA
Fevereiro de 2015, East London   203

SHARMEENA, KADIZA, AMIRA E SHAMIMA
Julho de 2015, Londres e Raqqa   213

RAHMA E GHOUFRAN
Setembro de 2014, Zawiya, Líbia   216

NOUR
Agosto de 2014, Le Kram, Túnis   222

RAHMA E GHOUFRAN
Maio de 2015, Túnis   231

Junho de 2015, Sousse, Tunísia   232

LINA
Março de 2016, Tal Afar, Iraque   234

PARTE V: AMOR E LUTO: O ETERNO CICLO

ASMA, AWS E DUA
Janeiro de 2015, Raqqa, Síria   239

LINA
Primavera de 2017, Raqqa, Síria   245

EMMA/DUNYA
Primavera de 2015, Manbij, Síria 249

Junho de 2016, Pequeno Vilarejo a Noroeste de Raqqa 252

Novembro de 2016, Vilarejo no Norte da Síria 255

SHARMEENA, KADIZA, AMIRA E SHAMIMA
Dezembro de 2015, Raqqa, Síria 257

RAHMA E GHOUFRAN
Fevereiro de 2016, Sabratha, Líbia 260

Maio de 2016, Prisão do Aeroporto de Mitiga, Trípoli, Líbia 261

BETHNAL GREEN
Agosto de 2015, East London 264

KADIZA
Maio de 2016, Raqqa, Síria 268

SABIRA
Primavera de 2016, Walthamstow, Distrito Nordeste de Londres 269

EMMA/DUNYA
Janeiro de 2017, em um Vilarejo no Norte da Síria 281

Outubro de 2017, Mesmo Vilarejo da Síria 286

NOUR
Primavera de 2016, Le Kram, Túnis 287

EPÍLOGO:

AS IMPOSTORAS 295

AVISO AO LEITOR 333

PRÓLOGO

ENTRE ESTAÇÕES

Primavera de 2007, Le Kram, Túnis

NOUR NÃO SE CONSIDERA UMA PÉROLA RARA OU ESPECIAL, NADA ALÉM DE uma garota de 13 anos que deseja praticar sua religião da melhor maneira que puder. Assistiu ao sheik argumentando no YouTube sobre as razões pelas quais o véu que cobre o rosto é obrigatório para as mulheres muçulmanas, e, depois de ouvi-lo mais quatro vezes, suas palavras ecoavam em sua mente. O Alcorão ordena, no verso chamado _Surah an-Nur,_ "A Luz", que a mulher não exiba sua beleza e seus atrativos, "além dos que (normalmente) aparecem". E o rosto é aparente?, contestou o sheik. Existe alguma coisa menos aparente do que o rosto? A conclusão supostamente inexorável, então, é que as mulheres que quiserem se submeter à vontade de Deus, para serem dignas de Suas Bênçãos e julgadas com aprovação por Ele, devem cobrir o rosto. As palavras do sheik faziam sentido para as intuições de Nour: vestes modestas envolvem as mulheres nos valores fundamentais do próprio islamismo, na paz, na calma e na igualdade. Reduzem as diferenças visíveis entre as mulheres ricas e pobres, louras e morenas, bonitas e sem graça; são um lembrete de que Deus ama todas as suas criaturas da mesma forma.

Em uma tarde na primavera de 2007, Nour compartilhou essa nova crença com suas amigas enquanto sentavam-se no parque, a suposta área verde do bairro de Le Kram, entre palmeiras secas, pilhas de lixo e um balanço velho e enferrujado. As garotas concordaram que parecia convincente, e uma delas perguntou: "Então, quem será a primeira?" A maioria delas passou a cobrir os cabelos quando seus corpos começaram a ganhar forma nos últimos anos, apenas um lenço leve, e também a rezar, como muitas outras moças em suas famílias e em seu bairro. Usar o hijab era normal; apesar de as leis da Tunísia terem banido o véu nas escolas e uma garota poder ser mandada para casa por usá-lo, essa era uma infração bastante comum. O véu de rosto, o *niqab,* era mais contundente, mais assertivo. Mas o sheik no YouTube disse que ninguém deveria se acanhar em relação ao Islã, mesmo que usar o hijab fosse difícil em tantos lugares, "quanto maior formos em número, mais forte a mensagem".

Se Nour tivesse nascido em uma família de classe média alta em La Marsa, um subúrbio da cidade em que tunisianos liberais viviam entre expatriados ocidentais e restaurantes que serviam prosciutto e gim, poderia ter se rebelado usando um piercing na língua. Mas ela era filha de Le Kram, um bairro de classe trabalhadora em um país onde o Estado supervisiona a devoção das pessoas, e usar o niqab era um ato de rebeldia natural para uma adolescente. Naquele dia no parque, com os raios do sol refletindo nas caixas de suco na pilha de lixo, ela sentiu uma pontada de determinação. "Serei a primeira", disse para as amigas. "E será amanhã."

Nour já tinha um niqab que comprara na loja de hijab perto da pizzaria uma semana antes de assistir aos vídeos do sheik. Ela o experimentou no banheiro de casa com a porta trancada, examinando cada ângulo do corpo para ver como realçava seus olhos. Na manhã seguinte, guardou-o na mochila e se despediu da mãe como de costume. Ao se aproximar da escola, ela se escondeu na soleira da porta e prendeu o niqab — por si só, algo sem importância, apenas um pequeno pedaço de pano que cobria o nariz e a boca — no hijab. O tecido pinicava seus lábios à medida que ela respirava.

A diretora normalmente ficava em frente à porta da escola de manhã, saudando os alunos que entravam apressados. Nour se escondeu atrás de algumas garotas mais velhas, esperando conseguir passar despercebida, mas a diretora a abordou.

"Quem é você?", perguntou ela, examinando o que restava do rosto emoldurado por dobras de tecido preto. Nour ouviu, se é que não estava imaginando, uma centelha de simpatia na voz da diretora. "Vou deixá-la entrar", afirmou a mulher. "Mas você terá que lidar sozinha com os professores."

A primeira aula do dia era Francês, e Nour se sentou em seu lugar de costume, organizando seus cadernos e canetas na carteira de madeira. A professora olhou para a garota do outro lado da sala. A princípio, ela não disse nada, só estreitou os olhos, mas depois se aproximou de Nour, parou a alguns metros e se apoiou sobre uma carteira vazia.

"O que é essa coisa ridícula que você está usando? Acha que Deus quer que pendure uma cortina no rosto? Odeio Deus. Deus não é uma força benevolente e gentil, ele é cruel." A mulher cruzou os braços em frente ao peito, as narinas dilatadas. Para Nour, as coisas que ela estava dizendo eram blasfêmia. A garota encarou o quadro-negro, concentrando-se nas estranhas curvas da letra da professora de Francês, que continuou seu discurso: "Deus matou meus pais. Se eu pudesse me vingar dele, o faria." A classe assistia à repreensão em um silêncio nunca visto. A mulher finalmente se levantou e começou a aula.

A aula seguinte de Nour era de literatura árabe. Na Tunísia, o ensino de ciências humanas, especialmente literatura, tendia a se basear em secularistas francófonos com uma profunda antipatia por religiosos, a quem consideravam arcaicos e sem cultura. Quando a professora de literatura viu Nour, ela se levantou da cadeira, surpresa, e foi até a garota, impedindo-a de chegar até seu lugar.

"Você não vai assistir à minha aula vestindo essa coisa. Tire-a imediatamente!", disse ela.

Nour sentiu o rosto queimar e se recusou.

"Já disse, tire isso", a professora repetiu, enfatizando cada sílaba.

Nour se perguntou se a mulher sabia quem estava atrás do véu. A professora gostava dela. Será que faria diferença? "Não, não posso, por favor. Sou eu, Nour." Sua voz tremeu.

A professora se aproximou e colocou a mão no peito de Nour. "Você não me ouviu? Eu disse para você tirar isso." Agora ela estava gritando, seu rosto, deformado pela raiva.

O coração de Nour retumbava em seus ouvidos. A garota deu um passo para trás, afastando-se da pressão da mão em seu peito. As alunas cercaram a professora, tentando acalmá-la. Ela as ignorou e colocou as duas mãos no peito de Nour, empurrando com força, como se quisesse derrubá-la.

Nour ofegou e cambaleou. A mulher ergueu o braço novamente, como se fosse agredi-la, como se quisesse arrancar o niqab. Uma das amigas de classe de Nour, uma garota alta que às vezes era chamada de girafa, agarrou o braço da professora. "Por favor, *ustadha,* por favor, se acalme."

Nour estava chorando; ainda bem que ninguém conseguia ver suas lágrimas de humilhação sob o niqab, pensou. A essa altura, a classe tinha se transformado em um grande tumulto. Alguém foi buscar a diretora, que veio correndo até a sala e ordenou que as alunas fossem para o pátio. As aulas foram canceladas pelo resto do dia.

NA METADE DO SÉCULO XX e nas décadas que se seguiram, homens e mulheres lideraram juntos os grupos de oposição armados e insurgentes do Oriente Médio. As mulheres que faziam parte do movimento normalmente se tornavam celebridades. A argeliana combatente da resistência Djamila Bouhired, que se opôs ao domínio francês de seu país na década de 1950, plantou uma bomba em um café em Alger, matando três pessoas. O tribunal colonial francês a sentenciou à morte e ela foi torturada na prisão. Seu julgamento se tornou um célebre caso internacional, que levou uma princesa marroquina, dezenas de parlamentares britânicos e Bertrand Russell a apelar para o presidente da França, que por fim suspendeu sua execução. Mais tarde, Bouhired se casou com seu advogado de defesa francês, que se apaixonou por ela durante o julgamento, e ficou conhecida como "a Joana D'Arc árabe". Ela foi retratada em *A Batalha de Alger,* além de outros dois filmes; posou para Picasso; e músicas persas foram feitas em sua homenagem. Quando a palestina combatente da libertação Leila Khaled sequestrou um avião no verão de 1969, ela serviu de inspiração para várias músicas de rock, uma personagem da série de televisão *Doctor Who,* um longa-metragem, um mural em Belfast e uma instalação de arte chamada *The Icon* [O Ícone], com-

PRÓLOGO: ENTRE ESTAÇÕES

posta de 3.500 tubos de batom. Ela teve que passar por seis cirurgias plásticas para fugir da própria visibilidade.

Na era atual, mulheres como Khaled e Bouhired certamente seriam chamadas de terroristas. Mas, nas décadas de 1960 e 1970, seu apelo popular refletia uma visão de mundo mais compreensiva em relação ao conflito armado. Essa oposição, à época, era considerada uma expressão de aspirações políticas legítimas — um sintoma de um conflito assimétrico, e não de uma ideologia maligna. Essas décadas, antes e durante a Guerra Fria, foram dominadas pelos movimentos de libertação pós-colonial que despertavam a simpatia do Ocidente e eram apoiados, em vários graus, pela União Soviética e pelos próprios Estados Unidos.

Bouhired e Khaled eram contrapontos notáveis à atitude predominante no Ocidente em relação a mulheres do Oriente Médio. Simone de Beauvoir conta que, durante sua viagem ao Egito em 1967, se sentiu ofendida ao encontrar a mulher egípcia presa a uma "vida de repetição", subjugada por homens que se comportavam como "feudalistas, colonialistas e racistas". Uma "beleza mortífera" do Oriente Médio que sequestrava aviões a serviço de seus movimentos de luta política encarnava um poder feminino bruto e inesperado. O mesmo aconteceu com a jovem argeliana que se recusou a cantar "França é nossa mãe", como era exigido dos alunos sob o regime colonial, e em vez disso gritou: "Argélia é nossa mãe!" Era possível, ainda que não fosse fácil, simpatizar com as mulheres emancipadas do Oriente Médio que tentavam libertar seus países de seus ocupantes.

Nas décadas seguintes à prisão e ao julgamento de Bouhired pelos franceses e ao sequestro de autoria de Khaled, o cenário político do Oriente Médio mudou drasticamente. Os grandes movimentos de libertação nacionalistas laicos da era pós–Segunda Guerra Mundial, que desafiaram o controle colonialista, se viam como enfraquecidos e corrompidos. Os palestinos, cuja primeira intifada contou com muitas mulheres entre os líderes, viram muitos de seus protagonistas serem assassinados por Israel; no Irã, o golpe apoiado pela CIA conseguiu aplacar uma pressão democrática para nacionalizar a indústria petrolífera do país; no Egito, a derrota na guerra de 1967 contra Israel contribuiu para a intransigência dentro do movimento Nasserista e, por fim, para o fortalecimento do governo militar autoritário de Hosni Mubarak, um sólido aliado dos Estados Unidos. Em todo o Oriente Médio, movimentos e líderes laicos não tiveram êxito, não importava pelo que estivessem lutando, fosse pela devolução de terras ocupadas, pela liberdade política ou pela justiça socioeconômica. Sacramentada na luta armada de nacionalistas e esquerdistas, ou mesmo na política nacionalista laica, havia uma crença nos valores liberais universais e nos princípios democráticos, bem como a presunção de que o Ocidente — adepto dessas ideias — reagiria ou toleraria figuras do Oriente Médio que também os adotasse. Mas, com o tempo, ficou perfeitamente claro que não seria o caso. As prisões começaram a ser abarrotadas com islamitas, ativistas e militantes que, desiludidos com as antigas e falhas ideologias, recorreram à religião para exercer sua oposição. A tortura que costumavam enfrentar acelerou e consolidou seu radicalismo. A política em grande parte da região estagnou. Em 1979, com notadamente pouca violência, a revolução iraniana fez algo impensável: destituiu um governo moderno, laico e aliado dos Estados Unidos e lançou ao poder um clérigo xiita, uma obscura figura medieval com túnicas pretas que prometeu ao seu povo independência e liberdade sob a bandeira de uma república islâmica. Esse foi um momento decisivo para o Oriente Médio. Quando todos os líderes laicos, de cosmopolitas de esquerda a nacionalistas democráticos, fracassaram, um clérigo foi bem-sucedido. E ele foi lançado ao poder por uma multidão repleta de mulheres — de cabeça à mostra vestindo saias a conservadoras usando véus —, unidas por sua crença nacionalista de que o Irã precisava se libertar dos Estados Unidos. A revolução iraniana inspirou uma nova onda política na região; as visões que emergiram, os grupos militantes e os opositores políticos se tornaram mais religiosos e radicais. Com essa mudança, também se consolidaram como um território de homens.

Na década de 1980, em meio à Guerra Fria, os Estados Unidos apoiaram combatentes estrangeiros muçulmanos que se opunham aos soviéticos no Afeganistão. Essa guerra atraiu homens de todo o mundo, mas as mulheres não foram convidadas para participar da jihad religiosa. As esposas dos combatentes normalmente acompanhavam seus maridos até o fronte, mas assumiam os papéis domésticos. O mesmo se aplica ao movimento Al-Qaeda, de Osama Bin Laden, que cresceu em seu rastro e culminou nos ataques de 11 de Setembro. Em termos de papel de gênero, a Al-Qaeda permaneceu firmemente ortodoxa e desinteressada no envolvimento das mulheres. Em pleno 2008, o sucessor de Bin Laden, Ayman

Al-Zawaheri, afirmava que "não há mulheres na Al-Qaeda"; elas eram apenas esposas dos *mujaheddin,* "assumindo o heroico papel de cuidar de seus lares". A Al-Qaeda não atraía combatentes com promessas de noivas nem recrutava mulheres solteiras para ingressar como membros. Em 2003, a invasão dos Estados Unidos ao Iraque atraiu árabes de toda a região para lutar contra a ocupação norte-americana, desencadeando uma onda de violência insurgente que agitou o país durante anos. Foi então, nos escombros do Iraque livre, que um novo capítulo da militância das mulheres começou a ser escrito.

As mulheres iraquianas acabaram aprisionadas nas câmaras de tortura controladas pelos Estados Unidos em Abu Ghraib e na brutalidade do sistema de justiça criminal do Iraque; sua honra maculada se transformou em um brado de convocação para uma afiliada da Al-Qaeda no Iraque (uma antecessora do Estado Islâmico no país). Por conta própria, jovens mulheres começaram a se candidatar a missões suicidas pela insurgência sunita. Esse interlúdio sombrio permaneceu predominantemente como uma história do Iraque, um efeito colateral da invasão norte-americana, mas preparou o terreno para o que viria depois. Como muitos combatentes que viajavam para o Iraque eram veteranos nas ondas anteriores da violência jihadista, era fácil para os formuladores de política e analistas de segurança considerarem o desenrolar dos eventos como mais do mesmo: terrorismo do Oriente Médio promovido pelo próprio Islã. A essa altura, aos olhos ocidentais, a dinâmica estava consolidada: a insurgência era religiosa, e a liderança, o combate e o recrutamento dos insurgentes eram trabalho de homens.

Escolha qualquer livro sobre um desses conflitos, vasculhe o índice e não encontrará uma única menção a uma mulher. A violência e a insurgência eram conduzidas por homens, e as mulheres se misturavam ao pano de fundo da história, consideradas meras observadoras, possibilitadoras passivas e, às vezes, vítimas. Não eram elas discursando no púlpito, atacando o Ocidente e os ditadores árabes. Elas não gravavam as fátuas nas fitas cassetes contrabandeadas pelo mundo. Não carregavam armas nem se sentavam em posição de lótus vestindo turbantes em chãos de terra com jornalistas ocidentais. Mas as mulheres sempre estavam nos bastidores: como esposas e agentes de logística, educadoras e incentivadoras morais, mães que incutiam seus valores, sua política e sua visão de mundo nas jovens mentes da geração seguinte. Seus papéis eram indiretos. Para os observadores de fora, que mantinham seus olhos treinados nos agentes armados no centro do palco, as mulheres nas coxias eram invisíveis.

A DÉCADA DE 2010 MUDOU isso para sempre. Em 2011, uma sequência de revoltas ao longo do Norte da África e do Oriente Médio enunciou uma mudança grandiosa. As mulheres reavivaram a Primavera Árabe, assumindo com frequência a frente dos protestos na Praça Tahrir, do Cairo, no Bahrein e no Iêmen, na Líbia e na Tunísia, encorajando e incentivando os homens a confrontarem as forças de segurança, exigindo liberdade política, dignidade e oportunidade. Jovens mulheres como Nour, que não conseguiu encontrar um lugar para si mesma na antiga ordem da Tunísia, formavam a espinha dorsal do movimento que, mais do que tudo, apenas buscava o direito de todos serem incluídos: na escola, na política, no mercado das oportunidades.

Os déspotas árabes passaram a reprimir os protestos. E, nos tumultuosos anos da Primavera Árabe, esses déspotas encontraram aliados improváveis. O Ocidente se mostrava muito ambivalente sobre essa súbita onda de mudança, apesar de os Estados Unidos e a Europa reclamarem por anos que o autoritarismo retardava o desenvolvimento do mundo árabe, alimentando o radicalismo e permitindo que a desigualdade das mulheres se intensificasse. Enquanto a revolução do Egito cambaleava para se ajustar à liderança dos islamitas — políticos que haviam sido democraticamente eleitos ao poder —, a lealdade do presidente Barack Obama se deslocou para os generais do país, ansiosos por consolidar seu domínio. A prioridade dos Estados Unidos, declarou ele, era a estabilidade. Ao longo de cerca de dois anos, essas revoluções árabes carregadas de esperança ruíram uma a uma, desvirtuando-se em guerras civis ou forte repressão pelos generais e autocratas que viram que os Estados Unidos estavam distraídos com outras prioridades.

Em meio a esse interlúdio histórico de esperança e caos, no vácuo resultante de instabilidade, emergiu o EIIS. Ele era sofisticado, organizado e determinado a explorar todos os ressentimentos, cisões e desordem que as revoluções perdidas foram generosas em proporcionar. E foi perspicaz em perceber as mulheres como uma força política emergente, ainda que propusesse uma forma de organização familiar e política radicalmente patriarcal que as privava de sua autonomia.

O EIIS emergiu da história recente da Síria e do Iraque, dos ressentimentos e das rupturas desses países. Mas, desde seu princípio, o movimento contava uma história grandiosa e diferente sobre si mesmo. Reivindicou a condição de líder dos sunitas de todo o mundo, profetizando uma batalha final apocalíptica entre as forças do Islã e do Ocidente. Prometeu a criação de uma pátria islâmica, um império no qual os muçulmanos pudessem viver livre e legitimamente sob o reino dos céus. Ao ecoar as demandas dos protestos da Primavera Árabe, seduziu dezenas de milhares de muçulmanos a viajarem para seu território, com garantias de oportunidade, dignidade e um governo esclarecido.

Se em 2011 a aspiração de jovens mulheres em todo o mundo árabe havia sido a liberdade — um sonho que parecia dolorosamente próximo antes de desaparecer em meio à fumaça e ao gás lacrimogênio dos golpes e massacres —, em 2013, quando o líder do EI, Abu Bakr Al-Baghdadi, proclamou seu califado, o futuro reservava apenas mais de tudo que Simone de Beauvoir censurava as gerações anteriores de mulheres do Oriente Médio por aceitarem: vidas de repetição. O senso comum no Ocidente sustentava que especialmente os generais árabes e autocratas da realeza laicos eram "melhores" para as mulheres do que os políticos islamitas, mas, sob o comando desses líderes, elas enfrentavam muitas limitações: tinham que lutar contra o patriarcado de sua cultura, que não via com bons olhos a possibilidade de que estudassem e trabalhassem; precisavam enfrentar as barreiras estruturais para ter acesso a trabalho e educação em sociedades como a Tunísia, que desaprovavam o fato de mulheres religiosas ascenderem à vida pública; *e ao mesmo tempo* não conseguiam se organizar para desafiar essas normas por meio da política, pois ditadores laicos não permitiam qualquer tipo de política.

Esses ditadores supostamente "melhores para as mulheres" não se opunham ao aprisionamento ou à prática de violência sexual — estupros coletivos, verificação de virgindade — para punir aquelas que se opunham a eles. O *status quo* não dava margem para as mulheres que queriam mais — mais dignidade, mais influência pública e cívica, mais espaço para suas práticas religiosas. Foi nessa atmosfera exaltada e desesperadora que o EIIS começou a formar sua visão. Ele não era um Estado cliente autoritário nem aspirante à democracia liberal. Não era de modo algum um Estado-nação convencional, não era obrigado a obedecer aos ditames do capitalismo neoliberal.

Em 2013, milhares de mulheres de todo o mundo se deslocaram para essa terra prometida, vindas do Norte da África e do restante do Oriente Médio, da Europa, da Rússia, da Ásia Central, dos Estados Unidos, da Austrália, da China e da Ásia Oriental. As mulheres compunham 17% do total de viajantes europeus para o califado. Entre elas havia filhas bem instruídas de diplomatas, médicas residentes, adolescentes com excelentes médias escolares, bem como donas de casa desoladas e mulheres que viviam de bicos malremunerados. Elas abarrotaram as cidades sob o domínio do grupo, instalando-se em casas abandonadas de sírios e iraquianos que haviam fugido do conflito. Criaram clínicas e escolas temporárias para a pátria islâmica que acreditavam estar construindo.

Muitas dessas mulheres tentavam, de uma maneira distorcida, conquistar a dignidade e a liberdade adotando uma política que acabou por violar ambas. Talvez seja difícil, senão impossível, entender e simpatizar com mulheres cuja visão do conflito armado se desvia de modo tão drástico das combatentes da libertação das décadas anteriores. Elas adotaram uma ideologia apocalíptica, apoiaram ataques em cafés e templos, e pareciam aceitar a própria subordinação, por meio de um etos de distanciamento tão severo a ponto de renunciar a qualquer perspectiva real de equidade dentro de suas fronteiras.

Talvez para o restante do mundo, o fim da história já estivesse escrito. Mas as futuras cidadãs do EIIS nutriram expectativas reais, e as viram desmoronar rapidamente. Os militantes não se mostraram melhores do que os tiranos a que alegavam se opor; eles usavam a religião como um ornamento, eram obcecados por poder, espólios e território, ignorantes ou indiferentes até aos mais básicos princípios da justiça islâmica. Crucificações e decapitações atraíam multidões. Seus maridos, antes homens decentes, começaram a usar aplicativos de telefone em busca de escravas sexuais.

Essas mulheres se arrependeram? É quase impossível saber. Elas correm risco de execução se rejeitarem as regras do EIIS e tentarem escapar. Se conseguissem fugir, estariam sujeitas à morte e ao estigma social caso admitissem que se associaram ou acreditaram no califado de forma voluntária. Algumas mulheres ponderavam que as atrocidades cometidas pelos maridos não eram atípicas, que a brutalidade dos oponentes contra quem lutavam era igual ou ainda pior: o exército de Assad, as milícias xiitas controladas pelo Irã, a Força Aérea Russa, os grupos insurgentes associados à Al-Qaeda, as forças autônomas pró-curdos apoiadas pelos Estados Unidos. Muitas mulheres se viram aprisionadas em uma terra sem lei, bombardeadas todas as noites por aviões de guerra de diferentes países. Quando seus maridos morriam, logo recebiam a visita do comandante exigindo que se casassem novamente, de novo e de novo, eternas viúvas.

Embora hoje subjugado como uma força no campo de batalha na Síria e no Iraque, o EIIS ainda está entre nós: no Domingo de Páscoa de 2019, seus apoiadores mataram mais de 250 pessoas no Sri Lanka em ataques à bomba coordenados, e seu líder Abu Bakr Al-Baghdadi apareceu em um vídeo no mesmo mês, declarando que a visão de seu grupo continuava viva e jurando continuar sua guerrilha sanguinária contra infiéis não muçulmanos em todo o mundo. Afiliados vinculados ao grupo continuam a promover poderosas insurgências locais em pontos distintos do globo, em áreas que o grupo insiste serem suas "províncias". Seu ódio sectário contagiou toda uma geração no mundo árabe.

As rupturas políticas das quais ele se originou ainda não foram fechadas. A história tem demonstrado que, a menos que as condições mudem genuinamente, uma nova insurgência sempre se ergue das cinzas da antiga.

Se quisermos romper com esse ciclo, precisamos combater o legado perturbador e vergonhoso do grupo e entender como ele conseguiu convencer milhares de mulheres de que poderiam encontrar segurança ou empoderamento ingressando em suas tropas.

Este livro conta a história de treze mulheres — algumas muito jovens, outras mais velhas; algumas instruídas, outras não — em sua tentativa de apoiar ou viver no EIIS. Não é uma história do Ocidente nem do Oriente Médio; ela se passa no Reino Unido, na Alemanha, na Tunísia, na Síria, na Turquia, na Líbia e no Iraque. Ela mostra as diferentes maneiras de recrutamento das mulheres, inspiradas ou obrigadas a se juntar aos militantes, um processo que normalmente envolve seus parceiros e parentes, seus professores e vizinhos.

As mulheres vítimas do EIIS, em especial as yazidis escravizadas, chamaram grande atenção. Ninguém pode negar o inconcebível horror e a centralidade de seu sofrimento. Mas, ao longo do caminho, talvez tenhamos ficado envolvidos demais na repulsa para avaliar por completo as condições que originaram as adesões das mulheres ao grupo. Se quisermos compreender verdadeiramente essas condições, precisamos olhar para as mulheres que ingressaram no grupo com mais nuança e compaixão.

Enquanto escrevo, milhares de mulheres e crianças do EIIS definham em acampamentos e centros de detenção em todo o Oriente Médio — à espera da execução de sentenças de morte, em um estado de torpor derivado do limbo apátrida ou resignadas à prisão perpétua. Em acampamentos fétidos, seus filhos morrem às dezenas por causa de doenças e exposição ao frio. Eles não são prioridade para ninguém, são meros remanescentes humanos de um conflito que todos querem esquecer. Seu abandono pode ser politicamente conveniente em curto prazo, mas apresenta o risco de alimentar outro ciclo dos mesmos ressentimentos e reações que levaram à criação do grupo. Nem toda mulher que ingressou no EIIS deseja ferir, escravizar ou oprimir outras pessoas. Muitas pensaram estar se salvando, ou salvando outros, de um perigo inominável — um perigo que nunca imaginaram que estaria à sua espreita no califado.

PARTE I:
HERANÇA DE ESPINHOS

Se falo descontroladamente em meus poemas, falo contra a polícia
E se eu conseguir criar um poema é contra a polícia
Eu não escrevi uma única palavra, um verso, uma estrofe que não fosse contra a polícia
Toda a minha prosa é contra a polícia

— Miguel James

"[Presidente Ben Ali] fez um trabalho incrível na Tunísia e é muito respeitado em meu país, bem como no mundo árabe."

— Congressista norte-americano Earl Hilliard, em sua terceira visita à Tunísia, 1999

NOUR

Primavera de 2007, **Le Kram, Túnis**

APÓS O INCIDENTE DO NIQAB, NOUR FOI SUSPENSA DA ESCOLA POR DEZ dias, enquanto as professoras e a diretora deliberavam como reagiriam a uma garota de 13 anos flertando com a religião. Ninguém chamou Nour para perguntar por que ela apareceu na escola usando um niqab ou se havia algo errado em sua casa. A garota só queria ser virtuosa, obediente ao seu Deus e garantir um lugar no céu; mas também era uma adolescente, e sua atitude desafiadora e de brincar com sua identidade a fazia se sentir viva. Porém, ninguém perguntou exatamente por que ela achava que cobrir o rosto era um dever religioso. Se tivessem lhe dado a chance de mencionar o sheik do YouTube, poderiam ter lhe informado que havia opiniões acadêmicas contrárias e, de fato, mais fortes e válidas. Em vez disso, a diretora convocou Nour e seus pais até a escola e, na presença de um policial com cara de desprezo, a fez assinar uma promessa de nunca mais cobrir o rosto ou o cabelo.

NO PERÍODO ENTRE SUA INDEPENDÊNCIA da França, em 1956, até a revolução de 2011, a Tunísia era considerada um país secular, mas a abordagem estatal da religião não era tão laica assim, era apenas autoritária. O Estado controlava como os tunisianos praticavam o Islã, até os aspectos físicos diários de sua devoção — ditando o que as mulheres podiam usar, quando os homens podiam ir à mesquita —, e o fazia com o escrutínio total de um Estado policial. O presidente Habib Bourguiba, que governou a Tunísia após a independência, encantou-se com o modelo francês de *laïcité* — o secularismo nas questões públicas, destinado a promover uma sociedade laica — e, quando assumiu o cargo, colocou o aprendizado e o ensino islâmicos sob o controle total do Estado.

Ao fazer isso, derrubou séculos de tradição. A Tunísia era um país com uma profunda herança islâmica que remonta ao final do século VII, quando os árabes tomaram o controle do Norte da África das mãos do Império Bizantino. Embora as fronteiras do mundo islâmico mudassem continuamente ao longo do tempo, expandindo-se até a Espanha e a Sicília, a região de Túnis permaneceu firme no centro dos sucessivos impérios muçulmanos. Al-Zaytuna, o coração histórico de aprendizado religioso da Tunísia, datava de 737 E.C. Quando Bourguiba assumiu o poder, ele o fechou. Aboliu os tribunais religiosos, transformou os imãs em funcionários públicos e censurou textos religiosos usados nas escolas. Tentou acabar com o jejum durante o Ramadã, argumentando que os tunisianos não poderiam se desenvolver se não abandonassem esses hábitos dogmáticos; bebeu suco de laranja em rede nacional de televisão durante o mês sagrado para demonstrar seu ponto de vista. Assim como muitos dos construtores da nação modernizadores do século XX no Oriente Médio, ele acreditava que a sociedade precisava de crescimento e disciplina para se modernizar e acompanhar o Ocidente, e que o Islã inibia esses fatores.

Zine el-Abidine Ben Ali, que tomou o poder de Bourguiba em 1987, usou a religião como instrumento para estabelecer sua autoridade. Ele permitiu que as rádios começassem a transmitir o chamado à oração, fez a peregrinação do haje a Meca e realizou festivais sufistas populares, promovendo um islamismo tunisiano tutelado e "moderado" que, como etos, tornou a completa submissão ao Estado um princípio central.

Em 1989, ele permitiu que candidatos do Ennahda, o movimento de oposição religiosa, participassem das eleições, mas, quando obtiveram êxito, Ben Ali os torturou e os aprisionou. Ele também fechou mesquitas e ampliou as restrições ao uso do hijab. Mesquitas eram trancadas fora dos horários de oração, e a polícia patrulhava as ruas ao raiar do dia, fiscalizando quem havia se levantado para a oração do amanhecer.

Apesar de tudo isso, o Estado não conseguiu transformar tunisianos em sufis ou protoparisienses seculares; a maioria permaneceu muçulmana tradicional conservadora. Sob o braço de ferro da repressão, expressar o controle de sua religiosidade se tornou um meio de desafiar o Estado. Mulheres jovens como Nour, que cresceram curiosas em relação à religião, costumavam assistir a sheiks em canais de satélite transmitidos pelos países do Golfo, cuja abordagem ao Islã era muito mais rígida e puritana do que a escola "Zaytuna", típica da Tunísia durante séculos.

Gerações de jovens tunisianos cresceram identificando-se como muçulmanos, mas sua devoção e identidade religiosa estavam impregnadas de significado político. Para muitos, ser religioso tornou-se uma linguagem por meio da qual exigir liberdade da intromissão do Estado na vida cotidiana.

QUANDO A ESCOLA VOLTOU A funcionar, uma semana depois, Nour apareceu no café da manhã de pijama. Sua mãe disse que ela era jovem demais para tomar suas próprias decisões sobre seu futuro e que era melhor se vestir. A garota concordou. Mas o incidente dobrou sua convicção de usar o niqab e, agora, em vez de se trocar sorrateiramente na padaria após sair, ela o vestia em casa à vista de todos, o usava pelas ruas e só o tirava do lado de fora da escola. Na sala de aula, ela se sentia um fantasma, uma garota que os professores se recusavam a olhar ou falar.

"Você deveria usá-lo também", disse ela à mãe, em tom reprovador. A mãe de Nour, uma dona de casa com outros quatro filhos para cuidar, não sabia o que dizer para a afrontosa filha adolescente, que frequentemente a repreendia para que levasse o Islã mais a sério. Para Nour, a mãe não tinha uma opinião ponderada sobre o motivo de não cobrir os cabelos além de evitar a humilhação nas ruas e visitas à delegacia. Essas eram opiniões fracas, pensava; nem consistiam de fato em um posicionamento, eram apenas um instinto básico de autopreservação.

Em um episódio que se tornou famoso, o presidente Bourguiba chamou o véu de "aquele trapo miserável" e o baniu das escolas e repartições públicas em 1981. Havia imagens granuladas em vídeo em que aparecia arrancando o véu branco da cabeça de uma mulher de meia-idade, em plena rua no dia do festival Eid, no final do Ramadã; a mulher parece assustada e envergonhada, e tenta puxá-lo de volta, mas o presidente empurra sua mão como se estivesse corrigindo uma criança e dá um tapinha em seu rosto com ar indulgente. Desde 1981, as tunisianas eram proibidas de cobrir a cabeça em espaços públicos, como escolas, universidades, bancos e prédios do governo.

Assim como outros modernizadores da região — Kemal Atatürk, na Turquia, e Reza Shah Pahlavi, no Irã —, Bourguiba não defendeu explicitamente que as mulheres abandonassem o islamismo, mas deixou claro que queria que elas *agissem* de maneira secular: que se misturassem, com as cabeças descobertas, à companhia do sexo oposto, que usassem roupas ocidentais modernas. Além disso, ele concedeu às mulheres direitos de voto, no casamento e de guarda dos filhos, que rapidamente tornaram as tunisianas as mais alfabetizadas, educadas e independentes do mundo árabe. No mausoléu de Bourguiba está gravado LIBERTADOR DE MULHERES, mas se ele era o libertador de todas mulheres ou de apenas algumas só ficaria claro nas gerações seguintes.

A mãe de Nour, como muitas de sua geração, seguia esse modelo de forma pragmática, pois havia mais pessoas do que empregos na Tunísia, e ela tinha uma família para sustentar. Todos viram o que aconteceu às famílias das mulheres mais obstinadas do bairro, mulheres teimosas que insistiam em cobrir os cabelos e se envolver em ativismo religioso. Essas famílias viviam com os nervos à flor da pele, entrando e saindo de delegacias de polícia, à beira da pobreza, com pais, maridos e filhos presos ou exilados por atividades dissidentes. A mãe de Nour contava essas histórias macabras com frequência, esperando que a filha entendesse algumas verdades básicas: a história da mulher que se casou com um islamita e se deparou com vários policiais arrancando os véus das convidadas na sua recepção de casamento; as histórias sobre incursões noturnas na casa dos suspeitos de atividade "religiosa".

A mãe contou a Nour sobre uma mulher que morava a três quarteirões. Durante uma invasão noturna à sua casa, ela foi estuprada por policiais e ficou muda por um ano inteiro. "Um ano inteiro, Nour, ela não pronunciou uma palavra. Toda semana, perguntávamos: 'Ela disse alguma coisa?' E a resposta sempre era: 'Não, ainda não.'"

Nour sabia que essas histórias deveriam assustá-la, mas ela permaneceu inabalável. "Se fosse fácil, não seria uma provação, seria? Allah impõe as maiores provações àqueles que mais ama." Era verdade, de acordo com o Alcorão, mas essa frase também se tornara uma noção popular filtrada através de lentes cor-de-rosa entre as adolescentes muçulmanas.

Depois de alguns meses vivendo como um fantasma na escola, Nour disse a seus pais que não aguentava mais. "Pelo menos termine e obtenha seu diploma", proferiu a mãe. Mas a garota não achava possível aprender alguma coisa quando se sentia tão ultrajada pelos professores. De qualquer maneira, nada entrava em sua cabeça, não conseguia aprender a representar graficamente um átomo ou as características de uma hipotenusa. Para quê?

Ela abandonou a escola em 2009. Agora, passava as manhãs em casa ajudando a mãe a limpar e cozinhar. Depois do almoço, lia o Alcorão. A mesquita do bairro tinha uma sala de oração onde as meninas podiam se encontrar para conversar e discutir religião, e foi lá que ela ficou amiga da esposa do imã.

Nour gostou da risada animada e da conversa franca da esposa do imã, das pequenas lições que esclareciam aspectos da religião — lições sobre a atitude mental a ser aplicada à oração e a importância da caridade, e como ela é enobrecedora. A mulher contou a Nour histórias sobre os profetas, sobre Moisés e Jesus e, acima de tudo, histórias sobre as virtudes do Profeta Muhammad. O Profeta disse: "Proteja-se do Fogo do Inferno, ainda que seja doando meia tâmara em caridade. Se não conseguir, então ofereça uma palavra gentil." Nour podia se virar com meia tâmara; e sentir que era capaz de ajudar os outros, mesmo tendo tão pouco, era animador. Ela não era tão impotente quanto pensava. Quando a esposa do imã convidava outras mulheres para um círculo de discussão, Nour geralmente tinha vergonha de falar. Mas ouvia com avidez e absorvia tudo.

ASMA

Verão de 2009, **Raqqa, Síria**

ERA UM DAQUELES DIAS PERFEITOS, ENSOLARADOS, QUANDO O CÉU SOB Raqqa era da cor dos vidros turquesas de Herat; a baklava da confeitaria tinha gosto de pedacinhos do paraíso, e Asma quase se convencera de que podia ser feliz nessa cidade provincial, bastava ter Hisham ao seu lado e todos os seus dias serem como esse.

Começaram com café pela manhã no Negative Café, onde Hisham tentava levá-la há semanas, depois que ela reclamou que Raqqa não tinha cafeterias modernas. Era razoável — cadeiras de couro branco, paredes com colagens de fotos em preto e branco, como se alguém tivesse tentado imaginar Paris dos anos 1950 —, mas ela fez questão de estampar um belo sorriso para mostrar que apreciava o esforço de Hisham. Ela sentiu os olhares de escrutínio das outras mulheres enquanto eles saíam. Preferiria que as outras pessoas estivessem vestidas de maneira mais elegante; isso lhe daria algo para olhar e pensar. Para Asma, não era especialmente satisfatório ser a mulher mais bem vestida do lugar; apenas significava que estava no lugar errado.

Caminharam pelas ruínas de Qasr Al-Banat, o Castelo das Damas, as estruturas que o califa abássida Harun Al-Rashid construiu quando mudou a capital de Bagdá para Raqqa no século XII. Eles se sentaram para fumar nos degraus, espantando as moscas enquanto o calor do meio-dia aumentava, sufocante. Hisham sugeriu nadarem perto da Ponte Velha,

PARTE I: HERANÇA DE ESPINHOS

mas na verdade a sugestão era de que *ele* poderia nadar, pois ela não estava disposta a entrar no Eufrates de roupa.

Asma tentava se entusiasmar com Raqqa, sua nova cidade, porque amava e desejava Hisham. Ele era esbelto, com cabelos pretos encaracolados, olhos cor de mel e um atraente nariz adunco. Seus pais eram bem de vida segundo os padrões locais, e ele tinha uma personalidade de menino privilegiado: brincalhão, entendiava-se com facilidade, oscilava entre o recato e a imoralidade. Mas ela achava Raqqa em si decepcionantemente tediosa. Asma crescera em Damasco e só se mudara para a cidade ("chegava mesmo a ser uma cidade?", pensou ela) no final da adolescência, quando seus pais decidiram voltar à cidade natal de sua mãe. Sentia falta do burburinho e do glamour da capital: as festas na piscina, os hotéis cinco estrelas, os turistas e estudantes de idiomas de todo o mundo, os restaurantes modernos, o ar cosmopolita do lugar. Damasco parecia conectada à pulsação do século XXI, enquanto Raqqa não parecia nada além de uma cidade fluvial religiosamente diversa e bastante pacata.

Asma estudava marketing na Universidade Al-Hasakah, a 45 minutos de ônibus a nordeste de Raqqa. Passava a maior parte do tempo livre lendo e na internet, assistindo, aprendendo e desejando fazer parte do mundo exterior. Ela queria saber o que todos no Ocidente estavam lendo, comendo, vestindo, ouvindo, pensando. Para ela, o marketing parecia um bom caminho para levá-la da Síria, com sorte para bem longe de Raqqa, a um mundo mais amplo. Ela queria interagir com estrangeiros, talvez até trabalhar em turismo ou marketing turístico, qualquer coisa global. Suas prateleiras eram repletas de livros — de Dan Brown, Victor Hugo e Hemingway ao escritor e filósofo egípcio Taha Hussein. Ela estava no Facebook e no Instagram, ouvia Coldplay e, como as mulheres de todo o mundo, achava que havia algo de inexplicavelmente desinteressante em Angelina Jolie. Ela lia em inglês o máximo que podia e começou a usar o idioma para certos termos que pareciam exigi-lo: *relaxation, money, power.* Só tinham um som diferente em inglês. Ela se sentia uma jovem moderna e cheia de aspirações, e foi por isso que a sugestão de Hisham de que ela começasse a usar o hijab a perturbou tanto.

Foi em uma noite na qual, após jantarem hambúrgueres, estavam no carro, conversando, parados no final de uma tranquila rua sem saída, em um bairro abastado com *villas* que Asma gostava de admirar. Hisham enlaçou seus dedos nos dela e disse: "Um homem tem expectativas diferentes de uma esposa e de uma namorada. Por que sua beleza deveria estar à vista de todos?" Falou sobre o quanto a considerava preciosa, e como desejava possuir uma parte dela só para ele.

Essa foi a primeira vez que tocou no assunto, ela não conseguia acreditar no que estava ouvindo. Eles já tinham passado tempo juntos na praia, ela de biquíni amarelo, saia curta, top, tudo muito confortável e descontraído. Seus irmãos não se importavam, seu pai não se importava, e ela achava que o namorado também não.

"Você tem acesso privilegiado a uma parte especial de mim", respondeu ela. "Meu coração."

Hisham disse que queria uma parte mais *visível* dela só para ele.

Será que duvidava de sua castidade? Será que era coisa dos pais dele?

"Se quiser se casar comigo, vai ter que cobrir os cabelos", afirmou ele categoricamente.

"Hisham, a fé está aqui", alegou ela, tocando os dedos na altura do coração. "Não aqui" — e passou as mãos pelos cabelos e depois pelo corpo. "Você me amou primeiro sem hijab. Por que agora diz que tenho que usá-lo?"

Ele deu de ombros. "Não posso mudar essa parte de mim que deseja isso. Ela é imutável."

LINA

Verão de 2000, **Weinheim, Alemanha**

"E daí? Alemão ou francês, amigo ou inimigo, ele é antes de tudo um homem e eu sou uma mulher. Ele é bom para mim, gentil, atencioso… Isso basta. Não estou procurando mais nada. Nossas vidas são complicadas o suficiente com todas essas guerras e atentados. Entre um homem e uma mulher, nada disso importa. Não dou a mínima se o homem de que gosto é inglês ou negro — eu ainda me entregaria a ele se tivesse a oportunidade."

— Irène Némirovsky, *Suíte Francesa*

Às vezes, Lina chorava tão copiosamente sobre o arroz com que recheava as folhas de uva que se perguntava se o prato não ficaria salgado ou amargo pelas lágrimas, e se os clientes que o comessem não ficariam doentes por causa de sua tristeza. A vida em Weinheim, uma pequena cidade perto de Heidelberg, sempre fora difícil. Mas, depois que seus sogros libaneses se mudaram de Beirute para lá, a presença deles era tão angustiante que sentia saudades dos velhos tempos. Antes, pelo menos, não ficava tão exausta fisicamente.

Lina tinha três filhos pequenos e era casada com um homem a quem detestava; ele tinha olhos pequenos, nariz torto e um rosto inchado. Tinha uma namorada e frequentava discotecas; não orava, não lia o Alcorão e não dava a mínima para Deus. Os longos invernos alemães — a estação de céu baixo e cinza pálido que geralmente se estendia de setembro a junho — acentuavam a depressão de Lina. Ela e o marido haviam se mudado de Beirute para Weinheim no início dos anos 1990. No primeiro ano após sua chegada, quando fazia longas caminhadas pela cidade, familiarizando-se com suas ruas sinuosas e seus prédios antigos e tortuosos, ela encontrou um cedro-do-líbano plantado nos jardins de um antigo palácio. Seu tronco, com pelo menos dois metros de largura, tinha galhos e raízes imponentes que, ela imaginou, arraigavam-se profundamente na terra. Lina contemplava com admiração, reconhecendo que seu transplante não havia sido tão bem-sucedido quanto o da árvore.

Os sogros de Lina, movidos pelo espírito empreendedor dos libaneses de todo o mundo, seguiram o casal até Weinheim alguns anos depois, confiantes em sua capacidade de identificar que tipo de negócio faltava na nova cidade e investir nele com entusiasmo e competência. Não havia restaurantes libaneses na área, assim, parecia a escolha óbvia. Seu sogro preparava a carne shawarma — essa era uma tarefa do homem —, mas recaía sobre Lina o dever de ajudar sua sogra a cozinhar o restante da comida. Muitas vezes, ela acordava antes do amanhecer para preparar os pratos esperados: charutos de folha de uva recheados, antepasto de berinjela assada, pão com zátar. Ela cozinhava esses alimentos com tanta frequência que passou a odiar comê-los. Tinham gosto de trabalho.

O marido de Lina trabalhava no restaurante e costumava levar a comida que ela preparara quando saía de manhã. Mas esse não era o final do turno dela. Sua sogra esperava ajuda com a limpeza e as tarefas domésticas em seu apartamento. Em Beirute, onde os sogros viviam antes, a ajuda doméstica era facilmente acessível. Pelo preço de um sanduíche sofisticado, pode-se contratar uma libanesa local ou uma mulher do sul da Ásia para fazer a limpeza. Grande parte da classe média de Beirute era composta de mulheres cujas mãos bem cuidadas não tocavam uma escova de banheiro há décadas.

Porém, em Weinheim, não havia essa oferta de mão de obra barata. Ou havia, e se chamava Lina. Nos dias que ela não ia para a casa da sogra imediatamente, quando as tarefas domésticas da própria casa se acumulavam e seus ombros e dedos enrijeciam de fadiga, ou ela só queria passar uma hora assistindo à televisão, sempre recebia o telefonema depois do almoço. A voz fraca e lamuriosa da sogra: "*Shou,* Lina? Onde *estavam* você hoje?"

PARTE I: HERANÇA DE ESPINHOS

Lina sabia que era uma mulher de parca educação; com olhos azul-leitosos e uma voz quase inaudível que fazia com que as pessoas constantemente pedissem que falasse mais alto. Mas, apesar da própria suavidade, se considerava o homem em seu casamento. O marido não podia (ou não queria) enfrentar os pais; era incapaz de fazer com que parassem de chamá-la para limpar, de diminuir a quantidade de pratos que ela preparava no restaurante; não conseguia nem mesmo pedir uma folga para si mesmo. Só após o nascimento do terceiro filho, Lina lhe disse que já era demais, ele precisava descansar. Quando estava em casa, o marido fazia o mínimo necessário e gastava todo seu tempo e dinheiro saindo. Ela lavava as camisas usadas que cheiravam a perfume de outras mulheres; economizava para que conseguissem sobreviver com o pouco que ele dividia com ela todos os meses, depois de subtrair uma quantia considerável para financiar sua vida extracurricular. O tempo que ficava em casa diminuía cada vez mais, até que passou a voltar só para dormir. Os únicos vestígios de sua presença eram as cuecas que deixava no banheiro e a guimba do cigarro que fumava com seu café matinal. Às vezes, em suas caminhadas, agora raras, pela pequena cidade, ela pensava que talvez não houvesse nada mais a esperar de um casamento que era fruto do desespero.

Quando Lina tinha 6 anos de idade, a mãe alemã e o pai libanês se separaram de forma ríspida. Seu pai a sequestrou e a levou da Alemanha, sua terra natal, de volta ao Líbano, não especialmente porque a queria ao seu lado, mas porque desejava punir a ex-esposa alemã. De súbito, a criança estava sem mãe e imersa em um mundo que falava árabe, um novo idioma que mal conhecia. Seu pai logo se casou de novo.

Ficou claro para Lina que sua madrasta tinha ciúmes de qualquer pretensão à atenção do novo marido. Quando seu pai lia histórias em alemão na hora de dormir ou cantava músicas em alemão junto com ela, a madrasta batia portas ou ligava a televisão a todo volume. No Líbano, eles se mudaram de casa tantas vezes que Lina teve que continuar repetindo a mesma série, pois nunca ficavam em um lugar por tempo suficiente para que fizesse as provas finais. Quando o pai estava no trabalho, a madrasta era fria e às vezes gritava com ela, sobrecarregando a jovem com tarefas. Na maioria das noites, Lina adormecia chorando, ouvindo a vida das outras pessoas no prédio. No calor pegajoso do verão, todos mantinham as janelas abertas para refrescar, e as vozes dos vizinhos flutuavam para cima e para baixo. Ela sabia que o casal no andar de cima brigava por causa do filho vagabundo; que a família de baixo estava juntando dinheiro para mandar a filha para a escola de arte. Às vezes, desejava ser a irmã da menina e pertencer a essa família, eram tão gentis uns com os outros, voltavam para casa com pequenas surpresas e inventavam nomes para os animais de estimação.

Aos 14 anos, seu pai anunciou que Lina se casaria com o primo. Ninguém perguntou se ela gostava da cara de focinho ou do andar arrastado dele, ou ainda se queria se casar. Mas o pai não arranjou o casamento porque achava que a filha realizaria um sonho especial ou que isso a ajudaria a ter uma vida melhor. Ele simplesmente queria se livrar dela. E Lina não viu outra perspectiva de sair daquela casa, onde o ar estava pesado com o descontentamento da madrasta e os suspiros resignados do pai.

Eles se casaram e se mudaram para Weinheim logo em seguida. Lina tinha 15 anos e se matriculou no sétimo ano. Seu alemão começou a voltar aos poucos. Ela aguardava ansiosamente as horas na sala de aula — tão ordenada e limpa, o comportamento dos professores tão sereno e confiável. Mas, depois de algumas semanas, após um atraso menstrual e enjoos matinais, percebeu que estava grávida. Com vergonha de aparecer na escola com a barriga aparente, ela ficava em casa, assistindo por horas à televisão alemã. Sua mente era ágil com idiomas. Aprendeu um pouco de inglês no Líbano, naqueles períodos repetidos em várias escolas. Sentia certa satisfação quando seus ouvidos discerniam as palavras em inglês da torrente indecifrável na televisão. Era um tipo de quebra--cabeça particular em que ela era realmente boa.

O Islã sempre foi o esteio de Lina. Quando ela tinha 10 anos, viu o Profeta Muhammad em um sonho. Ela guardou a lembrança daquele encontro como um talismã, algo a que recorrer quando se sentia especialmente sozinha. O sonho a fez pegar o Alcorão da prateleira e tentar decifrar suas passagens; sua trama, o caminho que traçava para as criaturas de Deus, tornou-se o seu plano. Aos 20 e poucos anos, considerando a possibilidade de deixar o marido, com quem tinha três filhos, mas não uma relação real, Lina ficou mais religiosa. Ela se via rezando e recorrendo ao Alcorão ainda mais naqueles dias sombrios de inverno, quando o céu parecia uma cúpula de aço. Os alemães que passavam por ela na calçada olhavam diretamente através dela, como se o hijab não apenas cobrisse seus cabelos, mas fosse uma capa de invisibilidade.

Lina se sentia como se estivesse em uma peça de teatro, executando, de forma desapaixonada, os movimentos de suas tarefas como dona de casa, mãe e funcionária do restaurante. Ela tocou no assunto do divórcio com o marido cinco ou seis vezes. Ele reagia com tanta violência — chamando-a de animal, de desgraça — que ela se trancava no quarto e esperava meses antes de abordá-lo de novo. Falou de sua infelicidade com sua família e seus sogros, que eram convenientemente entrelaçados; o marido era seu primo, o que fazia da sogra também tia. Ninguém estava disposto a reconhecer o abuso que ela enfrentava, e todos desconsideraram a ideia. "Ficou maluca? Você tem filhos, não pode se divorciar", disse a sogra em tom definitivo.

Uma noite, no final de 2009, depois que seus três filhos estavam na cama, Lina se sentou ao telefone com um bloco de papel. Anotou os números de três imãs que encontrou online, disponíveis para consultas por telefone. Ela repetiu a mesma história para cada um: "Minha vida é uma farsa. Meu marido não ora nem respeita o Islã. Bebe álcool e sai com outras mulheres."

A resposta de todos foi unânime. De acordo com os princípios da lei islâmica, seu marido estava cometendo *zina,* adultério, o mais grave dos pecados. Lina não apenas tinha o direito de pedir divórcio, como também não deveria morar com ele nesse ínterim. As vozes desses imãs, dizendo palavras justas e firmes, confirmaram sua crença de que apenas homens religiosos tinham decência e firmeza de caráter. Ela atribuiu a imprudência e o abuso do marido à falta de fé.

Lina fez as malas em silêncio. Sabia que não podia levar seus filhos. Para onde os levaria? Quem os sustentaria? O pai deles não via problema em maltratá-la, mas era decente o suficiente com as crianças; ela não tinha um medo genuíno de deixá-los sob seus cuidados.

Toda a vida de Lina fora dedicada a servir os outros. Estava na hora de se salvar.

Primavera de 2010, **Beirute, Líbano**

Nos anos seguintes à saída de Lina da cidade, o pai e a madrasta se mudaram para um prédio de luxo perto do Cemitério dos Mártires, próximo a Tariq Al-Jadideh, um bairro predominantemente sunita que recebeu o nome da longa passagem suspensa que levava ao aeroporto. No trajeto do aeroporto, Lina viu que Beirute havia se transformado.

O centro da cidade, que em sua lembrança fora destruído pela guerra civil da década de 1980 — seus graciosos edifícios transformados em conchas vazias, as ruas repletas de escombros de bombardeios, terrenos baldios compondo um sorriso banguela na paisagem urbana —, agora era uma recriação reluzente e precisa do seu antigo eu. Os prédios antigos agora tinham o tom dourado do açúcar caramelizado e abrigavam butiques como Prada e Dior, entre outras. Havia restaurantes com jovens bronzeados vestindo calças brancas, à espera para estacionar os carros. Lina se impressionava a cada rua que passava, a cidade parecia ao mesmo tempo familiar e totalmente estranha. Pensou ter reconhecido a barraca de suco perto de sua antiga rua, à qual seu pai às vezes a levava nos fins de tarde quando era pequena para uma salada de frutas coberta com creme de leite e mel. Apesar das infusões de glamour e riqueza, Beirute ainda era uma daquelas cidades onde as ruas ostentavam permanentemente bandeiras e outdoors de uma história política não resolvida: as mesmas velhas imagens de senhores da guerra, chefes de clãs, milícias ou dinastias religiosas rivais que disputavam controle do pequeno Estado, cada um vinculado a um poder regional superior com interesses próprios.

O prédio era imponente. Ela ficou nervosa ao atravessar o saguão, forrado com exóticas samambaias em vasos que refletiam infinitamente nas paredes espelhadas. O elevador subiu em silêncio. Quando o pai abriu a porta do apartamento e a viu parada ali, congelou, um olhar de assombro estampava seu rosto.

"Ficou maluca?" Ele gesticulou olhando para a túnica e o véu pretos que a cobriam por completo. Poucas mulheres se vestiam dessa maneira naquele bairro, habitado por pessoas que Lina supunha aspirarem empregos em bancos e casamentos em hotéis sofisticados para seus filhos, em vez de investirem no trabalho espiritual que poderia garantir um futuro melhor. Porém, independentemente do que ela pensasse sobre sua falta de religiosidade, ele ainda era seu pai, e ainda era capaz de magoá--la. Ela cravou os dentes na língua para conter as lágrimas. Ele ficou lá, um braço segurando a porta, como se relutasse em deixá-la entrar. Não a abraçou nem perguntou como ela estava. Foi a voz de sua esposa lá de dentro que os tirou do transe. "Entre", disse finalmente, colocando-se de lado e dando alguns tapinhas desajeitados nas costas da filha.

A cena se repetiu na cozinha, onde sua madrasta fazia café. "Querida, *por quê?*", disse ela, gesticulando em frente ao corpo de Lina. Os lábios de sua madrasta eram carnudos e caricaturais, e ela usava jeans skinny, tênis branco e camiseta justa. Roupas de adolescente, pensou Lina. Fotos do casal em férias recobriam a parede, uma delas com a madrasta de biquíni. Os três se sentaram à mesa da cozinha. O pai exibia uma expressão aflita e não tirava os olhos da janela. "Escute, tire esses panos pretos", disse ele. "Volte para a Alemanha e comece a usar roupas modernas. Encontre um namorado. Não vejo problemas, mesmo que os outros não concordem." Referia-se, presumiu ela, à irmã dele, sua sogra, que proibiu o divórcio.

Lina encarou as mãos sobre a mesa; sabia que não devia ter ido até lá. O abismo que separava a crença e a descrença era impossível de atravessar. A facilidade com que o pai falava para ela arrumar um namorado e se tornar uma mulher jogada ao vento. Eles não compreendiam sua decisão de se vestir assim. Não entendiam como a fé a acalmava. Ela queria estar nas boas graças de Deus, vestir-se como as esposas do Profeta, que a paz esteja com ele. Para eles, era tolice, mas Lina realmente acreditava no Dia do Julgamento. Realmente acreditava que o Fogo do Inferno aguardava os que desagradavam a Deus, e estava disposta, na verdade ansiosa, para fazer qualquer coisa nesta vida que conquistasse Sua misericórdia.

Enquanto o pai dela continuava inquieto, cruzando e descruzando as pernas sem parar, Lina podia sentir o desespero dele para que ela fosse embora, deixasse Beirute e voltasse a ser problema de outra pessoa. Na manhã seguinte, ela pegou suas malas e tomou um táxi para o aeroporto.

O sol estava se pondo, banhando a cidade com uma delicada luz cor de pêssego. Lina desejava ficar por um tempo, caminhar ao longo do calçadão à beira-mar, entre as casas antigas, com suas janelas arqueadas em tons de pedras preciosas, disputando espaço com os agressivos arranha-céus de luxo. Ela sabia que tinha tendência à depressão e precisava lutar o tempo todo para se manter fora de suas garras. Esperava que seu ânimo melhorasse com a luz e o calor da primavera e com o outono em Beirute, estações que mal existiam na Alemanha. Esperava andar pelas ruas do bairro fazendo compras, parando para conversar na barraca de hortifrúti ou na loja da esquina. Em Beirute, pessoas que não se conheciam ainda interagiam com grande cordialidade. As roupas de Lina não criariam um desincentivo imediato à conversa ou uma barreira para ser vista como alguém empregável, agradável e humana. Ela podia se sentar em cafés frequentados por homens e mulheres devotos, onde as pessoas tomavam café com especiarias e suco de morango e desfrutavam do brilho esplendoroso do sol sobre o Mediterrâneo.

Entretanto, não haveria esse capítulo em sua vida. Deus não desejou isso para ela, e Ele sabia o que era melhor.

AO CHEGAR AO AEROPORTO DE Frankfurt, Lina encontrou uma policial e explicou que não tinha para onde ir e que, na última vez que vira o ex-marido, ele tentou matá-la. Não era algo que gostava de pensar; a simples lembrança fez sua pulsação acelerar. Mas eram informações verdadeiras e pertinentes ao procurar a ajuda do Estado para encontrar um lugar para morar.

As policiais do aeroporto foram gentis. Levaram Lina ao abrigo de mulheres, onde foi recebida por funcionários discretos, que lhe mostraram o banheiro coletivo e seu quarto privado. Estava tão cansada que só conseguiu murmurar um "obrigada", mas tentou expressar toda sua gratidão com o olhar. Nos dois primeiros dias, Lina ficou na cama, conjecturando os problemas que teria que enfrentar. Não era possível que tudo fosse assim tão simples, que pudesse ficar em um quarto só seu. Certamente pediriam que ela fosse embora ou que parasse de usar suas roupas islâmicas. Mas nada disso aconteceu. Lina ficou surpresa e grata por encontrar uma equipe tão respeitosa e acolhedora no abrigo de mulheres. Eles até a ajudaram a encontrar trabalho. Depois de um tempo, vagou um pequeno estúdio no abrigo. Tinha uma sala de estar e uma cozinha, onde ela poderia preparar chá e refeições leves.

Após alguns meses, por meio de uma mulher árabe hospedada no mesmo abrigo, Lina soube de uma oportunidade de emprego — que, o mais importante, permitia o uso do hijab e do niqab. Um marroquino que vivia em Frankfurt administrava uma empresa que oferecia serviços de assistência a doentes e idosos. Ela começou a trabalhar para ele em dezembro, durante um inverno especialmente chuvoso em que as nuvens não deram trégua. Seu trabalho era ir às casas de idosas, fazer uma limpeza básica, dar-lhes banhos e administrar medicamentos. As mulheres eram solitárias e agradeciam a companhia. Elas não demonstravam apreensão com a aparência de Lina, ou pelo menos não depois das primeiras visitas.

Lina sentia compaixão por essas mulheres, porque, na depressão e no isolamento delas, via um reflexo de sua própria condição. Era bom poder dar uma pausa no trabalho e fazer as orações do meio-dia ou da tarde, e ela agradeceu a Deus por essa oportunidade de ganhar dinheiro e praticar sua religião. Mas, com o tempo, o trabalho diminuiu. O marroquino queixou-se de que não estava conseguindo novos clientes suficientes por ser marroquino. Lina não sabia disso; ela só precisava de trabalho.

Ela encontrou um segundo emprego, como faxineira da escola, trabalhando nos fins de semana. O problema era que tinha que trabalhar ao lado de outro servente, um homem, e se preocupava em usar o niqab perto dele, pois os alemães podem ser um tanto sensíveis a respeito do véu. Mas Lina encontrou uma solução engenhosa: uma máscara cirúrgica. "Os produtos de limpeza são muito tóxicos", explicou, e ele assentiu, desinteressado. Era impressionante o quanto de fato importava o que se usava para cobrir o rosto. Os melhores dias eram quando o homem não aparecia e ela cuidava da limpeza sozinha, livre em seu isolamento.

Os dias passaram. Lina, que ainda morava no abrigo, parou de cozinhar refeições de verdade e vivia de frango e batata cozidos: comida de doente. Ela parou de observar o céu noturno, deixou de reparar se a lua era cheia ou crescente. O cheiro dos quartos das idosas — um odor azedo e ácido — penetrava em sua mente misturada às imagens de unhas fungadas, olhos nublados pelo glaucoma e o som de murmúrios confusos. Nunca mais falou com seus filhos. Às vezes, tinha até dificuldade de lembrar o som de suas vozes. Quando alguém morre, pelo menos esse sofrimento tem estágios e pode, com o tempo, diminuir; essa tristeza era do tipo que se fazia sempre presente, uma dor, como um zumbido nos ouvidos. Lina tinha medo de que, se ligasse para os filhos, seu ex-marido descobrisse que estava na Alemanha. Ela sabia que ele a procuraria e tentaria lhe fazer mal.

Lina temia que, mesmo na Alemanha, caso tentasse se divorciar judicialmente, não estivesse protegida. Apenas alguns anos antes, em 2007, um juiz alemão recusou-se a conceder a uma mulher marroquino-alemã um divórcio rápido de um marido abusivo, alegando que o casal era muçulmano e que, como tal, a esposa não se qualificava para os critérios de sofrimento necessários para uma separação rápida. O juiz usou sua interpretação de um verso do Alcorão — que tem sido alvo de polêmicas discussões pelos muçulmanos por séculos — para argumentar que Deus e os costumes permitiam que um muçulmano batesse em sua esposa. O caso gerou grande comoção pública, especialmente entre os alemães muçulmanos, que consideraram que, de maneira inexplicável, o juiz recorrera a uma leitura superficial e repugnante de sua fé. Para Lina, não estava claro como qualquer juiz alemão se achava qualificado para ler e interpretar o Alcorão. Não havia uma passagem sequer em que o Profeta batesse em suas esposas; na verdade, sua tolerância, seu bom humor e sua notória compreensão ofereciam um modelo de conduta que as esposas, ao longo dos tempos, persuadiam seus maridos a seguir.

Certa noite, ocorreu-lhe o pensamento, antes desconsiderado, de que seu ex-marido poderia ter se casado de novo. E se a nova esposa tratasse seus filhos com severidade, como Lina fora tratada por sua madrasta? A ideia a deixou em pânico. Seu coração acelerou rapidamente, ela ficou ofegante e nervosa, como se borboletas batessem as asas sob sua pele. Tomou um comprimido para dormir, o que em geral ajudava quando tinha insônia. O que mais gostava era de dormir e, na maior parte de seus dias de folga, ficava na cama, não se preocupava sequer em tirar o pijama.

Era difícil para Lina enxergar uma saída. Mais tarde naquela noite, ela tomou mais alguns comprimidos para dormir. Concluiu que nada seria mais doce do que não acordar mais.

QUANDO LINA ACORDOU MUITAS HORAS depois, com um gosto metálico na boca, ombros rígidos, em uma poça de vômito, reconheceu que Deus havia lhe dado uma segunda chance. Para o muçulmano que tira a própria vida, o Fogo do Inferno é uma repetição infinita da experiência de sua morte; Lina tinha sido poupada.

Depois desse dia, todas as manhãs ela olhava para o espelho do banheiro e lembrava a si mesma de que Deus não impunha a Suas criaturas mais do que eram capazes de suportar. Calejou seu coração para aguentar a saudade que sentia de seus filhos. Sua vida dependia de não encontrar o pai deles. Rezava todas as noites para ter a chance de vê-los mais tarde na vida e explicar sua história, de modo que pudessem, por fim, entendê-la e perdoá-la.

Lina era solitária por natureza, mas começou a frequentar a mesquita porque se conhecia bem o suficiente para saber que ficar tão sozinha a faria adoecer. Ao deixar seus filhos, sentiu que devia tentar pelo menos ser um pouco feliz, e participar das orações toda sexta-feira melhorava seu humor. Havia a intimidade do roçar de mangas enquanto as mulheres se alinhavam em fileiras muito próximas para orar; a sensação de que, mesmo por quinze minutos, existia um local específico designado para ela; parte do coletivo de mulheres ajoelhadas, como um só corpo, entregando-se a Deus em uníssono.

Depois, no pátio da mesquita, enquanto cumprimentava os irmãos e as irmãs que conhecera, muitas vezes lhe perguntavam se estava aberta a se casar. Essas perguntas a deixavam profundamente encabulada e ela inventou um noivo para afastá-los. O noivo imaginário começou a tomar forma em sua mente. Foi então que Lina admitiu para si mesma o quanto desejava se casar de novo, ter mais filhos, visitar seu pai em Beirute sentindo-se triunfante — mostrar que na segunda vez fora vitoriosa e que, com a sua fé, era superior a ele em todos os sentidos.

EMMA

2007, Frankfurt, Alemanha

Éramos jovens e tolos, mas tínhamos coração.

— TUPAC SHAKUR, 2003

A MÃE DE EMMA ERA ALEMÃ NATIVA, UMA COSTUREIRA QUE FAZIA BICOS para sustentar suas duas filhas pequenas. Sua vida pessoal era caótica e muito sofrida para as filhas, mas, depois de adulta e convertida ao Islã, Emma relutava em se apegar a esses detalhes, pois o Islã recomenda o respeito aos pais, independentemente de quanto possam ter sido abusivos ou negligentes. Antes de conhecer o pai de Emma, que era da Espanha, a mãe fora casada com um marroquino. Ela não conseguiu se divorciar imediatamente, então Emma tinha o sobrenome do ex-marido da mãe.

Nos últimos anos, Emma pensou que talvez fosse um prenúncio de seu destino, o próprio sobrenome evocava uma presença fantasmagórica de um muçulmano que deveria estar cuidando dela, mas não estava. O pai verdadeiro de Emma e de sua irmã abandonou a família logo após o nascimento da segunda filha e retornou à Espanha, sua terra natal. Sua mãe via as próprias experiências nas mãos desses vários homens como um reflexo da deficiência geral masculina, em vez de seu hábito de escolher parceiros defeituosos. Emma cresceu ouvindo variações de frases como "todos os homens são cachorros", que ela associava ao desamparo de sua mãe, mas que, mesmo assim, se infiltravam em sua consciência como possível sabedoria.

PARTE I: HERANÇA DE ESPINHOS 35

Seu lar não tinha os refinados elementos típicos da criação de filhos na Alemanha, usufruídos por outros residentes de Frankfurt: blocos de madeira, edições vintage dos contos de Grimm e desenhos animados com animais de fazenda intelectuais. Foi uma infância de escassez. Às vezes, deprimida e exausta, a mãe de Emma se esquecia até de coisas básicas, como os cones coloridos cheios de doces — que pareciam chapéus invertidos — que as crianças deveriam levar no primeiro dia de aula.

No início dos anos 1990, quando a mãe se mudou com as filhas para a cidade, os imigrantes turcos viviam entre os brancos germânicos em seu distrito operário em Frankfurt.

As famílias turcas do bairro, quase todas muçulmanas, viviam sob permanente estresse. Seus apartamentos minúsculos e decadentes não recebiam luz solar suficiente, exalando um constante cheiro úmido de roupas secando; não era fácil fazer render seus salários para pagar por todas as coisas que uma família precisava. Todos compravam em supermercados populares; ninguém saía de férias.

Porém, quando Emma visitava a casa de seus amigos de escola turcos, era como entrar em um universo alternativo. Para ela, todas as famílias muçulmanas eram iguais em sua felicidade. Os apartamentos eram pequenos, mas o interior era organizado e limpo, e o orgulho ficava evidente até na proteção dos móveis modestos com toalhinhas de plástico ou capas de sofá, e uma tigela de vidro com balas ou passas sempre sobre a mesa. Essas famílias viviam praticamente amontoadas, a todo momento entrando e saindo das casas umas das outras; ninguém se sentia obrigado a ligar antes de uma visita e não passava um dia sem um visitante. Qualquer que fosse o jantar, sempre dava para acomodar uma visita inesperada. Pouca comida era desperdiçada, pois sempre havia uma tia para fazer alguma coisa com as sobras. Se os pais trabalhavam no turno da noite em táxis ou restaurantes, havia parentes ou amigos para colocar as crianças na cama e aprontá-las para a escola no dia seguinte. Para os filhos de imigrantes turcos de Frankfurt, ser criado por todo um grupo atenuava os efeitos da pobreza, impedindo-a de se transformar em negligência.

Quando era adolescente, Emma, e a maioria de seus amigos muçulmanos, foi enviada para a *Hauptschule,* uma escola de ensino médio dedicada à formação técnica. O governo alemão acreditava que poderia determinar quais crianças tinham a aptidão de seguir para o sistema educacional acadêmico e quais seriam mais bem atendidas (isto é, atenderiam melhor ao Estado) se seguissem por um fluxo profissionalizante que terminaria em um estágio e, idealmente, em uma vida como mão de obra qualificada. O caminho da *Hauptschule* não vinha com a promessa de garantir a Emma o único bem material que ela cobiçava na vida — uma BMW série 6, com suas linhas elegantes e sua imagem de poder —, mas passar um tempo nas casas de seus amigos turcos lhe mostrou que uma família repleta de crianças era a verdadeira riqueza.

Ela preferia passar o tempo nos apartamentos pequenos e movimentados de seus amigos. Na verdade, embora fosse natural da Alemanha, sentia-se muito mais como seus amigos turcos em geral; gostava de seus modos afetuosos, da música que apreciavam, do reconhecimento aberto e natural dos deveres diferentes, mas complementares, de homens e mulheres. Gostava da maneira como cada família mantinha colchões dobrados e roupas de cama em um canto para o caso de uma festa do pijama improvisada. Apenas um aspecto a diferenciava deles: ela não era muçulmana.

Muitas de suas amigas não eram especialmente religiosas, mas o islamismo era uma parte essencial de suas identidades, seus valores e seus rituais sociais, e era difícil separar a cultura da religião. Cuidar da família, comportar-se com afeto e cordialidade, até mesmo o ato de sorrir eram valores muçulmanos formalmente articulados. Emma aprendeu isso quando começou a ler sobre o Islã no final da adolescência. "Ninguém sorriu mais do que o mensageiro de Deus", disse o imã Ali sobre o Profeta Muhammad.

Emma desejava participar disso. Queria uma parte do senso de pertencimento e do afeto. Aos 19 anos, converteu-se ao Islã. No começo, não usava o hijab. Algumas de suas amigas usavam e outras não, reflexo da gama de atitudes entre as muçulmanas de segunda geração, que incluía as meninas práticas e animadas — preocupadas com suas carreiras e com se adaptar, confiantes de que sua *iman,* sua fé, estava em seus corações — e as que também queriam essas coisas, mas desejavam agradar a Allah acima de tudo.

No final dos anos 2000, em uma tarde de fim de semana no início do outono, Emma e suas amigas caminhavam por uma das praças centrais de Frankfurt, onde os curdos turcos que apoiavam o Partido dos Trabalhadores do Curdistão, um movimento separatista curdo da Turquia, gostavam de se reunir. Eles erguiam cartazes com o rosto bigodudo de seu líder e gritavam em megafones, em solidariedade aos colegas curdos. Senhoras alemãs vestindo blazers passavam com sacos de compras e observavam a comoção. Do outro lado da praça, Emma e suas amigas pararam em uma tenda de *dawah* (pregação) islâmica, em que trabalhavam pessoas que elas conheciam. O imã sorriu para Emma e lhe entregou um folheto com os dizeres: "Você já considerou o Islã?" Ela sentiu um lampejo de irritação. "Eu já sou muçulmana, graças a Deus."

"Alhamdulillah", repetiu o homem com um sorriso. "Mas por que não usa o hijab, irmã?"

Ela explicou que sua família não era muçulmana e estava tentando adaptá-los à sua nova identidade. "Você realmente acha que é uma boa desculpa?", perguntou o imã. Entre as pilhas de folhetos sobre a mesa, ele lhe entregou um cor-de-rosa, sobre as virtudes do hijab. Ele exibia um sereno oceano cor-de-rosa com uma pérola parcialmente escondida em uma meia concha, irradiando luz.

"Eu gostaria. Um dia usarei, só não sei quando", respondeu Emma.

"Se você orar a Allah por ajuda, Ele facilitará as coisas para você. Existem muitas razões para começar agora. Quando você não usa um hijab, desencoraja outras muçulmanas a usá-lo. Além disso, usar o hijab a transforma em uma mensagem. Imagine que você é um muçulmano andando por essa praça e vê uma mulher de hijab e se sente feliz! Você pensa: 'Olha, há muçulmanos aqui!' Você se torna um sinal de felicidade."

Um sinal de felicidade — Emma nunca pretendeu *não* ser isso. Embora as palavras do imã fossem prementes e decididas, seu tom era suave e seus olhos azuis pálidos sorriam. Emma gostou de conversar com ele. Gostou do sentimento que ele lhe transmitiu: de que suas ações faziam diferença; de que, se ela o ouvisse, ele não tiraria os olhos dela; de que a conversa entre eles era leve, mas profunda; de que talvez tenha sido a conversa mais importante acontecendo em toda *Platz*. O imã tinha carisma de sobra. Era claramente o tipo certo de pessoa para conduzir uma *dawah*.

"Ao não usá-lo", continuou ele, "você também dificulta as coisas para outras muçulmanas. Elas não a veem usando e isso desperta dúvidas em suas mentes... elas pensam consigo mesmas: 'Se as outras não o usam, por que eu deveria?'"

"Obrigada pelo seu *naseeha",* disse Emma ao sheik quando foram embora, querendo que ele soubesse que ela conhecia a palavra para um conselho islâmico sincero. Ele lhe desejou boa sorte em seus esforços. Ela refletiu sobre como falar da conversa para a mãe, que sem dúvida diria: "Este é um comportamento muito controlador", porque era isso que pensava dos homens muçulmanos; mas, naquele momento, Emma não se sentiu controlada ou repreendida. Ela se sentiu cuidada; sentiu a solidão dentro dela sendo lentamente aplacada.

Naquela noite, em sua casa, ela se sentou de pernas cruzadas no sofá, acendeu um cigarro e estudou o folheto.

Desde a infância, as mulheres aprendem que seu valor é proporcional à sua atratividade.

A definição de beleza está sempre mudando; ser magrela é bom, ser magrela é ruim, ser musculosa é bom, desculpe, ser musculosa é ruim. As mulheres não alcançarão a igualdade exibindo seus corpos, como algumas pessoas gostariam que você acreditasse. Isso nos tornaria apenas cúmplices de nossa própria objetificação.

Usar o hijab me libertou da atenção constante ao meu eu físico. Como minha aparência não está sujeita ao escrutínio público, minha beleza, ou talvez a falta dela, foi removida da esfera do que pode ser legitimamente discutido.

No mundo ocidental, o hijab passou a simbolizar um silêncio forçado ou uma militância radical e inconsciente. Na verdade, não é nenhum dos dois. É simplesmente a afirmação de uma mulher de que o julgamento de sua forma física não deve desempenhar papel algum na interação social. Seu objetivo é devolver às mulheres o controle derradeiro de seus próprios corpos.

Jamais imporemos a uma alma uma carga superior às suas forças (Alcorão, 23:62).

Apesar de sua capa melosa e cor-de-rosa, apesar da metáfora clichê da pérola abrigada em sua concha, apesar de saber que em parte ela só queria agradar o imã de olhos azuis, Emma não encontrou uma única coisa no folheto para discordar.

EM CASA, A NOVA IDENTIDADE de Emma como muçulmana desconcertou a mãe e a irmã. Elas não tentaram dissuadi-la, mas deixaram clara sua opinião: era uma escolha traiçoeira, degradante e equivocada. Como se o caminho que sua mãe tivesse escolhido, à sombra de um cristianismo alemão difuso, lhe trouxesse alguma medida de sucesso nos reinos dos homens, dos filhos e do trabalho.

Na opinião de Emma, a maioria dos alemães era, na essência, bastante racista; quando não eram racistas declarados, viviam com tamanho pavor de pessoas diferentes deles que, para todos os efeitos, podiam muito bem ser racistas. Assim como na maioria das cidades e dos bairros onde os turcos se estabeleceram, em Frankfurt, o desconforto dos alemães nativos com estrangeiros se manifestava em disputas mesquinhas sobre a estética do espaço público compartilhado.

Uma aposentada no prédio de Emma que se incomodava com o cheiro estranho da comida de seus vizinhos turcos do andar de baixo repreendia a família por não manter as plantas do parapeito da janela floridas. A manutenção de sebes, jardins e gramados tornou-se um campo de batalha por meio do qual os alemães exprimiam seus anseios em relação ao que não podiam expressar mais diretamente: sua aversão a ter que conviver com estrangeiros, a tolerar seus diferentes costumes, modos, aparência e cheiro da comida. Eles relutavam em admitir que, se sua economia moderna exigisse o trabalho de estrangeiros com nomes como Ahmet e Fatima, esses estrangeiros construiriam locais de culto e, em algum momento, desejariam acesso ao ensino superior, melhores oportunidades de emprego e cidadania; que teriam filhos e esses filhos herdariam sua cultura; que, inevitavelmente, a identidade alemã singular definida pela branquitude, pelos costumes sociais rígidos e pelas normas precisaria coexistir com uma identidade muito diferente, uma identidade germano-turco-muçulmana que reivindicaria igual direito de ser "genuinamente alemã".

A aposentada era implacável em seu tormento à família turca. Ela reclamava que a mãe passava aspirador aos domingos, porque os alemães decentes não passam aspirador aos domingos, dia de descanso. Será que os estrangeiros não conseguiam perceber? Ela batia no chão com o esfregão sempre que isso acontecia e postava avisos nos halls comuns. Ocasionalmente, de sua varanda, ela jogava lixo no jardim do térreo e depois batia na porta para informá-los de que não estavam conseguindo manter o jardim arrumado.

Assim como muitos que eram jovens quando o governo alemão começou a acelerar seu programa de trabalhadores convidados na década de 1960, a aposentada havia internalizado a posição inicial do governo de que os estrangeiros estavam lá para preencher uma lacuna no mercado de trabalho e depois voltariam para casa. Enquanto a Alemanha lutava para se reconstruir e reintegrar as redes de comércio europeias após a Segunda Guerra Mundial, os trabalhadores estrangeiros ocuparam os empregos que os alemães nativos não queriam: construção, mineração, indústrias metalúrgicas. No início, a lei alemã tratava esse trabalho importado como uma simples transação humana e regulamentava a transitoriedade dos trabalhadores: eles teriam que partir após dois anos de trabalho e não podiam trazer suas famílias para o país. Ao longo do tempo, a situação foi mudando gradualmente. Permitiu-se aos trabalhadores permanecer por um período maior, trazer seus cônjuges e se tornarem cidadãos. Mas as atitudes por trás desse lento processo — a relutância dos alemães nativos em viver entre estranhos e seus medos sobre a diluição de uma identidade nacional baseada na branquitude — persistiram.

Em 1980, a população de estrangeiros na Alemanha havia aumentado oito vezes. O preconceito social e a intensa discriminação ocupacional cresciam, embora raramente fossem discutidos ou reconhecidos pelo Estado. Ainda que muitos europeus do Leste e do Mediterrâneo tenham se mudado para a Alemanha, os empregadores e a sociedade alemã em geral reservavam uma rejeição xenofóbica especial para estrangeiros turcos, que eram muçulmanos e não eram brancos. O termo depreciativo para alemães não brancos, não nativos e não ocidentais era *Ausländer* e estava ganhando terreno.

Em 2013, os turcos constituíam 4% da população alemã, cerca de 4 milhões de pessoas. Eram sistematicamente recusados para trabalhos

PARTE I: HERANÇA DE ESPINHOS

profissionais e qualificados e tendiam a viver em bairros como o em que Emma cresceu. Turcos alemães de segunda geração instruídos, com aspirações mais altas, às vezes se mudavam para capitais europeias como Londres ou Paris para procurar emprego em uma empresa multinacional alemã. De lá, poderiam retornar à Alemanha e conseguir um cargo decente como qualquer funcionário expatriado. Na hora de contratar pessoas para funções gerenciais e outros níveis desejáveis de emprego, os empregadores alemães tendiam a evitar cidadãos de origem turca, que, por sua vez, criaram ressentimentos contra o país que se recusava a reconhecê-los. Igualmente frustrantes e desconcertantes eram as regras provincianas que governavam o espaço público, regras que pareciam arbitrárias e propositadamente obtusas, elaboradas para proporcionar às pessoas de origem turca a sensação de que não faziam nada certo.

A mãe de Emma, apesar de alemã nativa, não tinha aversão automática a estrangeiros, mas reagiu à nova identidade da filha com indiferença e uma pitada de negação. Ela se recusou a chamá-la pelo seu novo nome muçulmano, Dunya. Emma escolheu Dunya porque parecia diferente. Significava "mundo" em árabe, e ela esperava que isso pressagiasse uma abertura de horizontes.

Aos 18 anos, Emma/Dunya mudou-se para um pequeno apartamento que dividia com uma de suas amigas próximas, um lugar modesto, que tinha uma cozinha com painéis de madeira, que não era reformada desde a década de 1970, e um banheiro com uma banheira cor-de-rosa pálido. Era uma moradia para jovens vulneráveis, amparadas pelo Estado. Estar sozinha, longe da mãe e da irmã, facilitou sua vivência do Islã. Assim como fumar maconha. Dunya começou a usar o hijab, algo que relutava em fazer enquanto morava com elas.

Tudo no Islã era fascinante; era uma novidade que não parecia incongruente com o resto de sua vida, que envolvia assistir a comédias românticas com suas amigas, ouvir R&B e discutir as qualidades relativas das estrelas pop árabes, para ao final concordarem que Samira Said era a cantora mais sensual, apesar do provocante serpentear dos quadris de Haifa Wehbe e da elegante depravação de Elissa. Dunya e suas amigas experimentaram rímel e kajal, e ela se sentia quase árabe, ou turca, ou muçulmana (certamente não alemã), nacionalidades cujas mulheres tinham orgulho de ser simples e zombavam de maquiagem e feminilidade.

Tranquilidade Intermitente

Em grande parte do mundo árabe, o início do inverno de 2010 transcorreu sem incidentes, como tantas estações em anos anteriores. Cada país enfrenta problemas econômicos e políticos de longa data e o descontentamento popular, mas o *status quo* parece permanente, sendo governado por ditadores vitalícios que exigem a obediência de seu povo: Zine el-Abidine Ben Ali, na Tunísia; Hosni Mubarak, no Egito; Bashar Al-Assad, na Síria; Hamad Bin Isa Al-Khalifa, no Bahrein.

O Iraque está mais uma vez agitado, como tem sido regularmente desde a invasão norte-americana em 2003. O governo liderado pelos xiitas em Bagdá discrimina os sunitas do país, ameaçando reavivar a insurgência sunita que só foi acalmada em 2007, após a intensificação de tropas norte-americanas e o Movimento Despertar, que separou tribos e famílias sunitas importantes dos militantes. Embora muitos fatores tenham contribuído para a redução da violência no Iraque, os principais generais dos EUA declararam a intensificação de tropas uma vitória e disseram que a maré da batalha finalmente havia mudado.

Em 2004, esses insurgentes sunitas criaram um grupo chamado Al-Qaeda do Iraque e depois, em 2006, o renomearam como Estado Islâmico do Iraque (EII), sob diferentes lideranças. As perspectivas do grupo enfraqueceram nos últimos anos, à medida que o governo iraquiano procurou governar de forma mais equitativa e inclusiva, mas seus membros acompanham a crescente consternação dos sunitas iraquianos com olhos vigilantes, à espera de uma oportunidade de aliar seus objetivos extremistas às queixas legítimas da comunidade.

NOUR

Janeiro de 2011, **Le Kram, Túnis**

A luz do sol se esparramou no quarto quando sua irmã mais nova abriu as cortinas e deu um tapinha nos pés descalços de Nour, que estavam para fora das cobertas. "Levante-se!", disse ela. "O quarteirão está em rebuliço! Podemos ir até o fim da rua, desde que você venha junto."

Algumas semanas antes, a vida tranquila de Nour em Túnis como uma garota que abandonara o ensino médio, que escolhera sua fé ao desconforto de fingir ser laica na escola, fora abruptamente interrompida. Em 17 de dezembro de 2010, em Sidi Bouzid, uma cidade provinciana no coração árido e sem empregos da Tunísia, um jovem vendedor de frutas que sustentava cinco familiares vendendo produtos em seu carrinho desafiou uma policial. Ela exigia um suborno, mas ele se ofereceu para pagar uma pequena multa. A policial confiscou suas balanças eletrônicas e lhe deu um tapa na cara diante da multidão. O vendedor de frutas se sentiu humilhado, mas, acima de tudo, precisava de suas balanças de volta. Ele protestou no escritório da prefeitura local, mas ninguém lhe deu ouvidos. Com um galão de gasolina na mão, ele foi para uma rua movimentada e gritou: "Como esperam que eu ganhe a vida?" e ateou fogo ao próprio corpo.

Todos os habitantes da Tunísia que também haviam sofrido desnecessário abuso por parte do Estado em um nível mais íntimo se identificaram com o ato de protesto desesperado. Manifestações eclodiram nas ruas de Sidi Bouzid e logo se espalharam por todo o país.

Os protestos chegaram a Túnis, capital do país, em janeiro de 2011. O primeiro a entrar em erupção foi o bairro de Nour, Le Kram — localizado aos pés de Cartago, o distrito ladeado por vilas palacianas e que abriga o palácio presidencial, com vista para o Mediterrâneo em uma colina perto das antigas ruínas romanas. Le Kram era o único bairro da classe trabalhadora situado perto da sede de poder. No final da década de 1970, ao modernizar o distrito portuário de La Goulette, o presidente Bourguiba expulsou famílias pobres da área e as jogou em Kram. Muitas se instalaram em casas abandonadas por judeus tunisianos que partiram nas décadas de 1950 e 1960, após a fundação de Israel. As famílias então aguardavam o transcorrer do prazo legal de quinze anos necessários para reivindicar a propriedade como sua.

Kram parece diferente de muitos dos bairros pobres, apertados e superlotados da capital; suas ruas são largas e arborizadas, herança de dias melhores. Mas, lá dentro, entre os prédios em ruínas, os sinais da rebeldia de Kram são evidentes: montes de lixo que o município não consegue coletar, pichações que retratam o desespero de jovens com muito pouco a fazer, movidos pela fúria antipolicial e pelo fanatismo por futebol.

Desde a década de 1970, Le Kram produziu sacerdotes e assassinos, comunistas e islamitas, cafetões e poetas — homens e mulheres que não se sentiam pertencentes à Tunísia moderna e que dedicaram suas vidas a corrigir ou extravasar esse sentimento. Era um bairro *shaabi*, de trabalhadores e do povo, um lugar para quem deseja a clandestinidade. Le Kram tinha uma história rica em influenciar a política do país. Quando Bourguiba cortou os subsídios ao pão em 1984, Kram foi o primeiro distrito da capital a se revoltar. Uma foto em sépia do jornal da época mostra uma mulher de Kram em um tradicional véu branco enfrentando um tanque do exército nas ruas. No dia seguinte às manifestações em Kram, Bourguiba restabeleceu o subsídio.

Naquele dia de janeiro de 2011, Nour se vestiu enquanto a irmã mais nova quase surtava de tanta impaciência. Do lado de fora, os vizinhos estavam em frente a suas casas ou debruçados nas janelas, falando rapidamente. A vizinha, uma senhora vestindo camisola, dizia a todos que os manifestantes locais haviam incendiado a delegacia e agora estavam indo para a sede do partido do presidente Ben Ali. Nour não conseguia acreditar no que ouvia. A delegacia de polícia em Kram era a maior de toda a grande Túnis. Ela pegou a mão da irmã e elas correram.

Não havia tráfego na via principal e as pessoas se aglomeravam no meio da rua. Nuvens de fumaça negra subiam do ponto do bonde, ondulando atrás de uma fileira de pinheiros. Um homem passou de bicicleta com uma só mão no guidão, virando-se para espreitar. Outro passou cambaleando, exibindo o V da vitória com os dedos, balbuciando as duas palavras de ordem da revolução, *"Hurriya"* e *"Karama",* liberdade e dignidade. Os muffins do padeiro, que a essa hora já teriam terminado, ainda estavam empilhados contra o vidro, intactos e esquecidos em meio ao caos.

Kram continha uma profusão de correntes políticas — havia islamitas de muitas vertentes, sindicalistas, comunistas —, mas, nos primeiros meses de 2011, todos se uniram em uma revolta tempestuosa contra o regime de Ben Ali. Jamal, um jovem de 20 e poucos anos, era um comunista devoto, porém, ao se referir a Kram e ao que eles fizeram naquele dia e nos dias que se seguiram, falou em um coletivo "nós". "Todos nós sentimos que não pertencíamos", disse. "Todo mundo queria ir embora. Enfrentávamos todos os problemas políticos existentes na Tunísia."

Em 13 de janeiro, Jamal ficou ao lado dos salafistas, com quem seu grupo de esquerda às vezes se estranhava. Juntos, eles assistiram à sede da polícia queimar; suas afiliações foram esquecidas em prol da batalha entre o bairro e a polícia, que mais do que nunca parecia uma força de ocupação. À noite, sob o brilho alaranjado dos pneus incendiados, papéis chamuscados flutuavam no ar e mosquitos se lançavam na direção da luz. Pelo menos nove manifestantes de Kram foram mortos naquele dia. A polícia abandonou sua estação carbonizada e desocupou a área. O bairro havia vencido.

Naquele mês de agosto, durante a primeira celebração do Eid no Ramadã após a revolução, Nour e sua mãe foram à mesquita para a oração de sexta-feira, por uma rua residencial ladeada de palmeiras e buganvílias. Nunca, em cinquenta anos, alguém em Kram viu tantas mulheres indo orar publicamente.

Nour viu mulheres conhecidas convergindo de todas as direções. Havia tantas que a entrada da pequena sala de oração de mulheres parecia um formigueiro. Depois do Ramadã naquele ano, a mesquita construiu uma entrada separada para mulheres, a primeira desde a sua criação muitos anos antes.

Em janeiro de 2011, o presidente Ben Ali embarcou em um avião para o exílio (ele supostamente hesitou na pista, lamentando deixar seu país saqueado, e foi repreendido pela esposa: "Entre logo, imbecil. Já tive de lidar com suas tolices minha vida toda."). Após o colapso do regime, o bairro mudou rápido. Começou a fazer o próprio policiamento por meio de grupos recém-criados, como as Ligas para a Proteção da Revolução. Os salafistas locais treinavam juntos e patrulhavam em grupos que às vezes cruzavam a linha tênue ao transformarem-se em justiceiros, atacando traficantes de drogas, delinquentes e ladrões.

Na Tunísia, os salafistas eram relativamente novidade, tanto do ponto de vista religioso quanto político. O termo *Salafi* refere-se aos seguidores de uma linhagem puritana, revivalista do Islã, que se originou nos séculos XVIII e XIX, nas terras que depois se tornaram a Arábia Saudita. Os fundadores do movimento salafista acreditavam que o islamismo contemporâneo havia se desviado do verdadeiro caminho do Profeta Muhammad, e se mobilizaram para criar um islamismo despretensioso, que retornasse aos fundamentos. Para tanto, eles se autodenominaram *salafs,* o termo para os primeiros seguidores devotos do Profeta. Ao longo do tempo, o salafismo cresceu e evoluiu na Arábia Saudita, fundindo-se com a ideologia nacional emergente do jovem Estado e tornando-se crucial para a reivindicação de legitimidade do governo da família Al-Saud. O salafismo continha diversas linhas, algumas apolíticas, outras mais ativistas. Com o passar dos anos, vários estudiosos e dissidentes religiosos de todo o mundo árabe se refugiaram na Arábia Saudita, introduzindo teólogos ortodoxos de outras partes do mundo muçulmano no cenário salafista.

No seu núcleo doutrinário, o salafismo se sobrepõe principalmente ao islamismo sunita ortodoxo. Ele diverge, sobretudo, na rígida execração de seus inimigos, ou daqueles considerados fora do reduto do islamismo. A tendência excessivamente fanática do *takfir,* ou excomungação, daqueles a quem os salafistas se opõem é o que torna o salafismo tão intolerante e potencialmente inflamável. Como o salafismo coexistia com (sustentava, na verdade) as atividades transnacionais da Arábia Saudita durante os anos 1970 e além — por meio do apoio à jihad no Afeganistão contra os soviéticos; de seus investimentos em soft power na exportação de ideias por todo o mundo muçulmano mediante livros, treinamento de imãs, construção de mesquitas e centros religiosos —, acabou se transformando em um movimento global complexo, com muitas manifestações diferentes. Às vezes, existia silenciosamente nas cidades europeias, onde tornava as pessoas mais devotas e segregadas, mas ainda pacíficas; outras, se enraizava em guetos e subúrbios rebeldes, oferecendo uma linguagem de cisão e militância aos jovens muçulmanos que já se sentiam discriminados, alienados e isolados pela sociedade europeia.

Nos anos 1980, quando a União Soviética invadiu o Afeganistão, os Estados Unidos financiaram os mujaheddin árabes que viajavam para combater os ocupantes soviéticos. Esses jihadistas também eram filhos privilegiados do Estado saudita, mas se voltaram contra a família saudita governante após a primeira Guerra do Golfo de 1991, quando bases militares norte-americanas se espalhavam por todo o Reino Saudita. Para a inquietação de muitos sauditas, entre eles Osama Bin Laden, essas bases militares nunca foram embora. A oposição violenta a essa presença norte-americana na península do Golfo acabou se unindo à Al-Qaeda, um grupo que descrevia sua crescente militância política como uma jihad.

Ao longo dos anos 1990, o projeto da Al-Qaeda de uma jihad salafista permaneceu marginal e clandestino na maior parte do Oriente Médio; ganhou força em meados dos anos 2000, depois que os ataques de 11 de Setembro provocaram invasões norte-americanas no Afeganistão e no Iraque. A Guerra ao Terror mais ampla foi como o despertar da verdade para os remanescentes da Al-Qaeda que alegavam que os Estados Unidos estavam em guerra com o Islã: uma campanha de anos em grandes áreas do mundo, envolvendo tortura, prisões secretas — os chamados *black sites* — e muitos civis mortos em nome do combate ao terrorismo. Os que resistiram à ocupação dos Estados Unidos no Iraque procuraram ideias e simbolismos religiosos para consolidar o apoio à insurgência; membros da comunidade sunita encontraram matéria-prima pronta na visão da Al-Qaeda, enquanto os iraquianos xiitas formaram suas próprias milícias em forma de seitas para combater os norte-americanos. Insurgentes veteranos e sem propósito, remanescentes da guerra afegã, estavam à procura do novo fronte, da guerra justa ideal. A insurgência iraquiana lhes ofereceu exatamente isso. Atraiu combatentes de toda parte, da Jordânia e da Síria, da Arábia Saudita e da Tunísia.

Antes da Primavera Árabe de 2011, os salafistas tinham pouca influência ou presença pública no Norte da África. Na Tunísia, o ativismo político-religioso se reunia principalmente em torno do Ennahda, um partido islâmico na identidade e na visão de mundo, mas pragmático e disposto a trabalhar dentro do processo eleitoral.

Enquanto o Ennahda representava os interesses de uma classe média socialmente conservadora durante os anos de poder do presidente Ben Ali, os salafistas apelavam a uma geração mais jovem de tunisianos da classe média e mais baixa, em especial nas áreas urbanas. Seus seguidores tendiam a ser socialmente marginalizados (embora, com frequência, tivessem formação universitária) e atraídos por uma ideologia que parecia apropriadamente radical e antiestablishment na época da Primavera Árabe.

Porém, dentro do movimento salafista, havia cisão e discordância. Duas linhas principais competiam: uma que se considerava um projeto social local com objetivos revolucionários, buscando preparar a sociedade para uma mudança gradual em direção à governança religiosa por meio do ensino e do ativismo; e uma segunda vertente, com uma visão de mundo apocalíptica mais receptiva ao jihadismo e ao absolutismo transnacionais. Esta só reconhecia os próprios membros como verdadeiros muçulmanos e rotulava todos os demais (até outros muçulmanos) como *kuffar,* ou incrédulos. Visava atrair os salafistas da geração mais velha que haviam lutado no Afeganistão contra os soviéticos e no Iraque após a invasão dos EUA.

O primeiro grupo, mais moderado, ocupou a lacuna que se formou após a revolução, ansioso por participar da vida cívica por meio de obras de caridade e ensino religioso e ser reconhecido como um agente cívico normal. Embora esse grupo acreditasse, por uma questão de princípio, que os muçulmanos deviam ser governados pela Sharia, a lei islâmica, não defendia sua imposição por meios violentos nem era necessariamente jihadista. No entanto, para os tunisianos liberais — os professores que questionavam o uso do niqab ou mesmo do hijab por Nour, as pessoas que queriam que os espaços públicos e governamentais fossem terminantemente seculares —, as duas correntes do movimento salafista eram indistinguíveis. O estereótipo da segunda vertente era o predominante — um bicho-papão com barbas compridas, forte odor corporal e túnicas afegãs de gosto duvidoso que pretendia envolver a capital com bandeiras negras e proibir a yoga. Para os tunisianos liberais ocidentalizados, o fascínio pelo salafismo após a revolução pareceu desconcertante e perturbador, carregando consigo a ameaça de um governo majoritário e socialmente conservador.

Entretanto, no próprio Kram, muitos consideravam os salafistas como os caras do bairro, e não figuras "estrangeiras" financiadas pela Arábia Saudita. Comunistas como Jamal encaravam os esforços locais dos salafistas com ceticismo, mas sem apreensão. "Uma vez que o bairro passou a se policiar, as coisas realmente melhoraram", disse ele.

Apesar de gostar de Charles Bukowski, Jamal acreditava que a sociedade tunisiana tinha um problema de "excesso de masculinidade" que se aplicava a todos, não apenas aos salafistas, um machismo amplificado, resultante de sua permanente condição de subjugação ao Estado. Com frequência, os bandidos do bairro adeptos do salafismo levavam consigo seu comportamento brutal e lhe atribuíam uma bússola moral: assediar meninas que usavam saias curtas, atacar lojas que vendiam bebidas alcoólicas, embora até recentemente consumissem álcool. Após o levante que derrubou o regime de Ben Ali, o salafismo ofereceu a esses homens uma válvula de escape para descarregar frustrações sociais e políticas de longa data. Angústia infantil, vida de dificuldades, marginalização extrema e queixas políticas e de classe se fundiram em uma nova identidade salafista.

"Quando os locais veem um policial bater em uma idosa por usar hijab, eles desenvolvem uma ideia fixa contra Ben Ali", explicou Jamal. "Mas também contra o Ocidente, que o apoia. Eles querem se vingar, e isso significa se vingar do Ocidente. Cada policial de Ben Ali originou quatro salafistas."

No verão de 2011, ao entardecer, Nour atravessava o Kram sentindo-se mais segura, sem ter que se preocupar com a presença de policiais que poderiam incomodá-la por usar seu niqab ou com algum viciado chapado que repentinamente agarrasse seus tornozelos. Seu bairro estava mais seguro do que antes da revolução.

Após a Primavera Árabe, os bairros em toda a Tunísia criaram brigadas locais que passaram a se chamar Ligas para a Proteção da Revolução. A princípio, esses grupos protegiam os moradores contra saques e vandalismo após o colapso da força policial. Mais tarde, se transformaram em polos de atividade política, onde os organizadores desenvolviam estratégias em nível local para garantir que os velhos personagens do regime — de chefes da máfia a autoridades locais — não voltassem a influenciar a política pós-revolução. Essa era, pelo menos, a visão original. Com o tempo, as Ligas começaram a funcionar como agentes políticos contra as facções que passaram a enfrentar após 2011.

Em Kram, a versão local dessa liga era chamada de Homens Revolucionários de Kram e incluía ativistas de diferentes origens. Emad, um ativista na casa dos 50 anos que mais parecia um acadêmico francês, vestindo jeans branco, uma jaqueta de couro preta e Ray-Bans modelo aviador, a descreveu assim: "Quando o regime caiu, não significava que iríamos apenas nos ater à mesquita. Tínhamos muito o que fazer. Todos em Kram tinham o mesmo objetivo. Todos queriam trabalhar por emprego, dignidade e fazer com que os jovens se sentissem como se tivessem alguma participação no Estado."

Nour estava pronta para isso, começar a expandir seus horizontes, encontrar seu lugar nessa nova Tunísia. Certa noite, no verão de 2011, ela foi visitar a esposa do imã. A casa deles era pequena e modesta: uma sala de estar com um sofá de espuma, uma mesa de café em laca lascada e um prato gravado com a palavra *Allah* em letra cursiva pendurado na parede.

Nour sentou-se à mesa da cozinha enquanto a esposa do imã preparava o jantar e o filhinho deles observava a tomada no canto do cômodo. "Tenho falado sobre você", disse a mulher mais velha. Um homem tunisiano que morava na França havia voltado recentemente para casa e pedira ao imã que lhe arranjasse uma esposa. "Eu disse que conhecia

PARTE I: HERANÇA DE ESPINHOS

a garota ideal para ele", comentou a esposa do imã. "Uma boa menina, muito religiosa, dedicada, que seria a esposa perfeita."

Nour era jovem e tinha tempo de sobra para se casar, mas, como não havia concluído o ensino médio e não possuía habilidades ou hábitos de vestimenta liberais que lhe permitissem encontrar trabalho em uma loja, o casamento era uma perspectiva promissora. Poderia sair da casa dos pais. Poderia finalmente assumir uma identidade além da de estudante fracassada e eterna filha. Ela pediu à esposa do imã que lhe contasse mais sobre esse homem.

Karim foi à casa de Nour no dia seguinte. Ele tinha 33 anos, 15 a mais do que Nour, mas era atraente, com cabelos pretos e olhos serenos da cor de grãos de café. Havia ternura na maneira como ele se abaixou para falar com o irmão e a irmã mais nova de Nour, sacando do bolso uma bola saltitante para cada um deles. Ela e Karim sentaram-se com os pais na sala, bebendo chá enquanto todos tentavam encontrar assuntos para conversar: ele contou sobre os pais em Ben Gardane, uma cidade perto da fronteira com a Líbia, e os desafios de morar na França, onde trabalhou por alguns anos como garçom, tentando economizar dinheiro suficiente para fazer algo melhor que isso.

Karim sonhou a vida toda em ir para a França, mas, ao chegar lá, disse que se sentiu inferior e mais encurralado do que jamais esteve na Tunísia. Pulando de restaurante em restaurante, frequentemente lavando pratos, e não servindo mesas, começou a se desesperar. Era difícil sobreviver e impossível economizar dinheiro. Durante sua estada na França, ele se tornou mais religioso, o que dificultou ainda mais encontrar trabalho, pois não queria trabalhar em restaurantes que serviam álcool. Em Paris, isso o deixou com péssimas opções: carrinhos gordurosos de shawarma ou uma possível nova carreira no que ele chamou de "comércio".

Nour não sabia exatamente o que "comércio" significava, mas, no sexto dia (Karim agora a visitava todos os dias), ela reconheceu como honroso e correto seu ato de deixar a França — afinal, era um país que nunca desejara o melhor para a Tunísia ou seus cidadãos — e voltar para casa, onde poderia recomeçar. Nour se acostumou a vê-lo na sala de estar com sua família, ao som de sua voz, a uma presença masculina que irradiava calor e a fazia se sentir, simplesmente por estar lá por ela, mais madura. No sétimo dia, ela aceitou o pedido de casamento. Karim disse que precisava voltar à França para encerrar seus negócios. Quando retornou, três meses depois, eles se casaram.

Naquele outono, no ano seguinte à revolução, eles ainda tinham esperança. Nour e Karim dormiam em um colchão dobrável em um quarto na casa dos pais dela, que compartilhavam com os dois irmãos mais novos de Nour. Estava longe do ideal. O garotinho choramingava durante a noite e eles costumavam acordar com as duas crianças encarando-os com olhos arregalados de desenhos animados, esperando que se levantassem para brincar. Mas era melhor que a outra alternativa: morar com os pais de Karim.

Nour pendurou o hijab e as roupas no mesmo prego enferrujado que usava desde aquele fatídico dia na escola em 2007. Karim estava procurando trabalho, de qualquer tipo, para que pudessem se mudar para um lugar só deles, mas, essencialmente, queria um emprego adequado. Algo que lhe permitisse criar e educar bem dois filhos a fim de que algum dia pudessem viver do outro lado do muro de desigualdade que ele, Nour e todo mundo que conheciam lutavam para derrubar desde a infância.

Alguns dias, Karim ficava fora até a noite, encontrando-se com contatos em cafés de rua, recorrendo às redes de amigos na esperança de que alguém lhe conseguisse um emprego no governo. Na Tunísia, um emprego no setor estatal era um bilhete de loteria: um salário estável vitalício e um indicador de status social. Nour aprendeu a avaliar pela expressão e pelos ombros de Karim se deveria lhe perguntar como foi o dia. Em algumas ocasiões, ela se permitia sonhar que receberia boas notícias: que ele encontrara algo, que começaria na próxima semana, que lhe diria para começar a procurar um apartamento e que suas vidas mudariam.

Não parecia ser esperar demais da nova Tunísia. A revolução se espalhou para outras partes do mundo árabe — primeiro para o Egito, depois para a Líbia, o Iêmen, a Síria e o Bahrein —, mas, em todos esses países, a revolta levou apenas a uma repressão mais intensa, à guerra civil ou ao colapso total. A Tunísia foi o único país a emergir de forma estável o suficiente para realizar eleições e honrar seu resultado.

No final de 2011, nas primeiras eleições livres na história da Tunísia, o partido islâmico Ennahda venceu com ampla margem. Seu líder, Rachid Ghannouchi, de volta após décadas de exílio em Londres, prometeu que "a Tunísia era para todos". Os membros do Ennahda que haviam sofrido tortura sob o regime anterior agora serviam ao governo, ao lado de políticos do antigo regime responsável por esses abusos. Bouazizi, o mártir vendedor de frutas, ganhou um selo em sua homenagem.

Nour estava cheia de energia. Havia muito o que fazer. As mesquitas de Kram estavam repletas de atividades, e o ativismo social misturado à religião ganhava terreno tanto local quanto nacionalmente. No passado, até o trabalho de caridade era perigoso; o Estado o considerava um comportamento nocivo que levava ao Ennahada e à simpatia ao islamismo. Mas agora o clima era de abertura e liberdade. Era aceitável exalar uma aura muçulmana. Personalidades populares como Rikoba, um cantor que animava a multidão durante partidas de futebol, deixou a barba crescer e misturou hinos revolucionários às *nasheeds* islâmicas, ou canções devocionais. Postou clipes no YouTube, de pé ao lado de um jovem com uma bandana salafista preta, dizendo a um jornalista: "Por que você não fala com meu amigo aqui, esse jovem salafista? Ele é um cara legal."

Em Kram, o grupo de mulheres que Nour frequentava uniu-se ao Ansar Al-Sharia, o grupo salafista pós-revolução criado por Abu Iyadh, o mais antigo militante religioso que fora aprisionado pelo governo Ben Ali e libertado após a revolução. O Ansar Al-Sharia cresceu cerca de 1.000% entre abril de 2011, ano em que realizou sua primeira conferência anual, e abril de 2012, quando o mesmo evento atraiu quase 10 mil jovens tunisianos. Era o alvorecer do mercado político da nova Tunísia e todos, de Ennahda a Ansar Al-Sharia, queriam atrair o maior número possível de eleitores. O grupo trabalhou habilmente na nova atmosfera, com uma presença robusta no Facebook; em um período de dois meses, realizou 65 eventos em cerca de 30 localidades em todo o país. Um jovem estudante de pós-graduação da Tunísia que escreveu sua tese sobre o Ansar Al-Sharia o descreveu como "uma obra de caridade em escala industrial". O fundador do grupo declarou: "Queremos tocar o coração das pessoas, não magoá-las", embora não interviesse quando salafistas iam longe demais e importunavam as pessoas por beberem álcool ou se vestirem de modo indecente.

Do lado de fora, o fascínio que o grupo despertava em jovens como Nour causava perplexidade. A postura salafista em relação às mulheres era extremamente rígida: não era permitida a mistura livre de gêneros e elas deviam usar trajes islâmicos completos, o que em geral incluía o niqab. De alguma forma, o grupo conseguiu, dentro dessas restrições, criar um senso de solidariedade entre os sexos. Enquanto, para as mulheres, o espaço secular na sociedade liberal da Tunísia era de emancipação, mas arquetipicamente ocidental e objetivado, o Ansar Al-Sharia incentivava-as a estudar, trabalhar e ter um papel na sociedade, embora sempre do outro lado de um manto de separação. O estudante de pós-graduação tunisiano relatou que as mulheres no Ansar Al-Sharia não se sentiam constrangidas, mas empoderadas; o grupo era muito respeitoso com elas dentro das próprias divisas. Não pretendia defender a igualdade feminista ao estilo ocidental, mas defendia o acesso das mulheres à educação e a participação na vida cívica por meio de atividades de caridade e religião. Para uma jovem como Nour, essa era a mensagem mais ressonante.

As mulheres conduziam seus próprios círculos de *dawah*, onde convidavam novos membros para estudar e entender o Islã, e eram ativas na gestão das contas de mídia social do Ansar Al-Sharia. As conversas e o burburinho das atividades, embora de natureza religiosa, geralmente se concentravam em preocupações práticas, como a forma de criar uma indústria de turismo halal na Tunísia. Era um dos tipos de turismo que mais crescia no mundo, à medida que aumentava a demanda por resorts que não serviam álcool, ofereciam áreas de natação privadas ou separadas para mulheres e famílias e incentivavam o uso de roupas modestas. Muitos jovens salafistas achavam que seria ideal para a Tunísia, que, com sua longa costa mediterrânea de praias de areia, ruínas antigas ladeadas de palmeiras e cidades desertas caiadas de branco, dependia fortemente do turismo para a renda nacional.

Os jovens salafistas mais cautelosos tentaram fundir a energia magnética e antiestablishment do Ansar Al-Sharia a uma abordagem mais ponderada que enfatizasse o trabalho de forma prática dentro do sistema. O amigo de Karim, Walid, tinha essa convicção. Nour admirava Walid; era difícil não admirá-lo. Ele veio de uma família de classe média de Ben Gardane; seu pai era um proprietário de terras bem-sucedido, e Walid era bem-educado, formado em economia, com conexões familiares que lhe permitiram arranjar um emprego no governo. Usava camisas polo em cores vivas e tênis brancos. Era alto e tinha ombros largos, e parecia igualmente capaz de jogar tênis e espancar alguém. Walid tinha uma beleza universal, mas o que Nour achava especialmente atraente era o fato de ele ser um militante de "boa família", um islamita por pura crença, não porque nasceu carente em alguma favela urbana.

Walid tinha uma compreensão intelectual das origens do jihadismo salafista. Era capaz de explicar toda a evolução teórica e política desde os primeiros escritos de Sayyid Qutb, o ideólogo militante egípcio que defendia a resistência radical ao autoritarismo nacionalista de Nasser, até Abdullah Azzam, o teólogo jihadista palestino e cofundador da Al-Qaeda, que insistia que a jihad defensiva impunha salvaguardas rígidas contra baixas civis. Walid ouvira seus argumentos quando adolescente em fitas cassete e vídeos, e se impressionou com seus planos de trazer igualdade à sociedade. Ele passou a acreditar que um capitalismo camarada — do tipo praticado por Ben Ali e apoiado pelo Ocidente, especialmente pela França — não apenas fracassou em trazer empregos e dignidade aos tunisianos, mas também lhes roubou conforto espiritual. Enquanto forças poderosas do Ocidente impusessem esses autocratas seculares à Tunísia, o povo não teria uma chance genuína de derrubar seus opressores, acreditava ele. Porque, no final, era difícil derrubar um regime amparado — por meio de ajuda direta e militar, compartilhamento de inteligência e treinamento — pelas nações ricas do Ocidente. Essa desconfiança pós-colonial da interferência ocidental também passou a fazer parte da visão estratégica da Al-Qaeda. Embora culpasse Bin Laden por muitas coisas, Walid concordava que a mudança nos países muçulmanos autocráticos exigia o enfraquecimento da disposição das nações ocidentais em apoiá-los.

Lutar contra os norte-americanos no Iraque, para Walid, era claramente justo, uma guerra anti-imperial. Porém, na Tunísia, ele não via necessidade de violência. Após anos de doutrinação secular, levaria tempo e paciência para persuadir os tunisianos a dar à visão islâmica uma chance justa, para vê-la como uma possível maneira de garantir independência, justiça social e as principais demandas da revolução.

Walid às vezes provocava Nour, que ouvia com entusiasmo suas discussões com Karim, mas tendia a filtrar as ideias com base nas postagens que lia no Facebook, traduzidas para um nível mais fácil de ser absorvidas. Como muitos jovens em Túnis, ela passava horas nas mídias sociais. Assistiu a um vídeo da música *"Boulicia Kleb"* (Policiais São Cães), do rapper Weld El 15. Se havia um sentimento compartilhado entre os jovens da Tunísia em 2012, provavelmente estava representado nessa música. Ela leu um post de duas médicas locais que diziam estar trabalhando mais horas para poder doar um terço de seu salário todos os meses ao movimento Ansar Al-Sharia.

Enquanto Karim procurava emprego, Nour continuou a tranquilizá-lo com palavras de paciência, mas recentemente suas reservas estavam se esgotando. Quando a pediu em casamento, ele mencionou a existência de uma ex-mulher, uma tunisiana com quem teve uma filha alguns anos antes de se mudar para a França, fazendo parecer que tudo estava organizado e resolvido havia muito tempo. E talvez estivesse mesmo enquanto morava no exterior, mas, agora que estava de volta à Tunísia, a ex-esposa reapareceu em suas vidas. Nour aceitou o fato graciosamente, dando as boas-vindas à menininha quando ela veio visitá-lo, trançando seus cabelos e levando-a para tomar sorvete à beira-mar. A ex-esposa ligava para Karim quase todos os dias, exigindo saber quando começaria a lhes dar dinheiro. Ele, porém, não tinha mais do que um turno ocasional dirigindo um táxi. Quando explicou isso à ex-esposa, ela gritou que também não tinha de onde tirar dinheiro e ameaçou denunciá-lo à polícia como um extremista se ele não resolvesse as coisas.

Seu telefone celular vibrava o tempo todo com chamadas de um número não identificado. Seu corpo enrijecia quando olhava o visor; às vezes Karim ignorava, e às vezes atendia em tom rude. As conversas realçavam as linhas de expressão ao redor de seus olhos. A certa altura, ele disse a Nour que era a polícia ligando, pedindo para vê-lo, perguntando sobre homens que conhecia da França. Segundo ele, na França, a polícia também o monitorava.

A mãe de Nour finalmente perguntou a ela por que a polícia o importunava. "A religião dele. É a religião dele que lhe causa problemas", respondeu a filha.

ASMA

***Janeiro de 2011**, Raqqa, Síria*

Durante grande parte do mês de janeiro e início de fevereiro, Asma imaginou, ao descer do ônibus em que fazia o trajeto de ida e de volta entre a universidade e o centro de Raqqa, que os distantes rumores da revolta nunca chegariam a eles. A Primavera Árabe se espalhou rapidamente da Tunísia para o Egito e o Iêmen, com protestos menores na Jordânia e em Omã, mas a família Assad havia governado a Síria durante toda a sua vida, todos os seus 19 anos, e parecia tão enraizada no firmamento do país quanto os pinheiros que ladeavam as montanhas costeiras. Estátuas enormes de Hafez Al-Assad assombravam muitas praças urbanas, com sua testa sobrenaturalmente longa, braço estendido e acenando, como se dissesse: "Bem-vindo à Síria, o quintal da minha casa!"

A família Assad era alauita, uma seita religiosa minoritária na área do Levante, que passou a ser conhecida como Síria após a queda do Império Otomano. A França controlou a Síria após a dissolução otomana e, durante esse período, incentivou a participação de alauitas em suas forças armadas com o convencional objetivo imperial: criar divisão entre os cidadãos locais exacerbando cizânias naturais. Era a primeira vez em séculos que os muçulmanos do Levante eram governados por cristãos europeus, e a consternação e a oposição dos muçulmanos sunitas foram ferozes. As novas fronteiras coloniais traçadas pelos franceses impediram os comerciantes e mercadores sunitas de acessar seus mercados e portos otomanos tradicionais. Para os alauitas, que eram principalmente camponeses que viviam em áreas rurais, os novos arranjos ofereceram um caminho rápido e inesperado para o poder. Hafez Al-Assad, pai de Bashar, assumiu o poder após um golpe de Estado em 1970. Os alauitas das áreas rurais se urbanizaram aos poucos, enquanto sunitas tradicionalmente ricos e conservadores em cidades como Alepo e Homs viram sua influência e fortuna diminuírem.

No início dos anos 1980, a Irmandade Muçulmana emergiu como, nas palavras de um historiador, "porta-voz natural" da comunidade sunita, cujos interesses sociais, particularmente entre proprietários de terra, comerciantes e industriais, sofreram sob o projeto secular nacional-socialista de Assad. Em 1980, a Irmandade divulgou uma declaração alegando que sua preocupação não era o islamismo ou a ideologia, mas a defesa de um programa econômico diferente, que ajudaria uma faixa mais ampla de constituintes e promoveria as liberdades políticas e civis. Era, como sempre, uma demanda por um melhor governo: políticas econômicas mais equitativas, menos clientelismo, um ambiente político menos opressivo. Embora a Irmandade Muçulmana povoe a imaginação ocidental como um movimento extremista impulsionado pela ideologia, suas raízes históricas na Síria das décadas de 1970 e 1980 surgiram da defesa política de um grupo sub-representado.

Naquela época, Hafez Al-Assad havia fomentado um vívido culto de personalidade que revestia seu governo opressivo: ele era "pai", "líder para sempre", "cavaleiro galante" e até a "principal farmacêutica" do país. Naquele tempo, assim como hoje, as cisões na Síria podiam ser mapeadas como alauitas versus sunitas —, mas não sem negligenciar muitas linhas divisórias, porque também havia disputas que distinguiam os interesses entre econômicos e sociais, geográficos e comerciais. Antes da década de 1970, não havia consciência de um grande conflito sectário na Síria, pois ninguém considerava os alauitas como muçulmanos; sunitas e xiitas os consideravam hereges, fora do domínio da fé. Mas Assad desejava dotar seu governo minoritário e pouco inclusivo de legitimidade religiosa e incorporar o islamismo à sua mitologia nacional. Ele tentou reconstruir a imagem dos alauitas não como uma tribo religiosa ímpia e singular, mas como muçulmanos xiitas. Ofereceu proteção e clientelismo aos clérigos xiitas que se dispusessem a ungi-los como tal; o proeminente clérigo xiita libanês Musa Al-Sadr propôs o evasivo termo "parceiros em perigo", sugerindo que alauitas e xiitas compartilhavam preocupações políticas temporárias, quando não, raízes teológicas.

Em fevereiro de 1982, os sunitas de Hama, valendo-se da Irmandade Muçulmana, se rebelaram contra o governo de Hafez Al-Assad. A cidade de Hama tinha cerca de 200 mil habitantes. Assad enviou 12 mil soldados e isolou a cidade, havia tanques patrulhando as ruas e helicópteros sobrevoando os céus. No decorrer de três semanas, as forças do governo mataram entre 5 mil e 20 mil cidadãos.

Quase todas as famílias perderam pelo menos um membro. Havia tantos corpos nas ruas que a cidade começou a atrair matilhas de cães selvagens, que se alimentavam dos cadáveres e atacavam as pessoas que tentavam encontrar os corpos de seus parentes. Asma ainda não havia nascido, mas seus pais moravam na capital, Damasco. Naquela época, Assad havia atendido suficientes interesses da classe média da capital, incluindo os sunitas, de modo que suas preocupações não se sobrepunham mais tão nitidamente às dos sunitas em outras cidades.

Hama. Até hoje, para qualquer pessoa do Oriente Médio, o nome da cidade é uma daquelas palavras tétricas, como "Srebrenica", sinônimo de atrocidade na mais ampla escala. "É difícil explicar o desaparecimento repentino de uma grande cidade, especialmente uma localizada na principal rodovia entre Damasco e Alepo", escreveu um historiador logo após o massacre.

Assad e seu Partido Ba'ath, depois de eliminar a insurgência, alertaram os sírios contra a "bestial" Irmandade Muçulmana que teria "se vendido ao diabo". Em um discurso após a revolta, Assad descreveu aqueles que se rebelaram contra o governo como extremistas.

Eles estão massacrando crianças, mulheres e idosos em nome do Islã. Estão destruindo famílias inteiras em nome do Islã. Estendem a mão para os estrangeiros e seus agentes e para os regimes de marionetes pró-EUA em nossas fronteiras. Estendem suas mãos em busca de fundos e armas para trair sua terra natal e matar concidadãos. Praticaram todos os atos banidos por Deus... Eles são apóstatas. Somos nós que defendemos o Islã, a religião e a pátria.

O império da repressão permaneceu constante na Síria durante as décadas que se seguiram, quando o poder passou de Hafez para seu filho Bashar. Mas agora era fevereiro de 2011, apenas algumas semanas após a revolta na Tunísia, e os árabes de toda a região estavam atônitos, encorajados a pensar que seus ditadores também poderiam ser responsabilizados. Em Dara'a, uma cidade ao sul, próxima à fronteira com a Jordânia, um grupo de jovens pichava os muros de uma escola local. "É a sua vez, doutor", escreveram em zombaria, referindo-se a Bashar Al-Assad, um oftalmologista por formação, criando uma rima em árabe: *"Ejak el door, ya doctor."*

No entanto, quando foram presos pela polícia, seus grafites zombeteiros se transformaram em uma espécie de profecia. No final de março, veio à tona a informação de que os jovens foram torturados na prisão. Naquela sexta-feira, após a oração do meio-dia, manifestantes protestaram furiosamente nas ruas de Dara'a, exigindo sua libertação. A polícia atirou a esmo na multidão, matando várias pessoas. Em um mês, os protestos se espalharam por dezenas de cidades em toda a Síria, inflamando-se regularmente após as orações de sexta-feira e transformando-se na oposição mais séria e prolongada ao governo da família Assad desde a rebelião de Hama em 1982.

Bashar reagiu da mesma forma que o pai. Embora as reivindicações iniciais dos manifestantes fossem por reformas, ele ignorou as queixas e se recusou a fazer concessões, passando a reprimir a oposição com violência. Assim como o pai, Bashar usou seu primeiro discurso na televisão para chamar os manifestantes de "extremistas" e alertou que, sem ele, a Síria cairia na mão dos jihadistas. Muitos sírios, incluindo sunitas proeminentes e de classe média em Damasco, temiam essa possibilidade.

As forças armadas do regime cercaram Dara'a e começaram a matar manifestantes que se aglomeravam nas ruas, às vezes mais de cem por semana. Grandes cidades como Homs começaram a se agitar e um tuíte começou a circular: "Homs 2011 = Hama 1982, em câmera lenta."

A revolução demorou a chegar a Raqqa. Asma continuou a embarcar no ônibus todos os dias para suas aulas de marketing em Al-Hasaka, encostando a cabeça na janela, absorta em seu telefone: mandando uma mensagem para o namorado, percorrendo o feed do Facebook. Aos poucos, a revolta que de início parecia tão distante começou a ganhar forma. As aulas de Asma na universidade foram canceladas, sem data prevista de retorno. A certa altura, havia marchas pelo centro da cidade, os cidadãos de Raqqa finalmente gritando o que os sírios já estavam pedindo em todo o país: *"O povo quer a queda do regime!"*

Porém, mesmo quando as notícias de massacres e conflitos violentos chegaram a Raqqa, quando os refugiados das cidades do oeste começaram a surgir, quando os jovens da cidade começaram a se alistar nos grupos anti-Assad mais populares da região — principalmente a Jabhat Al-Nusra —, o tecido social parecia quase intacto. Dentro de dois a três dias, o Exército Livre da Síria e a Jabhat Al-Nusra trabalhariam juntos para libertar a cidade.

Revolução

A insurgência árabe de 2011, eufemisticamente chamada de Primavera Árabe, abalou o alinhamento político que estruturava o Oriente Médio há mais de meio século: a implícita barganha entre os ditadores de Estados clientes árabes e o Ocidente, por meio da qual autoritários contam com os Estados Unidos, a França e o Reino Unido para apoio político, ajuda e proteção militar, e pagam tudo com investimentos nas economias ocidentais e dezenas de bilhões de dólares em compras de armas, que impulsionam as indústrias de defesa desses países.

Na Síria, em pouco mais de um ano, o que começou como um protesto pacífico se transformou em uma rebelião armada contra o governo do presidente Bashar Al-Assad.

Assad agiu de maneira célere para retratar os manifestantes como islamitas extremistas e advertiu o país de suas violentas intenções sectárias. Para transformar essa história em realidade, suas forças de segurança perseguiram os ativistas pacíficos, detendo milhares em prisões onde eram torturados e estuprados. Ele libertou dezenas de islamitas e jihadistas cruéis da prisão, possibilitando que se agrupassem e se organizassem.

Os desertores das forças armadas sírias formaram o Exército Livre da Síria, enquanto os jihadistas libertados se misturaram a vertentes mais religiosas e militantes da oposição emergente. Abu Bakr Al-Baghdadi, que controla o Estado Islâmico do Iraque (EEI), vislumbrou uma oportunidade e enviou um agente sênior para abrir uma frente na Síria. Essa nova empreitada foi chamada de Jabhat Al-Nusra, a Frente Al-Nusra, e atraiu militantes locais recém-libertados e combatentes muçulmanos do exterior. O líder da Al-Qaeda, Ayman Al-Zawahiri, sucessor de Osama Bin Laden, emitiu um comunicado elogiando a resistência síria e incitando os muçulmanos de toda a região a viajarem para os "campos da jihad" da Síria.

Em fevereiro de 2012, Marie Colvi, jornalista do *Sunday Times,* e Remi Ochlik, fotógrafo francês, morreram em um ataque a bomba a um centro de mídia em Homs, orquestrado por Assad.

PARTE I: HERANÇA DE ESPINHOS

Em maio, cerca de cem pessoas foram mortas na região de Houla, na Síria, quase metade delas eram crianças. A responsabilidade pelo ataque é atribuída a esquadrões da morte sombrios enviados pelo regime, chamados de *shabiha*, que vestiam roupas civis e tênis brancos.

Os governos ocidentais pediram a renúncia de Assad e impuseram sanções. Os principais Estados da região — Catar, Turquia e Arábia Saudita — cortaram relações e começaram a financiar e apoiar os oponentes de Assad. Rússia e Irã, aliados mais próximos da Síria na região, mantiveram seu amplo apoio; Teerã enviou conselheiros e começou a apoiar milícias que operavam com os militares sírios.

O presidente Obama autorizou a CIA e outras agências a armar e financiar os rebeldes sírios. Grande parte desse esforço foi coordenada pelos sauditas, que consideravam a oposição a Assad um levante sunita sectário e uma oportunidade de mobilizar sunitas contra os dois governos dominados pelos xiitas no Iraque e no Irã, seu grande inimigo regional e um poder xiita. O presidente Obama advertiu que o uso de armas químicas era um "limite intransponível" que traria enormes consequências e "mudaria os métodos" na intervenção dos EUA.

Em 2012, as Nações Unidas enviaram Kofi Annan para intermediar um cessar-fogo. Ele renunciou após apenas cinco meses, dizendo que a recusa em incluir o Irã nas negociações aniquilava qualquer possibilidade, já ínfima, de um acordo político.

A guerra civil síria se tornou uma guerra por procuração, envolvendo várias potências regionais e também os Estados Unidos.

RAHMA E GHOUFRAN

Junho de 2012, Sousse, Tunísia

RAHMA SUBIU AS ESCADAS PARA O TELHADO, SEGURANDO O GATO DE RUA ossudo e desgrenhado pela nuca. O gato morto estava deitado na beira da estrada, perto da padaria onde sua mãe trabalhava no turno da tarde. Rahma, de 13 anos, o recolheu e guardou na mochila.

Por todos os lados, podia-se ver a cidade se espichando até o horizonte, um mar de casas de blocos de concreto, amontoadas, ao longo de ruas estreitas e esburacadas que se tornavam rios de lama quando chovia. Sousse era uma cidade situada na costa do Mediterrâneo, a cerca de duas horas de carro ao sul da capital, Túnis. O velho bairro tinha uma antiga medina, que costumava receber turistas ocasionais. Mas, com exceção dos hotéis de luxo espalhados pela praia, enclaves onde ingleses e alemães quase nus esparramavam-se em espreguiçadeiras em meio às palmeiras, grande parte da cidade era habitada por ocupantes irregulares e coberta de lixo, repleta de lanchonetes de fast-food com portas de metal baratas e fachadas de lojas fechadas. Algumas de suas ruas eram largas, outras, estreitas; os edifícios consistiam em uma mistura de estilos variados, como se o desenvolvimento da cidade fosse fruto de um arquiteto indeciso.

Rahma morava com sua mãe, Olfa, três irmãs e um irmão em um pequeno apartamento de dois quartos em um bairro sujo e cheio de lixo. O pai, ex-marido de Olfa, era um bêbado que morava em uma cidade vizinha e não tinha dinheiro nem vontade para ajudá-los. Olfa trabalhava em vários empregos e se ausentava por longas horas, tentando ganhar o suficiente para pagar a eletricidade e o aluguel. Quando voltava para casa, geralmente estava exausta e mais propensa a gritar com os filhos por pequenas transgressões ou brigas. Olfa desejava que suas filhas crescessem com um adequado senso de moral e recato, mesmo que ela não estivesse presente para supervisionar seus movimentos da maneira que uma mãe menos sobrecarregada de trabalho poderia fazer. Na escola, outras crianças os menosprezavam por serem pobres, pela ausência do pai e por suas roupas de segunda mão.

Naquele dia de junho, o telhado estava quieto, exceto pelo ronco da barriga de Rahma. Em alguns dias não havia muita comida na casa e este era um deles. Ela pensou em sua irmã Ghoufran no apartamento, cuidando sozinha do irmão e da irmã mais nova, e resolveu trabalhar rápido no gato morto. Havia pouco com que trabalhar na laje, exceto uma cabana improvisada com telha de alumínio ondulado, onde Rahma fazia suas dissecações. Tinha uma pequena mesa cheia de facas de vários tamanhos. Ela começou na base do pescoço, cortando uma linha reta até a cauda, e posicionou a faca de lado, separando a pele suja do músculo embaixo. Rahma se especializou em esfolar os animais mortos do bairro. Ghoufran, que com seus 14 anos era apenas um ano mais velha, chamava o galpão no telhado de "açougue", mas, para Rahma, não era só isso. Havia algo na precisão, na desconstrução de um gato ou um pássaro em suas partes menores, que a acalmava. Quando estava no telhado trabalhando em um animal, nada mais existia.

Na noite anterior, Rahma contou à mãe que fora suspensa da escola por dois dias, pois discutira com a professora de química. Tudo começou quando duas garotas zombaram dela durante o recreio por não ter pai. "Sua mãe não deve nem saber quem ele é", disse uma delas. E Rahma a atacou. Ela foi suspensa por gritar com a professora depois da briga. Rahma era uma garota determinada. Em outras ocasiões, ela se metera em problemas por defender as meninas mais frágeis que eram intimidadas por sua aparência, sua pobreza, suas famílias.

Olfa era uma mulher corpulenta, na casa dos 40 anos, com um nariz sardento e achatado, e olhos castanhos brilhantes que sugeriam ao mesmo tempo um gênio forte e jovialidade. A vida não lhe dera a liberdade de desenvolver hobbies ou passatempos, e ela passava a maior parte do tempo trabalhando em uma padaria com telhado de zinco e depois servindo mesas em um restaurante. A todo instante fazia cálculos mentais, para ter certeza de que ganharia o suficiente a cada semana em seus turnos. Muitas noites, quando voltava do longo turno no restaurante, Olfa deitava no sofá para passar creme em seus tornozelos inchados. Tentou convencer Rahma a ser mais sensata. "Por que você sempre tem que ser a defensora do mundo? Essa garota teria feito o mesmo por você?" Assim como fizera inúmeras vezes, Olfa ponderou: por que Deus havia lhe dado uma filha tão desafiadora? "Sempre haverá alguém injustiçado na sua frente, Rahma", proferiu. "Você não precisa se envolver sempre."

Naquela noite de verão, Rahma levantou a pata direita do gato e a inspecionou. Parecia haver um pedaço de metal, um prego sem cabeça, preso nela. Ela o extraiu e terminou o trabalho. O animal parecia ainda mais magro sem a pele, sua carne era fibrosa e rosada. Rahma jogou a faca para o lado e voltou para o apartamento, imaginando que jantar poderiam preparar para as crianças mais novas.

A TENDA DE DAWAH NO começo da rua foi armada rapidamente. Desde a revolução do ano anterior, os imãs locais costumavam montar tendas de pregação pela cidade, na esperança de proporcionar ao bom povo de Sousse o aprendizado religioso que havia sido negado durante os anos de Ben Ali. O local estava repleto de mesas cobertas com panfletos e Alcorões, e estandes promovendo várias atividades de caridade.

Era incomum, na verdade, inédito, que um evento gratuito acontecesse na deserta rua secundária. Ghoufran perguntou a Olfa se poderia visitar a tenda, explicando que estava apenas curiosa para ver o que estava acontecendo. Com os filhos mais crescidos, ela começou a deixá-los sozinhos; e passou a trancá-los durante a noite quando saía para o turno do restaurante. Olfa disse que a menina poderia ir e deixou a chave com a filha de 13 anos.

Após a oração da noite, quando o sol se pôs e levou consigo um pouco do calor escaldante, Ghoufran se aproximou da tenda. Um jovem de barba bem aparada e *thobe* branco, um manto longo usado pelos homens no Golfo, a cumprimentou e chamou uma das mulheres para atendê-la. Ela usava uma abaya negra, mas seu rosto, sardento e sorridente, estava descoberto.

A mulher a levou a um canto dentro da barraca, onde um grupo de mulheres se sentava em cadeiras dispostas em círculo. Ghoufran se acomodou e ouviu a mulher que falava sobre o caminho reto que Deus havia traçado para elas. Como, ao se submeterem à Sua vontade e se dedicarem a viver de forma pura, elas seriam merecedoras de bênçãos não apenas nesta vida, que é transitória, mas também na eternidade do além. Deus, disse a mulher, era dotado de infinita sabedoria; e, embora fosse difícil mudar o estilo de vida, ainda que pudessem precisar se indispor com suas famílias, se confiassem profundamente no que receberiam em troca, seus corações estariam serenos, tudo seria a mais pura tranquilidade.

Tudo isso parecia extraordinário para Ghoufran. Ela nunca ouvira o Islã ser descrito dessa maneira tão rica e persuasiva: como um remédio para as tristezas, um eterno enigma para sua mente curiosa, uma corda a qual poderia se agarrar quando se sentisse perdida. As mulheres falaram da equidade que o Islã oferecia a elas. Descreveram as virtudes do Profeta, que a paz esteja com ele, e como ele reverenciava as mulheres; como escolheu para si uma esposa independente e realizada, e permaneceu dedicado à companheira até o dia em que ela morreu. Após a palestra, uma mulher puxou Ghoufran de lado e lhe entregou o que chamou de roupas *shari'i*, uma abaya preta e macia e um véu. Ghoufran era adolescente e suas roupas eram uma preocupação constante: a mesmice, o desbotamento ou a falta de semelhança com o que as outras meninas usavam. Mas, naquele momento, ao vestir a abaya e o véu, toda essa ansiedade desapareceu. Ela se sentiu como se repousasse a cabeça no colo de alguém.

Quando Ghoufran chegou em casa, Rahma ergueu os olhos da televisão e começou a rir da irmã mais velha. Um vídeo da Adele — a quem Ghoufran amava — estava sendo exibido na TV, mas ela pegou o controle remoto e a desligou.

Das duas irmãs, Ghoufran era a mais bonita pelos padrões convencionais. Pele branca como leite, lábios carnudos, olhos amendoados e um nariz fino, como dos europeus. Rahma era pequena e de pele mais escura, com os olhos castanhos e afastados demais. As duas haviam herdado o inegável carisma de Olfa, um traço que a sujeitava a burburinhos cruéis da vizinhança, porque uma mulher como ela, que trabalhava à noite e cujos olhos eram capazes de sorrir daquele jeito, não podia prestar.

No dia seguinte, Ghoufran usou sua abaya no café da manhã. Olfa se espantou. "As meninas me deram ontem", explicou à mãe, "as que vão me ensinar sobre a Sharia".

Olfa não viu razão para se opor. Gostava da ideia de suas filhas se vestirem de maneira mais conservadora; se parecessem mais sérias, como Ghoufran naquela manhã, se a beleza delas fosse atenuada pela abaya negra, talvez afastassem os roqueiros e rappers com quem conversavam às vezes.

"Ghoufran parece um *ghoul*!", disparou Rahma.

"Cale a boca! Talvez devesse experimentar, em vez de apenas zombar. Pode ser bom para você", disse Ghoufran.

Embora tenha tentado, Ghoufran não conseguiu convencer Rahma a acompanhá-la à tenda de *dawah*. As mulheres do círculo de oração começaram a visitar Ghoufran para conversar, mas Rahma apenas lhes lançava olhares emburrados e desaparecia no quarto para ouvir rock em alto volume.

Alguns dias depois, um homem, um dos assistentes do sheik, parou Rahma na rua. "Por que você está vestindo essas roupas?", interpelou, bloqueando seu caminho enquanto ela tentava passar por ele. Com o pai fora de cena, nenhum homem jamais se preocupara com as roupas, o bem-estar, a alma ou, para sermos francos, com a saúde básica de Rahma. A maioria dos jovens roqueiros e dançarinos de break só queria flertar com ela. Mas esse homem, o assistente do sheik, durante a meia hora em que conversaram naquele dia, não desviou o olhar da altura de seu rosto nem uma vez sequer. Rahma nunca contou a ninguém exatamente o que ele lhe disse, mas voltou para casa chorando, tomada por repugnância e raiva de si mesma.

Aqueles eram sentimentos familiares. Em toda sua vida, sempre achou que era má, que sempre fazia algo errado. Sua mãe costumava gritar com ela por se vestir de maneira errada ou por socializar na rua depois do anoitecer, mesmo que não tivesse ninguém para tomar conta delas à noite. Olfa não gostava que Rahma conversasse com homens jovens, mas a garota conseguia o dinheiro para comprar o material escolar dançando na banda de casamento de Fadi. E como ela poderia integrar a banda de Fadi sem falar com Fadi?

PARTE I: HERANÇA DE ESPINHOS

O SALAFISMO TRANSFORMOU AS DUAS, como um verniz que ressaltou seus caráteres. Ghoufran ficou mais alegre e amorosa, cuidando de Olfa e conversando abertamente sobre o que estava aprendendo. Mas Rahma adotou a ideologia salafista e a usou para virar a tirana da família, criticando Olfa e as meninas mais novas por fazerem tudo errado — por não acordarem para a oração do amanhecer, por vestirem roupas justas, assistirem à televisão *haram*, ouvirem música *haram*. Rahma tentou forçar sua irmã mais nova, então com 9 anos, a começar a cobrir os cabelos. Quando não a obedecia, Rahma se recusava a sentar ao lado dela nas refeições. A essa altura, Olfa interveio e ameaçou lhe dar um tapa se ela continuasse chamando sua irmã de 9 anos de *kafira,* herege.

Olfa, a princípio, não entendeu a gravidade do que estava acontecendo com suas filhas. As mulheres da mesquita agora as visitavam todos os dias. Até o próprio sheik as visitava. Ele se sentava no sofá desbotado ajeitando altivamente seu *thobe*, e repreendia Olfa: "As meninas me disseram que você as instruiu a voltar para casa depois da oração. Irmã, eu lhe expliquei, elas também precisam assistir às aulas; é lá que o aprendizado real ocorre. Peço respeitosamente que não as impeça."

Enquanto a situação se mantivesse dentro do razoável, Olfa não via problemas nas filhas se tornarem mais religiosas. Era a parte "dentro do razoável" que era difícil de avaliar, pois Olfa havia concluído apenas o ensino médio, e seu entendimento da religião era extremamente básico. Sua interpretação sobre o salafismo que suas filhas adotaram era que, embora repressivo e severo, promovia a castidade e os bons costumes islâmicos. Para uma mãe solo que trabalhava a maior parte do tempo a fim de evitar a miséria absoluta para sua família de cinco pessoas, a severidade era um problema melhor do que a displicência.

Algumas semanas depois, enquanto Olfa se preparava para o turno da noite no restaurante, Rahma lhe entregou uma túnica longa e disse que ela precisava começar a se vestir adequadamente. "O que você está vestindo agora não é *shari'i*" — afirmou, apontando para a regata com paetês, a calça azul-marinho e o cardigã rosa justo da mãe.

"Eu me visto dessa forma há anos e gosto assim", respondeu Olfa, enrolando um véu vermelho nos cabelos.

Os olhos de Rahma se encheram de lágrimas. Ela não queria ser separada de sua mãe na vida após a morte, e os padrões para se entrar no céu eram altos. "Você acha que estou apenas sendo cruel", disse Rahma. "Mas como você vai conseguir ir para *jannah* saindo assim?"

Enquanto caminhava para o restaurante, Olfa pensou no que fazer com as filhas. Recentemente, elas haviam assumido posições de menor influência dentro da comunidade salafista de Sousse. Como o casamento era uma parte essencial da vida muçulmana — o Alcorão deixava claro que destinava-se a "dar tranquilidade" —, Ghoufran era encarregada de arranjar casamentos para os que estavam em seu círculo. Seu trabalho era identificar rapazes e moças da região dispostos a se casar e ajudar a fazer conexões adequadas. Sociável e romântica, desejosa de ser bonita e adequada, uma espécie de Jane Bennet da família, esse trabalho caía muito bem para Ghoufran.

A valente e obstinada Rahma fazia o papel de defensora e mediadora. Visitava escolas ou casas e argumentava a favor das meninas do movimento que enfrentavam problemas com os pais ou que eram impedidas de estudar por usar o niqab. Olfa não pôde deixar de pensar que esse trabalho caía como uma luva para Rahma: ela nunca conseguia ficar de boca fechada, sempre se metendo impetuosamente em conflitos na escola, mesmo que apenas como uma maneira de aliviar sua própria dor.

A vida profissional de Olfa era um estudo de caso de uma só mulher sobre os desafios do mercado de trabalho de Sousse: havia poucos empregos e os poucos disponíveis eram extenuantes, mal remunerados e temporários. Suas filhas receberem um pagamento modesto por tais trabalhos — a alcovitagem de Ghoufran, a mediação de Rahma — era quase tão inimaginável quanto serem levadas a um baile por uma carruagem de abóbora. Para a classe trabalhadora de Sousse, não havia aulas de programação ou clubes de xadrez depois da escola, nem oportunidades para os adolescentes pobres se aperfeiçoarem. Ser convidado a participar de trabalhos de caridade local, arrecadar dinheiro para refugiados que fugiam do conflito na vizinha Líbia ou solicitar doações para celebrações religiosas, em Sousse, era a única coisa que poderia servir como engajamento cívico. Era melhor ter algo positivo para fazer na comunidade, alcançar um pouco de status social e confiança, em vez de ficar em casa assistindo a vídeos de Justin Bieber, como Rahma e Ghoufran poderiam estar fazendo.

NOUR

Setembro de 2012, **Le Kram, Túnis**

Nos anos anteriores, antes da revolução, quando abandonou a escola e não tinha muito o que fazer com o tempo livre, Nour achava fácil dormitar verão afora com longos cochilos após o meio-dia. Isso parecia uma vida diferente; agora, ela tinha quase coisas demais a fazer — participar de reuniões de seu grupo de mulheres na mesquita, ir a eventos de caridade, acompanhar toda a atividade do Facebook que impulsionava grande parte do movimento salafista. O amigo de Karim, Walid, também estava ocupado, em meio ao trabalho e a suas próprias reuniões políticas. Apenas Karim parecia fora de sincronia, ainda se arrastando à procura de trabalho, repassando seus contatos no celular pela centésima vez, como se na esperança de fazer surgir um amigo imaginário útil e bem conectado. Nour às vezes sentia aversão ao voltar para casa e encontrá-lo no sofá, quase na mesma posição em que ela o deixara.

O que aconteceria a seguir, em uma sexta-feira quente de setembro, mudaria todas as três perspectivas. Em uma mesquita no centro de Túnis, Abu Iyadh, líder do Ansar Al-Sharia, fez um sermão apaixonado descrevendo um vídeo amador do YouTube que zombava do Profeta Muhammad. Seus apoiadores lotavam o terraço externo da mesquita. Havia ônibus parados na rua, aguardando para transportar os homens pela cidade até o imenso complexo da embaixada dos EUA, em protesto contra o norte-americano da Califórnia que gravara o vídeo.

Mais tarde naquele dia, os manifestantes conseguiram transpor os portões da embaixada. Penduraram a bandeira preta salafista no prédio e incendiaram a escola norte-americana nas proximidades. Fumaça se erguia dos prédios. *"Obama, Obama, somos todos Osamas!",* entoaram a certa altura. Alguns saquearam a embaixada e partiram carregando computadores debaixo dos braços. A polícia lutou para rechaçar os manifestantes e o presidente enviou a guarda presidencial, que matou dois e feriu quase trinta. O vídeo e os protestos subsequentes levaram a um derramamento de sangue em toda a região: quatro dias antes, militantes afiliados ao Ansar Al-Sharia na Líbia atacaram um complexo diplomático dos EUA em Benghazi, matando o embaixador e três outros norte-americanos.

Alimentar a raiva contra os Estados Unidos era fácil. No final de 2010, o WikiLeaks divulgou cabogramas diplomáticos dos EUA que descreviam a corrupção do regime "esclerótico" de Ben Ali nos mínimos detalhes. Diplomatas norte-americanos reconheceram que o país era "problemático", mas subestimaram a importância de Ben Ali como um "aliado" no combate ao terrorismo. O embaixador norte-americano relatou a ocasião em que fora convidado para jantar na casa do genro do presidente. A piscina infinita da mansão tinha uma cascata que vertia água de dentro da cabeça de um leão, colunas romanas se alinhavam no terraço e afrescos adornavam o teto; o genro tinha um tigre de estimação chamado Pasha, que consumia quatro galinhas por dia. A comida para os humanos chegava em aviões, de Paris. O regime apoiado pelo Ocidente era tão descarado que o genro se sentiu à vontade para dizer a um jornal francês: "Eu tenho Ferraris, limusines, mas nada me dá mais tesão, nem mesmo minha esposa, do que um barco. É como um diamante bruto."

Porém, embora muitos tunisianos possam ter simpatizado com o ressentimento dos manifestantes pelos norte-americanos — os cabogramas mencionaram a profunda raiva dos tunisianos pela invasão dos EUA no Iraque —, a opinião pública não estava receptiva a um confronto violento. O Ennahda, partido islâmico eleito após a revolução, procurou acalmar o temor das pessoas; seu líder Rachid Ghannouchi declarou que esse extremismo acabaria desaparecendo. Essa visão nasceu de sua longa vivência em movimentos islâmicos, testemunhando incontáveis jovens fanáticos amolecerem com o tempo, por meio de um engajamento de longo prazo com a política. Os cientistas políticos chamam essa abordagem de "teoria da moderação pela inclusão", que alega que, quanto mais uma sociedade se democratiza e permite que grupos radicais participem politicamente, mais esses grupos tendem a abrandar sua retórica e seu comportamento. Mas, apesar das tentativas de Ghannouchi de amenizar a situação, a mídia, tunisiana e ocidental, alimentou a reação de pânico do público a esse episódio de violência. (A mídia tunisiana permanecia,

PARTE I: HERANÇA DE ESPINHOS

em grande parte, sob o controle de apoiadores do antigo regime, e os repórteres ocidentais tendiam a atrair políticos e ativistas seculares de língua inglesa ou francesa, em vez de jovens como Nour, quando escreviam sobre o movimento salafista.)

O Ennahda, naquele momento, estava mergulhado em uma disputa a respeito da nova constituição da Tunísia. A assembleia constituinte estava decidindo se deveria criminalizar a blasfêmia, o que significava proibir a difamação de Deus ou do Islã. Esse valor era compartilhado por muitos dos partidários, mas inaceitável para seus parceiros seculares da coalizão. O objetivo principal do Ennahda era tornar-se um partido político normal, aceitável para a comunidade internacional e tolerado por seus rivais políticos. Tornar-se politicamente "normalizado" exigia que o Ennahda se afastasse de ideias e contendas religiosas, mas as expectativas de seu eleitorado e sua própria identidade como partido islâmico requeriam envolvimento religioso. No final, enfrentando uma reação feroz de partidos e grupos da sociedade civil, o Ennahda abriu mão da maioria de seus objetivos legislativos; abandonou qualquer referência à Sharia como fonte de direito; sua liderança rejeitou um projeto de lei que proibiria que antigos membros do partido do governo de Ben Ali concorressem ao parlamento. Ele não só cedeu, mas abdicou de tudo.

E, aos olhos do Partido Ennahda, essa disposição de transigir parecia a decisão mais sensata, dado o que estava se desenrolando ao seu redor, tanto internamente quanto na região vizinha. No Egito, em um golpe apoiado pela Arábia Saudita e pelos Emirados Árabes Unidos, oficiais militares tinham acabado de derrubar o governo islâmico democraticamente eleito de Mohammed Morsi; o exército e as forças de segurança mataram cerca de mil manifestantes em um único dia. O Ocidente fez vista grossa. A Primavera Árabe, apesar de toda sua efervescência e glória, já era uma lembrança distante; as potências árabes regionais e seus apoiadores ocidentais pareciam mais à vontade com a ordem autoritária, e não com o tumulto democrático.

Enquanto a indolência e a cautela faziam sentido para o Ennahda, os jovens radicais da revolução tunisiana as consideravam traição. Se um movimento político-religioso existia para levar identidade e valores políticos e sociais religiosos à política, então o Ennahda, aos olhos de islamitas mais fervorosos, deixara de ser um agente islâmico. Segundo jovens frustrados que acreditavam que a revolução já estava afundando, tudo o que restava do islamismo do Ennahda eram os véus e as barbas.

A Revolução Perde Sua Inocência

No início do verão de 2012, a oposição armada derrotou o governo de Assad em várias cidades da Síria. O grupo conhecido como rebeldes moderados, o Exército Livre da Síria, lutou contra a Frente Al-Nusra pelo controle de Raqqa. Em março de 2013, a cidade foi tomada pela oposição síria.

Em abril, um desentendimento dividiu os rebeldes islamitas. Abu Bakr Al-Baghdadi afirmou que a Al-Nusra era uma ramificação do EI e declarou que os dois grupos seriam consolidados em um, a que ele chamou pela primeira vez de Estado Islâmico do Iraque e da Síria (EIIS). Um dia e meio depois, o líder da Frente Al-Nusra negou: Nusra era sua própria marca, ele insistiu, focada em combates na Síria e leal à Al-Qaeda central.

Havia discordâncias sinceras entre eles sobre táticas e grau de hostilidade a não sunitas, mas ninguém sabia se essa cisão era genuinamente ideológica ou politicagem intrajihadista. O mundo se esforçava para entender como essas rivalidades e divisões deveriam moldar sua reação à guerra da Síria.

Em agosto, um ataque com gás sarin em Ghouta, um subúrbio de Damasco, matou 1.500 civis, incluindo mais de 400 crianças. Vídeos de corpos espumando e se contorcendo, espalhados em porões e em chãos de hospitais, inundaram a internet. Uma investigação das Nações Unidas concluiu o uso de sarin, mas não recebeu autorização do Conselho de Segurança para atribuir culpa a qualquer parte. Obama não ordenou ataques imediatos, mas recorreu ao Congresso dos EUA. Em outubro, Assad admitiu possuir armas químicas e concordou em desmantelar seu arsenal.

A agente humanitária Kayla Mueller viajou para Alepo a fim de acompanhar o namorado em uma missão da Médicos Sem Fronteiras e foi sequestrada.

Em dezembro, o Departamento de Estado dos EUA lançou a campanha "Think Again, Turn Away" [Pense Melhor e Dê Meia Volta, em tradução livre] nas plataformas de mídia social populares entre os seguidores do EIIS, na tentativa de minar o apelo do grupo com "contranarrativas". A conta acabou se envolvendo em diversas discussões inúteis com jihadistas da internet sobre o abuso militar de prisioneiros em Abu Ghraib, além de zombar casualmente de figuras religiosas proeminentes que se opõem ao EIIS. A página foi encerrada após alguns meses e seu arquivo online foi apagado do registro público.

LINA

Início de 2014, Frankfurt, Alemanha

LINA, EMBORA AGORA ESTIVESSE CONFORTAVELMENTE INSTALADA NO abrigo de mulheres após deixar o marido, ainda não tinha televisão nem comprava os jornais. Na maioria das vezes, ouvia as notícias enquanto trabalhava. Seus pacientes idosos gostavam de deixar o rádio ligado.

Porém, sua vida mudou drasticamente quando ela se cadastrou no Facebook. De repente, podia ver quem estava fazendo e dizendo o que sem se sentir pressionada a participar. Depois de algumas semanas, ela postou uma citação do Alcorão. Com uma pequena satisfação, Lina — uma mulher tímida e quieta a vida toda — observou as pessoas curtindo sua postagem. Um dia, naquele inverno, visualizou um post de um homem chamado Abu Salah Al-Almani. Assim como ela, ele estava em Frankfurt e queria saber se havia boas mulheres muçulmanas dispostas a se casar e emigrar para o exterior. O post incluía um número de contato.

No começo, Lina estava tímida demais para fazer contato em seu próprio nome. Enviou uma mensagem para Abu Salah e disse que conhecia uma irmã muçulmana que estava interessada em casamento. Ele poderia compartilhar mais algumas informações que ela pudesse transmitir? Abu Salah parecia confiável, e atendeu ao pedido. Ele enviou fotos de um homem chamado Jafer, que havia viajado para a Síria a fim de se juntar a um grupo que trabalhava na construção de uma nova sociedade islâmica, um Estado islâmico. Jafer nasceu e foi criado na Alemanha, mas era de origem turca, recentemente convertido ao islamismo sunita.

PARTE I: HERANÇA DE ESPINHOS

Seu rosto era largo, com sobrancelhas grossas e um nariz aquilino. Lina e Jafer se corresponderam e depois se falaram pelo telefone.

Durante várias semanas, eles conversaram sobre a vida e o casamento, suas expectativas e seus temperamentos. Jafer parecia gentil e, o mais importante, devoto — nada como seu primeiro marido, que era preguiçoso e sem religião, e, ainda mais que isso, imoral e cruel. Lina queria uma vida totalmente nova e um novo marido, tudo sob a sombra das bênçãos de Deus.

Jafer descreveu como era a vida no novo Estado islâmico e como as autoridades tentavam tomar os municípios locais, criar escolas e fornecer o tipo de governança justa que as pessoas ansiavam. Viajar para uma zona de guerra em busca de uma nova vida não parecia uma decisão extrema. Nos anos 1980, Lina cresceu no Líbano durante a guerra civil; conflito e instabilidade lhe eram familiares. Ela não era uma daquelas pessoas que se recusavam a retornar até que as bombas parassem. Será que seria mais feliz em uma nova vida com um marido honesto, devoto e fiel em uma atmosfera conturbada ou sozinha em um abrigo para mulheres em Frankfurt? A escolha parecia óbvia para ela.

EMMA/DUNYA

Primavera de 2012, **Frankfurt, Alemanha**

NO INÍCIO DE 2012, AOS 23 ANOS E VIVENDO À DERIVA NA TENTATIVA DE SE encontrar como uma jovem muçulmana na Alemanha, Dunya conheceu Selim.

Ele era conhecido dos irmãos de um amigo, e uma noite eles se encontraram em uma loja de kebab em Frankfurt. Era turco e bonito, com um maxilar definido e olhos doces. Dunya sentiu um frio na barriga quando ele falou com ela. Conversaram por um longo tempo sob a luz fluorescente do restaurante; as mesas de fórmica vermelho-tomate poderiam muito bem estar adornadas por toalhas e velas. Selim era engraçado e tão espirituoso quanto ela, e rapidamente estavam trocando gracejos. Dunya não gostava de revelar detalhes sobre os primeiros e inebriantes dias. "No Islã, essas coisas permanecem apenas entre marido e mulher", disse ela, com ar desaforado, ao ser questionada. (Assim como muitos convertidos ou jovens muçulmanos de segunda geração na Europa, que cresceram considerando o Islã dos mais velhos ou de seus pais indolente, brando demais e "cultural", Dunya costumava falar sobre um "Islã real" singular, como se tal coisa pudesse existir.) Mas era evidente que estava apaixonada por Selim, cujo único defeito, segundo ela, era o hábito de acordá-la durante a noite comendo batatas chips na cama.

Selim não era especialmente seguidor dos costumes, mas Dunya pressionou para que eles conseguissem um contrato de casamento islâmico, um _nikah,_ antes de começarem o relacionamento. Como não podiam pagar por uma moradia só deles, se dividiam entre o apartamento dela e a casa de um amigo de Selim. Após vários meses de relacionamento, no outono de 2012, segundo Dunya, Selim se tornou mais religioso. Ele começou a passar um tempo com um grupo de irmãos salafistas na mesquita; pediu que ela começasse a usar o niqab em vez de apenas o véu na cabeça. Sua devoção por vezes se tornava opressiva, como quando ele decidiu defender a puritana proibição de aniversários. Dunya achou isso muito triste. Era apenas um dia para celebrar a si mesmo durante o ano; por que era um problema? Mas, para Selim, os aniversários se tornaram terminantemente *haram*. Ela começou a comprar uma quantidade maior de bolo nos dias que antecediam seus respectivos aniversários, para poder fingir que o bolo estava lá por acaso.

Mais tarde naquele ano, algumas semanas após o *nikah,* Selim organizou um jantar em um restaurante, no qual Dunya conheceria sua mãe. Era um dia cinzento e chuvoso. As pessoas caminhavam para o metrô e o ônibus com a cabeça baixa. O dia estava tão sombrio que Dunya mudou sua foto do WhatsApp para a imagem de um bangalô sobre águas azul--turquesa. Ela pensou em levar um presente para a mãe dele, mas decidiu que só seria apropriado quando fosse convidada a visitar sua casa. A mãe de Selim tinha cabelos na altura dos ombros, com mechas grisalhas, um rosto largo e receptivo e usava mocassins confortáveis. Era surpreendentemente baixa, o suficiente para que Dunya mandasse uma mensagem de texto para uma de suas amigas depois que elas se sentaram. "Fofa. Um pokémon."

Ela parecia uma daquelas incansáveis mães turcas que Dunya crescera observando nas casas de suas amigas em Frankfurt, uma mulher que cozinhava pimentões recheados, mantinha o chão limpo e servia chá a todos em copos de chá turcos; que era habilidosa, não hesitava jamais, nunca deixava os filhos levantarem uma palha; um pouco mártir e propensa a doenças misteriosas para chamar atenção. A mãe de Selim fez perguntas sobre os pais de Dunya e pareceu ofendida ao ouvir que seu pai morava na Espanha e raramente a visitava. Era claro que preferiria uma nora turca, que compartilhasse sua língua, que viesse de um clã íntegro e conhecido, uma em que pudesse confiar para manter Selim integrado à família e da qual pudesse esperar o desejo de aprender a rechear pimentões. Quando o jantar terminou, elas trocaram um aperto de mão sem graça, nem mesmo dois beijos no rosto, e Dunya mandou uma mensagem para uma de suas amigas: "😊".

Os pais de Selim tinham uma situação financeira razoavelmente boa e pareciam satisfeitos em morar na Alemanha. Ou pelo menos Dunya intuía que a mãe estava contente e, como era ela quem mandava na casa, o marido e os filhos optavam por não expressar descontentamento. O pai de Selim trabalhava como segurança em uma estação de trem. Às vezes, dizia aos filhos que preferia voltar para casa, na Turquia. Dunya, como qualquer mulher que se sente julgada e rejeitada pela sogra, começou a projetar nos pais de Selim uma dinâmica familiar que se fundia com seu próprio ressentimento: uma mãe dominadora que determinava como todos deveriam se sentir em relação à vida na Alemanha, à fé, a tudo.

Entretanto, a mãe de Selim também tinha motivos reais para se alarmar com o comportamento do filho, as roupas longas que passou a usar, as expressões árabes que introduziu em suas falas, sua nova devoção. Certa vez, no quarto do filho, ela encontrou um pouco de almíscar, do tipo que os vendedores salafistas de perfume vendiam do lado de fora das mesquitas do mundo todo. Quando ele chegou em casa naquela noite, sua mãe sacudiu o frasco na cara dele, gritando: "O que é isso? Por que você está tentando cheirar como um maldito árabe?"

Como Dunya havia entrado na vida de Selim na mesma época em que seu comportamento começou a mudar, a sogra estava convencida de que era ela a responsável pelo radicalismo do filho. Quem estava incentivando quem permanece um mistério. Dunya alega que foi Selim quem se tornou mais devoto, que ele pediu que ela começasse a se cobrir mais. Outras pessoas contam uma história diferente.

A primeira vez que foi convidada a visitar a casa da família dele, ela chegou usando o niqab. A sogra a encarou horrorizada. "O que você sabe sobre o Islã? Talvez tenha entendido mal. Por que acredita que é isso o que esperam de você?" Dunya não viu muito sentido em discutir. A mãe de Selim era uma kemalista típica, o tipo de turco que idolatrava Mustafa Kemal Atatürk, o modernizador do século XX que acabou com o califado otomano e fundou o Estado turco secular. A sogra se considerava muçulmana, bem como uma devotada nacionalista turca e com forte crença no Estado-nação secular. (Isso, na opinião de Dunya, era acomodação e falta de fé. Muçulmanos de verdade não acreditavam no Estado-nação e sem dúvida não veneravam políticos seculares acima de sua fé.) E ainda assim, injustamente, Dunya sentia que, por não ter nascido muçulmana e não ser turca, a mãe de Selim desprezava tudo que ela dizia. A sogra reivindicava uma autoridade cultural sobre o conhecimento islâmico, mesmo que não cobrisse os cabelos e nunca orasse. Naquele momento, a mãe de Selim lhe parecia uma mistura de Atatürk e Hitler em uma figura autoritária do tamanho de um dedal.

Após essa primeira visita, em que Dunya usou o niqab, a sogra a impediu de entrar em sua casa. A mãe contou ao filho que ouvira coisas preocupantes sobre a nora, que ela era uma libertina, não uma garota decente. Quando ele se recusou a terminar o relacionamento, a mãe pediu que ele saísse de casa.

Isso enfureceu Dunya. Ela sentiu que sua sina era lutar com mães, que, em vez de ampará-la, sempre encontravam nela algo a que se opor. Imaginou a sogra envenenando Selim contra ela, sussurrando fofocas maliciosas em seu ouvido. Foi com essa guerra doméstica declarada como pano de fundo que o casal começou a falar sobre viajar para a Síria. "Quando sua mãe é um dragão, não é difícil partir", proferiu Dunya.

O Estado Emerge

Em janeiro de 2014, o presidente Obama chamou o EIIS de "time de várzea" da esfera jihadista. A observação casual pretendia enfatizar que a Al-Qaeda, como um movimento transnacional, continuava sendo uma ameaça maior à segurança dos Estados Unidos do que o EIIS.

Em junho, no intervalo de uma semana, os combatentes do EIIS capturaram Mosul, a segunda maior cidade do Iraque, além de Tikrit e Tal Afar. Mosul, com 2 milhões de habitantes, foi dominada em quatro dias. Os combatentes do EIIS cercaram Bagdá, chegando a 40km da cidade e perto do aeroporto. "Isso não é mais um problema de terrorismo", disse um especialista de think tank em Washington. "Isso é um exército que se move em direção ao Iraque e à Síria, e ele está ganhando terreno."

No final de junho, no primeiro dia do Ramadã, Abu Bakr Al-Baghdadi fez sua primeira aparição pública para as orações de sexta-feira na histórica Grande Mesquita de Mosul. Ele declarou a fundação de um califado islâmico e invocou a antiga distinção entre a Terra do Islã e todos os lugares além de suas fronteiras: a Terra da Descrença.

"Venham, ó muçulmanos, ao seu Estado. Sim, é o seu Estado. Corram, porque a Síria não é para os sírios e o Iraque não é para os iraquianos. A terra é de Allah", afirmou ele. "Em breve, com a permissão de Allah, chegará o dia em que o muçulmano caminhará por toda parte como mestre, tendo honra, sendo reverenciado, com a cabeça erguida e a dignidade preservada."

"O cenário não é mais assustador. Está próximo de um pesadelo", disse um porta-voz do governo regional do Curdistão, no Norte do Iraque.

Os comandantes militares dos EUA começaram a falar sobre tropas terrestres. Em agosto, foi necessária uma combinação de aviões de guerra norte-americanos, forças curdas e milícias xiitas apoiadas pelo Irã para repelir um grande avanço do EIIS no Norte do Iraque. O Irã enviou consultores militares e logísticos para apoiar as forças iraquianas e curdas; Washington e Teerã minimizaram a situação informando que seus militares estavam agindo com um sincronismo inesperado.

EMMA/DUNYA

***Verão de 2014**, Frankfurt, Alemanha*

"Esta mensagem é para as mulheres livres da Mesopotâmia, em particular, e as mulheres da 'Ummah muçulmana' em geral: Qual sua posição nesta jihad santa? Em que contribuiu para esta Ummah? Você não teme a Deus? Cria seus filhos para serem abatidos por tiranos? Você aceitou a submissão e se esquivou da jihad?"

— ABU MUSAB AL-ZARQAWI, de "Não Faltará Religião Enquanto Eu Viver", 2005

APENAS OITO DIAS SE PASSARAM ENTRE O DIA EM QUE SELIM CHEGOU EM casa e começou a falar sobre emigrar para a Síria e o dia em que eles embarcaram em um voo para Istambul. Selim havia passado a noite na casa de um amigo, um dos irmãos salafistas; eles assistiram à Al Jazeera a noite toda, absorvendo as imagens de crianças e mulheres sírias sendo retiradas dos escombros. Quando chegou em casa, sentou-se no chão, como se a gravidade de tudo aquilo exigisse que estivesse mais perto do solo, e disse a Dunya que o regime de Bashar Al-Assad estava matando muçulmanos e que ele precisava ajudar. Em seguida lhe mostrou as imagens na tela do celular. Havia uma mulher segurando uma criança com metade do rosto destruído.

"Pare com isso", pediu ela, afastando a mão dele. Mas Selim não obedeceu. Sua argumentação ao longo desses dias foi um fluxo constante de persuasão desarticulada e cruel: eles não podiam ficar inertes enquanto outros muçulmanos estavam sendo feridos dessa maneira; uma vez que um califado islâmico foi criado, era um dever religioso de *todos*, um dever religioso *dela*, abandonar a Terra da Descrença e migrar para lá. Dunya tentou dissuadi-lo dessa perspectiva. "Não há outra maneira de ajudar?", perguntou. "Não", respondeu ele. Ir para a Síria era o único caminho.

Essas perspectivas eram essenciais para uma visão de mundo escatológica e política radical que Dunya às vezes parecia defender e, outras, rejeitar. Como muitos convertidos, ela assistiu aos sermões de Anwar Al-Awlaki, o mundialmente popular imã iemenita norte-americano, no YouTube. Ele oferecia orientações ricas e ponderadas sobre tudo, como práticas diárias de saúde, jejum do Ramadã, qualidades e hábitos de casamentos sólidos. Era bom ouvi-lo, não importava se você era novo no Islã ou tinha anos de prática e estudo. Sua voz era cativante, ele era espirituoso e articulado, e floreava as histórias sobre o Islã primitivo e a vida dos Profetas em discussões que pareciam contemporâneas e relevantes.

No início dos anos 2000, Awlaki era o imã de uma grande mesquita em Falls Church, Virgínia, e amplamente reconhecido como um moderado disposto a se envolver com a comunidade em geral, até com o governo — ele participou de um almoço no Pentágono e pregou no Capitólio. Na esteira do 11 de Setembro, declarou: "Não há como as pessoas que fizeram isso serem muçulmanas e, se alegam ser muçulmanas, perverteram a religião."

No ano seguinte, o FBI realizou buscas em toda a área do Norte da Virgínia que pertencia à congregação de Awlaki. O imã criticou ferozmente o comportamento dos agentes, que teriam empunhado armas contra a cabeça de mulheres e crianças e as algemado por longos períodos. Mas atribuiu suas críticas a uma preocupação em relação aos direitos civis e evocou a luta histórica dos afro-americanos para organizar e defender suas comunidades. Quando criticou a política externa dos EUA no Oriente Médio, a emergente Guerra ao Terror e as opressivas táticas do FBI, ele teve a cautela de se ater a uma estrutura de direitos legais e uma ética de não violência, uma ética que aplicava com o mesmo rigor aos Estados e aos grupos armados. Em outubro de 2001, afirmou: "O fato de os EUA serem responsáveis pela morte e pelo assassinato de mais de 1 milhão de civis no Iraque, e apoiarem as mortes e os assassinatos de milhares de palestinos, não justifica a morte de um civil norte-americano na cidade de Nova York ou em Washington, D.C. E a morte de 6 mil civis em Nova York e Washington, D.C., não justifica a morte de um civil no Afeganistão."

Alguns especialistas em terrorismo citam essas opiniões — que equiparam moralmente a violência militar deliberada infligida pelo Estado contra civis a ataques como o 11 de Setembro — como evidência de que, desde o início, Awlaki era um extremista. Mas, na verdade, essas visões não eram incomuns entre muitos muçulmanos e até não muçulmanos do Oriente Médio. O que aconteceu a Anwar Al-Awlaki em seguida é uma história sombria, amplamente desconhecida por milhares de seus admiradores online de todo o mundo.

Quando captou informações de que pelo menos dois dos homens envolvidos nos ataques de 11 de Setembro haviam rezado na mesquita de Awlaki, o FBI começou a monitorá-lo de perto. No decorrer de sua vigilância, foram encontradas evidências de supostos encontros entre Awlaki e prostitutas, cuja divulgação teria destruído sua reputação e arruinado sua vida como um imã respeitado. Posteriormente, Awlaki disse aos associados que tudo não passava de armação, que o FBI havia fabricado provas contra ele.

Em março de 2002, após uma série de incursões aparentemente indiscriminadas e agressivas do FBI às casas dos muçulmanos no Norte da Virgínia, Awlaki proferiu um sermão irado e contundente, advertindo que os muçulmanos norte-americanos estavam se tornando cidadãos de segunda classe aos olhos da lei: "Não é mais uma guerra contra o terrorismo. Precisamos ser muito claros quanto a isso. Esta é uma guerra contra os muçulmanos. É uma guerra contra os muçulmanos e o Islã. Ela não está acontecendo só ao redor do mundo, mas também aqui nos Estados Unidos, que alegam estar travando essa guerra pelo bem da liberdade ao mesmo tempo que infringem a liberdade de seus próprios cidadãos, apenas porque são muçulmanos."

Na primavera de 2002, Awlaki trocou os Estados Unidos por Londres e nunca mais voltou. Aqueles que o retratam como um extremista cheio de lábia argumentam que ele deixou os Estados Unidos porque temia que o FBI divulgasse seu suposto dossiê sobre as prostitutas. Outros acreditam que a política o reformulou e o impulsionou para longe —

que ele teria achado a realidade pós-11 de Setembro nos Estados Unidos, o crescente assédio legal aos muçulmanos e a invasão do Afeganistão inconciliáveis com sua teologia moderada. Awlaki passou dois anos em Londres, e suas convicções ficaram cada vez mais rígidas, depois viajou para o Iêmen, sua terra natal. Em 2006, as autoridades iemenitas locais o prenderam e, segundo um jornalista do *New York Times*, o mantiveram detido a pedido do governo dos EUA. Durante o ano e meio em que esteve na prisão no Iêmen, ele foi torturado.

Após sair da prisão, seus pontos de vista começaram a mudar fundamentalmente. Sua empatia pelos civis norte-americanos se atenuou. Ao ser libertado, declarou que os agentes do FBI participaram de seus interrogatórios e estavam cientes do abuso. Awlaki abandonou seus conselhos contra ataques a alvos civis e começou a incitar a violência contra os Estados Unidos no contexto de uma jihad global. Ele articulou sua nova posição em uma palestra de 2010 intitulada "Um Chamado à Jihad", tendo como pano de fundo o que descreveu como uma campanha crescente e disseminada da violência norte-americana em terras muçulmanas.

O que vemos por parte dos Estados Unidos é a invasão de países; vemos Abu Ghraib, Bagram e a Baía de Guantánamo; vemos mísseis de cruzeiro e bombas de fragmentação; e acabamos de ver no Iêmen a morte de 23 crianças e 17 mulheres. Não podemos ficar inertes diante dessa agressão, e revidaremos e incitaremos os outros a fazer o mesmo. Nasci nos EUA e morei lá por 21 anos. Os EUA eram meu lar. Eu era um pregador do Islã envolvido em ativismo islâmico não violento. No entanto, com a invasão norte-americana do Iraque e os ataques norte-americanos contra os muçulmanos, não pude conciliar viver nos EUA e ser muçulmano. E finalmente cheguei à conclusão de que a jihad contra os EUA é obrigatória para mim, assim como para todos os outros muçulmanos capazes.

Nas palavras de um estudioso, a "radicalização de Awlaki é consistente com o padrão histórico de ativistas que adotam uma crença no terrorismo quando a ação política falha em provocar mudanças". Também se enquadra no padrão de ativistas islâmicos ou muçulmanos que emergem

PARTE I: HERANÇA DE ESPINHOS

da prisão, onde sofreram intensa tortura, com uma posição radicalmente alterada sobre o uso da violência contra civis.

Isso não significa que a tortura reformule mecanicamente todos os indivíduos a ponto de torná-los capazes de maior crueldade. Mas estudiosos da psicopatologia, como o grande Simon Baron-Cohen, encontraram fortes indícios de que traumas duradouros podem levar uma pessoa a perder a empatia, passando a ver os outros seres humanos como objetos, fator necessário para infligir crueldade e violência a eles. A pesquisa de Baron-Cohen mostra que torturar uma pessoa, transformando-a em um objeto, um mero recipiente de onde se pode extrair informações, enfraquece radicalmente a capacidade do torturado de se preocupar com os interesses alheios ao mesmo tempo que com os seus.

Os milhares de muçulmanos que o assistiram online não sabiam o que acontecera com o sheik Anwar em uma cela no Iêmen. Não sabiam que ele fora detido a pedido dos Estados Unidos e não viram o que teve que suportar. Tudo o que enxergavam era que esse imã admirado e idolatrado havia mudado seus pontos de vista, partindo da tolerância religiosa e da coexistência para uma ambiguidade em relação à violência empregada em legítima defesa e a militância armada contra alvos civis norte-americanos. Ele atraiu muitos jovens porque já os tinha a seu lado. Depois de seu tempo na prisão, Awlaki inspirou tantos ataques terroristas de grande impacto que o presidente Obama achou que tinha justificativas suficientes para autorizar sua morte por ataque de drones, o primeiro assassinato de um cidadão dos EUA sem julgamento desde a Guerra Civil. Mesmo agora, "o problema Awlaki" é uma forma abreviada de se referir ao desafio imposto por seu legado como pensador, militante e mártir. As empresas de tecnologia acabaram colaborando com os governos para eliminar sua presença da internet, mas seu apelo persistente a uma nova geração de muçulmanos suscitou uma pergunta preocupante que ninguém de fato queria discutir: Anwar Al-Awlaki era a fonte da militância ou sua voz e biografia, tão complexas e profundamente humanas, eram apenas uma articulação de suas causas?

Dunya entendia a lógica convincente do sheik Anwar. Era difícil não compreender seu ponto de vista, ao qual ele próprio reconheceu ter chegado com relutância. Ela também era capaz de entender a simultaneidade de duas possíveis verdades: Anwar Al-Awlaki estava certo sobre tudo e, ainda assim, era uma terrível decisão ir à Síria e ingressar no EIIS.

Dunya conseguia conciliar essas posições aparentemente conflitantes, mas Selim não. Ela não achava que ele havia sofrido uma lavagem cerebral, mas, sim, que era uma daquelas pessoas que precisam acreditar em apenas uma verdade. Ao mesmo tempo, Selim era seu marido, ela o amava, e nem por um segundo pensava na possibilidade de se separarem. E houve outras maneiras de vender a ideia para si mesma: como a aventura de uma esposa dedicada que concorda com os desejos do marido; uma jornada para um lugar em que nunca estivera — a Síria, tão perto de Beirute, território das estrelas pop árabes que admirava; uma incursão armada contra um ditador que inegavelmente matava seu próprio povo.

Dunya disse à família que eles morariam por um tempo na Turquia. Arrumou as coisas rapidamente, jogando tudo em uma única mala: roupas, produtos de higiene pessoal, maquiagem, itens essenciais que ela não iria para lugar algum sem, como rímel extra volume e um sabonete facial suave. Comprou pilhas extras e algumas lanternas antes de voarem para Istambul. Não sabia se seriam úteis, mas pareciam uma boa ideia.

SABIRA

***Outubro de 2013**, Walthamstow, Nordeste de Londres*

A FAMÍLIA INTEIRA SE REUNIA NA CASA DA AVÓ PARA ALMOÇAR AOS SÁBA-
dos desde sempre, desde a infância. O recinto estava tomado por aromas
da culinária, gritos de crianças brincando e o tipo de conversas que irmãs e mães tinham nas cozinhas: doenças, maridos negligentes, considerações sobre novos integrantes e acontecimentos em ramificações
mais distantes da família.

Há duas semanas, Sabira descobriu que seu irmão Soheil estava planejando ir para a Síria, e a informação a deixou em pânico e vigilante. Ela
soube pela mãe, para quem Soheil havia confidenciado. Sua pobre mãe
não sabia o que fazer. Sentiu uma pontinha de orgulho por seu filho *querer*
ir, mas preferiria que ficasse nisso: um nobre impulso do qual seria então,
idealmente, dissuadido pelo pai, embora ele não fizesse parte de sua vida.
Certa noite, no banheiro, ela acabou contando à filha Sabira, enquanto
escovavam os dentes, pois estava chateada e precisava desabafar.

Para uma mãe solo que cedeu autoridade ao seu filho, jovem demais,
simplesmente porque ele era homem, era quase impossível reivindicá-la
de volta. Desde que o marido partira, ela permitiu que Soheil cuidasse
da maioria das questões domésticas. Seu resultante senso de dominância,
de saber o que era melhor para si mesmo, significava que sua mãe não
era capaz de demovê-lo da ideia. Mas o que Soheil, com apenas 18 anos,
realmente sabia da vida?

Em relação à irmã mais nova, Sabira, ele tentava desempenhar a função do pai ausente, o que era um papel confuso na melhor das circunstâncias: o conservador pai paquistanês-britânico que incentivava a filha a ganhar o mundo e ao mesmo tempo supervisionava sua moral e comportamento adequado (*Vá para a universidade! Estude muito! Não fale com garotos!*). Homens adultos tendiam a desempenhar mal esse papel, quem dirá um adolescente. Soheil fez o possível para se tornar o homem da casa. Fazia as medições das contas de gás, montava os móveis de bricolagem e levava a mãe ao médico. Disse a Sabira que usasse o niqab. Ele estudou muito e depositou toda sua fé em Allah.

Sabira tinha 15 anos e estava acostumada a fazer o que ele mandava em troca da amizade e da proteção leal do irmão mais velho. Quando ele decidiu que partiria para a Síria, explicando que era seu dever religioso como muçulmano, que seria uma honra dedicar sua vida à defesa de inocentes mortos, ela objetou apenas uma vez.

"Tem certeza?", perguntou. "Como vamos vê-lo novamente?"

Ele sorriu para ela com carinho, como se dissesse *Eu te amo*. Mas na verdade só pronunciou as palavras: "Nunca mais voltarei."

Soheil estava inflexível. Como se a história já estivesse escrita em sua mente.

Sabira não fez uma declaração lúgubre ou tentou fazê-lo mudar de ideia. Em vez disso, começou a esfregar loção nas mãos obsessivamente, uma alternativa mais branda a roer unhas. Não havia razão óbvia para pensar que este sábado, o dia da culinária, da família e da reunião, fosse diferente de qualquer outro. Soheil não lavou roupa extra; ela não o vira fazendo a mala. Mas eles eram próximos o suficiente para que ela pudesse perceber seu humor. Naquele sábado, Soheil olhou para tudo por uma fração de segundo a mais. Ela tirou fotos extras dele durante e depois do almoço em família, enquanto brincavam de esconde-esconde com os primos. Quando ele finalmente disse: "Eu vou agora", parecia algum tipo de piada, uma cena irreal da qual ririam mais tarde. Ele a abraçou e depois abraçou a mãe, olhou ao redor da sala que fora o cenário de toda a infância e se virou para sair pela porta.

Era o início do inverno, a época do ano em que já estava escuro às 16h30. As luzes da rua faziam com que as molduras das janelas de PVC reluzissem em um branco brilhante contra as casas de tijolos, e o vento soprava tufos de folhas marrons ao redor da calçada. Sabira vestiu um suéter e sentou-se nos degraus, observando a partida do irmão. Ela manteve os olhos abertos, recusando-se a piscar, até que ele estivesse no fim da rua, uma pequena silhueta escura ao longe, dobrando a esquina.

Tudo começou com um folheto. Soheil Rasheed (17 anos, um típico garoto paquistanês do Norte de Londres, que gostava de cama elástica, ciclismo, boxe, kung fu Shaolin, ir à academia, filmes de ação e fumar narguilé com sua irmã mais nova, Sabira; de acordo com muitos relatos, era um dos rapazes mais gentis do bairro; inteligente e de coração aberto, educado com os idosos, sempre atraente para as meninas) caminhava um dia pela rua principal do bairro quando notou alguns irmãos em uma tenda de pregação *dawah* e parou para pegar um folheto. Seu primo mais velho, Nadim, que o acompanhava, também pegou um.

Para Soheil, era o último ano do ensino médio, um momento decisivo. Ele esperava iniciar o treinamento profissional em engenharia mecânica. Nos últimos anos, Londres havia investido dinheiro em suas escolas urbanas, elevando drasticamente os padrões e os resultados. Isso minou o financiamento para escolas em todo o resto do Reino Unido, mas transformou muitas escolas de ensino médio nos distritos operários de Londres em instituições competitivas e de alto desempenho. Embora a vizinhança estivesse mergulhada em drogas e violência, e o caminho óbvio para abandonar a pobreza para a maioria dos jovens parecesse envolver tráfico de drogas ou pequenos golpes, Soheil e Sabira receberam o tipo de educação que lhes dava habilidades e aspirações. Eram dotados de um aguçado senso das oportunidades e dos direitos aos quais faziam jus como cidadãos britânicos, como cidadãos da Europa e do mundo; certamente um senso mais pronunciado do que seus pais jamais tiveram. Soheil se formou com um diploma técnico de alto nível que o possibilitava ingressar em um aprendizado profissional ou universidade promissora, se desejasse. Os dois lados da família administravam negócios bem-sucedidos aos quais ele poderia se juntar. "Não éramos de uma família sem esperança", disse Sabira. "Tínhamos muito a retribuir."

Os irmãos que ofereceram o folheto a Soheil eram de uma célula local do Al-Muhajiroun, um pequeno grupo extremista de valentões desordeiros. Eles o convidaram para assistir a uma palestra naquela noite, pegaram o número de seu celular e, a partir daquele dia, o cercaram. Organizavam eventos várias noites por semana: palestras, futebol dos irmãos, tendas de *dawah*, demonstrações, reuniões. De repente, Soheil passava o tempo todo com esses homens. Quando estava em casa, ouvia palestras na internet e assistia a vídeos da Síria, que o deixavam furioso e exaltado. Ele costumava pedir para Sabira assistir também, o que a incomodava a princípio, mas Soheil era seu irmão mais velho, e ela não lhe diria o que fazer. E, na verdade, os vídeos a fizeram se sentir da mesma maneira. Era impossível assisti-los e não reagir — não se sentir indignado e impelido à ação. Quando Soheil sugeriu que Sabira começasse a frequentar os círculos das irmãs do Al-Muhajiroun, ela concordou.

Seu bairro de Walthamstow tinha a maior densidade de residentes muçulmanos de todo o Reino Unido. O bairro abrigava entre 65 mil e 75 mil muçulmanos e cerca de 15 mesquitas. As principais ruas de Walthamstow eram cheias de restaurantes halal, barbearias com nomes como Lahore ou Kashmir Hairdressers, agentes de viagens especializados em passeios de peregrinação ao hajj e cafeterias, um ponto de apoio social para jovens muçulmanos. Havia uma livraria islâmica que vendia livros que defendiam preceitos severos em inglês, muitos impressos na Arábia Saudita. A maior mesquita local, na Lea Bridge Road, era onde a maioria das decisões do conselho da cidade realmente era tomada. Os conselheiros transmitiam influência política entre as famílias; suas redes de patrocínio fluíam ininterruptas das aldeias rurais do Paquistão para esse denso bairro de Londres.

Essa mesquita dividia um edifício com uma academia e um centro comunitário administrados por uma organização de jovens da comunidade chamada Active Change Foundation. Ao longo de muitos anos, a fundação recebeu financiamento do governo para minar o fascínio exercido pelo radicalismo na área; ela oferecia aos jovens um lugar para conviver, com videogames e mesas de bilhar, mas, como muitos desses grupos, também trabalhava em estreita colaboração com a polícia e os serviços de segurança. O objetivo principal do grupo, como muitos moradores locais acreditavam, era vigiar a comunidade. Os jovens trabalhadores da fundação e os membros do Al-Muhajiroun se conheciam e se detestavam. Costumavam se envolver em discussões após palestras locais

PARTE I: HERANÇA DE ESPINHOS

e eventos religiosos, contestavam o aprendizado religioso um do outro (ou mesmo seu direito básico de se identificarem como muçulmanos) e às vezes disputavam pelas vidas e almas dos jovens do bairro.

Soheil foi uma dessas disputas. Os seguidores do Muhajiroun trabalhavam ativamente para recrutá-lo, embora, na opinião deles, seus esforços não eram considerados como recrutamento em si. Acreditavam sinceramente em sua causa política e que estavam apenas tentando educá-lo, com o objetivo de despertá-lo para o quão extrema a Guerra ao Terror havia se tornado ao visar os muçulmanos.

Na primavera de 2013, Soheil assistiu a vídeos de propaganda do EIIS que diziam que os muçulmanos não podiam viver em paz no Ocidente, na Terra da Descrença; que lá eram fundamentalmente indesejados e que o melhor a fazer era se apressar em se juntar ao grupo, na tentativa de criar um califado onde os muçulmanos pudessem viver sob as leis islâmicas, como deveriam. Essa tática era reconhecida abertamente por grupos como Al-Muhajiroun e EIIS. Eles falavam em atingir a "zona cinzenta", o espaço no qual os muçulmanos coexistiam de forma pacífica nas sociedades ocidentais. A erosão da zona cinzenta foi a principal maneira pela qual o EIIS procurou atrair recrutas para a Síria a partir do Ocidente. Com o tempo, também se tornaria uma tática de políticos conservadores britânicos que tentavam obter votos e popularidade ao inflamar a opinião pública contra os muçulmanos.

Nesse esforço, tanto o EIIS quanto os políticos de direita tinham um parceiro dedicado — grande parte da mídia britânica estava igualmente ansiosa para mostrar que os muçulmanos não se encaixavam na Europa, que eram uma ameaça à ordem social existente e só podiam esperar se assimilar renunciando por completo a sua religião. Os jornais publicaram um fluxo constante de notícias que incentivava as pessoas a pensar que os muçulmanos com quem conviviam eram uma quinta-coluna, extremistas à espreita, simpatizantes de terroristas que planejavam impor a "lei da Sharia" e introduzir sorrateiramente a comida halal nos supermercados. Estudos demonstraram que a mensagem surtiu efeito: 31% dos jovens no Reino Unido acreditavam que os muçulmanos estavam dominando o país; 56% acreditavam que o Islã, como religião, representava uma ameaça à democracia liberal ocidental.

A cerca de dez minutos de caminhada pela rua havia outra academia, com espaços separados para homens e mulheres, administrada por dois irmãos que ganharam notoriedade quando, em companhia de suas famílias, foram impedidos de embarcar em um voo a Los Angeles para passar as férias na Disneylândia. O *Daily Mail,* um dos tabloides mais populares do Reino Unido, publicou uma foto da casa da família em Walthamstow com uma coluna que dizia: "Só porque a segurança nas fronteiras do Reino Unido é operada pelo Mickey Mouse, não se pode culpar os Estados Unidos por não deixar esse grupo viajar para a Disneylândia — eu também não deixaria." O *Mail* alegou que a família era extremista, com base em um link para uma conta do Facebook que acabou não sendo relacionada a eles. O jornal mais tarde pediu desculpas e pagou a indenização à família, mas isso certamente não reparou o dano social ou desencorajou reportagens imprudentes como essa no futuro. Tornou-se comum, tanto para os tabloides quanto para os principais jornais, publicar impunemente histórias falsas sobre muçulmanos; a cobertura jornalística vendia bem, e os comentaristas liberais e conservadores do país ecoavam a mensagem com confiabilidade.

Pesquisas acadêmicas demonstraram e avisaram que a cobertura da mídia dominante em relação aos muçulmanos estava alimentando crimes de ódio e criando um clima de extrema hostilidade. Por que os jornais continuaram nesse caminho com tanta satisfação? Alguns argumentaram que a desumanização dos muçulmanos pela mídia não era apenas um reflexo do preconceito dos proprietários dos meios de comunicação, mas também vital para a política externa e de segurança em um Reino Unido cada vez mais diverso. Em 2014, um relatório vazado do Ministério da Defesa admitia que o governo teria mais dificuldade em conduzir intervenções militares em países de origem de cidadãos do Reino Unido ou de suas famílias. Foi um raro reconhecimento de quão difícil era para o Reino Unido seguir políticas estratégicas — apoio à Guerra ao Terror dos EUA e ocupação de Israel nas terras palestinas, presença permanente de tropas no Afeganistão, vendas lucrativas de armas para a Arábia Saudita e cumplicidade na guerra saudita no Iêmen, que resultou em milhares de mortes de civis — às quais os muçulmanos britânicos se opunham. De acordo com esse argumento, a mídia era estruturalmente essencial à política externa britânica: o público precisava acreditar que o Islã era a maior ameaça social e de segurança para o Reino Unido moderno. Se os muçulmanos fossem desumanizados, seria mais fácil reprimir e silenciar suas objeções a essas políticas, mais fácil justificar o custo humano de invasões e as campanhas realizadas globalmente em prol do combate ao extremismo.

A crença não poderia simplesmente existir em um nível abstrato. Precisava se tornar parte do cotidiano das pessoas, convencendo-as de que seus vizinhos muçulmanos viajavam para a Disneylândia com objetivos nefastos. Rotineiramente, os tabloides encontravam maneiras de retratar o Islã como uma religião de violência sexual, destacando personagens marginais de todo o mundo — indivíduos que quase nenhum muçulmano britânico jamais ouvira falar — e exibindo manchetes alarmantes como "Acadêmico Islâmico Diz que Allah Permite que Homens Muçulmanos ESTUPREM Mulheres Não Muçulmanas para Humilhá-las" ou "Advogado Egípcio Diz que Estuprar Mulheres que Usam Jeans Rasgados É 'Dever Nacional' do Homem".

Em uma pesquisa da União Europeia de Radiodifusão realizada em 2017, que avaliou o grau de honestidade da mídia segundo seus cidadãos, a imprensa britânica ficou em último lugar em toda a Europa. Nas pesquisas nacionais, os tabloides de direita apareciam regularmente em último lugar no ranking de confiabilidade. No entanto, as pessoas continuavam comprando os jornais.

SABIRA LEMBROU-SE DE UM GAROTO brilhante com quem estudara. Faisal estava muito à frente da classe, era o primeiro em todas as disciplinas, atraindo a atenção dos professores, que notaram sua inteligência excepcional. Mas seus pais eram donos de um restaurante e tiraram Faisal da escola aos 16 anos, para servir mesas. Ele teria passado com folga nos exames para universidades como Oxford ou Cambridge, mas, em vez disso, passaria a vida dirigindo um restaurante. Pais paquistaneses de primeira geração eram bem familiarizados com as dificuldades de obter uma renda decente em uma economia desigual e em mudança, com excesso de oferta de mão de obra não qualificada. Eles frequentemente lidavam com a questão, como os pais de Faisal, incentivando seus filhos a ganhar algum tipo de salário o mais rápido possível, em vez de enfrentar os longos e dispendiosos anos do ensino superior.

Essa abordagem era impulsionada pelo trabalho árduo e uma verdadeira aspiração à prosperidade, mas muitas vezes acabava levando as crianças muçulmanas asiáticas a seguir caminhos incertos e ardilosos que garantiam pouca oportunidade real. Em 2018, um documentário de televisão da BBC investigou por que os muçulmanos asiáticos pareciam se sair tão mal em comparação com os asiáticos de outras origens religiosas, como os sikhs punjabi ou os gujaratis hindus. Por que esses outros jovens asiáticos tinham um desempenho melhor nos exames de universidades e conseguiam comprar a casa própria precocemente? Seria possível, sugeriu o apresentador da BBC, que hindus e sikhs fossem receptivos a beber cerveja no pub, e essa abertura ao convívio social e ao álcool os ajudava a assimilar e acessar melhor as oportunidades? Seria possível, de fato, que o que estava impedindo os muçulmanos britânicos fosse a condição de muçulmano? Essas conversas tendiam a se desviar para a maneira como o racismo no Reino Unido amadureceu, passando de preconceito bruto contra qualquer pessoa parda como um "Paki" genérico para uma discriminação mais direcionada contra pessoas muçulmanas não brancas.

Walthamstow incorporava todos esses desafios. Era um subúrbio comum do Nordeste de Londres, um pouco sujo, mas era um microcosmo de tudo o que as autoridades britânicas enfrentavam ao lidar com a ameaça do radicalismo. Mais de uma conspiração violenta havia sido elaborada por homens que moravam nas fileiras de casas geminadas e frequentavam as mesquitas locais, incluindo a conspiração de 2006 para derrubar um avião com explosivos líquidos.

Walthamstow foi o campo de lançamento do Al-Muhajiroun e continha sua mais densa rede de células. O grupo era liderado por um homem chamado Anjem Choudary. Ele não tinha credenciais religiosas ou posição acadêmica, mas gostava de dizer coisas incendiárias que o colocavam de maneira reiterada na televisão ou nos jornais. Ele ansiava por atenção, que, por sua vez, fomentava seu sucesso. Seu destaque na mídia cresceu em proporção aparentemente inversa à sua posição entre os muçulmanos britânicos; quanto mais o viam como destrutivo, autopromocional e faccioso, com mais frequência ele aparecia na televisão. Mesmo quando figuras muçulmanas tradicionais e respeitadas no Reino Unido — jornalistas, legisladores, acadêmicos e ativistas — rejeitavam abertamente Choudary, mesmo quando as mesquitas do país o baniam de suas instalações, sua notoriedade nunca diminuía.

De certa forma, Choudary era o bode expiatório ideal para a imprensa. Com seu sorriso alegre e fanatismo crasso, ele instantaneamente desacreditou a noção de que o radicalismo muçulmano tivesse algum contexto político racional. Suas proezas incluíam querer fixar adesivos indicando "Zona de Sharia" no Leste de Londres; organizar patrulhas de moralidade às quais, na verdade, não compareceu ninguém além de um pequeno grupo de seguidores. Só lhe faltava uma gargalhada maligna. Em 2010, um jornalista escreveu de forma memorável no *Spectator:* "Anjem Choudary… é um daqueles oportunistas estúpidos e falastrões que só poderiam vir do Reino Unido." Era verdade, no entanto — inacreditavelmente —, ele era requisitado, e muito, pela mídia: uma versão tola de Tartufo, que criticava o Reino Unido como a corrupta Terra da Descrença, mas vivia a custa de benefícios sociais para sustentar sua numerosa família.

Walthamstow tinha uma grande proporção de muçulmanos, e muitos simpatizavam com as opiniões políticas dominantes que fomentavam grupos como Al-Muhajiroun. A maioria desses simpatizantes com certeza não tolerava a violência contra civis. Mas certas verdades subjacentes despertavam facilmente a empatia: a crença de que o Ocidente, por meio de sua Guerra ao Terror, estava travando guerras neoimperiais na maioria das terras muçulmanas; que, a cada ano, o alcance geográfico e a brutalidade da guerra, seus locais secretos de tortura, ataques com drones e alvos civis se tornavam mais extremos; que, por meio do apoio a Israel e tiranos árabes, o Ocidente possibilitava o subdesenvolvimento e o sofrimento muçulmanos em larga escala.

Havia certa distância entre concordar intelectualmente com essas verdades e reagir a elas de maneira violenta. Era uma lacuna pequena e fatal na qual a maioria se sentia condenada a viver e perfeitamente capaz de conviver. Mas, para alguns, a distância era tão pequena que era fácil superá-la. Atrair um jovem impressionável para o outro lado não era uma tarefa difícil. O EIIS chamou essa lacuna de "zona cinzenta de cumplicidade" e tentou eliminá-la. Os tabloides a denominaram "Sharia furtiva"; um proeminente pensador neoconservador a chamou de "a sinistra morte da Europa". Walter Benjamin se referia a ela como "o estado de emergência" que se tornara, para os oprimidos, "não a exceção, mas a regra". Os muçulmanos britânicos apenas a chamam de vida.

Essa foi uma das razões pelas quais era especialmente difícil para os pais muçulmanos imigrantes identificarem desvios no comportamento de seus filhos. Observar seus filhos se comportarem com mais devoção os deixava contentes; na verdade, eles podiam relaxar um pouco; havia menos perigo de seus filhos perderem seus valores e se desgarrarem da fé. Os pais não estavam culturalmente preparados para considerar um comportamento mais conservador como preocupante.

As visões políticas sobre as tensões globais entre muçulmanos e a violência do Estado ocidental eram amplamente apoiadas. E, considerando que tantos milhares de jovens da comunidade demonstravam as *mesmas* atitudes, ou possuíam as *mesmas* identidades, mas eram dotados de uma bússola interna que os mantinha longe da violência, era extraordinariamente difícil para os pais perceberem quando as visões convencionais de repente se tornavam subversivas. Era extraordinariamente difícil saber quando a bússola interna de um filho não estava mais funcionando.

Porém, Walthamstow sem dúvida tinha problemas maiores que o extremismo. O bairro estava dominado pelas drogas e pelos crimes com o uso de faca. Soheil, como a maioria dos meninos, havia aprendido a evitar certas barbearias que eram centros de tráfico de drogas, onde os barbeiros tinham olhos vidrados. Traficar drogas era uma maneira rápida de elevar sua posição no bairro, e os garotos muçulmanos que seguiam esse caminho aliviavam sua consciência pesada parando na mesquita com seus Porsches e entregando maços de dinheiro aos imãs para caridade.

O caminho respeitável para uma vida decente era difícil, porque, mesmo na década de 2010, os velhos preconceitos e a discriminação sistemática continuavam vivos. Uma pesquisa da BBC de 2017 constatou que um candidato chamado "Adam" recebia três vezes mais convites para entrevistas de emprego do que um candidato com um currículo e habilidades idênticos chamado "Mohammed". Metade das famílias muçulmanas em Londres vivia na pobreza. Os estudantes muçulmanos não entravam em universidades boas o suficiente e não emergiam de boas universidades com diplomas fortes.

De fato, quando se tratava de muçulmanos britânicos, os desafios eram sem dúvida mais socioeconômicos do que religiosos; a grande maioria dos imigrantes muçulmanos do Paquistão, da Índia e de Bangladesh no Reino Unido eram oriundos de aldeias, trazendo consigo as normas da vida agrícola rural. Se tivessem ficado no Paquistão e se mudado para as cidades, expostas à educação e ao trabalho em um idioma que já falavam, as mulheres dessas famílias poderiam ter garantido maior independência e poder de decisão do que no Reino Unido. Duas gerações após sua chegada, as muçulmanas britânicas muitas vezes permaneciam menos instruídas e menos propensas a trabalhar do que as mulheres de famílias indianas britânicas de origem hindu ou sikh, que emigraram dos centros urbanos e já tinham uma educação melhor.

Essa disparidade social também ficou evidente no desempenho acadêmico de jovens de segunda geração do Paquistão e de Bangladesh, que tendiam a ter um desempenho ruim em comparação com os jovens de segunda geração de famílias hindus da Índia. No Reino Unido moderno, o que veio a ser considerado um problema da "cultura muçulmana opressiva" que levava a menores resultados era mais um reflexo dos padrões de migração socioeconômica: uma necessidade de mais desenvolvimento educacional e oportunidade, em vez de um problema de fé.

* * *

A POLÍCIA CHEGOU NA SEGUNDA-FEIRA à noite, dois dias depois da saída de Soheil. Sabira estava em seu quarto quando ouviu a batida na porta. Na cozinha, sua mãe estava sentada à mesa, com uma xícara de chá intocada ao seu lado. Havia dois policiais, um homem de óculos e lábio superior grosso, e uma mulher que olhou ao redor da sala de estar e anunciou que precisaria revistar a casa.

Mas já era tarde demais. Soheil já havia mandado uma mensagem para sua mãe dizendo que estava na Turquia prestes a atravessar a fronteira para a Síria. A parte mais difícil, a princípio, foi descobrir o que dizer ao restante da família quando perguntavam onde ele estava. No início, Sabira dava desculpas. "Soheil está ocupado." "Soheil está na academia." "Soheil está no trabalho." Por fim, tiveram que dizer a verdade.

O inverno chegou como sempre, trazendo o escurecer súbito e precoce que comprimia as orações do dia em breve sucessão. Em algumas manhãs, Sabira acordava para a oração do amanhecer e passava pelo quarto da mãe, ponderando se deveria acordá-la ou deixá-la dormir. Sua mãe alternava entre o estoicismo orgulhoso e o desalento com um olhar vazio. Passava dias inteiros envolta em um cobertor, preparando refeições leves que tinham gosto de resignação. Certamente devia sentir orgulho por um filho que escolhera doar sua vida a Deus na proteção de outros; mas também haveria orgulho em um filho que ficasse ao lado de sua mãe, trabalhando para prosperar e começar uma família, criando uma sombra tranquila sob a qual ela poderia se abrigar. A mãe se sentia egoísta quando tinha esses pensamentos. Talvez esse não fosse o caminho que Deus traçara para ele. Quem era ela para questionar Sua sabedoria?

A súbita ausência foi chocante e era angustiante, porque ele nunca mais voltaria. Mas eram os primeiros dias da guerra civil síria, quando o conflito ainda tinha um lado bom e um lado mau bastante nítidos. Sabira não sentiu vergonha da decisão do irmão. Mais do que tudo, ela se sentiu abandonada, agora pela segunda vez. O pai deles partiu quando ela tinha 8 anos, quando as brigas com a mãe ficaram muito intensas e ele disse vagamente que havia "coisas importantes" que precisava fazer em outro lugar. O pai era um homem gentil que trabalhava como funcionário dos correios, embora tivesse outras ambições. Depois que ele partiu, a mãe começou a xingá-lo, e Sabira percebeu que o único adulto de verdade havia desaparecido. Soheil cumprira inconscientemente o papel do pai ausente, sempre atencioso, sempre solícito.

Ela continuou a frequentar os círculos das mulheres Muhajiroun, porque elas pareciam um fio que a atava a Soheil, mas se sentia cada vez mais distante das conversas. As mulheres se sentavam em círculo, falando de uma maneira tosca e simplista sobre o Ocidente e seus conflitos. Sabira descartava a parte política. Ela tinha 15 anos e essa política havia roubado seu irmão. Queria apenas ser uma boa muçulmana, ter tanta confiança em Allah e em seu plano, tanta *tawakul,* quanto Soheil. Acima de tudo, aspirava alcançar o nível de clareza espiritual do irmão. Mas a versão do Islã que as mulheres do Muhajiroun ministravam nas reuniões parecia uma sentença de morte.

Sabira e sua prima conversaram sobre isso uma noite, enquanto passeavam por Bethnal Green, onde tinham ido comer uma sobremesa e olhar as abayas em uma boutique local. Havia uma nova coleção, com mantos de cintura alta em cores da nobreza, como cor-de-rosa envelhecido e azul pálido. Havia tanta beleza e propósito no mundo, sentia ela, muitas oportunidades para servir a Allah e também obter alguma felicidade terrena. As visões extremas do círculo das mulheres não permitiam nenhuma dessas possibilidades. "O que elas estão tentando fazer, tirar sangue de pedra? Se fizer tudo como elas dizem, ficará sem nada, sem a possibilidade de estudar ou trabalhar. Conversar com homens é 'mistura livre de gêneros'. O que resta fazer a não ser ficar em casa?"

Ela e Soheil mantinham intenso contato. Conversavam no Telegram e ele finalmente conseguiu voltar ao Facebook. O irmão lhe enviou fotos brincando na neve e nadando no Eufrates. Ela admirava as fotos por longos minutos, notando o quanto ele parecia magro, suas bochechas esmaecidas. Às vezes, Soheil pedia com antecedência para que a família se reunisse, então eles faziam uma chamada de vídeo da sala de estar da avó. Eram sempre apenas alguns minutos, mas Sabira ficava feliz em ver seu rosto, ouvir sua voz. Ela não sabia o que dizer, então ele falava a maior parte do tempo. "Sabira, você tem que vir", disse Soheil. "Você pode ficar conosco, e nós podemos trazer mamãe e toda a família. Tente economizar algum dinheiro, vá para a Turquia."

"Isso nunca vai acontecer", afirmou Sabira. Ela explicou que havia acabado de se candidatar a um emprego, estava esperando para começar a trabalhar. Ele inclinou a cabeça e sorriu para ela. "Você será feliz aqui, vai ver."

Pouco depois da virada de ano, Nadim, primo de Sabira, partiu para a Síria. Logo parecia que todo mundo conhecia alguém que se fora. A filha de um empresário local abastado. O filho do livreiro. Juntar-se ao califado era como um sonho contagioso e febril espalhando-se entre os jovens do bairro.

Aproximando-se de Bagdá

O EIIS sitiou a cidade iraquiana de Sinjar, lar da minoria religiosa Yazidi e estrategicamente localizada perto das fronteiras da Síria, do Iraque e da Turquia. A terra natal dos yazidis estava envolvida em rivalidades regionais e nacionais desde a derrubada de Saddam Hussein em 2003, e o grupo minoritário sofreu discriminação sob sucessivos governantes.

Como sempre, o EIIS provou ser o mais extremo. Os combatentes lançaram uma campanha genocida de massacres e sequestros, tomando mulheres e meninas yazidis como escravas sexuais. Milhares de famílias yazidis estavam presas no monte Sinjar; os Estados Unidos, com a ajuda das forças curdas das quais agora dependiam como tropas terrestres, organizaram corredores de resgate.

Em uma importante vitória que poderia mudar o poder dos militantes no campo de batalha, os combatentes capturaram a represa de Mosul, que controlava o fluxo de água para a cidade e para milhões de iraquianos que viviam à jusante do rio Tigre.

Eles chegaram a 24km de Erbil, uma das duas capitais do Curdistão iraquiano, e novamente avançaram em direção a Bagdá. Somente uma intensa onda de ataques aéreos dos EUA, apoiadas por forças curdas e milícias lideradas pelo Irã, impediram o domínio de Erbil. Ficou claro que a única coisa que detinha o avanço do EIIS era o poderio militar dos EUA nos céus.

PARTE II:
GAROTAS DESAPARECIDAS

As garotas tomaram decisões que deveriam ser deixadas nas mãos de Deus. Elas se tornaram poderosas demais para viver entre nós, autocentradas demais, visionárias demais, cegas demais.

— JEFFREY EUGENIDES, *As Virgens Suicidas*

Eles me chamam de terrorista
Como se não soubessem quem é o terror
Quando eles me culpam, eu lhes digo isso
Sou só paz e amor…

— LOWKEY (o rapper britânico Kareem Dennis), "Terrorist"

SHARMEENA, KADIZA, AMIRA E SHAMIMA

Dezembro de 2014, **East London**

Era uma verdade universalmente aceita que todas as jovens que viajavam do Reino Unidos para o EIIS precisavam ir às compras primeiro, e naquele incomum inverno em que as meninas começaram a desaparecer, o Westfield Stratford, um grande shopping em East London, se tornou o destino favorito antes da viagem.

Estava quase escuro quando as quatro adolescentes desembarcaram da linha Jubilee do metrô. Elas vinham direto da escola, a Bethnal Green Academy, onde se destacavam em seus estudos e eram admiradas por professores e colegas como exemplos de jovens distintas: inteligentes, bem educadas, alegres e vivazes. Tinham entre 15 e 16 anos e eram melhores amigas, unidas e inseparáveis como apenas as adolescentes podem ser, e tão protetoras de sua amizade em grupo que costumavam tuitar avisos sobre o perigo de guardar segredos. Era início de dezembro e o shopping estava decorado com estrelas brilhantes e anjos de renda, repleto de mulheres carregando sacolas de compras de Natal. As quatro garotas passaram pela badalada churrascaria com cardápio halal que agora elas nunca experimentariam, pelo bar de champanhe onde as mulheres carregadas de sacolas se refugiavam para um descanso, por um cartaz do filme *Sniper Americano* ("O atirador mais letal da história militar dos EUA").

Sharmeena precisava de um telefone celular novo e de algumas roupas de inverno, pois já estava nevando na Síria, as roupas que havia comprado online na Forever 21 ainda não haviam chegado e ela partiria no dia seguinte. Com um nariz arrebitado, um rosto redondo e suave e olhos acinzentados, Sharmeena era a personalidade obstinada e falante de seu grupo. Suas amigas observavam cuidadosamente seu rosto em busca de reações, faíscas cintilantes no fundo de seus olhos que indicavam que estava pensando, os poucos instantes que levaria para sua boca pequena se abrir e dizer se elas estavam sendo ridículas ou perceptivas. Tudo o que veio a seguir, tudo o que se sucedeu, voltou-se contra ela, pois Sharmeena foi a primeira das amigas a enfrentar a verdadeira escuridão.

Um ano antes, sua amada mãe fora diagnosticada com câncer de pulmão e morreu depois de seis meses de luta contra a doença. Sharmeena ficou atônita ao ver como tudo aconteceu rápido, como uma mãe, ainda com 30 e poucos anos, que parecia radiante e perfeitamente saudável, podia definhar tão rápido de dentro para fora. Ela ficou esquelética e ofegante em poucos meses, no final mal conseguia falar, tossindo até quase expelir as entranhas em um tubo que sua filha segurava em sua boca. Sharmeena crescera com a mãe, a avó e o tio materno em um pequeno apartamento de propriedade do governo municipal em Bethnal Green, um bairro em East London. O plano sempre fora que o pai, que retornara a Bangladesh, se juntasse a elas assim que economizasse dinheiro suficiente, mas em 2012 o governo do Reino Unido impôs um novo limite de renda para a entrada de cônjuges no país, muito além do que a mãe ganhava; então o pai permaneceu em Bangladesh. Sharmeena o conhecia apenas como uma voz fraca e questionadora ao telefone: *Como está a escola? Você está sendo uma boa menina?* Quando ele finalmente chegou a Londres, ela já era adolescente. Não dava para negar que era seu pai: seus traços eram mapeados com precisão no rosto dele. Mas ela mal o conhecia.

Depois que a mãe morreu, o pai conseguiu um apartamento em Shoreditch, mas ele trabalhava no turno da noite como garçom e voltava para casa depois da meia-noite. Com frequência, Sharmeena ficava com a avó. Quando sua mãe estava viva, assim como em tantas famílias de imigrantes, não importava tanto o fato de viverem com a família estendida, e não em uma unidade nuclear. Mas agora que sua mãe se fora,

PARTE II: GAROTAS DESAPARECIDAS

Sharmeena se sentia órfã, como se não tivesse um lugar adequado no mundo. Quase diariamente, ela começou a passar o tempo na mesquita, que ficava nas ruas secundárias de Whitechapel, em East London, a uma curta caminhada de casa. Tinha um prédio separado para mulheres, com uma área de oração espaçosa, aconchegante e com uma iluminação suave no segundo andar. Assim que entrava sentia uma imensa calma. Muitas vezes não percebia que seu corpo estava contraído e que prendia a respiração até se ajoelhar e encostar a testa no convidativo tapete turquesa. Ela sentia tanto alívio que ficava naquela posição por longos períodos.

Às vezes, depois da oração da noite, Sharmeena ficava na mesquita e lia um livro, retardando o retorno para a casa, onde a ausência da mãe preenchia cada centímetro. Outras mulheres da vizinhança faziam o mesmo. Em East London, não havia muitos lugares para as jovens muçulmanas de famílias conservadoras frequentarem que fossem socialmente aceitáveis para seus pais. Encontrar suas amigas com regularidade em uma cafeteria era considerado excessivo, capaz de provocar questionamentos como: "Mas você não estava lá ontem?"; e a suspeita de que sua verdadeira motivação fossem os garotos, não os waffles. A mesquita era um destino imaculado e incontestável.

Caminhando por uma das ruas de paralelepípedos que levavam à entrada dos fundos da mesquita, Sharmeena passou por um prédio de apartamentos, uma das fábricas de pé direito alto convertidas em moradias que tornavam esse antigo bairro têxtil tão atraente para jovens profissionais. Ela ergueu os olhos para ver se as três irmãs de Bangladesh já estavam em seu posto. A vida doméstica era mais difícil para as meninas muçulmanas nascidas em famílias asiáticas conservadoras do East End; as mães e as famílias mimavam os meninos, eles eram poupados das tarefas domésticas e tinham liberdade de vagar livremente pelas ruas. Mas das meninas era esperado que voltassem para casa logo depois da escola, permanecessem puras, fossem recatadas. Sharmeena não sabia seus nomes, mas as garotas de Bangladesh estavam sempre debruçadas na janela, observando os transeuntes, acenando para quem conheciam, com as cabeças no espaço público e os corpos na privacidade de suas casas. Divididas em duas. Não comiam waffles na companhia de meninos.

No início do verão, quando seu pai sugeriu que saíssem em peregrinação a Meca, Sharmeena ficou ansiosa. A peregrinação ao local mais sagrado do Islã, a cidade na moderna Arábia Saudita onde o Profeta Muhammad nasceu e recebeu sua primeira revelação do Alcorão, era um dos cinco pilares da fé, uma jornada exigida de todos os muçulmanos que podiam se dar ao luxo de fazê-la. Em sua comunidade em East London, a viagem era comum; praticamente todos os agentes de viagens nas ruas principais de qualquer bairro anunciavam o hajj. Ela começou a cobrir os cabelos antes da viagem. Em Meca, circulando em Kaaba, caminhando pelas planícies onde o Profeta Muhammad, que a paz esteja com ele, havia caminhado, Sharmeena chorou copiosamente. O pai considerou uma reação mais que natural. Ela tinha perdido a mãe há pouco tempo e estava em uma peregrinação que despertava profundamente as emoções de quase todo mundo. Na verdade, este era o propósito do hajj, uma sacudida espiritual, uma lembrança da temporalidade da *dunya*, a vida terrena, um lembrete de que crescer perto de Allah e trilhar Seu caminho nos reuniria a nossos entes queridos no *akhirah,* a vida após a morte, que, ao contrário desta, era eterna.

Além das agências de segurança, ninguém mais em East London parecia ter notado que Sharmeena estava sem rumo e solitária naquele outono de 2014. Dizem que duas mulheres começaram a se aproximar dela na mesquita, puxando conversa. Foram solícitas e amigáveis, e acabaram conseguindo interromper seu triste devaneio com atenção sincera e entusiasmada. Começaram a enviar mensagens de texto e telefonar com frequência, a convidavam para discussões exclusivas de mulheres, pretensamente religiosas, mas que ela logo descobriu serem sessões acaloradas de queixas políticas entremeadas com um pouco de terminologia islâmica.

Sharmeena gostava de se sentar e escutar. Ouvir estranhos era de fato mais fácil do que conversar com pessoas que conhecia, que inevitavelmente lhe perguntavam como estava enfrentando a situação, o que a forçava a estampar no rosto alguma aparência de bem-estar que na verdade não sentia. As estranhas com quem fez amizade falavam sobre o mundo em termos vigorosos, definitivos: os muçulmanos lutavam contra os *kuffar,* os incrédulos; uma luta global épica de muçulmanos que sofriam em lugares como a Palestina e a Síria; a urgência de construir um verdadeiro Estado islâmico.

Elas perguntaram a Sharmeena se ela era sincera em sua *iman,* sua fé, e, em caso afirmativo, se estava disposta a agir de acordo. Disseram-lhe que havia um Estado islâmico emergindo na Síria, onde ela podia praticar o Islã livremente, sem assédio, e desfrutar de uma vida repleta de profundo significado espiritual. Elas a encorajaram a entrar em contato com outras mulheres que haviam viajado do Ocidente para a Síria.

Muito do que Sharmeena via circulando online, entre as *muhajirat,* as emigrantes que já haviam feito a jornada, deixava claro que — se sua fé e seu comprometimento com outros muçulmanos fossem genuínos — viajar para o Estado emergente não era exatamente uma escolha. Como observou Umm Abayda, uma proeminente personalidade *muhajira* do Twitter: "Que todos vocês no Ocidente, vivendo tranquilamente em suas casas, saibam que, assim como recai sobre vocês um fardh [dever] para a salah [oração], há um para a hijra [emigração]."

O fato de Sharmeena frequentar a mesquita foi um grande alívio para seu pai, que imaginou que sua angustiada filha adolescente estava conseguindo superar e encontrar consolo no Islã. A devoção era um mecanismo de enfrentamento esperado — acordar antes do raiar do sol e ler a oração do amanhecer como uma forma de consolo, em vez de praticar yoga ou ir a festivais de música regados a drogas, como pessoas brancas ao seu redor faziam. Sharmeena havia parado de folhear obsessivamente catálogos de moda em seu telefone e dizer que queria ser estilista — outro alívio, que poupava seu pai de ter que dizer: "Não, querida, precisamos que você seja médica!" Ela parecia mudada, mais pensativa e retraída, mas ele se sentia diferente também, com a morte da pessoa que era o porto seguro de ambos. O pai achou que os dois estavam experimentando o mesmo processo interno.

As únicas coisas que pareciam inadequadas eram o tempo extra que Sharmeena passava no telefone e suas intimidadoras novas regras de comportamento. Havia certos programas de televisão que o pai gostava de assistir e que ela começara a dizer que eram proibidos. "Baba, fumar é *haram",* advertia, balançando a cabeça em sinal de desaprovação. Ele começou a decidir parar de fumar toda vez que se viam, para poder afirmar com veracidade: "Sharmeena, acabei de parar!" Embora ela tenha usado o termo *haram,* "proibido", suas preocupações em relação ao pai pareciam mais mundanas do que ideológicas: sua saúde era frágil — ele tinha diabetes e colesterol alto, ambos agravados por longas horas em pé no restaurante, levando e trazendo pratos da cozinha quente.

Em um momento em que seu próprio mundo em East London estava se fechando, Sharmeena se deparou, ou foi empurrada, com um mundo totalmente novo online. Em dezembro de 2014, a guerra civil síria seguia inclemente havia quase três anos, desde que os sírios se revoltaram contra Bashar Al-Assad em 2011, nos inebriantes primeiros dias da Primavera Árabe. A garota conversava com suas novas amigas regularmente sobre a barbárie das mortes de muçulmanos na Síria e a urgência de construir um califado, como forma de autodefesa contra a violência e a pilhagem infligidas aos muçulmanos em todo o mundo. Essas visões ecoavam ruidosamente online. Ela começou a seguir o blog no Tumblr de Aqsa Mahmood, uma garota paquistanesa-britânica de Glasgow que havia viajado para a Síria no início de 2014 a fim de se juntar ao EIIS. Aqsa usava a *kunya,* ou apelido, Umm Layth. Em publicações regulares, ela descrevia por que deixara sua família na Escócia para se juntar à luta do EIIS, instando outras jovens a fazer o mesmo.

Antes de tudo, wallahi wallahi,[1] eu conheço minha posição, não sou uma estudiosa, uma daiee ou mesmo uma buscadora do conhecimento — nem perto disso. Portanto, por favor, não presuma isso de mim. Essas postagens de diário que escrevo são apenas e tão somente escritas com a intenção de ser uma forma de encorajamento e conselho para minhas irmãs e meus irmãos que ainda estão presos atrás dos muros de Darul Kufr.

Portanto, neste post, não estou falando apenas de mim, mas de todas as muhajirat aqui (em minhas próprias palavras). A princípio, a mídia costumava afirmar que aqueles que fugiam para se juntar à jihad eram fracassados, não tinham futuro e eram de famílias desfeitas etc. Na realidade, esta não é a verdade. A maioria das irmãs que encontrei frequentou cursos universitários, tinha muitos caminhos promissores, famílias grandes e felizes, amigos e tudo mais no dunyah, de modo que seria fácil se convencer a ficar e desfrutar do luxo. Se tivéssemos ficado para trás, poderíamos ter sido abençoadas com uma vida tranquila e confortável e muito dinheiro.

---

[1] Expressão que significa "juro por Allah". (N. da T.)

PARTE II: GAROTAS DESAPARECIDAS

Muito do que Umm Layth escreveu valia para Sharmeena também, exceto talvez pela grande família feliz. Brilhante e bem-sucedida no âmbito acadêmico, socialmente carismática, com um caminho para a universidade e depois uma carreira decente ao seu alcance — tudo isso se aplicava a ela. Portanto, foi pertinente ouvir alguém expressar esse anseio por algo mais significativo, superior, um testemunho da devoção a Allah que superava qualquer uma dessas realizações mundanas.

Umm Layth era otimista e determinada no Tumblr e no Twitter. Deixava claro que acreditava que atos terroristas — como o ataque de 2009 em Fort Hood, no qual o psiquiatra do Exército dos EUA Nidal Hasan atirou em outros soldados que se preparavam para ser enviados ao Iraque e ao Afeganistão — eram atos legítimos de oposição armada às atrocidades militares norte-americanas. O tom de Umm Layth oscilava entre a estridência simplista de uma adolescente que acabara de descobrir a injustiça e a voz lamuriosa de uma criança vulnerável longe de casa. Às vezes, ela admitia o quão difícil tinha sido deixar tudo para trás. Na primavera de 2014, escreveu:

Não estou escrevendo isso porque é Dia das Mães ou seja lá que nome deem. Estou escrevendo porque sinto falta da minha mãe e quero que isso seja um lembrete para todos vocês, para que reconheçam o valor e o mérito de sua mãe, pois, depois de perdê-la, nada será igual novamente. Enquanto a maioria de vocês ainda pode ver o sorriso de sua mãe, eu não posso mais. Enquanto a maioria de vocês ainda pode deitar sua cabeça no ombro de sua mãe, eu não posso mais. Enquanto a maioria de vocês ainda pode chamar sua mãe quando sentir uma dor física, eu não posso mais. Enquanto a maioria de vocês ainda pode ter uma conversa franca com sua mãe, eu não posso mais.

Sharmeena leu esse post várias vezes; era como uma flecha atravessando diretamente seu coração.

Ela adorava a humildade de Umm Layth e seguia avidamente suas postagens. Foi por meio de seu blog que Sharmeena soube de Mike Prysner, um soldado norte-americano que relatou publicamente os abusos que ele e seu batalhão cometeram no Iraque. Umm Layth postou vídeos de uma fala em que Prysner descreveu como arrastava mulheres e crianças pelos braços e apropriava-se de suas casas para serem usadas pelos militares norte-americanos, sem fornecer qualquer compensação; ele descreveu interrogatórios violentos, em que cobriam as cabeças dos detidos com sacos plásticos. Falou de sua vergonha dos termos casualmente racistas que seus comandantes de batalhão usavam quando incineravam comboios civis. Esse ex-soldado norte-americano declarou: "Disseramnos que estávamos lutando contra terroristas, mas o verdadeiro terrorista era eu e o verdadeiro terrorismo é esta ocupação." Era essencialmente o que o imã iemenita norte-americano Anwar Al-Awlaki argumentava: a violência militar do Estado contra civis também era terrorismo.

Sharmeena começou a seguir outras mulheres às quais Umm Layth estava conectada em várias plataformas de mídia social, seus feeds convergindo em um barulhento crescendo de indignação contra as mortes de muçulmanos: palestinos mortos em Israel, ataques de drones norte-americanos a casamentos no Afeganistão, ataques de drones dos EUA matando civis na Somália, crianças mortas pelas bombas de barril de Assad, os rohingya em Myanmar. Não importava em que parte do mundo, não era seguro ser muçulmano. As mulheres preferiam os ideólogos online que argumentavam que a insurgência armada, ou jihad, era a única maneira de defender os muçulmanos contra esses ataques. Eles postavam citações de Anwar Al-Awlaki. E eram religiosos também — preocupados em ser bons muçulmanos, evitando comportamentos impuros —, mas sua fé era emocionalmente mais carregada de fúria política contra o Ocidente do que do desejo de despertar espiritual.

Era todo um universo de contestação juvenil, febril e intelectual, em que jovens muçulmanos ocidentais que já haviam viajado para a Síria ignoravam a representação midiática de suas motivações, na esperança de alcançar simpatizantes da causa, mas que ainda estavam hesitantes, como Sharmeena. Eles argumentavam que era possível ter motivações múltiplas e sofisticadas. Uma mulher usando o nome Bird of Jannah, que provavelmente era o rosto feminino de língua inglesa mais popular do EIIS, postou uma imagem estilizada e com filtro. Mostrava um casal no deserto, um belo rapaz barbudo e sua esposa vestindo um véu que cobria todo o rosto, com um coração rosa e a legenda "O amor da Jihad: Até que o martírio nos separe". Ao mesmo tempo, no Twitter, uma pessoa chamada Umm Irhab alertava as mulheres sobre o risco de serem levadas a sentir que seu compromisso era de alguma forma motivado pela frustração sexual ou desejo vil: "Nunca conheci pessoalmente uma irmã no Sham que tenha se unido à causa devido a um 'pensamento romântico sobre a guerra ou por um homem'. Todas nós viemos por Allah."

Para muitos, o site de perguntas e respostas anônimas ask.fm se tornou uma plataforma oportuna para compartilhar pontos de vista diretamente. Umm Ubaydah, por exemplo, recebeu o seguinte comentário:

Anônimo: Eu só queria que soubesse que a grande maioria dos norte-americanos não odeia os muçulmanos e quero me desculpar com você e com todo o seu povo pelas coisas terríveis que fizemos, e por todas as famílias e maridos que matamos. É vergonhoso. Sou norte-americana, mas minha melhor amiga é palestina. Eu a amo como a uma irmã. Muitos de nós entendemos que vocês recorrem à violência porque lhe fizemos muito mal e essa é a única maneira de nos combater. Inshallah — nós os apoiaríamos se vocês buscassem a paz. Somos um povo só.

Mas Umm Ubaydah respondeu em seu blog no Tumblr:

Não recorremos à violência por causa dos erros cometidos pelos Estados Unidos. Estamos tentando construir um Estado islâmico que viva e observe a lei de Allah.

Parecia que havia um esforço coletivo de seguidores, parentes e observadores; da mídia; e do governo para encontrar um ponto em comum entre as *muhajirat*. Mas, online, havia inúmeras jovens *muhajirat* lutando contra essa tendência, dizendo abertamente: *Nossas motivações são diversas. Muhajirat* literalmente quer dizer "mulheres migrantes", mas poderia ser traduzido como jihadistas femininas. Dentro da ideológica visão de mundo que promovia a noção de *hijra* [hégira ou emigração] para o califado do EIIS, a emigração não era uma transferência de local tão inocente ou neutra para aquelas que tinham idade suficiente para ser responsabilizadas. Significava se alistar para um projeto de um califado disruptivo, extremamente violento, com um propósito de punir a todos, como membro-cidadã e aderente.

Umm Layth, a jovem de Glasgow, continuava sendo a favorita de Sharmeena. Parecia sempre sincera e confiável, denunciando boatos e informações falsas onde quer que os visse, até mesmo dos apoiadores do EIIS. Ela disse que aqueles que alegavam que as *muhajirat* poderiam ir ao fronte e lutar ao lado dos homens estavam espalhando propaganda.

Aparentemente, os líderes militares do Sham explicaram que as mulheres não têm permissão [para lutar]. Elas podem fazer muitos outros trabalhos. Hoje falei com um dos principais homens da Dawlah do Sham. Ele afirmou que, mesmo se quiser começar um negócio aqui, VENHA. Se quiser ser médica ou algo assim, venha, você pode fazer tudo aqui, inshallah. Rs

Porém, Umm Layth, assim como tantas outras mulheres europeias, não conseguia ler as campanhas e os manifestos das mais proeminentes ideólogas femininas do grupo, que tratavam desses assuntos — papéis femininos na luta ou operações suicidas — em árabe. Era impossível dizer se ela e outras pessoas teriam sentimentos diferentes se fossem capazes de acessar e compreender esses textos. Muito provavelmente. Mas a superficialidade do que as *muhajirat* europeias escreviam sobre si mesmas, em essência, anotações de diário sobre as queixas políticas e o dilema de identidade da juventude muçulmana, contrastava fortemente com os escritos políticos e ideológicos, em árabe, profundamente teorizados das mulheres líderes do EIIS, fundamentados na discórdia de suas sociedades. Para as mulheres ocidentais que não compreendiam árabe, que se baseavam na estética híbrida e nas grandiosas narrativas de resistência dos vídeos do EIIS, e em seus próprios desejos ingênuos e dispersos de comunidade, ingressar no EIIS não era diferente de se juntar a uma rebelião. Para as *muhajirat* do mundo árabe, das quais várias, há muito tempo, tinham aderido a vertentes de pensamento salafista extremista e que apoiavam politicamente a solução jihadista para os males de suas sociedades e para a subserviência de seus governos à ordem do Estado ocidental, era uma escolha menos aleatória, um endurecimento das po-

PARTE II: GAROTAS DESAPARECIDAS

sições existentes dentro de um cenário político onde pouquíssimo do que o grupo representava era desconhecido, diante de circunstâncias que se tornavam mais extremas.

Nos escritos de Umm Layth, Sharmeena também viu um reflexo de sua própria ingenuidade confusa e dolorosa de adolescente londrina: era verdade que muçulmanos em todos esses lugares estavam morrendo, sendo mortos por snipers israelenses ou bombas sírias; era verdade que era doloroso assistir a tudo isso no conforto de suas vidas britânicas, sentindo-se desesperançadas, inúteis; era verdade que, quando viam o Sheik Awlaki dizendo online que a mudança "depende da juventude", poderia muito bem estar se referindo a ela — uma adolescente comum, uma garota que adorava navegar em sites de lojas de departamento e mascar chicletes, sentada em sua casa em East London.

Enquanto ela lia os comentários nas postagens do Facebook e as conversas no Twitter, ocasionalmente alguém perguntava a uma das mulheres que já havia feito a *hijra* se a violência disseminada pelo EIIS — a decapitação do jornalista James Foley, os apelos por ataques ao Ocidente — era teologicamente ética ou justificada. O argumento em resposta costumava ser: essa brutalidade com certeza não é desejável, mas o Ocidente não deixara aos militantes nenhuma escolha, não havia outra maneira de resistir; protestos não violentos não influenciariam o ditador Assad, cujos militares estavam torturando e matando dezenas de pessoas nos centros de detenção, nem os Estados Unidos, que invadiram e ocuparam o Iraque, mataram inúmeros civis e apoiaram e protegeram tiranos árabes. As sociedades ocidentais estavam adormecidas, haviam perdido toda a empatia pela situação dos muçulmanos e precisavam ser despertadas: apenas quando seus próprios cidadãos sofressem, elas seriam impelidas a perceber a violência que os muçulmanos padeciam todos os dias.

Sharmeena tinha apenas 15 anos — o que podia saber da vida? Mas a lógica fazia sentido para ela: violência extrema gera violência extrema. Ela tentou usar esse argumento na escola, ao defender o EIIS para uma professora, que discordou severamente. Elas discutiram, mas a professora não relatou nem para a escola nem para o pai de Sharmeena que essa garota vulnerável e irritada, cuja mãe acabara de morrer, estava defendendo abertamente um grupo que cortava a cabeça das pessoas diante das câmeras. A professora não sugeriu que, talvez, alguém pudesse ter uma conversa com ela sobre essas visões políticas radicais e violentas. Talvez, como poderia muito bem ter acontecido se Sharmeena fizesse parte de uma família e um mundo mais instruídos, alguém poderia ter lhe dito que havia outros caminhos para a dissidência e outras maneiras de ajudar os muçulmanos vulneráveis em todo o mundo: que ela poderia se dedicar à advocacia de direitos humanos e ao ativismo político, a estudos pós-coloniais, à divulgação dos conflitos ou ao trabalho humanitário. Havia muitas coisas que uma jovem podia fazer com sua raiva. Mas, para conhecer essas ideias, era preciso ter uma família atenta e unida, salas de estar com livros, uma escola diligente, camadas de proteção que muitas vezes não existiam em torno das meninas da classe trabalhadora de East London. Mesmo quando o governo começou a empregar muçulmanas britânicas que haviam percorrido exatamente esse caminho, enviando-as para aconselhar meninas consideradas "vulneráveis à radicalização", elas admitiram, como se fazia em uma entrevista, que havia pouco ou nenhum espaço para essas discussões na sociedade britânica, nenhum meio para essas jovens raivosas canalizarem seu descontentamento político em relação ao governo.

A Bethnal Green Academy, a escola de ensino médio que Sharmeena e suas três melhores amigas frequentavam, tinha um corpo estudantil predominantemente muçulmano. Em sua maioria, seus adolescentes cumpriam as cinco orações diárias, mesmo quando estavam na escola, e as meninas usavam saias longas ou vestiam abayas sobre os uniformes escolares. Mesmo que suas famílias fossem conservadoras quanto à convivência com o sexo oposto, meninos e meninas interagiam livremente na escola; depois da aula, eles se aglomeravam na Nando's ou na loja de batatas fritas nas proximidades ou se reuniam no parque local. Quando muito, eles se dividiam por etnia, asiáticos e negros, e não por gênero. A vida estudantil na Bethnal Green Academy era, segundo muitos relatos, descontraída e calorosa. O que faltava era uma maneira de meninas especialmente infelizes e inteligentes aprenderem que o mundo oferece muitas maneiras de discordar da injustiça, além do radicalismo violento.

Um dia, no outono de 2014, Sharmeena tuitou para @UmmLayth e perguntou se poderia mandar uma DM.

As outras três garotas observaram Sharmeena dar os primeiros passos, tentando entender por que, para os muçulmanos, o mundo era

PARTE II: GAROTAS DESAPARECIDAS

mergulhado em tanto sangue e perda. Ela contou tudo às amigas e elas a seguiram de forma leal, curiosa e hesitante.

Depois de Sharmeena, Amira Abase era a mais confiante. "Alegre, doce", lembrou uma amiga. "Acho que não havia uma pessoa que não gostasse dela. Todo mundo gostava dela." Era a única garota não asiática do grupo. Seus pais eram muçulmanos etíopes que foram para o Reino Unido quando ela era pequena. A trajetória do seu pai foi particularmente irregular: saiu fugido da Etiópia quando tinha 16 anos, depois de protestar contra a guerra do governo à vizinha Eritreia; ele passou seis anos em um campo de refugiados alemão antes de seguir para Londres.

Amira era descolada, engraçada, e tinha um rosto bastante imponente para sua idade, sobrancelhas arqueadas sobre maçãs do rosto protuberantes e narinas que se dilatavam quando sorria. Ela também era gentil; mais gentil do que uma garota popular e bonita precisava ser. Londres era cara e seu pai tinha dificuldade de encontrar trabalho. Mas o dinheiro não era tudo, e ele deixou claro que era uma bênção morar em um país que levava a liberdade a sério e acolhia expressões de dissidência. A Etiópia, onde ele cresceu, era muito repressiva, especialmente se você fosse muçulmano; era o tipo de país onde o governo comprava spyware da China, ouvia os telefonemas das pessoas e as prendia por semanas, chamando os toques religiosos em seus celulares de "ilegais". À noite, o pai se sentava curvado sobre a mesa para escrever cartas de protesto contra o tratamento dispensado aos muçulmanos etíopes. Alguns relatos sugerem que a vida doméstica dos Abases era problemática; que os pais de Amira não se davam bem e que Hussen, o pai, era fisicamente severo com os filhos. Mas outros que o conheciam bem diziam que era um homem sensível, dedicado à família, embora cínico em relação à realidade da política global.

O que está claro é que ele era aberto sobre suas opiniões e não achava que sua filha era jovem demais para aprender a protestar e fazer manifestações. As condições na Etiópia para os muçulmanos eram e continuaram tão terríveis que muitos fugiram para a Arábia Saudita a fim de trabalhar como migrantes, enfrentando circunstâncias muito parecidas com a escravidão moderna: longas horas de trabalho sem folga, espancamentos, apreensão de passaportes e outros abusos. Em 2013, as autoridades sauditas expulsaram mais de 160 mil migrantes etíopes, atacando-os com machetes e pedaços de pau. Elas enviaram os migrantes de volta para a Etiópia, onde muitos foram torturados na detenção, mantidos em buracos subterrâneos por meses. O pai de Amira a levou a uma manifestação contra as expulsões, que aconteceu em frente à embaixada saudita em Londres; as pessoas entoavam: *"Parem a violência contra etíopes na Arábia Saudita!"* e *"Queremos justiça!"*.

Quando os protestos eclodiram em 2012 por causa de um filme norte-americano zombando do profeta Muhammad, o pai de Amira acompanhou uma multidão da mesquita de East London até a embaixada dos Estados Unidos. Em uma sexta-feira, muçulmanos do mundo inteiro protestavam contra o que consideravam um insulto deliberado e motivado por razões raciais ao Islã, originário de um país, os Estados Unidos, que parecia pretender, sob o disfarce de sua guerra contra o extremismo, matar tantos civis que desistiu de contar. Assim como muitos adolescentes muçulmanos de segunda geração, Amira cresceu em um lar onde a política global estava intimamente incorporada na vida diária. Ela havia herdado o senso de justiça de seu pai. Crescer no Reino Unido a ensinara que tinha o direito de falar. Na escola, ela era uma forte debatedora, argumentando por que as mulheres muçulmanas tinham o direito de usar véus ou como o estupro deveria ser punido.

Nem todas em seu grupo cresceram com a mesma exposição à política. Kadiza Sultana, uma garota de sorriso tímido e óculos de armação escura, morava com a irmã mais velha e a mãe enferma em uma casa menos engajada em política. Sua irmã, que retornara depois do fim de um casamento arranjado aos 17 anos, era a autoridade. Às vezes as irmãs brigavam, mas na escola, onde Kadiza se destacava, ela era querida e admirada. Era amigável com as meninas mais jovens e ocasionalmente as ajudava com os trabalhos escolares. A escola disse à mãe que Kadiza era uma das alunas mais promissoras de sua turma; uma professora deu a ela um romance de presente, elogiando seu desempenho em inglês. Ela assistia a *O Diário da Princesa* e fazia aula de zumba.

A quarta amiga, uma garota chamada Shamima Begum, era, de acordo com todos os relatos, fã das Kardashians e a mais quieta do grupo. Mais tarde, sua irmã disse a um jornalista que Shamima era pouco aventureira e arisca, o tipo que "não gosta de sair sozinha para comprar um litro de leite". Era uma típica adolescente que gostava de ler e assistir à televisão. "Uma aluna brilhante", disse a irmã. Como na maioria das famílias, ela mensurava o bem-estar de Shamima pela maneira como se saía na escola: "Você não desconfia de uma criança que faz sua lição de casa e só tira 10." A mãe de Shamima pediu que começasse a usar o véu no fim do ensino fundamental, quando ela tinha cerca de 14 anos; a garota não se importou, porque suas amigas também estavam cobrindo os cabelos e ela não gostava de se destacar.

No outono, todas as quatro garotas estavam se vestindo de maneira diferente, preferindo saias longas, em vez de calças, e blusinhas mais largas. Kadiza, que nunca havia usado o hijab e adorava brincar com penteados, começou a usar o véu. Da mesma forma que Sharmeena fizera antes delas, as meninas começaram a recriminar os familiares por assistir à televisão, o que era *haram,* mas nas famílias muçulmanas tradicionais isso era facilmente atribuído à dinâmica da luta pelo poder dos adolescentes. Assim como Sharmeena, Kadiza ficou preocupada com a guerra síria e perguntou ao irmão mais velho o que ele pensava a respeito.

O pai de Sharmeena se casou novamente no mesmo outono de 2014. "Ele parecia viver isolado em seu próprio mundo", disse alguém que conhecia a família. Todos comentavam que o segundo casamento apressado foi inadequado; ele não poderia ter esperado pelo menos um ano após a morte da esposa? Mas Sharmeena pôs um sorriso no rosto e convidou Kadiza para acompanhá-la na cerimônia. Ela se sentiu pequena, triste e sozinha, forçada a lutar com uma madrasta que falava um inglês hesitante e que era jovem e possessiva em relação ao novo marido.

Sharmeena tinha seu próprio quarto no apartamento deles, em um andar alto de um prédio em Shoreditch. O apartamento era uma daquelas moradias sociais em Londres que faziam você saber qual era o seu lugar na cidade e que mostrava o de todos os outros: escadas sujas, entradas mal iluminadas com placas que pediam, em bengali, para as pessoas não cuspirem no chão, mas tinha uma vista ampla, dava para ver Londres se espalhando em todas as direções, os arranha-céus reluzentes de Canary Wharf e o centro da cidade. No apartamento, havia um pedaço de tecido com um verso do Alcorão pendurado em uma parede. A nova esposa de seu pai tinha acrescentado alguns toques femininos, algumas velas e um pote de mel decorativo. As amigas costumavam se reunir lá, mas iam direto para o quarto de Sharmeena. Às vezes ela saía e pegava lanches na cozinha, mas seu pai raramente falava com as meninas.

Ele era um pai bengali tradicional e reservado. Não era tão velho assim, não tinha nem 40 anos, e trabalhava duro para atender às necessidades de uma nova jovem esposa. Não assistia ao noticiário nem acompanhava a guerra civil síria. Nem sequer sabia da existência de um grupo armado transnacional chamado EIIS, muito menos que operava fluidamente no Instagram, Tumblr, Twitter e Facebook, enviando suas meias-verdades doutrinadoras e promessas sedutoras direto para sua sala de estar, tecendo uma teia em torno de sua filha enlutada. Ele não sabia que havia uma persuasiva millenial na Síria, Umm Layth, que, por meio de seu blog, instruía jovens mulheres para o califado como se fosse um internato: "Não importa o quanto seus pais possam ser irritantes e emocionalmente desgastantes — você tem que manter laços de parentesco e manter contato com eles... Tags: aproveite Raqqah team Manbij traga meu perfume kkk."

Naquela noite de dezembro, no shopping Westfield, onde Sharmeena fazia suas compras na véspera da partida, as meninas foram rápidas. O objetivo de Sharmeena era acabar às 18h e voltar para a casa da avó uma hora depois, para que tivesse tempo de terminar de fazer as malas antes do jantar. Não voltaria à casa do pai naquela noite; sua nova esposa era muito jovem e muito alerta. Não valia a pena o risco de ela perceber algo.

Tudo estava preparado para a partida. Sharmeena pedira dinheiro à avó, dos fundos que a família recebera por causa da morte de sua mãe. Era o suficiente para pagar as passagens. O restante das meninas, se decidissem que eram corajosas o suficiente para seguir a amiga até a Síria, teriam que dar um jeito.

PARTE III:
CÂMBIO, DESLIGO

ASMA

2012–2013, **Raqqa, Síria**

A GUERRA ENTROU FORMALMENTE NA VIDA DE ASMA QUANDO A Universidade de Al-Hasakah, onde ela e o namorado estudavam, suspendeu as aulas. Os pais do rapaz, abastados, enviaram seu filho à Jordânia para terminar os estudos. O dia em que Asma se despediu dele, em 2013, foi a última vez que o viu. A família dela decidiu ficar, não propriamente para lutar ou apoiar o governo de Assad ou para fazer algo em específico. Estavam entre os muitos sírios que simplesmente não aguentavam mais. Fugir para a Turquia ou para a Europa era um caminho repleto de riscos e incógnitas: afogamento, pobreza, sórdidos campos de refugiados. Estavam tentando decidir qual resultado poderia prejudicá-los menos.

Em toda guerra há os que ficam e os que partem e, às vezes, um volume impressionante destes últimos — o êxodo da Síria formou um dos maiores movimentos de massa na história contemporânea — nos faz acreditar que todos poderiam ter escolhido esse caminho. De alguma forma, a única história moral síria, ou a principal história do sofrimento sírio, é a dos que foram embora. Mas havia centenas de milhares de famílias que mal sobreviviam, ou que conseguiam sobreviver dentro das mais estritas margens, que achavam que tinham pouca escolha a não ser ficar. Eram 6,2 milhões de sírios deslocados dentro de seu próprio país — a maior população deslocada do mundo.

No final de 2012, o que começou como uma revolta pacífica contra o governo de Assad se transformou em um violento confronto armado. A maneira como aconteceu foi simples: nos primeiros dias após a revolta, depois que os militares sírios terminavam de aterrorizar uma cidade, invadindo casas no meio da noite e agredindo homens diante de suas famílias, eles deixavam para trás pilhas de armas. "Militarizar" um conflito é humilhar e atiçar a raiva dos manifestantes com brutalidade desproporcional, deter e torturar espectadores inocentes ou ativistas pacíficos e, em seguida, fornecer-lhes comodamente os meios para uma reação violenta. Não existe um cronograma acordado sobre quando exatamente isso aconteceu, mas, ao longo de 2012 e 2013, o levante sírio se transformou e se fragmentou em uma guerra civil e, depois, em uma guerra por procuração.

Países como Arábia Saudita, Catar e Turquia, ao identificarem uma brecha para ampliar sua rivalidade e projetar sua influência nessa esfera caótica, começaram a financiar e apoiar facções islâmicas mais militantes. Isso criou um estranho incentivo entre a oposição: barbas longas e ótica religiosa garantiam mais financiamento. O Irã, único aliado regional do regime sírio, começou a enviar conselheiros militares para auxiliar Assad. (A Síria foi o único país a apoiar o Irã durante sua guerra de oito anos com o Iraque, um conflito que terminou em 1988, no qual Saddam Hussein usou armas químicas em profusão e o Irã perdeu 1 milhão de jovens.) Essas intromissões transformaram a revolução síria em uma guerra por procuração, onde potências regionais lutavam por influência.

Como se essa sobreposição de agentes não fosse suficientemente complexa, uma outra dimensão surgiu. A invasão e a ocupação do Iraque pelos EUA em 2003 arruinou o país. Quando o regime de Saddam Hussein ruiu, as novas ordens que surgiram em seu lugar, primeiro a autoridade de ocupação dos EUA e depois um governo iraquiano dominado pelos xiitas, expulsaram os sunitas da vida pública; essa marginalização proporcionou uma abertura social aos militantes sunitas, muitos deles leais aos baathistas da era Saddam, para explorar as queixas comuns de sunitas iraquianos e aproveitá-las na luta contra a ocupação norte-americana e o novo governo liderado pelos xiitas. Os grupos radicais e violentos que emergiram do Iraque pós-invasão se deslocaram, em 2013, para o antecessor do Estado Islâmico no Iraque e na Síria, que hoje conhecemos como EIIS. Seu objetivo era territorial: separar-se do Iraque e ocupar o máximo de terreno possível, expandindo-se através

PARTE III: CÂMBIO, DESLIGO

da enfraquecida fronteira com a Síria, para formar o que visionava como um Estado islâmico.

O levante sírio se transformou em uma aproximação contemporânea ainda mais complexa do Afeganistão na década de 1980: um palco para os conflitos entre o Ocidente e a Rússia; batalhas regionais por procuração entre o Irã e os países árabes do Golfo; competição pela liderança entre os países sunitas da região; disputas entre jihadistas por causa de visões concorrentes das táticas e do inimigo supremo; batalhas entre milícias xiitas e jihadistas sunitas. Tudo isso se tornou ainda mais intrincado pelo uso da informação e das mídias sociais como arma por todos os lados, de tal forma que até as perguntas básicas — Um grupo como o White Helmets era de fato composto de corajosos socorristas médicos ou, na verdade, eram a Al-Qaeda em ambulâncias? Assad usou armas químicas contra seu próprio povo ou esses ataques foram operações de bandeira falsa? — acabaram ampla e desnecessariamente contestadas.

Durante grande parte do início de 2013, o Exército Livre da Síria, apoiado pela CIA, e a Frente Al-Nusra, composta de islamitas sírios com inclinações à Al-Qaeda, assumiram o controle de Raqqa. No verão, a cidade estava em chamas em meio a bombardeios e confrontos, e os rebeldes da Al-Nusra, que viram que o EIIS ganhava força, trocaram de lado. Bandeiras pretas foram içadas. Os militantes, alguns tão jovens que mal tinham barba, invadiram igrejas e tomaram prédios municipais.

Durante o início da guerra civil síria, Raqqa era relativamente segura em comparação com cidades e vilarejos menores do país. Mas agora os sírios que haviam fugido para Raqqa, vindos de outras cidades, começaram a partir. Os moradores mais abastados se desfizeram de seus bens de valor, sacaram todas as economias que puderam e se juntaram à torrente de sírios que se deslocava para o vizinho Líbano e, se pudessem pagar, à Europa. Os que não conseguiram, que não tiveram os contatos, o dinheiro ou a convicção de que o país poderia ser deixado para trás, foram para casas de parentes em subúrbios próximos ou cidades vizinhas, planejando esperar que o pior do conflito passasse.

Quando as temperaturas atingiram níveis congelantes no inverno de 2013, o EIIS havia tomado o controle total da cidade de outros rebeldes. Raqqa era agora seu centro de comando burocrático. Assim como os regimes baathistas de Saddam Hussein e Hafez Al-Assad, sob o domínio dos quais muitos dos combatentes cresceram e atingiram a maioridade, o EIIS começou a destruir sistematicamente a ordem social local. À medida que a liderança do grupo avançava, ele consolidava seu domínio de forma brutal. Os líderes comunitários que resistiram, ou cuja família e cujos amigos mantinham contato com as pessoas erradas, enfrentaram detenção arbitrária, tortura e execução.

Sob o regime de Assad, foi possível ser apolítico em Raqqa, porque a política era essencialmente proibida, tão perigosa quanto areia movediça. Mas, sob o domínio do EIIS, desde os primeiros dias ficou claro para o pai de Asma e seus parentes que cada posição da nova hierarquia e qualquer chance de sobrevivência dependiam por completo dos caprichos do grupo. Também ficou evidente para Asma que seu status em Raqqa — como cidadãos de classe média em uma próspera cidade síria — caíra vertiginosamente. Agora, quando ela ia ao mercado, ouvia conversas em árabe ou mesmo em francês e alemão. Combatentes estrangeiros, conhecidos como *muhajireen,* ou imigrantes, começaram a chegar à cidade — respondendo ao chamado para lutar contra Assad, para construir um Estado em nome de Deus, para encontrar alguma dignidade e algum propósito nas planícies da Síria, aspectos ausentes em suas vidas na Europa, na Tunísia, no Marrocos ou na Jordânia. Esses estrangeiros se tornaram os faróis da cidade transformada.

No começo, os militantes trouxeram segurança, até então uma relativa novidade. Segundo alguns moradores, por um curto período em Raqqa, houve pouco assalto ou roubo, não houve mais tiroteios na rua. Asma podia caminhar até o mercado ou visitar amigos sem temer por sua segurança. Foi no ano seguinte que o EIIS começou a usar a violência teatral como ferramenta: atrair mais recrutas do exterior, instilar terror público em áreas sob seu controle, acelerar a submissão em áreas recém-capturadas. A estratégia era altamente manipuladora e eficaz, uma fonte barata de divulgação que aceitava as pretensões religiosas dos militantes sem contestar. Aos poucos, o EIIS tornou-se, na imaginação ocidental, uma força satânica diferente de tudo com que a civilização havia se deparado desde que começou a registrar histórias de combate, com as Guerras de Troia. Até *a New York Review of Books,* reconhecida por sua capacidade analítica, publicou um artigo sobre o

EIIS que declarava: "É difícil presumir se nossa cultura pode desenvolver conhecimento, rigor, imaginação e humildade suficientes para compreender o fenômeno do EIIS."

A mistura de diabo e exorcista transformou o EIIS em um fetiche intelectual popular nos círculos jornalísticos dos EUA, do tipo que ignorava as contribuições das políticas e guerras norte-americanas para as origens do grupo e preferia rastrear o quanto as escrituras alcorânicas inspiravam os objetivos e a perversidade dos militantes. Muito menos atenção foi dedicada ao cálculo frio elaborado pelo Ocidente: o governo de Assad era preferível a qualquer ordem militante e religiosa que sem dúvida surgiria em seu lugar. Os cronistas do EIIS permaneceram obcecados pela religião, retratando vividamente todas as atrocidades que o grupo cometeu como uma faceta do Islã; o estupro, a tática de guerra de longa data usada para humilhar o inimigo, tornou-se a "teologia do estupro", uma doença islâmica, e não um crime de guerra. Do ponto de vista das jovens muçulmanas de Raqqa, mulheres como Asma que ouviam com frequência histórias de massacres e abusos sexuais do regime, não havia tanta dúvida sobre se o EIIS era o mais perverso de todos ou se, na verdade, era *excessivamente islâmico*. Para elas, naquele momento, todos eram predadores e cúmplices na dilaceração da Síria em igual medida. Todos tinham sangue nas mãos. Todos alegavam uma ideologia para justificar sua violência. Disponibilizá-la no YouTube tornava o EIIS muito pior?

NOUR

Outono de 2012, Le Kram, Túnis

Certa noite, no outono, Nour soube por Karim que Walid havia partido para a Síria. Ela ficou desnorteada. Por que ele não lhe contou? Nour rapidamente suprimiu esse pensamento; não havia razão para que ele compartilhasse seus planos com ela, ainda que fossem amigos.

Após o sermão no centro de Túnis, que levou ao violento protesto na embaixada dos EUA no início daquele ano, a polícia reprimiu os ativistas salafistas. As mulheres do grupo de Nour na mesquita estavam ficando inquietas, preocupadas com a possibilidade de atrair a atenção da polícia. Mas foi só quando Nour soube da partida de Walid que percebeu como os acontecimentos nas redondezas estavam desviando a atenção de alguns jovens ativistas para longe de Túnis.

Naquele outono de 2012, a guerra civil síria ainda era uma guerra legítima, para muitos, uma jihad justa. Era um caso claro de um tirano, um _taghout,_ assassinando brutalmente seu povo. Rapazes como Walid achavam que não conseguiriam assistir ao massacre ensejado por Assad e seguir casualmente com suas vidas.

O Islã carrega o conceito de _ummah,_ uma comunidade global de muçulmanos, em que todos compartilham um vínculo espiritual e uma responsabilidade no bem-estar de cada um. Esse é um sentimento inabalável que está no coração de muitos muçulmanos em diversos contextos geográficos e sociais; ele possui uma variante secular que não se baseia na ideia de *ummah*, mas, sim, em uma simples solidariedade política. Até hoje, nos jogos de futebol da Tunísia, os torcedores colocam faixas em apoio à Palestina em todo o estádio. A Palestina era uma causa islâmica, um valor islâmico? Não especialmente, mas a visão política de um indivíduo pode ser moldada por muitos valores, qualquer coisa, desde a crença de que princípios religiosos devem conduzir a política até a crença na autodeterminação e na vontade democrática. A juventude secular da revolução no Egito, por exemplo, também se concentrou nos direitos dos palestinos, exigindo que a política externa egípcia refletisse essas preocupações.

Essas novas forças na Primavera Árabe — a ascensão dos islamitas populares; o surgimento de jovens radicais que acreditavam que grupos religiosos deveriam ter um papel na política, jovens com sentimentos tão viscerais sobre a ocupação israelense da Palestina que parecia que ela ocorrera na semana passada, e não há sessenta anos — eram profundamente inquietantes para os tiranos sunitas que governaram a região por décadas, bem como os países ocidentais cujos interesses também endossavam essa ordem. O colapso das revoltas da Primavera Árabe levou a um regime de repressão ainda mais extremo em países como o Egito e o Bahrein; para os autocratas cujo poder se baseava na supressão sufocante da política e da sociedade civil e no seu controle estrito da mídia, tornou-se imprescindível garantir que outros países não incitassem suas populações a seguir o exemplo.

Embora a Tunísia fosse um país pequeno e de pouca importância no mundo em geral, sua política interna subitamente assumiu implicações urgentes e amplas para a região. O eixo emergente dos regimes autoritários árabes aliados a Israel — em especial a Arábia Saudita e os Emirados Árabes Unidos — não podia tolerar a ascensão de um movimento político-religioso popular na Tunísia; seria um exemplo muito perigoso para suas oposições locais. Os islamitas eram disruptores. Não podiam ser comprados com iates. Acreditavam que todo o jogo — a ordem política e econômica ocidental do Oriente Médio, implementada por meio de guerras, fomento de potentados e venda de armas — era manipulado em desfavor do povo da região, e se recusavam veementemente a fazer parte dele.

O termo "islamitas" em si era popular, mas nebuloso, não captava a amplitude e a intenção do que esses agentes pretendiam — muitas vezes eles eram apenas opositores políticos socialmente conservadores contestando os fracassos das nações árabes modernas —, que era supervisionar o desenvolvimento social e econômico e atribuir ao conceito de cidadania qualquer significado. Esses fracassos, alegavam os islamitas, foram o verdadeiro motor do extremismo da região. Eles tinham apoio popular; muitos tinham visões religiosas iliberais (aos seus olhos, ortodoxas). E seus pontos de vista sobre Israel, sobre a presença militar dos EUA na região, eram inquietantes. Tudo sobre eles era preocupante. Mas, desde o escalão mais baixo, eles eram extremamente fortes.

Em fevereiro de 2013, um deputado tunisiano que criticou o Partido Ennahda foi morto a tiros em frente à sua casa. Algumas semanas após sua chegada, outro político foi assassinado.

A suspeita recaiu imediatamente sobre o Ennahda, inflamado pela imprensa, ainda dominado por figuras da era Ben Ali. Mas a polícia tunisiana estava muito mal equipada para prender e produzir provas forenses que demonstrassem quem foi o responsável. Centenas de manifestantes se reuniram em frente à Kasbah, exigindo que o governo liderado pelo Ennahda deixasse o poder. Para todos os efeitos, a situação era uma crise política doméstica, mas havia poderosas vozes ecoando de fora. As agências de inteligência ocidentais enviaram mensagens urgentes ao governo em Túnis, pressionando-o a tomar medidas mais severas contra o terrorismo. O Ennahda entendeu claramente que precisava se salvar.

No verão de 2013, quando Walid retornou a Túnis, trechos da Avenida Bourguiba foram cercados com barreiras de concreto e espirais de arame farpado. Em sua primeira noite, Walid encontrou um amigo no centro para comer shawarma. Ele foi parado em dois postos de controle, cada parada exigiu uma espera de vinte minutos. Os carros, em sua maioria, estavam repletos de jovens se dirigindo ao centro da cidade para uma noite de diversão nos cafés ao longo da avenida. Mas a polícia viu isso como uma oportunidade de retomar seus velhos hábitos: assediar jovens por puro capricho, impondo multas espúrias que eram pretextos para subornos.

PARTE III: CÂMBIO, DESLIGO

Naquela noite, Walid passou pelo Café du Théâtre, pelas ruas que levavam a restaurantes escuros onde líderes sindicais e partidários de esquerda tomavam vinho no almoço. Tanques e espirais de arame farpado formavam um cordão entre o prédio e a rua. Nos dias ruins, Walid achava que muito pouco havia mudado: a polícia ainda o aterrorizava, confiscava seu carro, exigia subornos por causa de documentos básicos, punha a família de sua namorada contra você. Em vez de estuprá-lo com uma garrafa, destruíam sua vida de forma mais burocrática, mas parecia que a sensação era a mesma. Nos dias bons, ele ainda agradecia a Deus que Ben Ali se fora, que havia um processo de justiça transicional em andamento no qual os antigos personagens do regime seriam responsabilizados em audiências transmitidas pela televisão nacional.

Em agosto, o governo declarou o Ansar Al-Sharia uma organização terrorista. Não estava claro se a maioria dos membros do grupo apoiava a violência; mas, certamente, a maioria não se envolvia em atos de violência. No entanto, o Ennahda precisava parecer severo contra o terrorismo, e os serviços de segurança da Tunísia careciam da capacidade de monitorar e policiar o movimento salafista com um pente fino. A polícia estava acostumada a operar como caçadora de islamitas, e pedir-lhe para agir de outro modo seria como sugerir que Joseph McCarthy diferenciasse stalinistas de trotskistas. Tanto no aspecto político quanto no prático, o único caminho era banir a organização como um todo.

Walid estava furioso com essa realidade política. Costumava cuspir o nome de Abu Iyadh como se fosse a incômoda casca de uma semente de girassol, culpando-o pelos ataques que desencadearam a repressão por parte do Estado. "Abu Iyadh causou maior dano do que qualquer outro indivíduo à causa do islamismo na Tunísia", disse ele. Walid acreditava que Abu Iyadh fora corrompido, que tinha algum outro objetivo escuso. Os serviços de segurança rotineiramente invadiam as redes islâmicas e exortavam a todos, de simpatizantes a militantes, a planejar e realizar ataques. Os islamitas cochichavam sobre Abu Iyadh em todos os lugares, de Londres a Túnis; ele era o mestre por trás do movimento salafista, uma figura cujas motivações e alianças permaneciam um mistério. Walid raciocinava em voz alta: "Por que alguém faria isso? Por que alguém pegaria em armas contra o governo? Por que sair na ofensiva tão rapidamente? Ele não podia ter calculado como o governo e a polícia reagiriam?"

Ou talvez Abu Iyadh tenha praticado a jihad global por tanto tempo que se tornou parte dela. Essa era a opinião de Abu Abdullah, um companheiro tunisiano no universo do jihadismo salafista. Sua história, assim como a de Abu Iyadh, remontava à jihad contra os soviéticos no Afeganistão na década de 1980. Quando os Estados Unidos invadiram o Iraque em 2003, a insurgência sunita resultante atraiu veteranos como Abu Abdullah de volta ao campo. Ele passou dois anos na província de Anbar, entre 2004 e 2005, lutando contra fuzileiros navais dos EUA em intenso combate urbano.

No final de novembro de 2005, depois que um dispositivo explosivo improvisado (IED, na sigla em inglês) explodiu sob uma Humvee e matou um soldado norte-americano, os fuzileiros invadiram a cidade de Haditha, na província de Anbar. Os soldados ordenaram que cinco iraquianos desembarcassem de um táxi — o motorista e quatro estudantes — e atiraram neles no meio da rua. Em seguida, se dirigiram a um bairro próximo e invadiram duas casas. Dentro delas havia famílias, incluindo um idoso cego em cadeira de rodas e crianças, algumas com apenas 3 anos, outras ainda dormindo em suas camas. Os fuzileiros mataram todos, dezenove no total.

Essa foi a batalha que Abu Abdullah presenciou em Anbar. Para ele, diante da guerra assimétrica em que se encontravam, os grupos militantes não tinham escolha a não ser atacar civis ocidentais. Como isso era diferente do que os fuzileiros haviam feito naquele dia em Haditha? Eles enfrentavam um país poderoso que iniciou uma guerra ideológica no Iraque e, de forma reiterada e deliberada, matou civis e depois inventou justificativas. Isso não era simplesmente terrorismo de Estado?

Foi em Anbar que ele conheceu e se aproximou do militante jordaniano Abu Musab Al-Zarqawi, mais tarde conhecido como "Sheik da Carnificina", e consolidou sua crença de que o Ocidente era inexoravelmente contra o desenvolvimento de árabes e muçulmanos. Ele passou a crer que os padrões de vida desenvolvidos nos Estados Unidos e na Europa dependiam da economia de administração do Estado-cliente árabe, de vendas maciças de armas a ditadores, invasões militares e da subsequente reconstrução lucrativa liderada por empreiteiros ocidentais.

"Eles roubam nossa riqueza, se opõem aos nossos movimentos, querem nos manter no Terceiro Mundo", disse Abu Abdullah. Na sua opinião, o colonialismo nunca terminara, apenas mudara de aparência. Nessa nova ordem, o jihadismo era uma autodefesa revolucionária.

Não há perspectiva de consenso sobre o jihadismo salafista, seja como uma ideia, seja como um fenômeno transnacional de militância. Quanto de fato é culpa do próprio salafismo e quanto é culpa das correntes armadas e rivais dentro dos grupos em questão? Ideologia ou contexto? Quão genuínas e significativas são as ligações entre os grupos jihadistas salafistas de um teatro de conflito para o outro? Só porque um grupo sinaliza laços com um poderoso grupo jihadista centrista para polir sua imagem de força e aprimorar sua marca, significa que enfrentamos o mesmo inimigo em várias frentes? Ou diferentes conflitos nacionais e regionais devem ser amplamente entendidos em seus próprios termos? Ideologia ou contexto?

Alguns consideram o salafismo inerentemente tóxico, passível de perturbar e fomentar tensões em qualquer sociedade em que se enraíze, porque, em sua essência, ele é muito rígido e intrinsecamente intolerante à diferença, uma seita que não consegue evitar pregar a cisão. Portanto, o jihadismo salafista é uma consequência natural dessa ideologia reacionária e instável. Outros defendem a ideia de que o jihadismo salafista prospera nas rachaduras da desordem estatal, que muitas insurgências ao redor do mundo são capazes de moldar suas campanhas e seus interesses com sua linguagem e estética, mas que são sobretudo conflitos locais que devem ser entendidos e avaliados dentro de suas próprias esferas. Os encarregados de avaliar e reagir a atos violentos — agências de inteligência, polícia, acadêmicos, jornalistas — tendem a adotar uma visão em detrimento da outra. A distinção é importante, pois a história que concordamos em contar sobre o extremismo, o mapeamento de quem está machucando quem e o que deve ser feito a respeito, bem como a escala e a natureza da ameaça, determinam as políticas que os governos implementam.

A leitura ideológica tende a promover políticas militarizadas — mais ataques de drones, violentas ofensivas no campo de batalha e políticas de segurança mais punitivas. A leitura contextual promove o engajamento na política dessas insurgências, às vezes até o engajamento nos próprios militantes, com o objetivo de transformar as condições que lhes deram origem. A verdade é que não há uma resposta única para o problema do jihadismo salafista e quase ninguém é capaz de teorizá-lo adequadamente.

De sua parte, as opiniões de Abu Abdullah, assim como da maioria dos rebeldes mais hostis, eram genéricas e mecânicas.

O velho jihadista argumentava que os norte-americanos e os europeus nunca permitiriam que um governo islâmico se firmasse na Tunísia. Ele chamou atenção para o fato de o Ennahda ter desistido de mencionar a sharia ou mesmo os princípios da sharia na nova Constituição. "O projeto deles não é criar um Estado em que os muçulmanos possam ser religiosamente livres. Olhe para eles agora, mesmo estando no poder. Se você for ao quartel-general e pedir ajuda, se disser que é uma garota niqabi perseguida pela polícia, eles dirão: 'Não há nada que possamos fazer por você'."

Além de achar o Ennahda especialmente inútil, Abu Abdullah não acreditava em trabalhar de dentro da estrutura política do Estado. Ele considerava a democracia como *shirk,* ou idolatria; Deus havia nos fornecido todas as leis necessárias, e substituí-las era pecado. Essa crença estava no centro de muitos movimentos islâmicos, que se originaram após a queda do califado otomano no final da Primeira Guerra Mundial. A ideia de *um* Estado islâmico — não a organização de mesmo nome na Síria, mas uma entidade moderna que reuniria os muçulmanos sob uma bandeira política — continuou sendo o objetivo final dos islamitas em todo o espectro, desde os jihadistas veteranos até a nova geração de rebeldes salafistas.

Abu Abdullah disse que o apelo do jihadismo indicava desespero, o fracasso da perspectiva do gradualismo. "O sistema é tão corrupto e opressivo que parece inútil fazer qualquer coisa. É por isso que você vê o rapper, o homem que ora, o homem que bebe, o homem rasta… todos recorrendo ao EIIS." Mas, se houvesse um sistema tunisiano reformado, os jovens ainda seriam atraídos pela jihad ou pela busca de um Estado islâmico? Ele ponderou a questão com cuidado. "Os jovens muçulmanos têm esse instinto dentro deles. Algo neles sempre desperta para combater o inimigo. Para mudar as coisas no mundo, para propiciar orgulho e glória à religião."

PARTE III: CÂMBIO, DESLIGO

No OUTONO DE 2013, KARIM havia desistido de procurar trabalho e estava de volta ao sofá. Na maioria das noites, ficava sentado com o pai de Nour, assistindo ao noticiário. Alternavam entre a emissora Al Jazeera — de propriedade do Catar, que tratava os islamitas da região como se fossem estadistas — e a Al Arabiya — de propriedade da Arábia Saudita, que criticava severamente o islamismo como um fungo terrorista traiçoeiro. Uma noite, na Al Arabiya, ele assistiu à boca fúcsia e reluzente da apresentadora se contorcer toda vez que chamava o entrevistado de "Doktor". Seu rosto brilhante, com bochechas proeminentes, era tão bonito que era quase relaxante.

Mais tarde naquela noite, Karim encarou um turno de trabalho dirigindo um táxi. Duas noites dessas lhe rendiam cerca de 1/16 do aluguel mensal. Seu plano original — conseguir um emprego no Ministério dos Transportes e depois ganhar o suficiente para alugar um táxi nos fins de semana, em vez de pegar apenas um turno ocasional por caridade dos amigos — desmoronara. Não havia um critério objetivo para ser contratado pelo Ministério, nem para vencer os vários estágios de quase contratação que poderiam ou não resultar em um trabalho assalariado real.

Karim não estava sozinho em sua crescente desilusão. Os rapazes se reuniam quase toda semana para protestar na frente do Ministério; acontecia com tanta frequência que nem era mais novidade. Às vezes Karim ia junto, jogando uma pedra sem grande entusiasmo. Naquele ano, tinha 37, mas sentia como se estivesse vivendo sua terceira vida: a primeira fora em Túnis, sufocada pela corrupção, sob o governo de Ben Ali; a segunda, sua fuga para a França, uma existência nômade onde tentou evitar a atração fácil de pequenos crimes; e agora a terceira, na nova Tunísia, que deixava seu coração apertado, pois, se nenhuma porta se abrisse para ele ali, nunca aconteceria. Na hora de dormir, sussurrava para Nour ser paciente, mas ela estava grávida de dois meses agora.

Era a estação das tempestades de areia do Mediterrâneo que chegavam varrendo, vindas do norte, e tornavam o céu uma névoa brilhante cor de açafrão. Foi a estação em que os homens de Kram começaram a desaparecer. Partiam para a Síria, onde, dizia-se, era possível ganhar a vida juntando-se à jihad. Não eram apenas os pequenos traficantes de drogas que foram atraídos por essas promessas, mas também os mais instruídos, com diplomas. Jogadores de futebol profissional. Profissionais de TI. Advogados, médicos, graduados em belas artes. Havia relatos de grandes salários e apartamentos subsidiados.

A história mais comentada era a de Hamza Ben Rejeb, um estudante universitário deficiente que passara a vida inteira confinado a uma cadeira de rodas em um apartamento de terceiro andar em Túnis e, de alguma forma, conseguira se deslocar sozinho à Síria para se juntar à luta contra o tirano Bashar. Uma vez lá, ele usou seu treinamento em TI e, segundo informações, sentiu-se respeitado e produtivo pela primeira e única vez em sua jovem vida. Em Túnis, seu irmão mais velho, Mohamed, foi à televisão, queixando-se com amargura que os jihadistas eram tão desonrados que estavam dispostos a seduzir um aleijado. Mohamed foi até a Síria e exigiu que Hamza voltasse para casa. Os militantes admitiram o erro, dizendo que não era de seu feitio manter aleijados contra a vontade, e o irmão levou Hamza para Túnis, de volta ao apartamento do terceiro andar, sem perspectivas de futuro.

Antes de 2013, ninguém falava muito sobre "radicalização" na Tunísia. Os planos envolviam dar o fora para a Síria a fim de encontrar um emprego, construir um sistema político para o Islã, lutar contra Bashar Al-Assad, juntar-se a um grupo militante, resgatar uma criança moribunda, garantir um lugar no céu ou alguma combinação de tudo isso. Essas escolhas e motivações nunca foram contestadas; ninguém imaginou que os jovens que iam para a Síria não sentissem de fato essas coisas, que havia um processo ideológico confuso chamado radicalização acontecendo com todos eles. Mohamed, irmão de Hamza, o jovem preso à cadeira de rodas, foi um dos que aceitaram entusiasticamente a ideia de radicalização que havia sido exportada há pouco tempo para a Tunísia. Cada década parecia trazer um novo conceito que sempre induzia o financiamento de doadores ocidentais a organizações da sociedade civil local. A década de 2010 foi a época do "combate ao extremismo violento". Mohamed fundou uma organização eufemisticamente chamada Tunisianos Retidos no Exterior. Ele era o centro das atenções em cafés locais, explicando como os sermões salafistas online e o recrutamento direcionado convenceram Hamza de que ele era um gênio ("Hamza não é um gênio", garantia aos jornalistas que perguntavam). Em meio a tudo isso, ninguém jamais teve permissão de falar com o próprio Hamza. Ele acabou deprimido e quis voltar para a Síria.

Karim não conhecia Hamza, mas Saber, filho de uma costureira local, era seu conhecido. Exibia uma cicatriz no braço direito de um tiro de raspão que levara durante a revolução. Saber se candidatou ao trabalho do Ministério dos Transportes e protestou todos os dias do lado de fora até que finalmente foi aceito no processo de recrutamento. Percorreu todas as fases até o exame médico, a última. Ele deveria começar a trabalhar dois dias depois, mas, quando as listas finais de contratação foram publicadas, seu nome não estava lá. Ninguém de Kram foi aprovado; os únicos contratados foram os que tinham conexões com os sindicatos influentes, exatamente como antes da revolução. Saber partiu para a Síria e, após cerca de três meses, chegou a notícia de que havia morrido.

O mesmo aconteceu com um rapper local, cujo nome artístico no mundo do hip-hop era Kouba. Ele também passou um mês protestando em frente ao Ministério dos Transportes. Finalmente fez o exame nacional e, assim como Saber, passou no exame médico. Mas, quando chegou a lista de contratações, seu nome não constava. Mais uma vez, as vagas foram para os sindicatos e as pessoas com conexões. Emad, o ativista de Kram, o conhecia. Segundo ele, no final, Kouba desistiu da Tunísia. "Ele não tinha um pensamento extremista. Mas encontrou um caminho para a Síria e morreu lá."

Partir para se juntar à jihad na Síria se tornou uma saída digna de uma vida que não tinha mais nada a oferecer, disse Emad, o que transformou jovens vulneráveis em presas fáceis para os recrutadores militantes. "Imagine-se um jovem que acha que é herói porque participou da revolução. Imagine que, depois dessa revolução, você se veja respeitado pelo Estado, com um bom emprego, prosperando. Em que estaria pensando? Em se casar. Comprar um carro. Viver sua vida. Mas então o oposto acontece. Você vê sua vida passando. Seis anos se passaram desde a revolução; se tinha 22, agora tem 28. Se tinha 24, agora tem 30. Você quer construir uma vida, mas as portas continuam batendo na sua cara. Quando um homem chega a esse ponto, ele não pensa mais por si mesmo. Outros pensam por ele."

Nos anos que se seguiram ao levante da Primavera Árabe, muitos jovens em Kram relataram uma intensificação do assédio por parte da polícia. Os métodos de policiamento do antigo regime — acusações falsas, ausência de provas e do devido processo legal, violência física —, que nunca de fato desapareceram, agora voltavam com força, acompanhados de impunidade. Mohammad Ali foi um dos que ficaram conhecidos como "os feridos da revolução", manifestantes que sofreram lesões corporais em 2011 e recebiam um pequeno pagamento mensal do Estado. Essa ajuda extra permitiu a Mohammad Ali tirar umas curtas férias na Turquia. Ao retornar a Túnis, a polícia o colocou em prisão domiciliar. "Mohammad Ali era religioso, ele rezava. E tinha ido para a Turquia. Para a polícia, isso só podia significar uma coisa", disse Emad. "Terrorismo."

Eles não tinham uma evidência sequer, nada em que se embasar. Mas prenderam Mohammad Ali em sua casa por tempo suficiente para que finalmente perdesse seu cobiçado emprego no Ministério da Saúde. "A polícia acha que as pessoas religiosas são o inimigo, que são um perigo para a Tunísia", afirmou Emad. "Não é fácil se livrar dessa atitude em apenas três ou quatro anos. Levará dez, quinze anos até, para a polícia se tornar republicana e não interrogar as pessoas por suas crenças."

Todas as tardes, durante os anos após a revolução, Emad costumava se sentar em um café ao ar livre em uma rua movimentada de Kram. Ao seu redor, homens bebiam café e fumavam cachimbos de água. O muro do outro lado da rua exibia um imenso grafite com os dizeres NÃO TEMEMOS NADA, SEMPRE AVANTE. Emad se indignava quando as pessoas questionavam o êxodo jihadista de seu país. De fato, essas perguntas irritavam um grande número de pessoas na Tunísia — sociólogos, jovens estudantes de pós-graduação, ativistas de direitos humanos — que preferiam deixar claro que a nação, mesmo após a revolução, enfrentava um mar de problemas além do jihadismo. Um quarto da população tunisiana vivia na pobreza, enquanto uma mínima parcela se tornava mais rica; a oportunidade permanecia firmemente fora do alcance daqueles que não nasceram na riqueza ou com conexões; o governo não poderia começar a moldar políticas econômicas melhores, pois o delicado consenso político que mantinha o país unido, no qual as antigas elites se beneficiavam da nova ordem, estava paralisado demais para chegar a um acordo e aprovar as reformas necessárias. Muitos jovens viam a militância apenas como um sintoma do que ainda havia de errado na Tunísia, em vez de toda uma patologia ou estrutura de investigação por si só.

PARTE III: CÂMBIO, DESLIGO   139

A exceção em meio a tudo isso eram os muitos secularistas que se especializaram em jihadismo ou extremismo. Esses acadêmicos e analistas tendiam a discutir o assunto partindo de uma perspectiva distante da realidade; entremeavam seus discursos com palavras como "lavagem cerebral" e "concubina", e acreditavam que a religião em si, e não a violência ou a corrupção estatal, ou alguma mistura desses elementos, levava homens e mulheres à militância. Seu conhecimento era muito partidário e politizado, e suas visões logo chamaram a atenção da mídia doméstica, igualmente partidária, e receberam reconhecimento, apoio e financiamento de organizações ocidentais que os consideravam as vozes representativas da sociedade civil local. Com frequência, eles recorriam a termos em inglês como "radicalization" [radicalização] ou "violent extremism" [extremismo violento], termos políticos de um discurso contraterrorista cunhado pelo Ocidente como parte de uma agenda de política externa e de segurança, agora disseminada pelo mundo, impondo soluções e termos genéricos em colapso de contexto em sociedades díspares com problemas muito variados.

Um desses acadêmicos havia desenvolvido um "programa de reabilitação" para jihadistas repatriados que envolvia isolamento e um processo de desprogramação, visando alterar seus pontos de vista em relação à religião. Ele admitiu que seria um desafio recriar o sistema de crenças de um indivíduo. "Precisaríamos rever fundamentalmente o pensamento islâmico, e isso nunca foi feito no mundo árabe", explicou. "O problema é que o islamismo político acredita no califado."

Às vezes, os secularistas reconheciam que esses planos bizarros não funcionariam. Às vezes, admitiam livremente que eles, a minoria, se contentavam em governar pela força. Durante o jantar, certa noite, um erudito professor da Universidade de Túnis declarou que a democracia era inadequada para a Tunísia, pois, até que a população tivesse absorvido os valores de Rousseau, não era possível lhe confiar a liberdade de voto. O professor dirigia um reluzente utilitário esportivo e, em seu tempo livre, curtia limeriques e desfrutava de passeios no Distrito dos Lagos, na Inglaterra. Em sua opinião, os liberais ocidentais que sugeriram que a estabilidade duradoura para a Tunísia só poderia ser alcançada por meio da participação pública real na política eram delirantes islamitas de esquerda, iludidos esquerdistas fascinados pelos islamitas e que ignoravam os perigos sectários e violentos que representavam. Sua vida era civilizada, protegida e segura, e ele não parecia interessado em deixar seu país experimentar alguma liberdade real.

Para o ativista Emad, era enfurecedor o fato de que os ocidentais tivessem voltado sua atenção para a Tunísia apenas depois que o país se envolveu em uma milícia que causou impacto direto no Ocidente, passando a enxergar o país inteiro através das lentes dessa violência. Ele empurrava nervosamente sua boina para trás e balançava a cabeça, exasperado: "Temos tantos tipos de extremismo após a revolução, por que a mídia só olha para o religioso? Por que ninguém pergunta a razão pela qual os meios de comunicação e os mandatários proeminentes, todos afiliados ao antigo regime, criavam tamanho estardalhaço público em torno do niqab ou faziam apenas breves referências à lei islâmica, quando na verdade a revolução envolvia questões como o emprego, o desenvolvimento e a dignidade no tratamento pela polícia? Não é extremismo criar uma causa nacional sem embasamento, semear falsas cisões sobre essas questões secundárias?"

A nova Tunísia era um lugar onde as velhas injustiças ainda persistiam. As desigualdades continuavam em vigor: entre os subúrbios pobres e os enclaves à beira-mar em Túnis; entre o Norte relativamente próspero do país, o interior empobrecido e o Sul. A economia do país estava letárgica. A reforma econômica real exigia uma campanha agressiva contra a corrupção, mas as elites do antigo regime bloqueavam esses esforços, que arruinariam seus laços de patronagem. Alimentar o medo do terrorismo era uma maneira rápida e eficaz de afastar as ações anticorrupção exigidas pela reforma. Para Emad e outros, se partir para travar a jihad na Síria passara a simbolizar a nova Tunísia, isso era um sintoma de que as coisas tinham dado terrivelmente errado. Compreender esses aspectos — os muitos outros extremismos que produziram este em específico — deveria ser o foco.

Na maioria das manhãs, ao ouvir as notícias no rádio ou passar por uma banca de jornais, Karim sentia como se nada tivesse mudado. Achava difícil controlar suas reações a coisas corriqueiras ou reagir de forma proporcional a qualquer coisa. Os sons na casa dos pais de Nour, o barulho da mãe arrastando a cadeira para mais perto da mesa, os gritos do rato cor-de-rosa do desenho animado que o irmão mais novo sempre assistia e a imitação empolgada do garoto — tudo isso o fazia querer esmagar alguma coisa.

Ele decidiu que era hora de partir. Primeiro contou a Walid, em uma noite quente de outono em um café em Kram. Eles fumaram em silêncio por um tempo, e então Walid disse: "Você é um completo idiota."

O amigo questionou as motivações de Karim. "Desejava ser um mártir? Pretendia salvar os muçulmanos que Assad estava matando? Queria servir à jihad?" Walid estava preparado para rebater qualquer uma dessas razões. Morrer um mártir, ninguém podia negar, era um destino extraordinário. Mas o que seria da Tunísia se todos os seus jovens a abandonassem para ajudar outra causa? Quem lutaria por seu país? E naquele outono de 2013, a guerra síria havia mudado; não era mais uma jihad justa, e Walid tentou mostrar isso a Karim. Ela estava atraindo mercenários e delinquentes, homens sem política, com corações impuros. Abu Bakr Al-Baghdadi, líder do EIIS, era um escorpião, responsável por transformar a oposição síria em um concurso de violência sectária extrema que alienou a maioria dos sírios e serviu apenas a Bashar Al-Assad. A Síria era agora uma armadilha mortal, uma guerra cujos combatentes e instigadores rodopiavam em uma sala de espelhos de um parque de diversões.

Karim olhou para ele, impassível. Era razoável que Walid dissesse essas coisas. Ele ingressara na guerra em sua fase justa e retornara com o resplendor de um guerreiro. Karim via isso na maneira como Nour olhava para o amigo, um brilho de admiração estampado nos olhos. Quem tinha mais dignidade aos olhos de uma mulher: um homem desempregado no sofá vestindo moletom ou um *mujahid* que retornara depois de lutar ao lado de seus irmãos e levar bebês feridos para o hospital?

Mais tarde naquela noite, Karim contou a Nour. Sentaram-se na cozinha depois que todos foram dormir, com um prato de sobras entre eles sobre a mesa. Nour não soube o que dizer. Ela ainda usava o niqab e queria levar uma vida religiosa em total devoção, apesar das dificuldades; ainda acreditava que o povo da Tunísia deveria ser governado pelas leis islâmicas. Agora que o Ansar Al-Sharia fora banido, algumas das mulheres em seu círculo de oração comentavam sobre se juntar ao EIIS na Líbia. Elas disseram que na Tunísia não havia mais espaço para atividades religiosas e políticas, e ninguém, nem mesmo Nour, achava que era possível voltar a ser como antes, como se a revolução nunca tivesse acontecido.

Karim levou duas noites para convencer Nour. Na segunda noite, eles deram um passeio, passando pelo parque onde tudo começara anos atrás, no dia em que ela disse às meninas que seria a primeira aluna da escola a usar o niqab. Desde que o governo baniu o Ansar Al-Sharia, os comitês de bairro responsáveis pela coleta de lixo se dissolveram. O parque estava mais uma vez cheio de lixo, fraldas sujas e garrafas de água amassadas.

Nour pensou no alívio que isso traria aos pais, que sentiam o fardo de sustentar o jovem casal. Em três meses, o bebê acrescentaria uma terceira boca para alimentar. A essa altura, Karim deveria ter conseguido um emprego e eles já deveriam ter se mudado. "Eu não tentei aqui? Tive expectativas elevadas demais para trabalhos que não podia conseguir?", perguntou Karim. Eles se sentaram em balanços enferrujados que interrompiam o silêncio com seus guinchos. Nour franziu a testa e disse: "Não, você foi sensato."

Ela não suportaria ficar. Ele era seu marido, pai de seu filho que nasceria em breve, sua tábua de salvação para sair da casa dos pais. Suas aspirações eram modestas, possivelmente seriam satisfeitas com a mudança para a Síria, se fosse verdade que Karim teria um salário lá. Nour queria apenas ter um pequeno espaço próprio, para que eles pudessem dormir sem os irmãos no mesmo quarto. Queria poder trabalhar em uma loja e ganhar algum dinheiro sem ter que tirar o hijab e mostrar seu corpo. Queria viver no califado sob a proteção das leis islâmicas, praticando sua religião sem ansiedade, julgamento social e humilhação pública. Queria pendurar as cortinas que escolhesse e vê-las tremular na brisa enquanto preparava o jantar em sua própria cozinha. Queria não ter mais de segurar a língua quando seus pais lhe dissessem o que fazer, o que era impossível, já que eram sustentados por eles.

RAHMA E GHOUFRAN

Verão de 2014, **Sousse, Tunísia**

Em 2014, a primeira vez que Olfa ouviu o nome Abu Bakr Al-Baghdadi, não significou nada e ela prestou pouca atenção. Mas, com o tempo, suas filhas Rahma e Ghoufran, envolvidas em suas novas vidas adolescentes como ativistas salafistas, o mencionavam cada vez mais. Elas liam trechos de seus sermões em voz alta e o chamavam pelo título honorífico "Emir". Cada vez mais, elas falavam sobre os acontecimentos na Síria e como era vergonhoso não fazer nada enquanto muçulmanos eram massacrados no Mediterrâneo. "Os muçulmanos estão sofrendo aqui em Sousse, e a cinco e dez cidades de distância também", disse Olfa com aspereza, mas as meninas balançavam a cabeça, como se conhecessem alguma verdade existencial ainda não revelada a sua pobre mãe ignorante.

Se os primeiros meses de interação de Rahma e Ghoufran com o movimento salafista tinham sido sociais e ativos, uma sequência animada de círculos de oração e visitas a mesquitas, agora as meninas pareciam morar em seus celulares. Elas ouviam *nasheed* jihadistas e respondiam a uma enxurrada de notificações do Telegram. Certa noite, no final do verão, assim como as mães de adolescentes em todo o mundo, Olfa disse a Rahma para largar o celular. A filha o pegou novamente em menos de quinze minutos e Olfa perdeu as estribeiras. Pegou o telefone e bateu contra a quina da mesinha de centro.

Rahma franziu o cenho e, por um minuto, Olfa se odiou; provavelmente era culpa dela que suas filhas se comportassem de forma tão estranha. Elas não tinham pai, apenas uma mãe morta de exaustão, amarga e explosiva. Olfa adormeceu naquela noite lamentando a severidade que parecia incapaz de controlar. Mas, na tarde seguinte, Rahma chegou em casa sorrindo, com um telefone novo e melhor.

Sua filha Ghoufran a preocupava menos. Sua antiga personalidade alegre coexistia com sua nova identidade religiosa; ao contrário de Rahma, ela não havia perdido todo o senso de perspectiva ou tolerância, o que tranquilizava Olfa. Uma delas continuava sensata.

Em junho, Olfa teve que decidir se partiria em sua viagem de trabalho semestral à vizinha Líbia, uma chance de ganhar algum dinheiro extra durante a alta temporada. Geralmente ela encontrava alguém para ficar com os filhos, ou pelo menos que passasse por lá com frequência para garantir que estavam bem. Durante o mês ou as seis semanas em que ela ficava fora, Ghoufran e Rahma sempre foram capazes de administrar a casa sozinhas. Olfa não gostava do fato de ter que deixar os quatro filhos para ganhar dinheiro extra para a família, mas abastecia a casa com biscoitos e latas de atum e confiava que ficariam bem. Na Líbia, trabalhando como faxineira em um hotel ou uma residência na praia, ela poderia fazer em um mês o que ganhava em Sousse em três. Eles precisavam desse dinheiro; não ir não era uma opção.

A cabeça das meninas também estava na Líbia. Um grupo de jihadistas se formava, e declararia lealdade ao EIIS sob a liderança de Al-Baghdadi mais tarde naquele outono. Algumas de suas conhecidas em Sousse e Túnis trabalhavam com uma unidade online e de recrutamento administrada inteiramente por mulheres. Muitas já haviam ido para a Líbia.

Elas cochichavam sobre isso durante as manhãs, enquanto os mais jovens assistiam a desenhos animados e brincavam com a boneca compartilhada. Quando Olfa mencionou que chegara a época da viagem, Ghoufran sugeriu: "Por que não vamos todos?" O plano que descreveu parecia tão sensato, tão nitidamente benéfico — podiam estar todos juntos, Rahma e Ghoufran podiam trabalhar também e aumentar a renda da família, além de cuidar dos irmãos menores.

Olfa foi facilmente persuadida. Partirem juntos para a Líbia, por que ela não pensara nisso antes?

EMMA/DUNYA

Fevereiro de 2014, Istambul, Turquia

Talvez não se diga o suficiente sobre a importância e a magnitude de Istambul, e o papel de sua extraordinária beleza como ponto de partida da jornada de jovens impressionáveis para o califado, muitos dos quais nunca tinham viajado para o exterior. É uma cidade capaz de nos tocar fundo, uma qualidade que Orhan Pamuk descreve como sua inefável _huzun,_ ou melancolia. É uma palavra cuja raiz aparece no Alcorão cinco vezes e que denota um sentimento de angústia pela separação de Deus. O _huzun,_ embora doloroso, é espiritualmente necessário. É as trevas que nos levam a buscar a unidade, a união ou o estado de se aproximar o suficiente de Deus. Sem _huzun,_ como alguém sequer saberia o que buscar?

É essa característica que permeia Istambul, a Cidade do Islã, a capital do Império Otomano — o último califado —, que governou do século XIII até o final da Primeira Guerra Mundial. Estendendo-se entre a Europa e a Ásia pelo Estreito de Bósforo, fervilhando de mesquitas banhadas por uma luz dourada, a cidade é um dos teatros urbanos cosmopolitas mais impressionantes, impregnados de história, vastos e majestosos que qualquer cidade a que se possa comparar. Se Isfahan, Veneza, Damasco e Cairo eram todas pequenas joias, Istambul era o próprio mundo.

Dunya e Selim foram caminhar ao longo do Estreito de Bósforo ao pôr do sol, observando os navios atracarem em Karaköy. A luz mergulhava em uma mancha em tons de violeta-acinzentado e cor-de-rosa; revoadas de pássaros pairavam com suas silhuetas negras contra a luz fraca, com as torres do Palácio Topkapi ao longe. Apesar da poesia e da beleza do ambiente, Dunya estava ansiosa. Não apenas por ir para a Síria, mas também pela perspectiva de encontrar sua sogra, que viajava a Istambul todo verão para visitar seus parentes. Dunya queria ficar nos arredores da Praça Taksim, mas Selim disse que essa área era muito visível, então eles passaram três noites em um motel perto do aeroporto, um lugar úmido e claustrofóbico com janelas de vidro fumê próximo a um clube chamado Big Boss Lounge e restaurantes decadentes cujos nomes pareciam evocar Dubai, como se a palavra fosse um código para pecado. Quando saíam, ela examinava a rua à frente, quase esperando que sua sogra pulasse de uma loja e lhe roubasse Selim. Ela sentiu um certo alívio quando ele disse que era hora de partirem.

Dunya dormiu mal a noite toda, observando as sombras caminharem pelo teto, antes de o alarme do telefone de Selim soar. Ainda estava escuro quando deixaram o hotel, o mar brilhava na escuridão e a ponte ao longe estava envolta em luzes.

A viagem para o sul levou cerca de dez horas. Já passava da meia--noite quando o carro deles se aproximou do trecho da fronteira onde deveriam atravessar. O motorista desligou os faróis e avançou, dizendo-lhes para ficar calados. Fachos de luz varriam a escuridão à frente: guardas de fronteira, mas aparentemente não os que haviam subornado para deixá-los passar.

O motorista deu marcha à ré. Selim disse que eles ficariam por algumas horas em uma casa próxima, de um casal turco local que ajudava membros do EIIS a atravessar a fronteira. A casa cheirava a comida e era parcamente mobiliada, exceto por algumas cadeiras e uma grande sapateira de metal perto da porta. Dunya imaginou quantas pessoas haviam passado por essa sala de estar e onde estavam agora.

Na segunda vez, tiveram mais sorte na fronteira. A essa altura, ela sentia tanto cansaço que a adrenalina só bateu quando eles realmente estavam no meio da escuridão e Selim chamou seu nome, sibilando "Corre!" Com o coração acelerado, Dunya correu atrás dele até chegarem a outro carro que os aguardava.

LINA

Julho de 2014, **Gaziantep, Turquia**

A VIDA DEVOTA DE LINA EM FRANKFURT, NO ABRIGO DAS MULHERES, ERA notavelmente fácil de empacotar; era raro ela comprar algo novo, não recebia presentes, não tinha revistas de viagem ou de estilo de vida. E sua jornada de Frankfurt para Raqqa foi mais fácil do que deveria ter sido: ela voou para Istambul, comeu um sanduíche de queijo e pegou um curto voo de conexão para Gaziantep.

Havia um homem magro de chinelos esperando por ela do lado de fora do portão de segurança, nas mãos uma placa com o nome que haviam combinado. Ele era turco e não falava árabe, então eles se comunicavam com gestos. O homem olhou para ela e fez um sinal como se colocasse a cabeça em um travesseiro: a levaria a uma casa para passar a noite.

No dia seguinte, ele levou Lina e várias outras mulheres até um local a menos de dois quilômetros de distância, onde uma minivan as aguardava. Depois de cerca de meia hora na minivan, o motorista pediu a Lina e às outras mulheres que saíssem e caminhassem apressadamente. O sol estava intenso, mas a mochila de Lina era leve, e havia um carro à espera a duzentos metros dali. Até aquele momento em 2014, milhares de combatentes e recrutas estrangeiros haviam atravessado a fronteira para a Síria com facilidade; a fronteira era extensa, porosa, e os guardas turcos eram receptivos ao suborno. De um carro para outro, uma corrida rápida para atravessar um campo escuro, era tudo rotina. Somente muito mais tarde naquele ano, e nos dois seguintes, as autoridades turcas passaram a obstruir a passagem, construindo um imponente muro de concreto ao longo da fronteira.

À noite, Lina estava em Raqqa. Ela passou uma noite em um albergue feminino, um lugar desconcertante, que emanava uma energia estranha. Ela conheceu Jafer quando ele veio buscá-la no dia seguinte. Parecia-lhe um bom homem, fiel à personalidade e à voz a que se afeiçoara pelo telefone. Se não estivesse em circunstâncias tão estranhas e alarmantes, Lina gostaria de ter mais tempo para passar com ele primeiro. Mas, com medo de ficar sozinha neste novo lugar, ela imediatamente aceitou, estava preparada para se casar com Jafer. Naquela noite, eles já eram marido e mulher.

SHARMEENA, KADIZA, AMIRA E SHAMIMA

Dezembro de 2014, **East London**

O PAI DE SHARMEENA ESTAVA SURPRESO POR ELA AINDA NÃO TER VOLTADO para casa. A chuva respingava nas janelas e ele a imaginou sem guarda--chuva, talvez tivesse se abrigado na mesquita no caminho. Finalmente, enquanto se preparava para trabalhar no restaurante, ligou para o celular dela. Caiu direto em uma mensagem em uma língua estrangeira. Ele chamou a polícia. Algumas horas depois, disseram que o idioma era turco e que era provável que Sharmeena tivesse viajado para a Síria para se juntar ao EIIS.

Mais tarde, examinando sua conta de celular, ele pôde constatar que ela passara vários dias na Turquia antes de atravessar para a Síria — durante esses dias, a polícia estava ciente de sua intenção. Ele se perguntava por que a polícia britânica não havia se coordenado com as autoridades turcas para impedir que sua filha adolescente atravessasse a fronteira.

Dois dias depois, as meninas vieram visitá-lo. Kadiza, Amira e Shamima sentaram-se lado a lado no sofá, seus olhos inocentes encarando o padrão de flor-de-lis no tapete marrom, aparentemente desoladas pelo peculiar desaparecimento de sua melhor amiga. O pai de Sharmeena as bombardeou com perguntas. "Não é possível, meninas, vocês são tão próximas." Mas elas juraram que não sabiam nada. "É verdade, tio, não tínhamos ideia. Ela estava sempre no telefone. Sempre perguntávamos o que estava acontecendo, mas ela dizia que nos contaria mais tarde."

Duas semanas depois, Sharmeena ligou para o pai. "Estou feliz aqui. Vim por escolha própria. Não se preocupe comigo, ficarei bem", disse ela.

Ele perguntou onde ela estava, insistiu que iria buscá-la, não importavam as consequências. "Não, você não pode vir aqui, Baba", explicou ela, chorosa. Sua voz aflita o fez chorar também.

Na Bethnal Green Academy, os administradores chamaram as meninas — Kadiza, Amira e Shamima, junto com outras quatro — até o escritório para falar com a polícia antiterrorista. Eles lhes pediram que respondessem perguntas sobre o desaparecimento da melhor amiga e fornecessem provas, sem a presença dos pais. Elas eram criminosas? Seriam colocadas na prisão? As meninas, intimidadas e nervosas, concentraram-se em acelerar sua própria partida e garantir que nenhuma delas se assustasse e se desviasse do plano. A polícia lhes entregou cartas para levar aos pais. As meninas, é claro, as esconderam.

Menos de duas semanas depois que Sharmeena partiu, Amira, a popular garota etíope, tuitou: "Se vocês estão em três [em número], então não deixe que duas pessoas se envolvam em uma conversa particular, excluindo a terceira." As meninas passaram a ser desleixadas com o dever de casa — que até então sempre fora rigorosamente entregue —, mas seus professores não perceberam. Como a escola só ligou para os pais delas para avisar que Sharmeena havia "desaparecido", deixando de fora a parte crucial "a fim de se juntar ao EIIS", suas famílias não tinham motivos para subitamente ficar mais vigilantes — verificar se suas filhas estavam fazendo o dever de casa ou começar a monitorar suas mídias sociais. A irmã de Kadiza costumava perguntar se ela tinha notícias de Sharmeena, mas todas as vezes recebia a mesma resposta robótica: "Eu não sei, eu não sei."

A personalidade de Amira nas mídias sociais, UmmUthmanBritaniya, até então preocupada principalmente com moda, futebol e escola, passou a falar de política e religião. Ela e Kadiza, uma amiga estudiosa que se destacava na escola, compartilharam imagens de crianças muçulmanas feridas na Síria e também em Myanmar, onde a situação dos muçulmanos rohingya — que finalmente chamaria a atenção do mundo em 2017 — já era o foco do ativismo muçulmano online. Amira ficou horrorizada pela extrema violência que marcava a guerra civil da Síria, um conflito que se alastrara sem nenhuma intervenção externa para proteger os civis. Ela publicou uma citação das últimas palavras de um jovem sírio antes da morte, com a legenda "Isso sempre me deixa arrasada♥" e a imagem de uma criança síria com um cabelo tigelinha e olhos cheios de lágrimas, comendo pão seco. Durante a guerra na Síria, o regime e os grupos armados usaram e invocaram a violência contra as mulheres e os códigos de honra como forma de consolidar o apoio. Amira, ouvindo a retórica de um dos lados, acreditava que os jihadistas lutavam bravamente para defender e proteger a honra das mulheres: "Ouvir essas histórias de irmãs sendo estupradas me deixa muito perto de ser alérgica a homens, Wallah", escreveu ela no inverno de 2014.

Amira também passou a acompanhar mais de perto a vulnerabilidade dos muçulmanos que viviam no Ocidente e os crimes de ódio islamofóbicos que sofriam. Ela tuitou e compartilhou posts sobre uma série de eventos que ocorreram em um período de quatro meses, que se estende de novembro de 2014 a fevereiro de 2015: três estudantes muçulmanos foram assassinados em Chapel Hill, Carolina do Norte; tiros foram disparados em uma escola muçulmana de Montreal; uma mesquita de Houston foi vítima de incêndio criminoso; uma mulher de hijab foi jogada nos trilhos do metrô; o ódio antimuçulmano online explodiu com o filme *Sniper Americano,* que celebrava um soldado que matara muitos civis na guerra do Iraque. Os tuítes de Amira refletiam angústia e espanto genuínos com a cultura popular, que parecia construir um mundo em que os muçulmanos eram os eternos agressores, nunca as vítimas de violência.

As mulheres que já haviam viajado para o califado ecoavam esse sentimento em suas discussões online. "O assassinato de muçulmanos inocentes não é apenas um dano colateral tolerado pelos líderes do Ocidente, mas também ordenado por eles", tuitou uma mulher chamada UmmYaqiin. Essas mensagens às vezes eram acompanhadas de encorajamentos divertidos: "Hijra ✔ Just do it", e imagens contemporâneas imbuídas de extrema modéstia e, ao mesmo tempo, ávidas pela exibição pública das mídias sociais, como uma foto de duas *muhajirat* posando diante de um campo sírio, com véus cobrindo o rosto sem qualquer abertura para os olhos: "Minha irmã e eu ♥."

A nascente compreensão de Amira da islamofobia local como uma forma de racismo antimuçulmano ligado à política global estava entrelaçada com uma nova e assertiva aceitação da identidade muçulmana. Qualquer um que tentasse entender se a política direcionava a religião ou se era a religião que influenciava a política descobriria imediatamente o quanto isso era impossível de responder, porque eram partes de um todo; a linguagem que Amira usava para expressar sua desaprovação política estava impregnada de indignação religiosa. Por exemplo, ela tuitou sobre o caso de Omar Khadr, uma criança canadense que foi levada para o Afeganistão pelo pai, membro da Al-Qaeda, e enviada para lutar ao lado do Talibã. Os militares dos EUA o detiveram em 2002, mas, em vez de tratá-lo como uma criança-soldado, o prenderam em Guantánamo por uma década, onde teria sido torturado. "Sub Han Allah, a ummah deveria ser um só corpo..."

Amira compartilhou frases do Alcorão que denunciavam uma consciência aflita; quem quer que tivesse evidenciado a injustiça para ela também dizia que o Islã exigia que se fizesse algo a respeito. "Conhecimento sem ação é soberba", disse Amira, citando o Imam Al-Shafi'i; "a verdade exige mudança", ela mesma escreveu, citando mais tarde o Alcorão: "Qual é o problema de vocês? Por que não se ajudam?" Amira começou a falar com frequência sobre os *kuffar,* ou incrédulos, como forma de atribuir culpa. Às vezes, a violência, a guerra e o conflito pareciam estressá-la, e isso ela processava, ou foi ensinada a processar, de forma espiritual: "Aqueles que são sinceros estão sempre em estado de preocupação."

Entremeada em toda essa intensa e exaltada fachada político-religiosa havia a fábula das *Mil e Uma Noites* sobre o que o Oriente poderia proporcionar para uma boa e devota muçulmana cujo coração se afligia diante da injustiça. Havia memes de uma AK-47 entrelaçada com uma rosa carmesim, um prédio cravado de balas ao fundo e letras ornamentadas como em um convite de casamento: *Na terra da Jihad, eu o conheci, meu querido Mujahid.*

O destino desses casamentos, no entanto, ficou evidente nos tuítes de adolescentes britânicas que haviam migrado no início do ano: elas já eram viúvas. Uma garota de Manchester tuitou orgulhosa sobre a morte

PARTE III: CÂMBIO, DESLIGO   153

de seu marido guerreiro: "Ele foi uma bênção de Allah *swt*[1] 🖤 por favor, que *dua* Allah o aceite e eu me juntarei a ele muuuuuuito em breve." Mas a vida no califado não chegava ao fim quando o marido se tornava um pássaro verde, símbolo do mártir na escatologia islâmica. O EIIS cuidava de suas viúvas, e sempre havia a irmandade para recorrer, na ausência de família. "Minhas queridas irmãs, venham e se juntem à caravana Bi'ithnillah… vejam as bênçãos que eu vejo em bilaad ash sham!!! 😊🖤."

Amira postou imagens de camelos enfrentando tempestades de areia brilhantes e avermelhadas e de palácios mouriscos sob a luz da lua. Ela se tornou cronista do pôr do sol taciturno ("Não consigo parar de tirar fotos do céu 😊") e assumiu o tom esbaforido de uma mulher vitoriana tentando expressar seus desejos de maneira casta; tuitou uma foto de roupas de bebê, de uma mulher vestindo uma abaya e segurando um buquê de rosas ("São tão lindas que eu também quero 😊💐"), inúmeras fotos de belos leões e sua percepção decepcionada de que "luas de mel são haram, que 😊".

Ela começou a salpicar expressões árabes em meio ao inglês e postou fotos que mostravam suas amigas em Londres vestindo túnicas pretas. "Nosso time abaya é forte 😊🦅", escreveu. Amira se perguntou se "piercings no nariz são Haram", disse que estava "Connnnfuuuussa" e, por fim, cruzou a linha estética após a qual, para qualquer garota morena de cabelos escuros, não havia como voltar atrás: "O Profeta (PECE) amaldiçoou aquelas que depilam as sobrancelhas." Regularmente, Amira, Kadiza e Shamima passavam tempo na Mesquita de East London; o tapete turquesa da sala de oração das mulheres costumava aparecer ao fundo de suas fotos.

Qualquer investigador de contraterrorismo que lesse a conta do Twitter de Amira em dezembro de 2014 teria percebido imediatamente o que estava acontecendo: uma série de interesses, inferências e opiniões que, tomadas em conjunto, refletiam uma adolescente sendo aliciada por recrutadores experientes e com um pé na estrada para a Síria. Cada postagem, tuíte e imagem eram um retrato de seu estado de espírito: *Estou ficando política e devota, e confusa entre os dois; de repente, estou preocupada com a morte e a vida após a morte; minha interpretação de minha religião é preocu-*

---

1 *Subhanahu wa ta'ala*, que significa "Glorificado e Exaltado seja". (N. da T.)

pantemente limitada; estou tentando aprender árabe; estou admirando estudiosos jihadistas, cujo trabalho não espero compreender; estou apaixonada pela ideia de um belo marido jihadista; estou apaixonada pela ideia de estar apaixonada. Qualquer pessoa que lesse sua conta no Twitter também seria lembrada de que ela ainda era uma criança britânica: "Vans: sim ou não?" "Chelsea para sempre waffles de chocolate, a revisão da matéria está me matando, este é o [shopping] Westfield agora", "Escolher que área seguir é difícil demais ☺", "Minhas meias novas são tão lindas que dá vontade de chorar", uma foto de uma torre de canetas marca-texto que ela e Kadiza construíram juntas enquanto estudavam. No final de janeiro de 2015, qualquer pessoa que lesse sua conta no Twitter teria visto o anúncio de sua partida iminente: uma selfie de seus pés com tênis Converse pretos, mostrando suas túnicas pretas esvoaçantes, com a legenda "Esperando...".

Em uma página arrancada de um calendário, as garotas rabiscaram uma lista de itens a serem comprados antes de partir: sutiãs, celular, depilador elétrico, maquiagem, roupas quentes. Elas listaram os preços desses itens. Na semana anterior à partida, a conversa nas redes sociais dava sinais gritantes de crescente inquietação. "Sinto que não pertenço a esta época", escreveu Amira no Twitter. Três dias depois, ela postou uma foto das três meninas, envoltas em abayas pretas, de costas para a câmera, com a legenda "Irmãs" e, em letras maiúsculas: "ORO PARA QUE ALLAH ME CONCEDA OS MAIS ALTOS ESCALÕES EM JANNAH, ME FAÇA SINCERA EM MINHA ADORAÇÃO E ME MANTENHA FIRME." Dois dias antes da partida, Shamima enviou uma mensagem para Umm Layth no Twitter. Na última noite, Kadiza insistiu que sua sobrinha, apenas alguns anos mais nova, fosse à sua casa para uma festa do pijama. Elas dançaram de pijama e se aconchegaram no sofá. Na véspera de sua partida, Kadiza, Amira e Shamima ainda eram autênticas adolescentes.

No dia seguinte, 17 de fevereiro de 2015, elas disseram às respectivas famílias que estavam indo para a biblioteca. Em vez disso, dirigiram-se para o Aeroporto de Gatwick e embarcaram em um voo da Turkish Airlines com destino a Istambul.

NA IMAGINAÇÃO DO PÚBLICO, AS meninas morreram pela primeira vez nas imagens borradas do circuito interno capturadas no Aeroporto de Gatwick. A foto que mais tarde apareceu na mídia era na verdade uma montagem de três imagens, fazendo parecer que as meninas haviam atravessado os detectores de segurança do aeroporto de uma só vez, um movimento sincronizado para o mundo crepuscular que as esperava. A imagem era impactante: Kadiza, de calça jeans skinny e camisa formal de colarinho branco combinada com um suéter cinza; Shamima, no meio, com um lenço de estampa de oncinha; Amira, à direita, com uma blusa amarelo-canário, calça preta e tênis branco. Pareciam jovens estudantes em uma aventura cosmopolita, talvez sua primeira viagem de trem para Paris. Nos quatro anos seguintes, não houve mais imagens delas em público. Era como se estivessem mortas.

· · ·

Naquela noite, enquanto lutavam para orientar o motorista do táxi, as meninas descobriram que a estação de ônibus de Bayrampasa, em Istambul, chamava-se *Otogar* em turco. Era uma praça repleta de ônibus partindo, cada portão com sua pequena sala de espera, sem numeração ou qualquer tipo de ordem, organizada por homens que berravam os nomes das cidades ("Ancara, quinze minutos!"), apinhada de famílias transportando caixas de banana e sacos de pimentões vermelhos enrugados.

Era o anoitecer de 17 de fevereiro quando elas chegaram, mas o ônibus para a fronteira com a Síria não partiria até a tarde seguinte, então as meninas se acomodaram para aguardar o que seriam seus momentos finais na Terra da Descrença, como passaram a considerá-la. Estavam exaustas, cheias de adrenalina, e ficaram sentadas por um tempo na arcada central, ao lado de barracas de doner kebab e lojas de roupas. Elas se revezavam para vigiar as bagagens umas das outras — cada uma levava uma mala de mão e uma mochila — enquanto andavam, espiando os cafés onde os viajantes bebiam um chá escuro em xícaras turcas.

Fazia frio lá fora, um vento forte soprava pelo Bósforo; a calçada estava coberta de montes de neve suja. Um cachorro caramelo dormia no canto da estação. Crianças cansadas com as bochechas vermelhas se inclinavam contra gigantes sacos de arroz. Tudo parecia velho e desbotado: o vidro espelhado azul que revestia o terminal, a tinta descascada nas escadas que levavam ao metrô, as cadeiras de plástico brancas e precárias.

Viajar de ônibus era barato na Turquia. Grupos de jovens magros com os cabelos lisos puxados para trás passavam de braços dados e, ocasionalmente, era possível avistar estudantes carregando estojos de violão. Os ônibus que viajavam para o sul saíam do lado sudeste do terminal, perto da mesquita. Destinos como Gaziantep, Urfa e Dohuk estavam começando a adquirir significado para Kadiza, Amira e Shamima. Era um lugar onde as pessoas transportavam todos os tipos de mercadorias, onde era possível ver muitos métodos diferentes de carregar um tapete enrolado: içado por cima de um ombro, transportado por duas pessoas como um tronco, apoiado em um carrinho de mão. As meninas se recostaram no mural com uma foto da costa da Anatólia e esperaram para embarcar no ônibus, ansiosas para poder se abrigar por algumas horas e dormir.

Oito horas depois, ao fim da viagem de ônibus, elas entraram em outra paisagem de neve, procurando o homem que deveria recebê-las. "John" falava inglês bem e as apressou para embarcar no carro que as esperava. As meninas não perceberam que ele as filmava em seu telefone. Mais tarde, as autoridades turcas prenderam "John" e declararam que ele era um agente sírio trabalhando para a inteligência canadense, documentando os nomes e as fotos de passaporte das centenas de ocidentais que levava para o outro lado da fronteira.

Assim que ele se sentou ao volante, começou a acelerar na escuridão em direção à fronteira. As meninas se entreolharam entusiasmadas. Finalmente, estavam chegando.

SABIRA

Abril de 2015, **Walthamstow, Distrito Nordeste de Londres**

Soheil levou um ano e meio para se casar na Síria. Ele não era um dos homens que haviam se conectado com uma mulher online antes de partir, tampouco chegou e rapidamente pediu uma esposa. Soheil fora lutar em defesa dos muçulmanos que estavam sendo mortos.

Layla, uma jovem paquistanesa-americana que viajara sozinha para a Síria, já tinha ouvido falar de Soheil. Ela sabia que ele falava inglês, tinha uma história semelhante à dela, que era um combatente corajoso com uma personalidade atraente. No passado, Soheil recebera propostas semelhantes de outras mulheres na Síria e as ignorou. Mas, no início da primavera de 2015, foi baleado na perna durante um tiroteio e estava demorando para se recuperar. Imaginou que não haveria mal em conhecer Layla. Ambos estavam em uma situação de extrema pressão para se casar e haviam conseguido resistir. Talvez tivessem algo em comum.

Depois de se corresponderem por várias semanas, ele concordou em se casar com ela. Para a irmã de Soheil, Sabira, o desenrolar dos acontecimentos fora tão íntimo quanto se morassem em bairros vizinhos. Ela e a esposa de Soheil começaram a falar ao telefone e trocar mensagens. "Aqui é ótimo. Não acredite no que ouve na mídia", dizia Layla à nova cunhada.

As batidas policiais aconteciam a cada dois meses. Eles esmurravam a porta e entravam apressados, apreendendo qualquer coisa digital: o telefone de Sabira, o notebook, o tablet. Eles os devolveriam alguns meses depois e ela precisaria se livrar deles, porque é claro que estariam grampeados.

Naquele verão, pela primeira vez em sua vida desde o sexto ano, Sabira, de 16 anos, tirou o hijab. Soheil sempre a obrigava a usá-lo; ela não tinha escolha. Agora que ele se fora, ela simplesmente não estava mais com vontade de cobrir os cabelos.

E que diferença fazia caminhar pelo mercado de Spitalfields com os cabelos soltos, uma longa onda marrom clara que escorria pelas costas. Era como uma vida diferente, a maneira como os homens reagiam, faziam comentários e às vezes a assediavam. A atenção era ao mesmo tempo perturbadora e sedutora à sua maneira. Sabira encorajava isso, pintando os cabelos de vermelho, transformando-os em madeixas dignas de contos de fadas. Que sensação de poder isso lhe dava, ser capaz de provocar as reações dos homens! E como era gratificante perceber que ela poderia chamar tanta atenção quanto as garotas bonitas brancas e indianas da escola.

A família não gostou da exposição de sua beleza. "Todos nós vamos orar por você", disse sua tia em tom austero em um almoço de sábado, balançando a cabeça. Sabira não se importou. A essa altura, ela estava zangada com todos eles: com a mãe, por não ter impedido Soheil; com o pai, que finalmente havia chegado, ainda que tarde demais, na tentativa de convencer Soheil a voltar. Não que Sabira não tivesse mais esperanças. Enquanto ele estivesse lá, vivo, disposto a falar com eles, havia esperança. Mas ela duvidava que Soheil algum dia voltasse. Ela vira as fotos dele, ouvira sua voz empolgada. Ele era um homem de 23 anos que estava acostumado à guerra: o risco e a intensidade, a adrenalina e a repulsa. Mesmo que não concordasse com tudo o que a guerra envolvia, parecia contente em seguir em frente, ciente de que todas as portas que o levariam de volta estavam fechadas para sempre. Sabira era a pessoa mais próxima dele, ela sabia, tinha certeza, que ele só estava sendo gentil quando tranquilizava o pai, dizendo que pensaria em voltar. Essa consciência gerou uma tristeza tão profunda que impregnou sua própria carne; deixava-a nauseada, incapaz de comer a maior parte do tempo, exceto algumas torradas ou meia maçã. Seus pais, agora consumidos pela tentativa de trazer Soheil de volta, mal pareciam notar que a filha definhava.

Foi nessa época que Imran apareceu, com seu jeito brincalhão, voz profunda e ombros largos, anunciando a Sabira que era amigo de Soheil e estava lá "para o que ela precisasse". Seus olhos eram de um belo tom castanho, rajado de verde. No espaço de algumas semanas, Imran e Sabira passaram de estranhos para incrivelmente próximos. Era para ela a primeira mensagem pela manhã e a última à noite. Todas as tardes ele a buscava para passear. Quando estavam juntos, sempre a fazia rir. Imran a levava ao hospital para seus exames de sangue, segurava sua mão enquanto a espetavam com agulhas, à medida que os médicos lutavam para descobrir o que havia de errado com ela, por que ela definhava. Era cuidadoso e terno. Nos cafés, ele comprava três tipos de bolos e os organizava sobre a mesa. "De qual destes você gosta mais? Dê só uma mordida em qual preferir. Só uma mordida."

O fato de não comer a deixava tonta a maior parte do tempo, e Sabira tinha certa consciência de que a atenção dele era peculiar e talvez não muito correta (ele era casado!), mas, para uma pessoa que estava acostumada ao amor cercado pela dor, tudo parecia familiar e afetuoso.

E então, certa tarde, Imran anunciou que era hora de partirem. Ambos sabiam exatamente para onde, embora ele sempre se referisse a Malta como destino. Imran disse que ela teve sorte por ele tê-la escolhido, pois sua esposa gostaria muito de ir. Essa foi uma das dezenas de discrepâncias que Sabira notara, mas não deu muita importância — porque estava indiferente, porque desejava infligir o máximo de dor possível.

E Imran tinha *dīn*,[2] pensou, concedendo-lhe o benefício da dúvida. Um irmão com tanta *dīn* que estava disposto a orar em um parque público ou na calçada, se não tivesse tempo de chegar à mesquita ou voltar para casa, um irmão assim simplesmente não a faria mal, faria? Sair deste país não parecia uma péssima ideia. Todos na Inglaterra a machucaram; era um lugar que merecia ser deixado para trás.

CHOVEU INCESSANTEMENTE NA NOITE ANTERIOR à partida. Ela não conseguiu dormir e deitou-se de costas, a mão apoiada na barriga côncava, ouvindo os respingos nas janelas e as vozes dos pais vindas do andar de baixo. Estavam gritando um com o outro, algo a ver com um parente, uma história espúria que provocou alguma divergência entre eles. Sabira não conseguiu prestar atenção.

---

2 *Dīn em árabe tem três sentidos amplos: julgamento, costume, religião.* (N. da. T.)

Uma sirene da polícia tocou a distância, a segunda naquela noite, um som que antes era como um barulho de fundo, mas que subitamente se tornara inquietante. De manhã, uma névoa fantasmagórica pairava sobre as ruas. Imran a pegou depois que seus pais saíram de casa. "Vamos sair para um último almoço", sugeriu, e parou em uma loja de curry na esquina. No relacionamento deles, ela deixava todas as decisões para Imran, tanto as pequenas quanto as monumentais.

Ele comeu com vontade, enquanto ela bebericava delicadamente um refrigerante diet com um canudo. Sabira pensou em sua mãe e seu pai descobrindo mais tarde, imaginou a conversa e a cena em casa, as palavras furiosas com as quais a mãe enlouquecida atacaria o pai. "Os dois se foram! Seu *kuttha!*" Essas reflexões lhe deram um pequeno alívio. Talvez devessem ter prestado mais atenção quando um homem mais velho demonstrou uma atenção um tanto duvidosa à filha adolescente; talvez devessem ter perguntado exatamente o que estava acontecendo. Se estavam tão preocupados com o cabelo descoberto, por que não se importaram que saísse com um homem que não era seu parente imediato?

No aeroporto, ela e Imran cruzaram o posto de controle de passaporte e a verificação de segurança. Passaram por barracas de sushi e um Pret, onde Imran comprou pipoca para eles. Sabira entrou em uma Boots para comprar mais um protetor labial. No portão, encontraram assentos juntos e ela olhou para as nuvens espalhadas contra o céu sombrio, os caminhões do aeroporto se movendo pela pista como pequenos brinquedos em uma maquete. Sabira e Imran estavam prestes a entrar no avião quando do foram impedidos. Dois policiais os tiraram da fila e pediram que os acompanhassem para interrogatório.

A boca de Sabira secou. O voo partiria em menos de vinte minutos; não havia como conseguirem. A polícia não sabia exatamente o que perguntar; não pareciam ter muito em que se basear, além do fato de serem jovens muçulmanos britânicos prestes a embarcar em um avião. Durante grande parte de 2015 e 2016, os serviços de segurança monitoraram de perto os movimentos aeroportuários da maioria dos muçulmanos britânicos com menos de 40 anos. Eles pararam milhares de viajantes com base no Anexo 7 da Lei de Terrorismo do Reino Unido, que outorga aos policiais amplos poderes para interrogar qualquer pessoa que viaje por um porto, aeroporto ou estação ferroviária internacional por até seis horas, podendo detê-la por até nove horas, e para confiscar e baixar dados privados de seu telefone ou notebook, sem que haja suspeita de envolvimento em terrorismo.

Em alguns anos, as autoridades detiveram 80 mil pessoas usando o Anexo 7, a maioria de minorias asiáticas ou étnicas, e processaram apenas uma pequena fração. Parecia, ao mesmo tempo, uma rede incrivelmente errática e precisa. Os críticos a consideravam uma ferramenta de assédio e vigilância, que permitia às autoridades intimidar jornalistas ou ativistas. Servia para apanhar ativistas, casais em lua de mel que liam livros sobre arte síria e jovens estudantes da Universidade de Cambridge que viajavam em férias genuínas, detendo-os por horas com perguntas e telefonemas para os pais. No entanto, a rede não conseguiu capturar pessoas de alto valor em inteligência, jovens conhecidos pela polícia como alvos de recrutamento do EIIS ou jovens em contato regular com membros conhecidos do EIIS já na Síria, como as alunas da Bethnal Green.

Naquela noite, a rede apanhou Sabira e Imran. A sala estava vazia e cheirava vagamente a desinfetante. "Quem é ele?", perguntava insistentemente um dos policiais a Sabira, exigindo saber qual era seu relacionamento com Imran e para onde estavam indo juntos. Ela inventou uma história sobre ir visitar um primo e ficou aliviada quando eles pararam de questionar. Imran estava sendo interrogado separadamente e ela não tinha ideia se as histórias deles estavam alinhadas. Por fim, foram autorizados a partir.

"Eu só quero ir para casa", disse ela, enquanto caminhavam pelo corredor até a estação de trem no aeroporto.

Os olhos de Imran estavam agitados. Era como se a adrenalina em seu corpo precisasse que eles continuassem se movendo sem parar. "Amanhã à tarde", disse ele, "fique pronta".

O que Sabira poderia dizer? Ela fechou os olhos quando ele pegou um notebook e começou a reservar novas passagens aéreas.

De volta à sua casa, ela disse à mãe que decidira não passar a noite na prima, e subiu as escadas para tomar um banho. Entrou antes que a água tivesse a chance de se aquecer, forçando-se a ficar quieta quando o jato de água fria pinicou sua pele, relaxando lentamente à medida que a temperatura aumentava. Sabira não conseguiu dormir. Passou as breves horas até o amanhecer pensando nos pais, em como eles haviam colocado filhos no mundo e os forçado a suportar todo tipo de dificuldade em nome da obediência e do dever.

Na semana seguinte, desta vez no aeroporto de Stansted, o casal novamente cruzou o posto de controle de passaporte e a segurança. Estavam sentados anonimamente no portão, entre os passageiros — em sua maioria, libaneses e turcos — que esperavam o voo para Istambul, quando dois policiais se aproximaram. Desta vez, o tom dos policiais era mais sério. Um dos oficiais foi gentil, mas o outro fez Sabira se sentir humilhada. Ela achou que eles poderiam acusá-la de algo, embora não tivesse ideia do quê. Eles a separaram de Imran e repetiram as mesmas perguntas inúmeras vezes, fazendo com que caísse em pequenas contradições. Duas horas se passaram. Sabira se sentia entorpecida pela exaustão. A história dela não estava batendo, e eles a bombardeavam com perguntas.

Finalmente, ela só queria que tudo terminasse. "Não vou mais mentir para vocês", disse. "Sei que me meti em uma tremenda enrascada." Sabira contou tudo: sobre seus problemas de saúde, sobre como a vida se tornara difícil em casa, como um de seus parentes era abusivo e ela mal conseguia falar sobre isso, sobre como não tinha ideia de para onde realmente estava indo, que só queria fugir.

"Sua garota tola, no que você estava pensando?", vociferou um dos oficiais.

Nenhum adulto jamais havia falado com ela assim. Seus olhos se encheram de lágrimas. Mas ela se fez uma pergunta semelhante: *Sabira, o que você está fazendo?*

Estava quase amanhecendo quando os policiais a levaram para casa. A M25, a rodovia que ligava Londres ao norte, estava estranhamente vazia. Durante o trajeto de carro, ela sentiu a confusão e o entorpecimento, que permearam sua mente por semanas, finalmente se dissipando. Em seu lugar, restou apenas uma fúria intensa. Contra Imran, por enfeitiçá-la. Contra a polícia, por apreender seu quarto telefone em um ano. Contra o mundo, por gerar a crueldade e as circunstâncias que levaram seu irmão embora.

Na casa de sua família em Walthamstow, ela abriu a porta da frente, subiu as escadas e se arrastou para a cama.

PARTE IV:
CIDADÃS DA MORADA DO ISLÃ

ASMA, AWS E DUA

Janeiro de 2014, **Raqqa, Síria**

Com o EIIS agora totalmente no comando de Raqqa, a sala de estar de Asma era uma eterna e sufocante escuridão, as cortinas cerradas para que ninguém do lado de fora pudesse ver a televisão, e as janelas fechadas para abafar o som. Televisão, música, rádio — tudo era mantido no mínimo volume audível.

Naquela época, a eletricidade em Raqqa havia se restringido a duas, às vezes quatro, horas por dia. Antes desse inverno, Asma nunca havia percebido como praticamente tudo na vida exigia eletricidade: secar os cabelos, assistir a filmes, ouvir música pop libanesa e iraquiana, ler à noite. Agora sua vida era um mar de horas que não podiam ser preenchidas. Não havia mais como ir ao salão cortar o cabelo ou depilar a sobrancelha. Atravessar a cidade para visitar uma amiga exigia um acompanhante. O EIIS decretou que a internet deveria ser usada apenas para o trabalho — como atrair novos recrutas online —, e não para o entretenimento. Asma se viu desconectada do mundo.

Antes de a guerra chegar a Raqqa, seus pensamentos em um dia típico se limitavam a problemas como: *Devo fazer um mestrado depois de terminar minha graduação ou conseguir um emprego em Damasco, trabalhando com estrangeiros para melhorar meu inglês?... Um tratamento com queratina vai danificar meu cabelo?... Amã é tão divertida que meu namorado nunca mais vai querer voltar?... Devo aprender Excel ou fazer um segundo curso de economia?... Será que algum dia voarei na classe executiva como nos filmes?* Depois que a guerra chegou, o teor de seus pensamentos havia mudado: *Como posso evitar a atenção dos combatentes do EIIS na rua?... Quantos desses sacos de pano pretos eu preciso ter para que me deixem em paz?... Como posso ler um livro no meu telefone quando preciso do meu telefone para todo o resto e o gerador não é confiável?... Com que rapidez a vida pode chegar a um extremo antes inimaginável!*

Como uma mulher civil em Raqqa, Asma sentia como se sua vida tivesse sido desconectada do mundo. Simplesmente desligada. Ela não podia frequentar a universidade, que estava fechada; não podia ganhar dinheiro, porque o trabalho público para mulheres, exceto alguns empregos especializados, era proibido; ela não podia nem dar um passeio pelo bairro e observar os tentilhões voando de árvore em árvore. Sua mãe não ajudava muito dizendo coisas como: "Tente se manter ocupada." Fazendo o quê? Os dias se arrastavam, um após o outro. O pior momento era um pouco antes do meio-dia, quando o fato de nem sequer estar na hora do almoço ainda fazia o tempo em si parecer uma agressão. Tudo isso era sufocante: o leve cheiro de vinagre que impregnava a cozinha, a pele manchada das mãos de sua mãe enquanto ela limpava repetidas vezes as bancadas, a solidão em um estranho contraste com a agitação dentro dela.

Vários parentes de Asma já haviam começado a trabalhar para o EIIS em diversas funções, e ela deliberou cuidadosamente antes de ingressar em janeiro de 2014. Com a família tão envolvida com os militantes, o passo parecia pequeno, menos pesado, quase sensato. Ela pertencia a uma geração de mulheres sírias, nascidas nas décadas de 1980 e 1990, que levavam vidas mais independentes do que suas mães e, de fato, do que qualquer mulher antes delas. Era uma geração que estudou na universidade antes de se casar, que se casou mais tarde, que estava mais no controle de seus destinos. Asma cresceu pensando que, como mulher, deveria poder ter acesso à educação, ganhar dinheiro e tomar as próprias decisões. O colapso da revolução de seu país agora significava que ela estava colocando em prática essa crença ao ir trabalhar para o EIIS.

Asma era peculiar em seu novo trabalho por também ser solteira. A maioria das outras mulheres que formalmente foram trabalhar para o grupo já havia se casado.

PARTE IV: CIDADÃS DA MORADA DO ISLÃ

Havia meninas como Dua, a garota com tatuagem de rosa, que morava com a irmã, a mãe e o pai em uma casa de dois cômodos. Seu pai fazia bicos e cultivava a terra em volta da casa, mas nada disso era suficiente para sustentar a família. Tanto Dua quanto seus dois irmãos sabiam que seu futuro seria trabalhar duro, desde a mais tenra idade possível. Seus irmãos se mudaram para o Líbano para trabalhar em construção civil quando ela era adolescente, e, depois que terminou o ensino médio, Dua ficou em casa, ajudando na lavoura. Era difícil viver como um aldeão em uma cidade tão próspera. Na Síria, ser pobre estreitava o mundo, principalmente para as mulheres. É provável que Dua nunca tenha sonhado em frequentar a universidade, nem sequer poderia esperar que lhe explicassem as possibilidades e oportunidades que um curso de marketing lhe proporcionaria.

Ela ainda queria o mesmo que a maioria das jovens de 20 anos: parecer bonita, se divertir às sextas-feiras, agradar a Deus e esperar que Ele achasse um bom marido para ela. Desejava ter uma coleção de véus e sapatos elegantes. Ao longo de um ano, economizou para adquirir algo mais duradouro, e que todos poderiam ver: uma tatuagem de rosa no pulso. Tinha sobrancelhas grossas e delineadas, em formato de seta, um corpo de formas arredondadas e uma voz suave e equilibrada. Sua família era pobre, mas ainda conseguia desfrutar de algum prazer na vida em Raqqa, e, como sua mãe gostava de dizer, eles não eram pobres em seus princípios morais e em sua fé. Havia muitas atividades gratuitas na cidade. Dua se contentava em ser uma boa filha, em ser ligeiramente apaixonada pelo cantor iraquiano Kazem Al-Saher, em passar noites em casa assistindo a filmes de Bollywood, de preferência estrelados por Shah Rukh Khan.

Dua tinha uma prima do lado materno, Aws, de quem ela era próxima. A mãe de Aws — feliz ou infelizmente, dependendo do ponto de vista — casara-se com um engenheiro de mente liberal que lhe proporcionou uma vida mais confortável e menos religiosa. Aws não usava o hijab como Dua. Usava roupas justas e estudou literatura inglesa na Universidade Al-Hasakah. Era uma garota alegre e esbelta, com um rosto de moleca e madeixas castanho-escuras encaracoladas, sem tempo para as heroínas frágeis com olhos delineados dos filmes de Bollywood de Dua, que sempre entregavam sua virtude por amor. Aws gostava de

Hollywood, onde as mulheres gritavam com seus maridos e o romance vinha acompanhado de aventura: Leonardo DiCaprio, Ben Afleck e até Tom Cruise — ela assistia a todos os filmes deles. Sentia afinidade por Julia Roberts; ambas tinham sorrisos largos e uma vasta cabeleira.

Aws apreciava ter se formado em inglês, mas o que mais queria da vida era se casar, sair com as amigas e ter filhos. Idealmente, levar uma vida que envolvesse passar muito tempo na praia e fumar narguilé, seu passatempo favorito. Tinha uma memória fotográfica de todos os cafés de narguilé em Raqqa e sabia qual deles tinha os sabores de frutas raras, como kiwi ou lichia.

Aws achava Dua um pouco austera, mas mesmo assim a amava. Sendo primas, suas vidas sociais estavam entrelaçadas. Havia o suficiente para fazerem juntas sem sobrecarregar as finanças apertadas de Dua. Havia Qalat Jabr, o forte do século XI no lago Assad, para caminhadas, e o parque Al-Rasheed, para tomarem café. Havia a Ponte Raqqa, de onde dava para ver as luzes da cidade brilhando à noite, e jardins e parques de diversão no centro da cidade. As memórias de infância de Aws e Dua se entrelaçavam, todos aqueles verões em que esperavam o entardecer, mais fresco, para que pudessem sair e passear juntas pela cidade. Suas vidas eram o retrato de uma única família extensa que englobava vertentes liberais e conservadoras, vivendo lado a lado com aceitação.

No dia em que Abu Mohammad, um combatente turco do EIIS, entrou pela porta da casa de Aws para pedir sua mão em casamento, seu pai e seu avô o receberam com carinho e respeito. Os militantes já controlavam a cidade há quase um ano e estavam tomando grandes áreas da Síria e do Iraque. Em junho de 2014, capturaram Mosul, a segunda maior cidade do Iraque depois de Bagdá. Até então, eles tinham se apoderado principalmente de cidades menores e áreas mais rurais, mas Mosul era uma metrópole de 2 milhões de habitantes, e foi uma vitória extraordinária e decisiva. O povo da cidade, de maioria sunita, ressentido pelos longos anos de negligência por parte do governo central xiita, acabou indefeso contra os invasores. O exército iraquiano se desintegrou. Em outubro, os militantes invadiram a província de Anbar, obtendo conquistas espetaculares, e chegaram a 24 quilômetros de Bagdá. Apenas a intervenção externa conseguiu impedir o grupo de tomar a maior parte do Iraque.

PARTE IV: CIDADÃS DA MORADA DO ISLÃ

Do ponto de vista de Raqqa, a sede da qual o EIIS governava e coordenava essa expansão incrivelmente rápida, a ocupação dos militantes parecia bem estabelecida.

Como em qualquer ocupação, a realidade era um verdadeiro caos, a ética de não colaborar conflitava com o instinto de se adaptar e sobreviver. Durante a guerra, ideais eram um luxo. Os oficiais nazistas que ocuparam Paris durante a Segunda Guerra Mundial queriam mulheres, e as mulheres — desde as prostitutas dos bordéis até a própria Coco Chanel — acabaram se sujeitando. O mesmo aconteceu com os combatentes do EIIS que se instalavam nas casas abandonadas — eles queriam esposas. E assim percorriam a comunidade remanescente, propondo casamentos em tempos de guerra.

A família de Aws lhe disse que ela poderia ver seu pretendente em uma segunda reunião, caso ele oferecesse um *mehr,* ou dote, adequado. Mas Aws era muito romântica, já havia visto filmes de Leonardo DiCaprio demais para cogitar se encontrar com um homem sem nem sequer conhecer seu rosto antes. Quando ela se ajoelhou para deixar a bandeja com as xícaras de café atrás da porta da sala, conseguiu espiar e ter um vislumbre dele. Ele tinha sobrancelhas arqueadas, olhos claros e uma voz grave. Enquanto esperava a discussão terminar, repassou sua galeria de fotos no celular, as imagens de casais na praia ao pôr do sol e bebês enrolados em folhas de repolho, imaginando como seria sua vida com esse homem. Quando o pai a chamou, sentiu uma onda de nervosismo, mas estava preparada para dizer sim, pronta para começar sua nova vida como esposa e, se Deus quisesse, como mãe.

ELES SE CASARAM SEM ALARDE, porque eram tempos de guerra. Abu Mohammad não costumava voltar para casa à noite e às vezes passava três ou quatro dias fora. Aws se incomodava com essas ausências, mas tentava se manter ocupada convivendo com as outras esposas de combatentes. Entre elas, sentia-se privilegiada. Algumas eram casadas com combatentes abusivos; todos já tinham ouvido falar de Nahla, que cortara os pulsos, e havia a garota da Tunísia, na casa ao lado, que caía no choro toda vez que alguém mencionava o nome do marido. Mas o casamento de Aws parecia real. Abu Mohammad gostava de passar o dedo entre as duas pintas que formavam uma constelação em sua bochecha esquerda;

brincava por causa do seu sotaque quando ela tentava pronunciar palavras turcas. Aws não gostava de suas ausências e fazia manha quando ele voltava, e ele tinha que fazer piadas tolas e adulá-la até que o perdoasse.

Em casa, seus dias se tornaram um vazio. Sociável e animada, uma jovem que cresceu estudando literatura inglesa e lendo romances de aventura escondido, Aws se irritava por não ter nada para fazer. Terminava suas tarefas domésticas rapidamente, mas não havia para onde ir e nada mais para ler. O EIIS havia eliminado as livrarias e o centro cultural local de "ficção imoral". O grupo lançava sua influência sombria até nos assuntos mais íntimos: o casamento. O EIIS se metia em questões que ela achava que deveriam ser decididas apenas pelo casal.

Aws estava desesperada para ter um bebê. Foram aquelas imagens de bebê no telefone que a levaram a dizer sim — bebês nus com braços rechonchudos, covinhas nas bochechas e sorrisos amarrotados, aninhados em vasos de flores ou em vagens de ervilha. Mas o marido pediu que ela começasse a tomar pílulas anticoncepcionais, ainda disponíveis nas farmácias de Raqqa; disse que seus comandantes haviam instruído seus homens a evitar engravidar as esposas. Pais recentes estariam menos inclinados a se voluntariar e realizar missões suicidas. A princípio, Aws não podia acreditar que ele estaria disposto a permitir que seus comandantes tomassem essa decisão. Ela tocou no assunto casualmente, por alto, mas também com gentileza e seriedade — o abordou de todas as maneiras que pôde pensar. Mas suas intervenções o incomodavam. Ela percebia como ele se esforçava para não se irritar com ela. Sua paciência com as discussões começou a se esgotar.

Foi um dos primeiros momentos amargos em que Aws viu que não haveria normalidade; o EIIS era como um terceiro parceiro em seu casamento, no quarto do casal. Ela se perguntava se ainda desejaria ter filhos se o marido pretendesse se tornar mártir, e sabia instintivamente que sim. Ela não sabia como lidaria sozinha com uma criança, mas o desejo dentro dela era tão forte que sufocava esses pensamentos, de uma forma tão involuntária quanto óleo que emerge sobre a água.

Sem nenhum trabalho a fazer, sem um bebê para o qual se preparar, sem nada para estudar ou ler, Aws começou a ansiar por sua ida diária ao mercado. Um dia, viu combatentes chicoteando um idoso em uma

PARTE IV: CIDADÃS DA MORADA DO ISLÃ

praça pública. Era fim de tarde e os transeuntes se aglomeravam para assistir. Alguém ouvira o homem frágil de cerca de 70 anos amaldiçoando Deus. Os combatentes do EIIS o fizeram se ajoelhar no centro da praça. Lágrimas escorriam de seus olhos enquanto o açoitavam. Por sorte, ele havia amaldiçoado Deus, Aws pensou, porque Deus é misericordioso. Se tivesse amaldiçoado o Profeta, eles o teriam matado.

ASSIM COMO A MAIORIA DOS pobres de Raqqa, a família de Dua sobrevivia juntando os míseros trocados obtidos em diversos trabalhos. Havia o pequeno terreno que cultivavam e seu pai trabalhava na construção civil ganhando por dia. Mas agora a maioria das obras tinha parado. Eles contavam com os rendimentos da agricultura, mas tantas pessoas haviam perdido o emprego quando o EIIS assumiu o controle que, de repente, todo mundo estava vendendo frutas e legumes para sobreviver. Algumas profissões, como a prática do direito secular, foram simplesmente eliminadas; outros empregos, como o dos técnicos de ressonância magnética, tornaram-se irrelevantes em um país onde os hospitais não tinham eletricidade. Os militantes começaram a arrecadar impostos, o que diminuiu ainda mais a renda já minguada de muitas famílias, e cobrar taxas mais altas de eletricidade e gás da comunidade civil. A família de Dua mal conseguia sobreviver.

Quando um combatente saudita veio pedir sua mão em fevereiro de 2014, o pai de Dua a pressionou a aceitar. O saudita, Abu Soheil Jizrawi, vinha de uma rica família de construtores em Riad. A Arábia Saudita foi uma das principais fontes dos primeiros recrutas do EIIS, assim como muitos dos combatentes que viajaram para se juntar à insurgência no Iraque, em meados dos anos 2000, também eram jovens sauditas. Os cidadãos sauditas também financiavam amplamente a Al-Qaeda no Iraque, um dos grupos insurgentes que acabou se transformando no EIIS. A ideóloga mais proeminente e influente do EIIS, uma mulher de origem síria chamada Imam Al-Bugha, passou quinze anos formativos ensinando religião na Arábia Saudita antes de migrar para se juntar ao EIIS. No ano de sua migração, ela escreveu um livro para o EIIS argumentando que o grupo simplesmente colocara em prática a visão ideológica teológica de mundo que ela sempre tivera, declarando: "Eu era uma daeshita antes mesmo de o Daesh existir." A jovem filha de Al-Bugha,

Ahlam, acompanhou-a à Síria e se casou com Abu Osama Al-Gharib, o jihadista austríaco que se mudou para os mesmos círculos que Dunya, da Alemanha. Ahlam escrevia poesia e era uma influenciadora para os recrutas millennials do EIIS; suas contas tinham milhares de seguidores. Os anos de formação intelectual de ambas as mulheres foram moldados em um ambiente saudita onde o salafismo clássico e a doutrina jihadista se confundiam; as duas juntas moldaram e inspiraram milhares de mulheres e meninas do EIIS.

Para os sauditas, criados em um ambiente intolerante do wahhabismo salafista que via os muçulmanos xiitas como inimigos e incrédulos, afastar a influência dos iraquianos xiitas e do Irã, tanto na Síria quanto no Iraque, era uma luta existencial e ideológica. Suas pretensões eram diferentes das mundanas queixas dos iraquianos sunitas, que se opunham bastante ao governo central xiita de Bagdá porque ele os discriminava política e economicamente. A ocupação do Iraque pelos EUA criou uma brecha para os ideólogos que procuravam conectar esses chauvinismos a queixas legítimas e muito apoiadas. Quando uma insurgência sunita acabou se desenvolvendo em resposta, os norte-americanos encarceraram militantes em centros de detenção como Abu Ghraib, cenário de horríveis abusos. Afinal, os sauditas lutavam por hostilidade ao Irã, por ódio intolerável pelos xiitas, em defesa de seus irmãos sunitas genuinamente marginalizados ou todos esses fatores combinados? De qualquer maneira, a riqueza desses homens sauditas contribuiu muito para a revolta no Iraque. Em Raqqa, essa mesma riqueza proporcionaria um auspicioso par para Dua.

"Se ela concordar em se casar comigo, transformarei a vida dela", Abu Soheil prometeu ao pai da garota. Dua não era de grande beleza; não tinha formação universitária como a prima Aws ou outras meninas da classe média de Raqqa. Imaginava sua vida como filha de um agricultor, com perspectivas de se casar com um rapaz da aldeia ou um trabalhador local. A palavra que invadia seus pensamentos com frequência era *desgastada*. Sua vida estava desgastada. Suas mãos costumavam doer por causa do trabalho na lavoura; sua pele estava grossa; suas roupas ficaram desbotadas de tanto ser lavadas e secas ao sol. Sua bolsa, seus sapatos, sua disposição — tudo estava desgastado. Ela queria poder contar com alguém e saber que seria cuidada. Após ponderar, acabou concordando.

PARTE IV: CIDADÃS DA MORADA DO ISLÃ

Dua conheceu Abu Soheil no dia do casamento, quando ele chegou trazendo ouro para a família dela. Gostou do que viu: ele tinha a pele clara, com uma barba negra e macia, alto e esbelto, com um carisma e um jeito fácil de fazê-la rir. Nunca recusava seus pedidos, nunca levantava a voz ou olhava para a parede quando ela lhe contava sobre seu dia.

Ele a instalou em um apartamento espaçoso com novos utensílios de cozinha europeus e aparelhos de ar condicionado em todos os cômodos. Ninguém em Raqqa tinha ar-condicionado na casa toda, e ela exibiu orgulhosa seu novo apartamento a amigos e parentes. Sua cozinha se tornou a parada para o café de outra esposa de combatente que morava no prédio, uma moça síria casada com um turco. Todas as manhãs, o criado de Abu Soheil fazia as compras no mercado e deixava sacolas de carne e produtos do lado de fora da porta. À noite, Dua e o marido curtiam um jantar demorado e ele elogiava a comida dela, especialmente a *kabsa* síria que tanto adorava, um prato de arroz condimentado com carne e berinjela. Dua, com seu rosto rechonchudo e grossas sobrancelhas em forma de seta, acabou se casando bem. Abu Soheil nem se importava com a tatuagem de rosa em sua mão, embora tatuagens permanentes fossem proibidas no Islã. Ele havia transformado completamente sua vida e, por isso, ela o amava.

O marido não queria filhos, mas Dua, a pragmática filha do agricultor, não se importava. Ela sabia como a vida podia ser difícil. Estava gostando da trégua.

NA PRIMAVERA DE 2014, DOIS meses após seu casamento, sem conseguir convencer Abu Mohammad a deixá-la engravidar, Aws ingressou na Brigada Al-Khansaa. Como mantinha uma separação estrita de gêneros em seu território (defendia a visão de que as mulheres não deveriam ter contato com nenhum homem além de seus parentes imediatos), o EIIS usava uma divisão especial da polícia só de mulheres, a fim de garantir segurança, fazer valer códigos de vestimenta e controlar os movimentos femininos. Muitos moradores a chamavam simplesmente de *hisbah,* ou polícia moral. A Al-Khansaa refletia, em várias formas institucionais, o crescente papel das mulheres nas alas de administração, educação, saúde, recrutamento e propaganda do EIIS. A Unidade de Mídia Al-Khansaa, que se fundiu a outro braço de mídia em 2015, produzia e disseminava suas próprias campanhas e mensagens feitas sob medida para as mulheres. Seu principal tratado, "Mulheres no Estado Islâmico: Uma Mensagem e um Relato", analisa o status degradado das mulheres sob o feminismo secular e a cultura ocidental ("As mulheres não colheram nada do mito da 'igualdade com os homens', exceto espinhos") e depois descreve os direitos, o potencial e os deveres da mulher dentro do califado. Ele coloca as mulheres no coração do movimento jihadista — "Saiba que a Ummah de Muhammad (PECE) não se erguerá sem o auxílio de suas mãos" — e levanta a possibilidade de mulheres em combate, nos casos de extrema necessidade militar ou até mesmo de desejo da mulher pelo martírio.

Dua se associou à Al-Khansaa na mesma época, e as duas primas começaram juntas seu treinamento militar e religioso obrigatório. Tanto para Dua quanto para Aws, já casadas com combatentes, trabalhar com a brigada preenchia o tempo e criava um paralelo com a vida de seus maridos no grupo, dando uma aparência de normalidade. Agora, em vez de pensar no que cozinhar logo após o café da manhã, elas podiam passar a maior parte do dia fora e ainda voltar para casa a tempo de preparar o jantar.

O mundo exterior poderia tê-las rotulado como terroristas, ou esposas de terroristas, mas Aws e Dua se sentiam esposas de militares. Todas as noites elas ouviam justificativas para o derramamento de sangue: os combatentes tinham que ser mais brutais ao tomar uma cidade; isso minimizaria as baixas posteriormente. As forças do regime de Assad alvejavam civis, invadiam as casas das pessoas no meio da noite, agrediam homens diante de suas esposas, estupravam mulheres em centros de detenção. O EIIS não teve escolha senão reagir à altura; foi a violência do regime que gerou a sua. Elas ouviam essas coisas da boca dos homens para os quais cozinhavam, a quem esperavam, com os quais se deitavam. Em quanto disso tudo acreditavam? Nem elas mesmas sabiam dizer.

Dua, Aws e Asma participaram do treinamento militar e religioso obrigatório para novos recrutas. Aproximadamente cinquenta mulheres fizeram o curso de quinze dias em que aprendiam a carregar, limpar e disparar pistolas, e praticavam em alvos nos campos. Era mais uma introdução à pistola simples do que uma preparação para o fronte de batalha, embora houvesse rumores de que algumas das estrangeiras que

PARTE IV: CIDADÃS DA MORADA DO ISLÃ

haviam viajado para se juntar ao EIIS estavam sendo treinadas em *russis,* Kalashnikovs.

Dua gostava mais das aulas de religião. Eram ministradas principalmente por mulheres marroquinas, argelinas e sauditas, e o foco eram as leis e os princípios religiosos do Islã. Ela nunca tivera a chance de aprender sobre sua religião da forma correta. E suas professoras eram extraordinariamente bem instruídas; muitas, mas em especial as mulheres sauditas, tinham doutorado e anos de aprendizado avançado em jurisprudência e ciências religiosas. Como transitavam entre os departamentos de mídia e de religião do califado, essas ideólogas veteranas empregavam seu aprendizado religioso, suas habilidades digitais e sua capacidade de persuasão ao mesmo tempo. Dua se encantou com elas. Apreciava que alguém se preocupasse em ensiná-la, que ela fosse considerada digna de receber educação. Sentia-se atraída pela ideia de um verdadeiro Estado islâmico.

DUA TRABALHAVA PARA A BRIGADA Al-Khansaa há apenas alguns meses no dia em que suas amigas foram levadas à delegacia para serem chicoteadas. Quando ouviu as vozes que conhecia desde a infância falando exaltadamente perto da entrada, levantou-se da mesa.

Suas colegas escoltavam as mulheres, uma mãe e sua filha adolescente, ambas perturbadas e falando muito rápido. Elas foram detidas por usar abayas muito justas. Quando a mãe viu Dua, correu e lhe pediu para interceder. A sala parecia sufocá-la enquanto Dua ponderava o que fazer. Suas abayas eram de fato muito justas. Incomodava-a o fato de não terem sido mais cuidadosas, e agora esperarem que as ajudasse. "Vocês saíram vestindo roupas erradas", disse ela calmamente.

A mulher parecia atordoada. Dua observou enquanto suas colegas levavam as mulheres até uma sala nos fundos para as chicotadas, que geralmente eram administradas com um instrumento semelhante a um chicote por uma das figuras mais importantes da brigada. A intensidade das chicotadas, se seriam aplicadas sobre a roupa ou na pele desnuda, dependia dos caprichos da pessoa encarregada. Algumas eram cruéis e injuriosas, gritando reprovações sobre vergonha e saboreando o espetáculo; outras eram mais brandas, pois sabiam que ser chicoteada, mesmo sem grande força, era traumático. Quando a mãe e a filha tiraram os niqabs, elas também usavam maquiagem. Foram vinte chicotadas pelo delito da abaya, cinco extras pela maquiagem e outras cinco por não serem submissas o suficiente quando detidas. Dua tentou não ouvir os gritos. Não eram chicotadas muito intensas, repetiu para si mesma. Era mais humilhação do que dor real.

Nas semanas posteriores ao ingresso de Dua na Al-Khansaa, a brigada se tornou mais severa em seu policiamento. Abayas e niqabs obrigatórios ainda eram novidade para as mulheres de Raqqa, e a brigada, a princípio, queria oferecer à comunidade a chance de se adaptar. As patrulhas detinham mulheres por usarem abayas muito curtas, transparentes ou justas e as conduziam até a central. Mas as multas eram baixas, menos de cinco libras sírias. A abaya ofensiva seria queimada e uma mais apropriada seria fornecida. As mulheres de Raqqa achavam a consequência tão leve que desrespeitavam as regras. Muitas jovens se tornavam reincidentes, simplesmente chamando seus pais à delegacia para pagar a multa e liberá-las. A situação fazia com que as regras parecessem ridículas. Assim, a brigada decidiu aumentar as multas e começou a punir mulheres com chicotadas, de vinte a quarenta, dependendo da gravidade da infração e da reação da mulher.

Naquela noite, mãe e filha foram à casa dos pais de Dua. As duas famílias se conheciam há anos, compartilhavam toda uma vida de reuniões do Eid e festas de aniversário das crianças. A mulher estava furiosa e criticou o EIIS. "Todo mundo os odeia, gostaríamos que nunca tivessem vindo a Raqqa", proferiu ela, em tom reprovador.

Dua explicou que trabalhava para eles, tinha que seguir ordens. "Eu não posso privilegiar ninguém, não consegue entender?"

A mulher não entendeu. Saiu sem nem sequer olhar para ela, e suas famílias nunca mais se viram.

Em março de 2014, Aws e Dua saíam todos os dias para trabalhar nas patrulhas de rua da brigada, dirigindo pela cidade em pequenas vans Kia cinza com al-khansaa estampado nas laterais. Havia mulheres de todo o mundo em sua unidade — moças britânicas, tunisianas, sauditas e francesas —, mas o EIIS havia emitido uma regra estrita para suas recrutas sírias: nada de falar com estrangeiros. Aws gostaria de falar com

PARTE IV: CIDADÃS DA MORADA DO ISLÃ

as estrangeiras, mas as tensões já eram grandes entre combatentes árabes e europeus; um suspeitava que o outro alocava carros, salários e moradias por nacionalidade, favorecendo seus próprios compatriotas. Menos comunicação, achavam, poderia trazer mais harmonia à cidade ocupada, pelo menos entre os invasores.

Aos poucos, o status dentro de Raqqa — como era obtido e como era implementado — se tornava uma queixa entre as mulheres. Na hierarquia feminina, Dua gozava de mais status do que a maioria, para sua discreta satisfação. O marido saudita não era apenas um membro sênior de segurança do EIIS, ele também tinha uma fortuna individual. Mas ela, Aws e outras mulheres sírias começaram a notar que as estrangeiras, especialmente as europeias, tinham mais privilégios. Pareciam ter mais liberdade de movimento, mais renda disponível e pequenas vantagens: furar a fila do pão, não pagar o hospital. O comportamento delas no mercado e nas lojas costumava ser impetuoso e arrogante.

"Por que conseguem fazer o que querem?", reclamou Aws. Elas realmente eram muito mimadas. Em sua opinião, era revoltante que uma adolescente europeia tivesse mais poder do que ela, uma mulher educada e ex-classe média de Raqqa, que estava em sua cidade natal. Mas Dua, a boa esposa de militar, sempre relutante em criticar os militantes, ofereceu uma justificativa: "Como tiveram que deixar seus países para vir para cá, talvez acharam apropriado tratá-las de maneira mais especial."

À MEDIDA QUE A MEIA-NOITE se aproximava, Asma se arrumou para o turno da noite, vestindo sua abaya preta e o niqab que cobria os olhos. Sua função na Al-Khansaa envolvia encontrar estrangeiras na fronteira e acompanhá-las até Raqqa. Com o seu conhecimento de inglês e seu ar cosmopolita, ela era adequada para essa tarefa. Recebia um pedaço de papel com nomes e, acompanhada de um motorista e às vezes um tradutor, partia para a rodovia em direção à fronteira. A estrada era suave e tranquila, e ela apoiou a testa na janela do carro, imaginando as oliveiras e os pinheiros escondidos na escuridão. Na passagem, colocou um xale sobre os ombros e esperou, segurando o pedaço de papel na mão.

As garotas que encontraria naquela noite vinham de Londres, uma cidade que Asma associava a Agatha Christie e aos belos jogadores de futebol ingleses. Quando emergiram de um carro branco, com as malas carregadas por um sírio que as apressava, Asma ficou surpresa com o quanto eram jovens. A maioria das mulheres que conheceu e acompanhou até Raqqa eram jovens, mas essas três pareciam crianças, mal tinham 16 anos. "Mirradas", disse ela mais tarde, para a mãe. "Elas são mirradas." Vestiam roupas ocidentais e seus olhos brilhavam pela mistura de cansaço, medo e emoção. Dentro do carro, que acelerava em direção a Raqqa na escuridão, as meninas conversavam baixinho e riam.

Nesse momento, ainda eram respeitosas e educadas, mas Asma suspeitava que em um mês se comportariam como o restante das ocidentais que chegavam ao território do EIIS — insolentes e ousadas, julgando-se superiores às mulheres locais como Asma. O véu de uma das garotas escorregou para trás, e o motorista gritou termos rudes em árabe, pedindo para arrumá-lo. A garota talvez não tenha entendido as palavras, mas seus significados eram claros. Ela ajeitou o véu na cabeça gentilmente, mantendo um sorriso.

Quão feliz ela está em obedecer, pensou Asma, *e como é ingênua. De onde vem essa convicção? Para onde acham que vieram, essas garotas de Londres?* Ela não conseguia entender tudo o que diziam, pois falavam muito rápido, mas Asma captou trechos. Estavam imaginando como seriam as apresentações aos maridos e quando receberiam as longas abayas pretas. Pensavam que haviam chegado aos portões da Dar Al-Islam, a terra governada pela lei do Profeta, onde finalmente encontrariam seu lugar.

Ela olhou para as meninas na penumbra do banco traseiro, enquanto passavam por silos de grãos cujos contornos imponentes eram visíveis no escuro. Sabiam tão pouco do que as esperava. Logo descobririam que o califado governado por Abu Bakr Al-Baghdadi se importava pouco com a lei do Profeta. Que esses homens usavam os antigos castigos destinados a instilar um medo sobrenatural — decepar mãos, cabeças — como rituais sangrentos e niilistas de gangues. As meninas pareciam imaginar que estavam a caminho de um cenário de *Romeu e Julieta* no meio do deserto. Como poderiam não saber? Asma se perguntou o que ou quem teria enfeitiçado essas garotas, que viajaram por toda a Europa e atravessavam esse trecho desolado de fronteira na calada da noite, a fim de voluntariamente se tornarem cidadãs do lugar que, todos os dias, fazia Asma questionar a própria existência de Deus.

PARTE IV: CIDADÃS DA MORADA DO ISLÃ 179

Ela as acompanhou até uma casa privativa e as ajudou a se acomodar, fornecendo as abayas largas e os niqabs pretos que o comando mantinha em estoque para as recém-chegadas. Em algum momento, depois de serem observadas, iriam até uma casa para mulheres em Raqqa. Assim como a maioria das estrangeiras que escoltou, Asma não as encontrou novamente. Foi só mais tarde que viu seus rostos estampados por toda a internet, identificadas como Amira, Kadiza e Shamima — as três alunas da Bethnal Green, em East London.

Naquela noite, em casa, na cama, Asma ligou o celular e viu uma mensagem do namorado, que agora estava em Amã. Ele perguntou acintosamente se ela já havia cedido em relação ao hijab. Asma nem respondeu. Não havia lhe contado sobre o trabalho na brigada, que se tornara colaboradora. A mentira, ou a ausência de verdade, fazia com que suas conversas parecessem artificiais e tensas para ela. Sentia ondas intensas de raiva por ele que não conseguia sequer expressar. Raiva por estar seguro em Amã, por não ser capaz de protegê-la, mesmo que fosse apenas dela mesma. Adormeceu ouvindo Evanescence em seu telefone, lamentando como os homens eram decepcionantes por julgarem a fé de uma mulher com base em centímetros de pele coberta.

EM UM DIA AMENO DE primavera, as colegas da brigada de Dua foram a uma das principais praças da cidade para assistir a duas mulheres locais serem apedrejadas por suposto adultério. Dua ficou para trás, inquieta. As aulas de religião em seu curso de treinamento trataram substancialmente de jurisprudência e ela aprendeu sobre as evidências necessárias para aplicar essa punição: quatro testemunhas oculares do encontro adúltero, *quatro* testemunhas oculares do ato em si. Evidências que, na maioria esmagadora dos casos, eram inatingíveis, impossíveis.

Seu instrutor havia explicado a intenção dessa velha punição *hadd*, que refletia a abordagem islâmica da jurisprudência: a crueldade da punição para esses atos servia para enfatizar sua repreensibilidade e impedir que fossem normalizados como "apenas atos humanos"; ao mesmo tempo, as evidências exigidas eram tão absurdas que tornavam a punição praticamente inaplicável. Dessa maneira, Dua concluiu, a lei islâmica regulava a esfera pública: se um casal cometia adultério, sabia que precisava manter sua própria traição em segredo, para evitar que isso aos poucos arruinasse a santidade do casamento para os outros. Para ela, era inconcebível que um juiz pudesse cumprir os padrões de prova necessários para implementar corretamente a punição por adultério. Ela odiava como o grupo priorizava a artimanha e o espetáculo em detrimento da própria justiça. Era dessa maneira estranha que o EIIS instilava em Dua a consciência com a qual repudiá-lo.

Em poucas horas, espalhou-se a notícia de que uma das mulheres não havia se envolvido com homem algum. Na verdade, ela tinha ido protestar em frente à sede da polícia, segurando uma placa que dizia *Yasqot al-Tanzeem* ("Abaixo a organização"). Poderia ser verdade? Praticamente não fazia diferença; todos acreditavam que ela era inocente de um jeito ou de outro. Quando as árvores começaram a florescer naquela primavera de 2014, era comum ver cabeças penduradas na praça, perto da torre do relógio. Às vezes, os corpos ficavam na rua por uma semana inteira. Os militantes, pensou Dua, estavam se tornando ostensivamente sacrílegos. O Islã proibia a mutilação de corpos.

A brigada em si estava se deteriorando. A princípio, sua missão se estendia apenas à manutenção de códigos de vestuário, regras sobre abayas, niqabs e maquiagem. O papel da brigada era semear desconfiança e ressentimento, minimizando a probabilidade de que as dissidentes se unissem, transformando-se em resistência. Mas, agora, as jovens da Brigada Al-Khansaa começaram a usar sua autoridade para resolver disputas mesquinhas ou promover vingança social. Até meninas que não eram empregadas pela brigada apareciam para acusar suas inimigas sociais de alguma infração. Às vezes, mulheres que não haviam feito nada errado eram trazidas para a sede.

O tecido social de Raqqa entrou em colapso. A única suposição possível era que todas elas tinham duas caras. "Muitas vezes, vi mulheres que conhecia sorrindo para mim quando viram que eu tinha ingressado. Mas eu sabia que por dentro o sentimento era diferente", disse Aws. "Sabia porque, antes de ingressar, quando via que uma conhecida começara a trabalhar com o EIIS, eu não gostava."

EM UMA SEMANA ESPECIALMENTE QUENTE de julho de 2014, na época em que os terebintos podiam ser cortados para a coleta de seiva, Abu Soheil não voltou por três noites. Dua ficou inquieta e, no quarto dia, houve uma batida na porta.

PARTE IV: CIDADÃS DA MORADA DO ISLÃ

Era um combatente para informá-la que Abu Soheil era agora um mártir; ele havia se explodido em uma operação na batalha por Tal Abyad, lutando contra o exército sírio. O combatente nem entrou para lhe dar a notícia; o carro em que ele chegara estava parado do lado de fora, com outro militante lá dentro, esperando. Dua ficou arrasada. As lágrimas brotaram rapidamente. "Foi ele mesmo que pediu a missão", disse o combatente, afastando-se sem jeito. Abu Soheil nunca havia lhe contado sobre esse plano, e isso a fez fechar a porta e desabar.

Ela era leal demais para se sentir traída e o considerou um *shaheed,* um mártir. Porém, dias depois, descobriu algo que tornou sua honrosa viuvez mais difícil de suportar. Abu Soheil não havia se matado em uma operação contra o exército sírio, como o combatente havia lhe dito, mas contra as forças rebeldes rivais, o Exército Livre da Síria. Muitas facções armadas viam o ELS como traidor e incrédulo por receber apoio dos Estados Unidos, e acreditavam que seus membros eram alvos admissíveis. Mas, para Dua, essa notícia foi a maior parte de sua dor. Ela ligou para a cunhada em Riad e choraram juntas no telefone. Abu Soheil não havia morrido lutando contra o regime de Assad, mas contra outros muçulmanos. Por muitas noites, Dua teve dificuldades para dormir, em um estupor de choque e tristeza.

Dez dias depois, outro homem da unidade do marido foi até a sua casa. Ele lhe disse que ela não podia ficar sozinha e precisaria se casar de novo o quanto antes. A lei islâmica, sob todas as interpretações universais, estabelece que, após a viuvez ou o divórcio, uma mulher deve esperar quatro meses antes do novo casamento — principalmente para determinar a paternidade de qualquer criança que possa ter sido concebida. O período, chamado *idaa,* não é apenas exigido de toda mulher muçulmana, mas também é seu direito, para permitir que vivencie seu luto. Mas mesmo aqui, no reino da lei divina, o EIIS ignorava princípios do Islã. Dua estava usando seu niqab e suas lágrimas fizeram o tecido grudar em suas bochechas. "Você não vê que eu nem consigo parar de chorar? Estou muito triste. Quero esperar os quatro meses."

O comandante parecia impaciente para ir embora, e falou em voz baixa, como se ela fosse uma criança incapaz de entender coisas simples. "Você é diferente de uma viúva normal", explicou. "Você não deveria estar de luto nem triste. Ele pediu o próprio martírio. Isso faz de você a esposa de um mártir! Deveria estar feliz!"

Ela não disse nada na hora. Apenas assentiu com a cabeça, como se concordasse, e se levantou para que ele saísse. Dua dedicava uma fração de lealdade ao EIIS como extensão da lealdade que devotava a Abu Soheil, que tinha sido um bom marido para ela, mesmo que apenas por alguns meses. Sentia-se transformada por seu relacionamento com ele e pelo mundo em que a introduzira; gostou da sensação de ser digna de receber educação. Mas via que o EIIS reivindicava o manto do Islã como um meio de justificar seus próprios fins; do mesmo modo que estava disposto a apedrejar uma mulher sem nenhuma evidência, estava disposto a enviá-la para outro casamento antes que chegasse o momento.

A essa altura, Dua sabia que era o fim. Sabia instintiva e também espiritualmente: não podia permanecer em Raqqa para se tornar uma eterna esposa temporária, passada de combatente para combatente. Percorreu cada cômodo da linda casa decorada que deveria ter sido sua herança, guardando as curvas e os ornamentos dos móveis de madeira na memória. A casa com ar-condicionado, que a cercara de um breve e luxuoso conforto, parecia a coisa mais simples para se lamentar. A perda de Abu Soheil, de sua vizinhança, da cidade e do país inteiro em uma guerra sem fim de mercenários e loucos — era demais para suportar.

Pouco depois de Dua receber as notícias, elas chegaram para Aws. Abu Mohammad também se matara no que ela, assim como a prima, considerou uma operação de martírio.

Ser viúva do EIIS era vivenciar a perda de forma tão anônima que Aws às vezes cravava as unhas na palma da mão para se lembrar de que estava viva, que era capaz de sentir dor, que Abu Mohammad tinha sido real. Não havia funeral para comparecer, nem sogros para compartilhar longas horas de luto; não havia um armário cheio de roupas para passar ou lembranças para organizar, nem jantares para planejar a fim de receber a família, nenhuma chance de preencher aquelas primeiras horas atordoadas com o preparo da comida e as conversas incoerentes. Havia apenas um vazio repentino e estridente. Aws passava seus dias encolhida pelos cantos, vestindo a mesma legging dia após dia, sozinha com seus pensamentos: ele tinha sido corajoso no final ou aterrorizou-se com a explosão iminente que rasgaria sua carne e órgãos em pedaços? Ele pensou nela nos últimos segundos?

PARTE IV: CIDADÃS DA MORADA DO ISLÃ

Logo os comandantes vieram bater à sua porta também. O que falou era atarracado e mancava de leve; ele fez um gesto para que ela passasse primeiro pela porta da sala de estar, um cavalheirismo incomum, pensou Aws. "Abu Mohammad é agora um *shaheed,* graças a Deus, então ele obviamente não precisa mais de uma esposa", começou.

Era uma frase tão bizarra que ela teve que lutar contra uma crise de riso. Abu Mohammad, por ser um mártir, também não precisava mais de pijama e de uma xícara de chá. E de uma esposa. O comandante continuou: "Há outro combatente que *precisa* de uma esposa. Conhecia bem Abu Mohammad, era seu amigo, estava lá quando ele morreu. Quer proteger e cuidar de você, em nome do amigo."

Faltava um mês para o fim do período de luto de Aws. Ela não sabia como conseguiria aceitar um novo parceiro, sentar-se com ele à noite, ter intimidades, fingir preocupação por seu bem-estar. Mas concordou com relutância. Pensou que estaria mais segura com um homem por perto, e talvez esse outro marido também fosse decente; talvez quisesse uma família.

Ele era egípcio, e foi desagradável desde o início. Ela não previra que pudesse odiar tanto seu cheiro de giz, sua atitude indiferente. Ao contrário de Abu Mohammad, ele não percebia ou comentava nada sobre ela; nem de sua pronúncia levantina, seus dotes culinários ou seus cachos matinais. Não tinham nada a ver. Felizmente, ele passava ainda menos tempo em casa do que seu primeiro marido.

Quando Dua perguntou à prima sobre o marido, ela desdenhou tudo — sua aparência, seus modos, sua personalidade — com uma expressão aborrecida e uma única palavra, *aadi*, "regular". Ele nem escovava os dentes. Isso ficou claro quando ela descobriu que ele simplesmente não tinha escova de dentes. Era porque esperava a morte iminente e não via sentido? Ou era apenas desleixado? Quando ele fugiu para o Egito com seu salário dois meses depois, sem nem sequer um adeus, pelo menos ela pôde concluir que era a segunda opção.

De volta à casa dos pais, Aws tocou suas fotos e seus livros antigos, pensando na vida que tinha antes, nas noites fumando narguilé, nos dias na praia e em como tudo parecia a anos-luz de distância de onde ela se encontrava agora.

Final do Verão de 2014, A Ascendência do Califado

O EIIS lançou um vídeo chamado "Mensagem para os EUA", que mostrava a decapitação do jornalista norte-americano James Foley. No final, alertou que o grupo mataria outro refém, também jornalista e norte-americano, Steven Sotloff, se Obama não interrompesse os ataques aéreos.

No seu auge em 2014, o EIIS controlava um trecho de cerca de 88 mil quilômetros quadrados na Síria e no Iraque, um território quase do tamanho do Reino Unido, abrangendo desde as áreas a leste de Damasco até os subúrbios ocidentais de Bagdá.

Em setembro, os militantes decapitaram Sotloff e o trabalhador humanitário britânico David Haines.

Em outubro, decapitaram o trabalhador humanitário Alan Henning e hastearam bandeiras pretas em partes de Kobanî, na Síria, uma cidade localizada na fronteira com a Turquia.

EMMA/DUNYA

Primavera de 2014, **Raqqa, Síria**

Dunya manteve os olhos fechados no calor da manhã, recusando-se a ser despertada pela criança que berrava no quarto vizinho. Ela e Selim se separaram na noite anterior, quando ele a deixou na casa destinada às recém-chegadas, à espera de seus maridos que, assim como Selim, haviam partido para o treinamento militar. O formulário oficial de emprego/identidade do EIIS listava seu conhecimento religioso como "rudimentar", então, após o treinamento em armas, ele faria um curso de instrução religiosa. Selim não tinha permissão para usar um celular durante esse período; portanto, durante quase dois meses, Dunya não viu o marido nem falou com ele.

A casa das mulheres era algo entre um albergue e um reality show; os dias se misturavam no tédio da mesmice: cozinhar, comer, repetir as mesmas conversas banais, mas às vezes tensas. Não havia televisão. Não havia livros para ler. Não havia onde se esconder das crianças sempre presentes, que choravam de tédio, gritavam enquanto brincavam e geralmente apenas berravam. Era, no entanto, um espaço internacional, e disso Dunya gostava. Havia mulheres de todos os lugares: Afeganistão, Arábia Saudita, Tunísia, França, Estados Unidos. A maioria era muito jovem.

Ela dividia as pessoas que migravam da Alemanha em vários grupos. Os benfeitores, que queriam lutar contra Bashar Al-Assad e foram doutrinados em algum momento, habituavam-se à violência. Os novos convertidos, que não sabiam nada sobre o Islã e assistiram aos vídeos errados e conheceram as pessoas erradas, estavam convencidos de que o caminho para o céu passava pela Síria. Os psicopatas, que eram atraídos pela violência. E as mulheres submissas, que seguiam seus maridos e que, por qualquer motivo — personalidades codependentes, lealdade equivocada, medo de divórcio —, apoiavam o plano.

Dunya via muitas das garotas como tietes inexperientes de boybands, que consideravam o EIIS uma espécie de rebeldia da moda. Assistiram a vídeos do EIIS em seus celulares e notebooks, com a mesma ladainha sobre a felicidade de finalmente viver sob um califado. Reuniram-se em grupos do WhatsApp e do Facebook. Dunya se considerava superior àquelas jovens sem sofisticação, que pareciam apenas memorizar as palavras e os conceitos que as levaram ao EIIS, sem realmente entender o que havia por trás deles. Ela, por sua vez, estudara o Islã ao longo de meses e anos desde sua conversão. Tinha certo *ilm,* ou conhecimento islâmico, enquanto elas pareciam ter apenas hormônios e atitudes.

Ela dormiu até tarde. O calor do verão fazia com que todos em Raqqa fossem noturnos, ficando acordados até cada vez mais tarde para aproveitar o frescor da noite e dormindo o maior número possível de horas do dia abrasador. Ela acabou fazendo amizade com outras mulheres alemãs na cidade. Embora o califado visasse eliminar laços de Estado-nação e tribo, a maioria das mulheres ainda preferia a companhia de pessoas como elas. Em parte, isso era uma questão de simples comunicação; gesticulação exuberante e Google Tradutor só ajudavam até certo ponto. Mas também era verdade que ninguém abandonava seus preconceitos ao chegar ao califado. A superioridade racista que os sauditas sentiam em relação aos britânicos do Paquistão ou de Bangladesh ("eles não são *britânicos de verdade*"), a superioridade que os asiático-britânicos sentiam em relação aos somali-britânicos, que os turcos alemães sentiam em relação aos sírios locais, que os libaneses e os sírios sentiam em relação aos sauditas, que os árabes sírios sentiam em relação aos curdos sírios — nenhum desses instintos desapareceu. Na verdade, eles eram empregados para criar generalizações abrangentes sobre quem eram os mais desafortunados na guerra e, portanto, mais adequados para operações suicidas (europeus), quem eram os mais brutais (tunisianos) e quem eram os mais fervorosos (sauditas).

PARTE IV: CIDADÃS DA MORADA DO ISLÃ

Cerca de um mês após sua chegada, Dunya foi às compras no mercado em Raqqa e viu os corpos de aproximadamente uma dúzia de homens caídos na rua. Não estavam sequer na sarjeta ou em uma das rotatórias centrais, mas na calçada. Os compradores e pedestres eram forçados a se desviar. Seus membros estavam estatelados, e seus rostos, congelados em uma expressão final.

DE RAQQA, ELES SE MUDARAM para Manbij, que no final do outono de 2014 era o destino preferido dos europeus que buscavam uma jihad relaxada e descontraída. A cidade era tranquila, cercada pelas planícies do deserto avermelhadas e pontilhadas de pinheiros. Havia eletricidade 24 horas por dia e o conflito estava a quilômetros de distância em qualquer direção. A área era especialmente popular entre os combatentes britânicos que, dependendo de quem julgasse suas motivações, eram muito sensíveis para lutar ou preferiam avaliar a dimensão do califado antes de decidirem dar a própria vida.

Os sírios viam os combatentes do Reino Unido como colonizadores e ficavam perplexos com a inserção desses britânicos de pele marrom e sotaque londrino no que era, em sua opinião, sua guerra civil ou regional por procuração. Os combatentes britânicos se comportavam como típicos senhores feudais. Eles consideravam sua missão legítima e justa. Achavam correto se apropriar das casas dos sírios que haviam fugido e impor seu governo aos que ficaram para trás.

Muitos dos jihadistas britânicos eram descendentes de muçulmanos do sul da Ásia que viveram sob o domínio colonial britânico na Índia; suas famílias foram deslocadas pela violência e instabilidade que se seguiram à partição de 1949. Os combatentes britânicos tinham, em 2014, um status que se assemelhava ao dos funcionários civis ingleses de baixo escalão enviados à Índia colonial em meados do século XIX e início do século XX — o que lhes proporcionou, pela primeira vez, o prazer da superioridade estrutural sobre os outros. O fato de eles desfrutarem de um elevado nível de conforto em relação aos sírios era um duradouro e imprevisto resquício colonial. Talvez o passado colonial vivido por suas famílias não tenha contaminado seu ódio pelo Reino Unido nem incentivado sua fuga para essa região inferior da Síria. Mas o racismo que enfrentaram, a zombaria na escola ou o xingamento de "Paki" na rua se enquadrava no escopo da crença de Frantz Fanon de que as "feridas indeléveis" do colonialismo — e o racismo que ele gerava para os descendentes de colonizados que viviam na Europa — levavam anos para sarar e frequentemente resultavam em atos de violência reativa. Os jovens governantes de Manbij imaginavam estar em benevolente solidariedade com a população local, mas, aos olhos dos sírios que ali moravam por gerações, nada mais eram do que intrusos colonialistas, apesar da pele morena e dos nomes árabes.

Quando tomou o controle da cidade de Manbij na primavera, o EIIS pintou o palácio da justiça de preto e impôs o *jizya* aos cristãos locais. Era um imposto que os Estados islâmicos historicamente impunham a suas minorias religiosas, em troca de vários privilégios e proteções. Em geral, os combatentes e suas famílias moravam em apartamentos e casas nos arredores da cidade. A proximidade com a fronteira turca, a apenas cinquenta quilômetros de distância, significava que mercadorias estrangeiras chegavam às lojas locais. Dunya ficou satisfeita por poder comprar chocolates Raffaello, Nutella, batatas chips turcas de alta qualidade e cigarros norte-americanos. Os sauditas, quase sempre mais ricos que todos os outros, costumavam chegar em seus SUVs reluzentes e levavam tudo dessas lojas. Selim ficava fora por longos períodos, às vezes três semanas seguidas. No início, ele conseguia carregar um celular consigo, mas quando os ataques aéreos da coalizão começaram, e o céu noturno se transformou em um perpétuo caos de zunidos e explosões, os telefones foram proibidos.

O começo daquele primeiro ano foi especial. Todos concordavam com isso, mesmo os que mais tarde renunciaram ao califado por sua brutalidade arbitrária, sua devoção ao poder terreno e sua indiferença aos procedimentos e valores islâmicos. Bem no início, quando os homens haviam acabado de se formar no treinamento militar e as mulheres eram recém-chegadas, os migrantes para a Terra do Islã sentiam que fora a melhor decisão de suas vidas. Os recrutas estrangeiros, ignorantes à dinâmica local da guerra civil e inebriados pelos vídeos atraentes e sofisticados que a mídia do EIIS produzia constantemente, acreditavam que todos se comportavam sobretudo com bondade; o esvoaçar das bandeiras pretas ainda inspirava uma sensação inebriante de superioridade moral.

Na pequena casa de aldeia que Selim conseguira nos arredores distantes de Manbij, Dunya estava muito mais feliz. Não porque a casa

PARTE IV: CIDADÃS DA MORADA DO ISLÃ

era fisicamente mais agradável — algumas das mimadas garotas alemãs conseguiram apartamentos mais confortáveis na cidade e diziam coisas como: "Até que enfim, janelas com isolamento!" —, mas porque era mais pacífica. Cada dia se desenrolava da mesma maneira: esticar o sono pelo maior tempo possível, cozinhar, limpar, ir dormir de novo. A conexão à internet trazia alento a Dunya, e o estilo de vida indolente não era, na sua opinião, totalmente desagradável. Havia um responsável pelos suprimentos, uma espécie de assistente pessoal virtual, encarregado de deixar travesseiros, edredons, qualquer coisa que estivesse faltando nas casas que foram ocupadas. Você poderia enviar sua solicitação por mensagem de texto e, na mesma tarde, ele deixava os itens na porta. Não havia necessidade de falar com o homem ou até mesmo de vê-lo. Às vezes, verificar o WhatsApp, para monitorar o status das brigas entre as alemãs locais do EIIS, parecia a parte mais penosa de seu dia.

Era um vilarejo curdo; a área ao redor era salpicada por cachoeiras e cumes cor de tijolo. Seus habitantes não desejavam ser governados pelo EIIS, que havia banido os prazeres simples que animavam sua existência rural: fumar cachimbos de água ao ar livre, jogar cartas em cafés, ouvir música. Dunya sentia a inimizade dos moradores toda vez que comprava leite ou um quilo de tomate. Percebia como as mulheres viravam a cabeça quando ela passava, como o vendedor de hortifrúti deixava que ela mesma colocasse todas as sacolas menores dentro de uma sacola grande, uma gentileza que fazia para as outras clientes.

Nas grandes cidades onde o EIIS havia estabelecido uma presença municipal, os moradores locais aprenderam a temê-lo e respeitá-lo. Mas em pequenas vilas como esta, onde a presença administrativa do grupo era leve e havia menos ou nenhuma demonstração pública de violência, os habitantes locais eram mais abertamente hostis. Um dia, Dunya se consultou com uma médica na vila em busca de um remédio para enxaqueca. A mulher a examinou de forma ríspida, com o rosto tenso de raiva. "De onde você é, afinal?", questionou a médica. "Por que não volta para o seu país? Você é uma jovem europeia, o que está fazendo aqui na Síria? O que você tem a ver conosco?"

O rosto de Dunya esquentou. Ela juntou suas coisas e saiu apressada, e depois considerou contar a Selim. Era uma conversa muito perigosa — será que a mulher não sabia que poderia ter problemas? A ideia de que Dunya poderia prejudicar a vida da mulher lhe proporcionou uma gratificante sensação de poder; e optar por não fazê-lo lhe deu uma sensação satisfatória de benevolência. Selim se preocupava com Dunya sozinha por longos períodos, cercada por moradores hostis ao EIIS. Mas ela não queria se mudar. Apreciava a solidão e o ar fresco do campo, os animais da fazenda, os olivais e o perfume do jasmim que florescia à noite no jardim. Era verdade que a quietude absoluta da noite, pontuada apenas pelo canto de um grilo ou o farfalhar nas árvores frutíferas, tornava o rugido dos aviões de guerra mais aterrorizante. Na cidade, seus sons eram abafados pelos carros e pelos barulhos urbanos. Mas até com isso Dunya se acostumou. Ela concordou em parar de sair sozinha e se limitou a um raio de vinte metros de casa.

A gata chegou tarde certa manhã, caminhando pela estrada de terra que terminava na casa deles. Seu pelo estava emaranhado em alguns lugares, mas ela movia a cabeça de um lado para o outro energicamente e lambia tudo em seu caminho com muita curiosidade. Dunya se inclinou para acariciar atrás de suas orelhas, contente por interagir com uma criatura que não a evitava. A gata seguiu Dunya em direção à casa e vagou pelo quintal enquanto ela procurava restos de comida na cozinha.

Dunya e Selim queriam um bebê. Conversaram sobre isso muitas vezes, mas concordaram que não era a hora nem o lugar. Eram jovens demais, e o conflito era incerto demais. Muitas esposas estavam grávidas ou já tinham filhos pequenos, e isso preenchia seus dias. Mas Dunya não se importava que seus dias exigissem pouco dela. Gostou da companhia da gata e a chamou de Simsim, "semente de gergelim" em árabe. Havia noites tão românticas que ela tentava gravá-las em sua memória: a imensidão do céu, o cheiro das árvores e da terra depois da chuva. Como o lugar mais seguro costumava ser um carro, e ela e Selim já haviam assistido a muitos filmes de viagem de carro para apreciar o apelo de dirigir simplesmente pelo prazer, começaram a fazer longas viagens noturnas. Dunya amava o pouco que tinha visto da Síria e queria explorar mais.

"Não podemos fazer alguma coisa?", perguntou ela com tristeza uma noite. "Não podemos dirigir até a cidade e comer um hambúrguer?" E foi o que fizeram, parando para comprar frango frito em uma lanchonete da cidade. Eles faziam isso muitas noites, alternando frango frito e hambúrgueres; era tudo excelente e, naqueles momentos, com o belo marido ao lado e a imensidão do deserto diante deles, parecia uma aventura gloriosa. Quase parecia uma vida.

LINA

Outono de 2014, **Tal Afar, Iraque**

Por cerca de seis meses, a vida de recém-casados de Lina e Jafer em Tal Afar foi razoavelmente segura. A pequena cidade iraquiana ficava em uma planície árida do deserto perto da fronteira com a Síria e, antes de ser tomada pelo EIIS, era habitada principalmente por turcomanos iraquianos, que falavam um idioma parecido com o turco; isso tornava a área uma boa escolha para o casal, já que ele falava turco. Jafer havia trocado a Alemanha pela Síria em 2013, antes do surgimento do EIIS, e seus motivos eram os de costume: indignação com as atrocidades cometidas, desejo de viver entre irmãos em um ambiente mais religioso e vontade de se dedicar a um projeto para ajudar seus colegas muçulmanos.

Lina e Jafer estavam bastante satisfeitos com seu novo casamento, mas a guerra ao seu redor se intensificava a cada dia, e Tal Afar sofria bombardeios cada vez mais pesados da coalizão liderada pelos EUA. Os aviões a jato que cruzavam os céus toda noite a aterrorizavam. A essa altura, Lina estava grávida e queria atravessar a fronteira de volta à Turquia, mas Jafer disse que partir era perigoso demais. Se o EIIS os pegasse, seria execução certa para ele. "Você não quer que nosso filho tenha ambos os pais?", perguntou. E ela queria. Era o que mais queria.

Jafer não lutava nas linhas de frente; ele trabalhava no centro de comunicações do EIIS, nos arredores da cidade. Esses locais, que geralmente coletavam informações, realizavam transmissões de rádio e supervisionavam o comando e o controle do fronte local, eram frequentemente alvos de ataques aéreos. Cerca de oito meses depois de chegarem a Tal Afar, um desses ataques aéreos atingiu o prédio onde ele estava baseado. Jafer ficou preso sob os escombros das paredes e do teto que desabaram; uma das pernas foi tão esmagada que precisou ser amputada no meio da coxa.

A lesão o manteve em casa por meses. Lina se viu mais uma vez como cuidadora, como se esse fosse o papel que Deus havia lhe designado: limpar urinóis, ministrar medicamentos. Dois meses depois que Jafer foi ferido, seu filho Yusef nasceu. Os dias de Lina giravam em torno de cozinhar, limpar e cuidar do bebê e do marido, pois ambos dependiam dela para tudo. Às vezes, os amigos de Jafer da Alemanha os visitavam com suas esposas, e então Lina tinha companhia feminina para conversar. Ela tinha seu celular e, ocasionalmente, havia internet, mas era uma mulher solitária na Alemanha antes de ser uma mulher solitária na Síria; não tinha, de fato, ninguém no mundo exterior para contatar, além dos pais de Jafer. Na maioria das vezes, tinham apenas a companhia um do outro; eram somente os três, marido, esposa e bebê, fingindo que dentro das paredes de sua casa suas vidas eram normais.

Quando Yusef tinha apenas alguns meses, Lina engravidou novamente. "O tempo passa mais rápido aqui", pensava todas as noites ao adormecer, com a mão roçando a testa de Jafer. Sua perna não estava sarando direito e ele sentia dores constantes, as rugas no rosto criavam sulcos profundos. A única coisa que ajudava era o Tramadol, um potente analgésico opioide, altamente viciante e destinado apenas à dor pós-cirúrgica imediata. Mas Jafer precisava dele o tempo todo.

Ele não conseguia dormir sem o medicamento e, nas poucas ocasiões em que não o encontrava na farmácia local, se contorcia de dor até o amanhecer. Às vezes, Lina sentia que o opioide o levava a uma terra distante de névoa e esquecimento. Seus olhos estavam abertos, mas Jafer não estava lá. Às vezes, ficava agressivo e lhe dizia coisas terríveis, mas quando ela lhe perguntava sobre isso no dia seguinte, ele nem sequer se lembrava de ter dito as palavras.

Lina o pressionava a partirem e voltarem para a Alemanha. "Estou com medo de que eles me prendam", retorquia Jafer. Ser preso com seu corpo naquele estado de dor e dependência era impensável para ele.

EMMA/DUNYA

Outono de 2015, Manbij, Síria

Durante algum tempo, o consultório da ginecologista tunisina era o local ideal para visitar em Manbij. Não havia muitos passeios permitidos para mulheres sob o domínio do EIIS, exceto ir ao médico. Para Dunya, que passava longos dias esperando Selim voltar dos combates, as consultas médicas desnecessárias se tornaram um modo de socialização e as clínicas, espaços sociais _de fato_ onde as mulheres se reuniam, passavam o tempo, conversavam, fofocavam e analisavam outras mulheres da cidade, concentrando toda a interação humana casual que deveriam ter ao longo de uma semana em algumas horas vorazes em um consultório médico, fingindo preocupação em examinar uma pinta.

Dunya ouvira falar da médica tunisiana por meio da rede local de expatriados, uma amiga alemã que, por sua vez, soube por meio de uma amiga francesa. Integrar essa rede tinha um certo apelo, o frisson de ter amigos e conhecidos interessantes de todo o mundo. Para os jovens que viviam predominantemente online, as mídias sociais serviam para nutrir a aspiração de serem cosmopolitas. Esse desejo era explorado com destreza pelo EIIS, que percebia que esse aspecto não lhe faltava. E como a mudança para o EIIS, à sua própria maneira improvável, não requeria capital real para a iniciação — ao contrário do cosmopolitismo nas sociedades ocidentais, que se baseava em poder bancar viagens e estilo de vida —, o sonho do califado era o auge do cosmopolitismo _acessível_.

No Ocidente, a visão islâmica de um Estado centrado na justiça social — a ideia de que a sociedade deveria ser ordenada de modo que todo cidadão tivesse acesso a uma vida decente — compartilhava alguns pontos em comum com outras correntes políticas. Nos Estados Unidos e no Reino Unido, jovens eleitores eram atraídos por políticos que se intitulavam socialistas, que pediam o fim das medidas de austeridade e prometiam educação e casa própria ao alcance de todos. As crises financeiras nas sociedades ocidentais, a erosão da democracia resultante da revelação da extensão dos crimes financeiros e a incapacidade dos Estados de regular ou penalizar esse comportamento estimularam os jovens a procurar alternativas para os sistemas que falharam com eles. Assim como alguns millennials percebiam que o socialismo não era necessariamente uma ideologia diabólica, alguns jovens muçulmanos eram atraídos pela ideia de um califado islâmico por motivações semelhantes. As mídias sociais ajudaram a esclarecer e conectar os jovens a esses dois impulsos. Dizem que, acima de tudo, todos querem a liberdade, mas se a Primavera Árabe e a desconcertante atração despertada pelo EIIS sugeriram alguma coisa, era que a liberdade significava muito pouco se não fosse acompanhada de dignidade e significado. Ao longo dos meses e breves anos antes de ficar claro que o EIIS não passava de um pântano de atrocidades e violência gratuita, os jovens muçulmanos de todo o mundo se identificaram com alguns aspectos de sua proposta.

As mulheres que chegavam à Síria eram informadas de que receberiam cuidados médicos avançados. E, por longos períodos — antes que as agressões nas principais fortalezas do EIIS começassem para valer em 2016 —, muitas mulheres em diversas áreas tiveram acesso a cuidados médicos. O consultório da ginecologista tunisiana ocupava uma grande sala de estar de uma abastada *villa* em Manbij. A médica era do tipo mãezona, uma autêntica crente poliglota com fé genuína na ideia de califado; ela considerava seu dever prestar assistência médica às mulheres, fazê-las se sentirem confortáveis e bem-vindas. Falava francês, árabe e inglês fluentemente, e um pouco de alemão, e conversava com cada paciente, investigando padrões de sono e se tinham tudo do que precisavam. Quando ela ria, os dentes brancos cintilavam no seu rosto quadrado e pele oliva.

As garotas britânicas em Manbij se reuniam em seu consultório, e o papo na sala de espera, toda vez que Dunya visitava, era dominado pelas inglesas. Em um determinado horário do dia, a médica encerrava as atividades na clínica e se preparava para as aulas de árabe, que ministrava no final da tarde. Inicialmente, ela trabalhava em estreita colaboração com o EIIS e não cobrava por seus serviços. Bastava que as mulheres apresentassem seus cartões de identificação do EIIS (sem foto), que também garantia remédios e fórmulas infantis gratuitos na farmácia. Mas, após cerca de um ano, a ginecologista se desentendeu com as autoridades do EIIS. Continuou administrando as clínicas, mas começou a cobrar as consultas e deixava claro que estava atuando de forma independente. Ela nunca comentou o que havia acontecido.

EMBORA ESTIVESSE CARREGANDO UM AK-47 — tinha medo de sair sem ele —, Dunya se assustou ao entrar no novo consultório e se deparar com uma mesa atulhada de armas. Havia rifles longos, como o dela, e pequenas pistolas, em quantidade suficiente para que a sala parecesse um pequeno depósito de armas. Ao ouvir o som da porta, a médica local, uma síria de nariz alongado, enfiou a cabeça para fora da sala de exames. "Deixe a arma em cima da mesa, por favor", ordenou à Dunya. "Eu trabalho para o Crescente Vermelho, não para o EIIS, então, da próxima vez que vier aqui, deixe suas armas em casa."

Dunya se recusou a soltar a arma. Às vezes era preciso resolver as coisas no estilo da máfia, pensou. A médica caminhou até ela e disse que, se não estivesse disposta a se desarmar, teria que sair. Dunya estufou o peito. Andou de um lado para o outro no pequeno espaço. A sala de espera ficou em silêncio, antecipando uma briga. Finalmente, Dunya puxou o rifle do ombro e o jogou sobre a mesa.

Na cultura de foras da lei em que ela havia crescido, a relação com as armas era romanceada. Em seu bairro barra pesada de Frankfurt, todos haviam internalizado os códigos de *O Poderoso Chefão,* usavam nomes como Corleone em seus perfis no Facebook e compartilhavam memes de cenas passionais em dramas criminais italianos. Para jovens como Dunya, crescer à margem da sociedade alemã em famílias desfeitas, criar uma bravata por meio da cultura de rua era uma segunda natureza. Em seu país, o cenário jihadista alemão era repleto de pessoas como ela, forçadas a crescer e se cuidar sozinhas. Elas se converteram ao Islã para adquirir algum sentido na vida e obter um senso de comunidade e apoio.

Essa era a história de seu amigo da Alemanha, Denis Cuspert, o rapper alemão conhecido como Deso Dogg. Ele foi criado por uma mãe alemã e um padrasto afro-americano que serviu no Exército dos EUA. A vida em casa era problemática. Denis e seu padrasto soldado não se davam bem, discutiam por tudo, desde o papel dos EUA no mundo até as regras da casa. Quando jovem, a mãe e o padrasto o enviaram a uma casa para delinquentes juvenis. O rancor contra a autoridade e a tirania norte-americana emergia como tema em sua vida e em sua música. Escreveu canções como "Gangsta Inferno" antes de se converter ao Islã em 2010. Foi então que adotou o nome de Abu Maleeq e ingressou em uma gangue de rua em Berlim, composta principalmente de jovens turcos e árabes que costumavam brigar com neonazistas.

Na Alemanha, eram principalmente rapazes árabes, turcos e curdos da segunda geração que produziam música rap, buscando a identidade entre duas culturas e enfrentando o racismo e a discriminação. Mais tarde, o produtor musical alemão de Denis diria que, para esses jovens, o hip-hop era uma família artística, um lugar para desabafar suas queixas de forma pacífica. A comunidade do hip-hop recebeu Denis de braços abertos, com a esperança de que ele abandonasse o crime.

NOS CÍRCULOS POLÍTICOS, EXISTE ALGO chamado "narrativa da Al-Qaeda" da história contemporânea — a ideia de que o Ocidente invade os países muçulmanos, cultiva e apoia ditadores corruptos que subvertem a vontade de seu povo e derruba os líderes populares que considera hostis aos seus interesses. Em resposta, a violência política em lugares como Palestina e Iraque é uma forma aceitável de autodefesa contra a ocupação.

Para muitos muçulmanos do mundo todo, isso não soa apenas como a "narrativa da Al-Qaeda", mas, sim, como um reconhecimento da realidade vivida. Essa percepção é principalmente política, e não religiosa, mantida até por muçulmanos seculares ou liberais (ou mesmo pessoas do próprio Oriente Médio com outras religiões) que vivem no Ocidente há décadas. É desconcertante, porque se baseia em contracorrentes de opinião aceitáveis no Ocidente, nas quais as inúmeras variedades de violência política há muito tempo são taxadas de "terrorismo". O terrorismo (como a palavra é usada hoje em dia) é uma condição de deturpação ideológica, despida de qualquer contexto ou motivação racional ou legítima e associada culturalmente ao Islã e racialmente aos muçulmanos.

Na conferência contra o terrorismo organizada pelo Departamento de Estado dos EUA em 1974, a estudiosa norte-americana Lisa Stampnitzky declarou que o terrorismo era reconhecido como "a produção de frustrações induzidas por queixas não resolvidas" e uma tática que poderia ser usada por "regimes estabelecidos". Mas, no final da década de 1970, o terrorismo havia se tornado uma ferramenta restrita a agentes não estatais, impulsionada por motivações cuja base política ou socioeconômica era "duvidosa". Lisa Stampnitzky argumentou que paramos de tentar entender e diagnosticar a violência política quando ela começou a se disseminar.

Nos anos 1970 houve um aumento nos casos de reféns, sequestros de aviões e atentados internacionais. Eram obra dos mesmos grupos armados que operavam combativamente na década anterior, naquela época chamados de *insurgentes,* cujos objetivos e metas haviam sido desmantelados, e com eles as estratégias políticas capazes de apaziguá-los. Mas quando a violência se espalhou pelo mundo todo, quando se tornou transnacional e atingiu as capitais europeias, as forças começaram a se deslocar, nas palavras de Stampnitzky, para inventar o problema do terrorismo. Esse novo terrorismo era algo amorfo, um mal que precisaria de demonologistas para decifrá-lo, produzido pela indústria de especialistas em terrorismo em franco crescimento.

Esses especialistas empenharam-se em promover a ideia, que culminou na Guerra ao Terror pós-11 de Setembro, de que o Ocidente estava enfrentando inimigos de uma malignidade tão insondável que o envolvimento com suas causas ou motivações era inútil e que praticamente qualquer coisa que um estado de segurança nacional fizesse para combatê-los, incluindo um drástico aumento nas mortes de civis, era justificado. Para os milhões de pessoas afetadas — árabes, iranianos, afegãos, paquistaneses e africanos de origem secular ou de crenças diversas —, o paradigma do terrorismo criou uma dolorosa dupla existência. Aqueles que acreditavam que, em muitos casos, a violência cometida em seus países de origem surgia de queixas legítimas — que a violência não era legítima, mas as patologias e queixas subjacentes, sim — se sentiam incapazes de reconhecer isso na vida pública.

Não era uma herança desejada, ter que tergiversar sobre o que constituía violência legítima. Seria melhor que uma criança crescesse sem ter que considerar as intrincadas dimensões éticas, legais e até teológicas de quando a violência é justificável. Mas essa deliberação era fruto da história contemporânea.

O conceito do psicanalista britânico D. W. Winnicott de mãe "suficientemente boa" é de alguém a princípio emocionalmente generoso, mas que constantemente permite que a criança experimente frustração suficiente para se desenvolver em harmonia com a realidade externa: um mundo em que nem todas as suas necessidades serão atendidas. Crescer em um lar muçulmano "suficientemente bom" no Ocidente implicava essa mesma familiaridade com a frustração. Isso permitiu que as crianças muçulmanas de segunda geração herdassem essa narrativa de queixas e, ao mesmo tempo, internalizassem que nada disso justificava matar civis no Ocidente. Nas famílias muçulmanas funcionais ou "suficientemente boas", as crianças são instiladas de uma intensa e profunda preocupação e responsabilidade pela situação dos muçulmanos em todos os lugares, mas são levadas a entender que elas também devem suportar essa realidade sem recorrer à violência indiscriminada. A frustração é inevitável; as necessidades emocionais não serão atendidas. O esforço de todas essas famílias envolvia explicar aos filhos que eles podiam sentir repulsa pela violência do 11 de Setembro e também uma centelha de prazer mórbido; que Osama Bin Laden poderia ser valorizado por suas intenções, mas que seus meios eram grotescos, perversos e inadmissíveis; que o Islã não permitia e nunca permitiria a matança de civis. Em uma família muçulmana suficientemente boa, aprende-se a conviver com essas contradições.

Na época, não era bem como se pessoas como o rapper Denis Cuspert e Dunya tivessem sido "submetidas a uma lavagem cerebral" em uma "ideologia" do radicalismo; elas simplesmente não possuíam as habilidades intelectuais e psicológicas de canalizar suas crenças recém-descobertas para meios mais produtivos e legais: ativismo, trabalho de caridade, lei de direitos humanos, jornalismo cidadão. Elas não tinham a cultura da sala de estar, o condicionamento ético passado adiante por famílias suficientemente boas. Elas não foram criadas para entender que a reação correta à terrível injustiça *não* era a violência arbitrária. Possivelmente, nem sequer tinham pais bons o suficiente para ensiná-las a não se machucar, quanto mais a não machucar os outros.

PARTE IV: CIDADÃS DA MORADA DO ISLÃ

Os convertidos europeus ao Islã eram mais vulneráveis a grupos extremistas porque muitos não tiveram essa socialização ao longo da vida. Muitos vinham de contextos sociais carentes e eram suscetíveis de serem atraídos por grupos agressivos e militantes de qualquer coisa, de gangues a ideólogos extremistas locais. Rapidamente incorporavam seus rancores pessoais contra a família e a sociedade a rancores políticos transnacionais contra o Ocidente. Denis Cuspert caiu logo nos braços de sombrias figuras jihadistas alemãs que prometiam essa postura extremada.

Na verdade, Denis não se converteu ao Islã, mas se iniciou diretamente em um grupo islâmico radical chamado True Religion. Era como se ele tivesse pressionado um botão e mudado o tema estético do site do Wordpress da sua vida, de membro de gangue para *mujahid;* a estrutura caótica e os impulsos violentos eram todos iguais, mas agora estavam repletos de imagens e temas islâmicos. De repente, causas como o Iraque, a Chechênia e o Afeganistão eram relevantes, e alemães, ocidentais e uma ampla faixa da humanidade se tornaram "incrédulos", cúmplices do sofrimento muçulmano.

Seus velhos amigos do mundo do rap de Berlim ficaram arrasados e furiosos. Eles vinham de famílias muçulmanas "suficientemente boas" e eram adeptos de viver e fazer rap sobre as dolorosas contradições. Eles não recorriam à violência. Todos conheciam os limites. Mais tarde, seu produtor musical se queixou com amargura da traição de Denis Cuspert: "Ele desgraçou todo mundo, todos os MCs muçulmanos. Ele arruinou a comunidade. Que Allah o perdoe. Mas nós não perdoamos."

Na Alemanha, Denis estava no YouTube, no palco, na tela, e rapidamente se tornou tão famoso na cena jihadista alemã quanto era antes no mundo do hip-hop. Em 2012, viajou ao Egito e à Líbia para treinamento militar e, em 2014, mudou-se para a Síria a fim de se juntar a um grupo rebelde jihadista; mais tarde, foi para o EIIS e assumiu o nome de guerra Kunya Abu Talha Al-Almani. Abu Talha importou o humor indolente e a sensibilidade de rapper para a Síria, posando em Raqqa para uma foto na qual mordiscava um cacho de uvas no ar, parado diante de um SUV vestindo um longo *thobe* branco, com tênis azul berrante.

Tinha um quê de Tupac — sua beleza, o rosto expressivo, suas canções sobre uma vida de dor, seu jeito de aceitar a violência com relutância, como se o próprio céu o tivesse ordenado. Ele até intitulou um álbum *Alle Augen auf Mich,* uma versão alemã de *All Eyez on Me,* de Tupac. De Raqqa, ele começou a lançar *nasheeds* e mensagens de vídeo com títulos como "Contra os Infiéis Hipócritas e o Palácio Saudita", com imagens emblemáticas segurando um rifle em cenários no deserto e figuras sauditas ao fundo, uma mistura de *Lawrence da Arábia; Malcolm X,* de Spike Lee; e *Scarface.* Em um vídeo de propaganda, ele segurava a cabeça decepada de um homem que havia recebido a "pena de morte" por lutar contra o EIIS.

Dunya conhecia Denis Cuspert da Alemanha. Ela foi reticente quanto à natureza do relacionamento deles, mas disse que Denis a ajudara quando passava por um momento difícil em casa: havia arranjado um lugar para ela ficar e levava comida. Dunya achava que ele era, no fundo, uma boa pessoa. Ou pelo menos já tinha sido. "O mundo não é preto e branco", disse. "Ele tinha um bom coração antes de vir para a Síria. Conheceu as pessoas erradas e elas mudaram sua vida."

No dia em que a loira alta e esbelta chegou para se casar com Denis Cuspert, o calor era tão sufocante que as mulheres esperavam para ver quanto tempo um ovo cru levava para cozinhar na calçada (oito minutos). O calor do verão, em junho de 2014, às vezes se aproximava de 54°C, uma intensidade que transformava o clima em uma dimensão física abrasadora por si só.

A loira foi deixada pela unidade que transportava mulheres para a Síria a partir da fronteira, a Al-Khansaa, na qual Asma trabalhava. Ela chegou exausta, usando um vestido preto. Dunya e a outra mulher alemã se levantaram para acompanhá-la para dentro da casa, oferecendo uvas e água fresca. Ela disse que havia se convertido ao Islã há três anos, porém, mais tarde, na hora da oração da noite, se atrapalhou e disse que ainda não estava "cem por cento confortável" em orar. Será que elas poderiam perdoá-la? Estava tão cansada. Uma vez sozinhas, Dunya e as outras mulheres fizeram caretas e comentaram aos sussurros, concordando que Abu Talha havia conseguido fazer uma muçulmana não muito praticante, bonita e magra o suficiente para ser modelo, partir para uma zona de guerra por ele. "Abu Talha é engraçado. E as mulheres gostam de homens engraçados", disse Dunya, em um tom seco.

PARTE IV: CIDADÃS DA MORADA DO ISLÃ

Quando voltaram para a sala, onde haviam deixado a recém-chegada cochilando no sofá, a encontraram bem alerta, examinando uma estante de livros, e ela pareceu surpresa ao vê-las. Não falou muito nas horas seguintes. Era amigável e, estranhamente, disse que não se importava de compartilhar Abu Talha com outra esposa.

"Podem ser mais *duas*", avisou Dunya. "Você tem certeza de que não se importa?"

A loira balançou a cabeça, mas pareceu empalidecer.

"Eu me converti anos atrás, mas, se meu marido chegar em casa com outra esposa, *mato* ele", manifestou Dunya.

"Mas, se é permitido…", disse a loira.

"Permitido! Muitas coisas são permitidas, não significa que você deva gostar delas. Nem que todos achem bom."

Dunya tentou transmitir à recém-chegada um pouco do pensamento básico islâmico sobre ciúmes, mas a loira ouviu com uma expressão cansada e perguntou se poderia ir se deitar. Ela ficou no quarto até depois do jantar, quando Abu Talha chegou para buscá-la em um velho Peugeot surrado e eles partiram noite adentro.

Dunya nunca mais viu a loira, apesar de ter ouvido de uma das ex-esposas de outro combatente que ela havia sido pega comendo antes do *iftar* durante o Ramadã. A esposa de Abu Osama disse que havia algo de estranho na garota. Dunya a defendeu. "Você não se lembra de quando começou a jejuar, nos primeiros anos? Quando estava com tanta fome que pensou que não aguentaria mais e sentia vontade de matar alguém apenas por falar em um tom atravessado?" A esposa de Abu Osama não estava convencida. O mais provável, pensou Dunya, é que ela está com inveja do corpo esbelto. A vida no califado, sedentária e confinada, engordara todas as mulheres, mas não parecia afetar a loira.

No verão, um jornal alemão relatou que uma espiã norte-americana havia conseguido seduzir Denis Cuspert e fugir levando dados de inteligência sobre ele e seus associados. "Já estamos há muito tempo infiltrados na intimidade dos terroristas", vangloriou-se um oficial de segurança alemão. A história não identificava a mulher pelo nome.

Dois anos depois, as notícias na mídia norte-americana revelaram sua identidade e retrataram a operação de maneira muito diferente, apresentando-a não como uma infiltração premeditada, mas como uma história de amor verdadeira — uma agente que se apaixonara por seu alvo. A loira era a agente do FBI Daniela Greene, designada para investigar Abu Talha, mas que acabou deixando o marido em Detroit a fim de viajar para a Síria e se casar com ele. Daniela era filha de pais tchecos nascida na Alemanha. Quando jovem, casou-se com um soldado norte-americano e se mudou para os Estados Unidos. Lá, tornou-se agente do FBI.

Teria sido um golpe de Denis Cuspert, seduzir uma agente norte-americana do FBI a abandonar seu país e seu marido soldado e se juntar a ele no califado? Teria sido um golpe do FBI, infiltrar uma agente no coração do EIIS e depois resgatá-la incólume? Seria ela uma agente dupla? Ou tripla? E por que sua história atraiu pouca atenção da mídia, quando era muito mais sensacional e perigosa para a segurança dos EUA do que as histórias repetidas incansavelmente de incautos norte-americanos e europeus que foram atraídos ou apenas *cogitaram* deixar-se atrair pelo EIIS?

As notícias alegavam que Daniela foi processada após seu retorno aos Estados Unidos e cumpriu dois anos de prisão com uma sentença reduzida, em troca de cooperação com o governo. Os documentos parcialmente liberados de seu caso incluem um memorando de um promotor federal, que afirmava que ela havia colocado em risco a segurança nacional ao "expor a si mesma e seu conhecimento de assuntos sensíveis a essas organizações terroristas", mas que conseguira "escapar ilesa da área e, aparentemente, com grande parte desse conhecimento não divulgado", "um golpe de sorte ou um indício da falta de conhecimento por parte dos terroristas com quem ela interagiu".

Se esse fosse realmente o caso, Daniela seria a primeira e única norte-americana a experimentar algo parecido com "um golpe de sorte" nas mãos do EIIS, e com certeza seria um dos raros casos em que a milícia-Estado superconectada, em pleno século XXI, demonstrou uma "falta de conhecimento", ainda mais porque Daniela revelou a Abu Talha que trabalhava para o FBI.

Como Dunya disse: "Não consigo entender essa mulher."

SHARMEENA, KADIZA, AMIRA E SHAMIMA

Fevereiro de 2015, **East London**

As famílias de Londres descobriram, uma a uma, que suas filhas adolescentes haviam desaparecido. Kadiza disse que estava indo para a biblioteca. Amira e Shamima, que iriam ao casamento do primo de Kadiza. Era inverno e o céu escurecia cedo, mas por volta das 20h as meninas ainda não tinham voltado e seus telefones estavam desligados ou não atendiam. A irmã de Shamima finalmente decidiu ligar para a polícia.

Na manhã seguinte, policiais visitaram cada família e contaram que as meninas haviam voado para a Turquia. Nos dias que se seguiram, todos os detalhes que levaram ao desaparecimento de suas filhas foram revelados para as famílias: que a melhor amiga delas, Sharmeena, não havia apenas "desaparecido", mas, sim, viajado para a Síria a fim de se juntar ao EIIS; que a escola e a polícia omitiram a informação e encarregaram *as próprias garotas* de levar cartas para casa comunicando o fato.

As famílias ficaram atordoadas e enfurecidas em igual medida. Os policiais apareciam em suas casas com perguntas detalhadas e intermináveis e poucas informações sobre o paradeiro das meninas. Muitas vezes, a mídia parecia mais bem informada. As famílias começaram a sentir que a polícia estava esmiuçando suas vidas e mentes em busca de informações, mas não estava verdadeiramente interessada em recuperar as meninas — que ainda eram adolescentes, que eram cidadãs britânicas.

A irmã de Shamima ligou para a mesquita, aos prantos. Shamima dizia o tempo todo que estava indo para lá — será que alguém a vira? Alguém poderia ajudá-la? Enquanto a irmã vasculhava o quarto de Kadiza, encontrou a carta da polícia escondida dentro de um livro escolar. Por meio de conversas com os oficiais de ligação designados pela polícia, ficou claro que, quando Sharmeena desapareceu em dezembro, o que havia começado como uma investigação sobre pessoas desaparecidas logo se transformara em uma investigação antiterrorista. As garotas haviam sido interrogadas duas vezes na escola pela polícia antiterrorista sem o conhecimento dos pais. Quando a irmã de Kadiza confrontou um dos policiais, ele disse que as meninas o "ludibriaram". Ela ficou furiosa. Desde quando adolescentes são capazes de "ludibriar" a força policial mais bem treinada e competente da Europa?

Finalmente, as famílias pararam de falar com a polícia. Foram à mesquita de East London para pedir ajuda. Uma delas recorreu ao CAGE, um grupo de direitos humanos que oferecia conselhos aos muçulmanos afetados pelas leis de terrorismo. Na mesquita foram apresentados a um advogado, Tasnime Akunjee, especialista em casos de contraterrorismo. Detalhes foram compilados e acusações, trocadas. As autoridades do Reino Unido disseram que enviaram um e-mail às autoridades turcas informando os nomes das meninas. Os turcos disseram que o e-mail chegou em branco. As famílias estavam fora de si. A mãe de Amira sentia como se sua vida tivesse terminado. Sua mente repassava continuamente os acontecimentos das últimas semanas; ela se culpava por não ter percebido as pistas. Em 22 de fevereiro, o pai de Amira, o homem que fugiu da Etiópia para que sua filha pudesse levar uma vida mais segura no Ocidente, foi à televisão, segurando o ursinho de pelúcia da filha, implorando que a menina de 15 anos voltasse atrás. "Sentimos saudades! Não conseguimos parar de chorar. Por favor, reflita. Não vá para a Síria." Sua fala era hesitante e a voz, suave.

Para muitas pessoas do Reino Unido, a juventude das meninas — adolescentes e menores de idade que haviam sido vítimas de recrutadores — era irrelevante. Um comentarista político de direita do jornal *The Sun* culpou os pais das "Três Sírias" por não impedirem que as meninas "[fugissem para se tornar] noivas da jihad, levando nada além da burka e do gel lubrificante". Ele exigiu que o governo abandonasse seus esforços para trazê-las de volta: "Considerando que sabemos onde estão as Três Sírias, talvez devêssemos deixá-las continuar depilando as pernas e dando prazer aos filhos de Satanás, e nos concentrar em encontrar *nossas* crianças desaparecidas?" E assim foi: as vozes na mídia declaravam que Kadiza, Amira e Shamima não eram mais *nossas* crianças; suas nacionalidades evaporaram, como se nunca tivessem existido.

Não foi apenas a imprensa de direita que culpou as meninas e seus pais; um colunista do jornal liberal *The Independent* zombou da aparição do pai de Amira na televisão:

Enquanto Abase Hussen segurava o bicho de pelúcia de sua filha Amira, eu queria perguntar: qual exatamente ele achava ser o momento decisivo para que sua delicada e inocente garotinha deixasse o país com tanta pressa que esqueceu o ursinho? Foi o vídeo de Alan Henning — um homem que representava nada além de bondade — tendo a cabeça decepada? Foram fotos de crucificações no centro de Raqqa? Os relatos de Kobani sobre corpos femininos de 6 anos estuprados e mutilados caídos nas ruas? Que imagem da vida futura a excitava mais? A de noiva jihadista submissa com um carrasco forte e másculo como namorado? De assassina treinada e munida de metralhadora? E tudo isso sem o ursinho de pelúcia?

O colunista concluiu dirigindo-se diretamente às meninas:

Eu diria que vocês nunca mais deveriam ter a permissão de voltar a este país, já que certamente existem dezenas de outros lugares mais sangrentos e mais deprimentes que se adaptam melhor à sua escolha de estilo de vida. No entanto, perguntei aos meus amigos liberais o que deveríamos fazer; todos eles mostraram apreensão e, depois de alguns resmungos, disseram: "Nada." Então me liguem quando estiverem entediadas com todo o apedrejamento, a crucificação e a decapitação. Encontro vocês no portão de desembarque de Heathrow com seu ursinho.

Depois que os jornais descobriram que o pai de Amira havia participado de manifestações políticas em Londres — protestando contra a expulsão saudita em massa de etíopes e contra o filme norte-americano que zombava do profeta Muhammad —, revogaram seu direito de culpar a polícia por qualquer negligência. Disseram que era culpa dele o fato de sua filha Amira ter fugido para "assumir uma posição emocionante e desafiadora como prostituta fixa" do EIIS.

ENTRE A COMUNIDADE MUÇULMANA, NAS salas de estar e de jantar de Londres, crescia a convicção de que uma falha de proporções tão gigantescas era simplesmente inconcebível. As famílias ficaram tão transtornadas e furiosas com a polícia que Salman Farsi, porta-voz da Mesquita de East London, começou a atuar como intermediário, embora ele também tenha ficado perplexo com os lapsos. "As conversas que circulavam, que eram repetidas aos quatro cantos, diziam que as meninas tiveram permissão de partir, que as pessoas pensavam que as deixaram ir porque eles queriam mostrar que têm razão", afirmou. Ou talvez com o objetivo de vigiá-las e coletar informações, para que pudessem entender melhor a cadeia de recrutamento e comando que pegava garotas de East London e as levava a Raqqa. Ou ainda, sugeriu o advogado da família, para elevar o status de um agente que os serviços de segurança do Reino Unido já tivessem infiltrado dentro do EIIS.

De qualquer forma, a Prevent, a política de contraterrorismo do governo encarregada de identificar jovens em risco de extremismo, era propensa a excesso de zelo. Então como não conseguiu identificar as meninas como alvos vulneráveis? Como os policiais continuaram inertes quando Shamima fez contato com Umm Layth, uma conhecida recrutadora do EIIS? "Tudo isso foi feito sob a vigilância da Prevent e resultou em um fracasso completo", disse Farsi. "Se a polícia estava ciente dessa situação, se a escola estava ciente, como essas alunas foram posteriormente autorizadas a sair do Reino Unido e viajar para a Turquia? Como é possível que isso tenha acontecido?" As famílias começaram a planejar uma viagem à Turquia. Como muitas famílias na mesma situação em toda a Europa, elas não sentiram que a polícia estava interessada em ajudá-las a recuperar suas filhas.

PARTE IV: CIDADÃS DA MORADA DO ISLÃ

Os policiais confiscaram os celulares de outras garotas da escola, que eles sabiam que mantiveram contato com Kadiza, Shamima e Amira após sua partida; eles devolveram os telefones, presumivelmente grampeados, para monitorar o contato ainda mais de perto.

Embora grande parte da academia séria rejeite a noção de "radicalização" — não há base empírica para prever quando um indivíduo cometerá atos de violência —, a abordagem geralmente adotada pelos órgãos de segurança pública, quaisquer que sejam suas falhas, segue a chamada "*bunch of guys*" *theory* [teoria de "bando", em tradução livre]: a concepção de que os jovens se juntam a grupos radicais por meio da pressão de colegas e em bandos. A polícia começou a aplicar esse pensamento depois que as meninas da Bethnal Green fugiram. Mas, aparentemente, nada disso havia sido aplicado a essas meninas antes que fosse tarde demais.

Quando uma comissão parlamentar realizou uma audiência para examinar as falhas — passo a passo, cada lapso mais implausível que o anterior —, o comissário da Polícia Metropolitana disse que estava "arrependido" pelas cartas nunca terem chegado às famílias, e o chefe do comitê afirmou que foi "um grande golpe para a credibilidade do que deveria ser o melhor serviço policial do mundo". As meninas haviam financiado sua jornada com uma quantia significativa de dinheiro e com considerável apoio logístico. "Não era um pacote de férias", disse o advogado das famílias. Quem as ajudou? Por que ninguém lhes contava nada? Joias, a polícia finalmente disse. Todo mundo sabia que asiáticos costumam manter joias de ouro em casa. As meninas devem ter pegado ouro e vendido. As famílias ficaram furiosas com essa sugestão. Com exceção de uma garota, que pegou duas pulseiras de ouro, as meninas deixaram para trás até suas joias.

A Bethnal Green Academy contratou advogados caros. Tabloides enviaram repórteres para fazer plantão do lado de fora da escola, subornando as adolescentes por quaisquer boatos sobre as três fugitivas. Um jornal isolou um dos pais das meninas em um hotel, obtendo um contrato de exclusividade em troca de uma quantia considerável. De repente, familiares das meninas, muitos deles vivendo com parcas rendas e morando em propriedades do governo, perceberam que os jornais estavam dispostos a oferecer polpudos cheques por qualquer coisa que dissessem. Eles decidiam: a culpa foi da polícia! A culpa foi da escola! A culpa foi dos professores! A culpa é da mesquita! Culpa do Sr. Abase! Os repórteres de tabloide assumiram múltiplas identidades, publicaram histórias sob nomes falsos, atiçaram famílias e instituições umas contras as outras. O suborno e os pagamentos corromperam a história, obscurecendo a imagem clara de qual instituição deveria ser mais responsável. E as meninas continuaram perdidas.

Foi preciso outro millenial, Farsi, o porta-voz da mesquita, para descobrir um meio de fazer contato. Ele criou uma campanha de mídia social, #callhomegirls [liguem para casa, meninas], e a lançou no Twitter no final de março, pouco mais de um mês após o desaparecimento das garotas. Na manhã seguinte, Kadiza, a jovem estudiosa de óculos e sorriso cativante, aceitou o pedido de sua irmã para segui-la no Instagram e elas começaram a trocar mensagens privadas. Kadiza perguntou pela mãe. "Ela está no tapete de oração pedindo a Allah que a ajude a encontrar você", escreveu a irmã. Kadiza disse que ligaria em breve. Ela parecia suspeitar dos esforços para encontrá-la. A irmã, então, decidiu testá-la, para se certificar de que as mensagens eram realmente suas. "Quem é o Big Toe?", questionou. Kadiza respondeu: "HAHA, nosso primo."

No dia seguinte, Kadiza entrou em contato novamente e contou que estava em uma casa confortável, "com lustres". Quando sua irmã perguntou se ela iria se casar, Kadiza se irritou. "Você me conhece muito bem. Não estou aqui apenas para me casar com alguém." Mas, ao ser pressionada, admitiu que estava "cogitando". Sua irmã disse que a polícia havia prometido à família que, se as meninas voltassem para casa, não seriam processadas. Ela implorou para que Kadiza pensasse em retornar. A garota respondeu sem rodeios: "Eles estão mentindo."

EM TODO O REINO UNIDO, escolas com grandes grupos de estudantes muçulmanos se afligiram. Somente em East London, a polícia confiscou os passaportes de cerca de trinta alunas consideradas em risco de viajar para a Síria. Professores e administradores nervosos aguardavam instruções sobre como reagir. "Estamos todos com medo de que nossa escola seja a próxima a estampar as páginas de jornais", sussurrou um diretor a um jornalista. Os professores de Londres receberam uma carta aberta de uma ativista dos direitos das mulheres, a fim de que fosse lida para as alunas.

PARTE IV: CIDADÃS DA MORADA DO ISLÃ

Querida irmã, não nos conhecemos, mas, assim como você, também sou britânica e muçulmana. Algumas de suas amigas podem ter ido para o EIIS e talvez você esteja pensando em partir... Não tenho outra intenção oculta ao escrever esta carta além de dizer-lhe que você está sendo enganada da maneira mais perversa possível... Querida irmã, não destrua sua vida e a de sua família acreditando nessa farsa... Você descobrirá que muitas de suas irmãs muçulmanas também rejeitaram o chamado do EIIS, pois conseguiram enxergar além da ideologia venenosa que vendem.

A carta detalhava a violência e a voracidade do EIIS, sua corrupção dos princípios islâmicos centrais. Era uma crítica comovente e persuasiva ao EIIS e a suas mensagens. A autora era uma muçulmana britânica de 30 e poucos anos chamada Sara Khan, uma ativista que dirigia o Inspire, uma organização que trabalhava para combater o extremismo a partir da perspectiva dos direitos das mulheres.

Em meados da década de 2010, Sara havia se tornado uma das mulheres muçulmanas mais eloquentes e visíveis que trabalhavam em questões de extremismo e direitos das mulheres. Ela desfrutava de fácil acesso a proeminentes plataformas de rádio e televisão, estampou as páginas da *Vogue,* visitou escolas com o objetivo de compartilhar lições para manter as meninas protegidas da atração do extremismo. Era implacável em suas críticas às práticas patriarcais nas comunidades muçulmanas e argumentava que a ideologia religiosa era a causa do apelo do EIIS e do extremismo violento. "Sinto que o wahhabismo e o salafismo roubaram minha fé", declarou publicamente, falando sobre seu ímpeto para "recuperá-la da mão desses fascistas". O que os jovens muçulmanos precisavam, ela insistia, era receber o tipo certo de mensagens, o que Sara chamava de "produtos de contranarrativa online". Ela lançou a campanha #makingastand [fazendo um protesto] contra o EIIS no *Sun,* um tabloide que adorava publicar mentiras sobre muçulmanos.

Essa atitude fez dela a porta-voz e defensora ideal do governo britânico, que naquela época passara a classificar o extremismo como uma condição ideológica, apartada da política. A lenta ascensão de Sara aos holofotes coincidiu com a contínua intensificação da estratégia de contraterrorismo do Estado, a Prevent. Em meados de 2010, os muçulmanos britânicos passaram a ser visados e detidos de forma desproporcional em aeroportos e fronteiras; viram suas escolas religiosas de alto desempenho serem investigadas e fechadas por lapsos frequentemente ínfimos ou exagerados; e, o mais assustador, descobriram que o Estado estava cada vez mais disposto a tomar seus filhos, com o pretexto de salvaguardá-los contra a radicalização. Essas ansiedades muito reais sustentaram grande parte da preocupação com a Prevent, mas Sara acusou o que chamou de "lobby anti-Prevent", impulsionado pelos "islâmicos", de criar um clima e uma narrativa "tóxicos" sobre a estratégia do Estado, que ela insistia ser claramente necessária e eficaz.

Sara apresentou o Inspire como um grupo de mulheres da sociedade civil, mas em 2016 surgiu a notícia de que sua campanha #makingastand não apenas tinha recebido financiamento governamental, como também fora criada por uma ramificação do Ministério do Interior do governo britânico, a Research, Information and Communications Unit (RICU). A RICU produziu o que chamou de "comunicações estratégicas", ou, no jargão da Guerra Fria, propaganda, visando "efetuar mudanças comportamentais e de atitude", de acordo com seus próprios documentos. Quando Sara lançou um livro, em 2016, chamado *The Battle for British Islam* [sem publicação no Brasil], seu coautor era um consultor que trabalhava para essa mesma unidade governamental.

O termo "comunidade muçulmana" era problemático, apontava Sara regularmente, pois encobria toda a diversidade, as cisões e as contradições entre os quase 3,5 milhões de muçulmanos do Reino Unido. Mas se esse monólito chamado "comunidade" tinha uma coisa em comum, era o ressentimento por ser manipulado, cada vez mais tratado pelo Estado como uma ameaça à segurança e como cidadãos de segunda classe. Tornou-se rotina para o governo vigiar e interagir com muçulmanos britânicos usando camadas de subterfúgios. Assistentes sociais acabaram se transformando em oficiais de contraterrorismo. Os professores distribuíram pesquisas que questionavam sobre Deus e identidade para alunos nas escolas primárias com grande número de muçulmanos, o que mais tarde se tornou um esforço estatal para "identificar as sementes iniciais da radicalização em crianças".

Foi precisamente essa atmosfera que fez os muçulmanos se ressentirem da ascensão de Sara. Ao mesmo tempo que o governo persistia

PARTE IV: CIDADÃS DA MORADA DO ISLÃ

em continuamente cortar os laços com uma ampla variedade de grupos comunitários muçulmanos, com base em suas visões sociais ou políticas, parecia estar disposto a interagir apenas com uma corrente específica da sociedade civil à qual financiava e cultivava amplamente. O que o Estado apresentava como envolvimento com os muçulmanos era apenas uma conversa consigo mesmo.

Sara reagiu de forma defensiva às críticas à falta de transparência sobre seus laços com o governo, retratando-as como um ataque à sua mensagem de igualdade de gênero por radicais islâmicos. Já em 2014, uma blogueira muçulmana escreveu que Sara "se perdeu mesmo, de muçulmana razoavelmente islâmica passou a uma fantoche nitidamente confusa e sem rumo". No final de 2015, um popular parlamentar do Partido Trabalhista chamou o grupo de Sara de "a organização mais odiada entre as comunidades muçulmanas" e, em 2018, a ex-presidente do Partido Conservador chamou Sara de "porta-voz do Ministério do Interior". O governo, no entanto, a nomeou Comissária para o Combate ao Extremismo, encarregada, ironicamente, do engajamento junto à comunidade.

Nas discussões públicas sobre o EIIS e o desaparecimento das meninas, subitamente havia pouquíssima diversidade ou troca real de pontos de vista; em vez disso, persistia uma tentativa desesperada de identificar uma única causa, uma única história de culpabilidade. O governo culpou a ideologia. Os think tanks refinaram esse ponto de vista e culparam o salafismo exportado pela Arábia Saudita. Os tabloides e as personalidades de direita culparam os muçulmanos em geral. Foi como um teste de Rorschach: muito do que as pessoas identificavam como importante refletia mais suas próprias inclinações, a quem desejavam inocentar ou culpar. Um jornalista muçulmano britânico que cobria o terrorismo falou de "atividade tóxica" entre os Deobandis em Walthamstow. O ex-membro de um grupo extremista, agora trabalhando para o governo, revelou uma perspectiva psicossexual de que as meninas estavam tentando "romper com a rotina diária de seus papéis tradicionais nas famílias que as veem como objetos". Ativistas pró-Israel alertaram que havia antissemitismo em jogo. Ativistas muçulmanos responsabilizaram a Guerra ao Terror e o assédio praticado pelos serviços de segurança. Feministas brancas culparam a masculinidade tóxica e o "terrorismo íntimo". A mãe de uma das jovens que fugiu para a Síria disse que o racismo nas cidades pequenas e o seu ex-marido eram os culpados: "Ele é um bandido. Todo mundo nesta cidade já ouviu falar dele, e ninguém tem nada de bom a dizer."

NA BETHNAL GREEN ACADEMY, LOGO ficou claro que a resposta oficial da escola ao desaparecimento das meninas seria o austero silêncio inglês. Não seria discutido o fato de as autoridades confiscarem os passaportes de várias outras alunas da escola e as declararem tuteladas do Estado, uma designação que tornava as Varas de Família seus guardiões legais supremos, cuja permissão seria necessária para que deixassem o país. Logo após o desaparecimento das meninas, em fevereiro, o diretor convocou uma assembleia. Alunos e professores estavam nitidamente perturbados, mas ele falou sobre a partida das meninas em termos bastante estritos que encerraram a discussão. Os professores foram instruídos a não falar sobre o assunto, mesmo extraoficialmente, por muito tempo.

Era perturbador, desconcertante e possivelmente traumático saber que quatro garotas de sua escola — as mais inteligentes e populares — fugiram para o EIIS? Elas não se sentariam mais na sala da aula de inglês para analisar a obra *A Revolução dos Bichos,* discutindo por que os porcos (as meninas às vezes soletravam P-O-R-C-O quando pronunciavam em voz alta, para minimizar a vulgaridade *haram* da palavra) representavam tirania e propaganda. Não se ajoelhariam mais às sextas-feiras na sala de oração, com as testas contra o chão. Alguém poderia ter ajudado os alunos da Bethnal Green Academy a entender os acontecimentos. Porém, como alguns alunos descobririam mais tarde, compreendê-los era considerado, aos olhos da polícia e de outras autoridades da comunidade, perigosamente próximo demais de se tornar simpatizante.

SHARMEENA, KADIZA, AMIRA E SHAMIMA

Julho de 2015, **Londres e Raqqa**

Logo após o ataque do EIIS a turistas britânicos em uma praia na Tunísia, em junho de 2015, que chamou a atenção do mundo todo, uma repórter do tabloide *Daily Mail* entrou em contato com Amira no Twitter, alegando ser uma jovem interessada em ir para a Síria e perguntando se o que a mídia noticiava sobre o EIIS era verdade. Amira respondeu: "Não acredite no que dizem, pois eles são inimigos do Islã e nunca falarão bem. Tudo o que a mídia diz é mentira, confie em mim." A repórter então tentou obter suas opiniões sobre o ataque na Tunísia. Amira respondeu apenas com "kkkkkk". Quando questionada se os turistas eram inocentes, ela aconselhou a repórter: "Pesquise, leia sobre isso."

O jornal estampou o rosto de Amira na capa, uma foto caricaturesca de seus dias de escola, onde seus olhos estão revirados em uma careta de horror cômico. A matéria de julho de 2015 acusava Amira de tentar atrair a repórter para o EIIS e contava como "a adolescente brincalhona de Londres" proferira um "veredicto doentio sobre a atrocidade na praia". Alguns meses antes, na primavera após sua chegada à Síria, Amira havia se casado com um combatente australiano chamado Abdullah Elmir, um ex-açougueiro de Sydney. No que foi possivelmente um dos confrontos mais peculiares da história da imprensa britânica, Elmir entrou em contato com o *Daily Mail* e ameaçou atacar o jornal se não parassem de assediar sua esposa.

214   A CASA *das* JOVENS VIÚVAS

Durante todo o verão, as famílias das meninas britânicas que partiram para a Síria monitoraram nervosamente seus telefones e os jornais diários, imaginando o que suas filhas pensavam da violência e da desumanidade que agora as cercavam. Ao ler seu blog, os pais de Aqsa Mahmood, a blogueira escocesa conhecida como Umm Layth, descobriram que ela elogiou os ataques do EIIS daquele verão. Eles emitiram uma declaração pública de severa desaprovação, deixando claro que Aqsa não representava sua religião nem sua família:

> Ontem, por meio de um post em seu blog Umm Layth, os familiares de Aqsa Mahmood tomaram conhecimento dos elogios aos ataques na Tunísia, na França e no Kuwait. Eles estão enfurecidos com a sua mais recente ofensa disfarçada de islamismo durante o mês sagrado do Ramadã. Embora a filha tenha destruído qualquer chance de felicidade para seus familiares, eles estão enojados por ela agora celebrar o sofrimento de outras famílias. A família Mahmood tem uma mensagem para qualquer jovem atraído pelo EIIS: não há honra, nem glória, nem Deus por trás da matança covarde de turistas, pessoas em oração em uma mesquita xiita ou um homem inocente em seu local de trabalho. Quanto às palavras de Aqsa, elas só podem ser descritas como distorcidas e más; essa não é a filha que criaram.

Os pais de Aqsa sabiam que o blog dela oferecia munição fácil a jornalistas que já estavam determinados a retratar muçulmanos britânicos — a maioria dos quais odiava a brutalidade niilista do EIIS — como simpatizantes.

Mais tarde naquele ano, em novembro, pouco mais de uma semana após os ataques terroristas em Paris, o tabloide *The Sun* publicou uma foto de primeira página de Jihadi John, o jovem londrino que se tornara um carrasco do EIIS, brandindo uma faca. A manchete em letras garrafais dizia: "1 em cada 5 muçulmanos britânicos demonstra simpatia em relação aos jihadistas." A manchete distorceu as conclusões de uma pesquisa sobre a opinião política de muçulmanos britânicos, que perguntara às pessoas até que ponto simpatizavam com os "jovens muçulmanos que deixam o Reino Unido para se juntar a combatentes na Síria". O órgão regulador de imprensa do governo disse que o jornal havia equiparado

PARTE IV: CIDADÃS DA MORADA DO ISLÃ

aspectos desiguais: viajar para a Síria versus ir lá para lutar; empatia pelos indivíduos que seguiram esse caminho versus apoio a suas ações; os termos *combatentes* e *EIIS*.

Mais tarde, um dos jovens que conduziu a pesquisa escreveu anonimamente para o Vice News declarando o quanto se sentiu desconfortável com a linguagem redutiva e com a formulação das perguntas, que induziam respostas contrárias às opiniões dos entrevistados. "Todas as pessoas com quem conversei por mais de cinco minutos condenaram os ataques terroristas realizados em nome do Islã", escreveu o pesquisador. "Esses pensamentos e sentimentos se perderam em um pequeno conjunto de perguntas de múltipla escolha. A ideia de que uma pesquisa mal formulada possa explanar tópicos complexos e emocionais, como identidade e religião, seria engraçada se não fosse tão perniciosa."

Na mesma semana de novembro em que a pesquisa foi divulgada, os ataques racistas antimuçulmanos no Reino Unido triplicaram. Mulheres vestindo hijab eram atacadas, recebiam cusparadas e tinham seus véus arrancados. Nas mídias sociais, as mulheres hijabi compartilharam dicas de segurança para as plataformas de trem, a fim de minimizar as chances de serem empurradas para os trilhos. O regulador de imprensa do governo britânico decidiu contra o *Sun* na questão da pesquisa distorcida. Mas o órgão regulador ficou impotente em relação à imprensa. As condições para iniciar uma investigação eram tão meticulosas que ele rotineiramente ignorava as reclamações; não impunha multas e, quando dizia aos jornais para corrigirem as informações, não exigia um pedido de desculpas nem um posicionamento de destaque. A imprensa não sofreu consequências duradouras e, como resultado, não teve incentivo para mudar suas práticas.

O ódio contra os muçulmanos vendia. Após sofrer uma condenação por um incidente isolado, o editor do *Sun* declarou que faria exatamente a mesma coisa outra vez.

RAHMA E GHOUFRAN

Setembro de 2014, **Zawiya, Líbia**

Olfa passou anos trabalhando em turnos sazonais como faxineira na Líbia, e, se havia uma coisa que podia fazer, era escolher uma casa adequada para trabalhar como doméstica. A dona da casa tinha que ser bonita o suficiente, caso contrário se ressentiria da presença de uma mulher atraente perto do marido e a puniria por isso com tarefas desagradáveis e palavras duras. Tinha que ser razoavelmente gentil, não do tipo que grita se as berinjelas acabassem custando um dinar a mais do que ela acreditava que valessem. Era fácil avaliar isso por uma conversa rápida com as outras empregadas da casa. Olfa ficou satisfeita: naquele verão, encontrou boas famílias para Rahma e Ghoufran em Zawiya, uma pequena cidade na costa da Líbia.

Zawiya, com suas palmeiras e seus prédios municipais adamascados, abrigava uma das maiores refinarias de petróleo da Líbia. A riqueza petrolífera do país, embora não fosse distribuída de maneira uniforme, possibilitava que muitos líbios vivessem em amplas *villas* com empregadas. Olfa gostava de Zawiya. As ruas eram mais limpas e havia cafés que serviam panquecas e mil-folhas. Às vezes, corpos de migrantes afogados que tentavam navegar para a Sicília chegavam à praia e eram alinhados na areia em sacos pretos — de longe, pareciam sardinhas.

Em fevereiro de 2011, os líbios se insurgiram contra seu ditador, Muammar Al-Qaddafi, e em março a OTAN liderou ataques aéreos ostensivos para proteger civis de assassinatos do governo. A missão da OTAN logo passou a ser a deposição de Qaddafi, que acabou morto

PARTE IV: CIDADÃS DA MORADA DO ISLÃ

mais tarde no mesmo ano. O caos tomou conta do país, que logo se tornou um terreno fértil para vários grupos extremistas, atraindo militantes do exterior. As milícias rivais financiadas por vários Estados árabes disputavam o controle das principais cidades e regiões ricas em petróleo da Líbia. A cidade de Zawiya estava mergulhada em confrontos com outros grupos armados, e as casas em que as meninas trabalhavam eram associadas à milícia local que governava a cidade.

A mulher que contratou Rahma foi receptiva, mas pareceu confusa quando Olfa acompanhou a filha até a casa para seu primeiro dia de trabalho. "Ela quer usar isso?", perguntou a mulher, olhando para o niqab completo de Rahma.

"Sim", suspirou Olfa. "Mas, inshallah, a senhora pode convencê-la a tirá-lo durante o dia, pelo menos em casa."

A senhora emitiu alguns sons de desaprovação e sorriu para Rahma. "Aqui somos como uma família para você. Não sinta que está entre estranhos."

Rahma sorriu de volta com os olhos. Olfa pediu para falar com a mulher em particular, na cozinha. Em voz baixa, explicou que sua filha havia se envolvido com alguns grupos desagradáveis em Sousse e pediu que, caso se comportasse de maneira estranha, ela, por favor, lhe avisasse.

A casa em que Rahma trabalhava era repleta de armas. Poderia ter sido um depósito para a milícia local, ou talvez a casa de todos os milicianos fosse assim tão abastecida, Rahma não fazia ideia. Enquanto limpava a casa, tirando o pó e aspirando, seu olhar passeou do feixe de espingardas no canto do recinto para a cristaleira de madeira cheia de xícaras de chá na prateleira superior e pistolas nas outras. Ela mal podia esperar para ficar sozinha com essas armas, e admirar seu reflexo no espelho de aros dourados com um rifle pendurado no ombro.

Olfa considerava Ghoufran mais sensata que Rahma, e permitia que tivesse um celular. Ela estava trabalhando em uma casa igualmente confortável, de um engenheiro de petróleo cujos filhos adultos estavam fora, e a carga de trabalho era leve. No térreo do prédio onde Ghoufran trabalhava, as meninas começaram a frequentar aulas de Alcorão. Rahma estava em seu segundo ano tentando memorizar o livro sagrado.

No final da tarde de cada dia, quando terminava a limpeza de sua própria casa, Olfa alternava visitas às casas em que as meninas trabalhavam, para ajudá-las com o trabalho que ainda tinham a fazer. Em uma manhã quente de um dia de semana, enquanto Olfa se preparava para limpar o chão, Ghoufran apareceu na casa em que sua mãe trabalhava. Abraçou Olfa e a agarrou com força. "Por favor, me perdoe", sussurrou no ouvido da mãe.

"Perdoá-la por quê? Você não fez nada de errado. Por que não está no trabalho?", perguntou Olfa desconfiada, livrando-se do dramático abraço de Ghoufran.

"Rahma precisa de sua ajuda hoje", disse Ghoufran. "Eles estão recebendo convidados, então mesmo que seja meu dia, você poderia, por favor, ir à casa dela?" Olfa concordou e expulsou Ghoufran; ela queria terminar a limpeza antes do almoço. Depois de finalizar seu próprio trabalho, foi à casa de Rahma e ficou com ela até o pôr do sol, apesar de não ter visto os preparativos para uma festa. "Foi cancelada", disse Rahma, dando de ombros.

Na manhã seguinte, o telefone de Olfa tocou. A mulher que contratara Ghoufran disse que ela não havia voltado para casa na noite anterior. Não deixara sequer um bilhete. O pânico atingiu Olfa de forma tão intensa que ela saiu correndo de casa sem os sapatos, disparando pelos três quarteirões até a casa de Ghoufran. Ela parou todas as pessoas no caminho e perguntou, ofegante: "Você conhece minha filha Ghoufran? Você a viu?" Achava que Rahma era a impetuosa, a que corria o risco de se desviar. Nunca pensou que Ghoufran, sua confidente, sua filha mais velha e amada, seria a que fugiria! Olfa imaginou o que poderia ter acontecido. Talvez tivesse conhecido um homem, um homem bom, e fugido com ele. Talvez tivesse notícias dela em breve, um telefonema para dizer que os pretensiosos pais de classe média do rapaz não haviam aprovado o namoro, então eles fugiram e estavam morando em Trípoli, e Olfa poderia visitá-los em breve.

Quando chegou à casa de Rahma, a filha olhou para as roupas desgrenhadas, os pés descalços cobertos de poeira e sujeira. "Não se estresse, mamãe, não há nada que você possa fazer. Ghoufran foi para a Síria", disse ela em voz baixa.

"Síria!", sibilou Olfa.

A mulher que empregara Rahma, a esposa do líder da milícia, ouviu a conversa. "Ela realmente foi para a Síria?", perguntou com curiosidade.

PARTE IV: CIDADÃS DA MORADA DO ISLÃ

Olfa se ajoelhou e começou a beijar os pés de Rahma, chorando e implorando à filha: "Diga-me para onde ela foi, não tire sua irmã de mim."

"Acalme-se", disse a patroa de Rahma a Olfa. "Vamos descobrir exatamente o que aconteceu." Ela ligou para o marido e pediu que ele voltasse para casa. As milícias operavam um rigoroso cordão de segurança pela cidade e, se Rahma os ajudasse com um pouco de informação — contasse com quem Ghoufran havia partido, em que tipo de carro estavam —, o marido provavelmente conseguiria encontrá-la.

O marido, um homem alto, de barba aparada, logo chegou, seguido por dois homens vestindo roupas camufladas bege. Um desses homens em trajes camuflados sentou-se em frente a Rahma e tentou argumentar com ela. "Escute, garota, podemos despachar homens para postos de controle em todas as estradas que saem da cidade, mas precisamos de uma pista. Um nome, uma cidade, uma direção, um telefonema. Alguma coisa." Rahma ficou em silêncio. Ele insistiu, e o outro homem tentou novamente, mas sem sorte. Olfa bateu no peito e gritou. Seu drama fez os milicianos perderem a paciência com Rahma. Um deles a empurrou de joelhos. "Como você ousa fazer isso com sua mãe! Diga-me agora aonde sua irmã foi."

Rahma enfiou a mão no bolso, agitou um pedaço de papel com um número de telefone e o enfiou na boca. "Não vou dizer nada", disse ela. Olfa agarrou sua garganta. Rahma segurou as mãos da mãe e, com os olhos lacrimejantes, o engoliu.

O miliciano virou-se para Olfa. "Senhora, sua filha está me tirando do sério. Vou matá-la se ela não me der alguma pista para seguir."

Olfa também estava farta. "Não ligo, pode matar!", berrou. Estava furiosa com Rahma, essa garota que tinha sido um problema desde o início.

Rahma arrumou o véu na cabeça, endireitou os ombros e, sorrindo, começou a recitar: "Não há outro deus senão Allah…"

Com isso, Olfa bateu no rosto dela. "Cale a boca com essa baboseira do *dawla*!"

De manhã, com os olhos inchados de tanto chorar, Olfa aceitou que Ghoufran se fora. Durante a noite, telefonara para amigos e conhecidos na Tunísia pedindo ajuda, e todos a aconselharam a voltar para casa; a Líbia não tinha um governo, e era preciso um governo para recuperar uma garota desaparecida.

De volta a Túnis, as semanas que se seguiram foram um borrão de reuniões em delegacias de polícia, escritórios de advogados e aparições na televisão. A essa altura, Olfa disse aos policiais que eles poderiam fazer o que quisessem com Rahma. "Eu não preciso mais dela. Apenas faça-a dizer onde está a irmã. Tudo o que quero é a irmã dela de volta."

Os serviços de segurança a interrogaram por vários dias, às vezes mantendo-a detida durante a noite. Rahma, a filha destemida e obstinada, parecia vicejar diante da provação. Ela disse à mãe que, se fosse ferida ou morta antes de chegar ao califado na Síria, ainda se qualificaria como mártir. Muitas vezes, a polícia permitia que Olfa participasse dos interrogatórios, pois Rahma ainda era menor de idade. O que saía da boca da filha a surpreendeu. Rahma admitiu abertamente apoiar o EIIS; declarou ter prestado lealdade a Abu Bakr Al-Baghdadi. Ela mencionou sites na internet que havia usado para aprender sobre o manuseio de armas.

O policial parecia genuinamente cansado de tomar notas. "Se você é uma verdadeira crente, por que não foi com sua irmã?", perguntou.

"Porque quero que minha operação seja aqui na Tunísia", respondeu.

"A senhora deveria realmente aconselhar sua filha a ficar calada. Ela vai passar o resto da vida na prisão", disse o oficial a Olfa.

No entanto, para Olfa, parecia que as forças de segurança desejavam exatamente o oposto: queriam que Rahma falasse tudo, revelasse os dados de inteligência. Que aparecesse todas as manhãs na diretoria de segurança, para checar o Facebook Messenger, onde trocava mensagens com Ghoufran, a fim de que a polícia pudesse monitorar as conversas. Talvez eles estivessem usando a filha para coletar informações (provavelmente). Ou talvez servisse aos propósitos das pessoas no poder deixar que tudo isso se confirmasse e assumisse enormes proporções (também é provável). As maquinações políticas e de segurança que moldaram a abordagem oficial em relação à sua filha ludibriaram Olfa, que se sentia um peão em um jogo muito mais amplo e intrincado.

PARTE IV: CIDADÃS DA MORADA DO ISLÃ

Naquela época, no final de 2015, centenas de mulheres tunisianas haviam deixado o país para se juntar ao EIIS. Olfa era uma das raras mães dispostas a ir à televisão para contar sobre sua experiência. A opinião pública sobre jovens tunisianos que ingressaram na jihad na Síria tendia a ignorar as mulheres, e, quando eram mencionadas, a mídia retratava suas motivações como puramente sexuais. As reportagens afirmavam que as mulheres da Tunísia viajavam até a Síria e a Líbia para se tornarem concubinas islâmicas sob uma prática rapidamente denominada de "jihad sexual". Era um conceito falso e incongruente de deturpações em camadas: primeiro, viajavam para a Síria como "mulheres de conforto" para os combatentes; segundo, elas justificavam esse comportamento do ponto de vista teológico.

A cobertura da "jihad sexual" emanava dos meios de comunicação associados aos serviços de segurança da Tunísia ou ao Estado da Síria, ambos dispostos a retratar os combatentes e as mulheres que fugiam para a Síria como degenerados ou terroristas, ou, neste caso, prostitutas degeneradas e terroristas. Em toda a imprensa tunisiana havia manchetes sobre mulheres retornando em massa da Síria, grávidas ou com HIV. Entre a mídia e o establishment político tunisiano, não havia desejo de discutir por que centenas de mulheres partiam para a Síria como forma de demonstrar sua insatisfação com o governo — protestando contra as promessas fracassadas da nova Tunísia e contra a atual ordem regional. Era muito mais fácil culpar extremistas violentos, motivados por luxúria e religiosidade deturpada.

Olfa sabia que suas meninas não eram motivadas por sexo. Não demonstravam motivação nem sequer para encontrar um marido. É claro que eram, em vários graus, românticas, mas que adolescentes não eram? No entanto, não tinham sido seduzidas para a causa por um jovem em particular. Na verdade, as duas meninas receberam inúmeras propostas de casamento de homens locais após a tenda de *dawah*, mas nenhuma delas demonstrou interesse. Quando uma apresentadora de TV confrontou Olfa com a teoria da jihad sexual pela primeira vez, como uma explicação para a rebeldia das filhas, Olfa ficou furiosa. "Essa ideia é simplesmente ridícula. Não estou defendendo essas organizações ao dizer isso, mas a ideia de que minha filha partiu para ser algum tipo de escrava sexual simplesmente não é verdadeira. Ela teve escolha e tomou essa decisão."

NOUR

Agosto de 2014, Le Kram, Túnis

NOUR ADORMECIA TODAS AS NOITES COM O CELULAR NA MÃO. ERA ASSIM que mantinha contato com Karim, que havia voado para Paris, depois dirigido para Bruxelas e, de lá, ido para a Turquia. Ela dera à luz a filha deles na primavera e mandara uma foto para o marido no Telegram, embora a foto não parecesse suficiente. Desejou que ele pudesse sentir o hálito de leite e a força do aperto da mãozinha da filha.

Nour pensou que elas se juntariam a ele após algumas semanas, depois que a bebê passasse seu período de casulo de quarenta dias, mas tudo começou a dar errado. No escritório de passaportes, ela descobriu que precisaria da permissão do marido para deixar o país com a bebê e da permissão do pai para viajar. Com o objetivo de conter o fluxo de jovens tunisianos para a Síria, o governo começou a impor restrições de viagem muitas vezes arbitrárias a cidadãos com menos de 35 anos. O custo da viagem, apenas as passagens aéreas, era mais do que ela tinha.

Nos dez meses que se passaram desde que Karim deixou Túnis, houve momentos em que Nour se desesperou com o plano deles. Tentou imaginar como seria a vida na Síria, mas sua mente não conseguia criar imagem alguma. Haveria sorveterias e passeios no domingo à tarde? Haveria bombardeios aéreos? Karim lhe disse que ela deveria procurar outras mulheres que poderiam ser persuadidas a vir. Disse que o *dawla,* o EIIS, tinha dificuldades para recrutar sírias. Eles tinham sido brutais ao tomar novas cidades na Síria e causaram repulsa nas mulheres locais.

PARTE IV: CIDADÃS DA MORADA DO ISLÃ

Para que o califado pudesse funcionar como um Estado, precisava de mais mulheres, e elas precisariam vir do exterior.

Ela estava furiosa com Karim, que deveria estar enviando dinheiro, mas ainda não havia conseguido. Nour não tinha ideias coerentes sobre o que fazer, apenas lampejos de raiva que usava para justificar atitudes que sabia serem inapropriadas. Como trocar mensagens e se encontrar com um amigo de Karim. Mensagens proibidas à noite, antes de adormecer. Rir de suas piadas e permitir que ele pressionasse o joelho contra o dela, debaixo da mesa. Algumas tardes, Nour pedia à mãe para cuidar da bebê enquanto tomava café "com as amigas". Caprichou na maquiagem, mais do que lápis de sobrancelha e base, e se sentiu bonita quando viu seu próprio reflexo no espelho do ônibus.

Nour sempre acreditou que Deus sabia o que era melhor para ela e que, se atendesse aos Seus ditames, conquistaria Suas bênçãos. Mas os últimos meses estavam testando-a. Sabia que era errado interagir livremente com outro homem. Mas era verão e ela precisava de distração. Do contrário, para todos os lugares que olhasse, veria casais de mãos dadas, dividindo um doce, tirando selfies à beira-mar, sorrindo ao trocar confidências.

EM JANEIRO DE 2014, O ENNAHDA e seus parceiros da coalizão voluntariamente cederam o poder, depois de enfrentar uma prolongada pressão em relação à segurança. A comunidade internacional, em especial a europeia, ficou muito aliviada que o experimento da Tunísia com o islamismo político tivesse evoluído de forma tão suave, sem o massacre e o golpe militar que acabaram com o Egito ou o colapso da vizinha Líbia. Líderes de todo o mundo celebraram o pragmatismo e a maturidade do Ennahda e elogiaram a Tunísia como uma democracia capaz de transições pacíficas. Mais tarde naquele ano, o famoso intelectual francês Bernard-Henri Lévy, com sua camisa como sempre desabotoada, visitou Túnis e elogiou os tunisianos por sua vitória na "batalha [eleitoral] contra os obscurantistas religiosos", referindo-se posteriormente ao Ennahda como "a entidade mais censurável do cenário político". Uma multidão indignada de manifestantes se reuniu no aeroporto exigindo sua partida e que, por favor, nunca mais retornasse.

Em maio de 2014, o novo governo proibiu a conferência anual do Ansar Al-Sharia, que considerava uma organização terrorista. Os controles da era de Ben Ali sobre a esfera religiosa continuaram, com imãs sendo assediados e processados sob falsas acusações. De fato, alguns imãs incitavam a violência contra minorias ou inimigos políticos, mas outros estavam simplesmente desafiando a influência de longa data que imãs, agindo como marionetes do Estado, tinham na esfera religiosa. As agências de segurança pareciam não diferenciá-los. Ninguém se preocupou com o que aconteceria aos milhares de jovens pacíficos da Tunísia que se reuniam sob a bandeira salafista. Como disse um jovem tunisiano: "É como fechar uma fábrica. Para onde irão todos os trabalhadores?"

Muitos ativistas se resignaram a um exílio da vida cívica. Para outros, voltar à clandestinidade, como se a revolução nunca tivesse acontecido, era impensável; eles viram apenas dois destinos possíveis: Líbia e Síria. Pelos cálculos dos grupos de segurança e das autoridades tunisianas em 2016, cerca de 6 a 7 mil homens tunisianos e pelo menos mil mulheres deixaram seu país para viajar para a Síria. Jamal, o comunista de Kram, disse que cerca de quinhentos homens do bairro haviam partido, e que os recrutadores recebiam uma taxa generosa, cerca de US$3 mil, para cada jovem que enviavam ao campo de batalha. Recrutas do sexo feminino rendiam um pouco menos.

Jamal conhecia muitos dos emigrantes pessoalmente e adotava uma visão psicanalítica de suas motivações. Várias das mulheres estavam simplesmente perturbadas; tinham problemas com a imagem corporal e estavam desesperadas para escapar de suas famílias. Ele lembrou-se de um garoto do bairro que sofrera intenso bullying quando criança. Jamal mais tarde o viu em um vídeo do EIIS, no fundo da filmagem, transportando prisioneiros para execução. Viu amigos sendo cortejados pelos salafistas. "Eles atacavam os mais vulneráveis, exatamente na época em que ainda não eram instruídos o bastante para discernir os fatos, mas religiosos o suficiente para serem arrebatados", disse. "Eles os manipulavam com sheiks, fatwas e *nasheeds* do YouTube, e seis meses depois o cara se via na Síria, fumando maconha, convencido de que era a coisa certa a fazer."

Porém, o bullying, os problemas com a imagem corporal, as famílias tóxicas, as famílias desfeitas — esses eram os desafios comuns da vida. O suficiente para levar um jovem a se juntar à jihad? Jamal estava sentado, fumando sob um dossel, na chuva, em um café com paredes de concreto aparente, cheio de jovens em seus MacBooks. Apagou um cigarro e acendeu outro. "O Islã é o principal pilar da nossa sociedade. Às vezes chego a me identificar com esses sentimentos. A salvação por meio da violência. A ânsia pelo passado."

Alguns dias, Nour sentia como se a revolução fosse um sonho particular. Apesar de mulheres hijabi agora integrarem o parlamento, apesar de boa parte das mulheres em transportes públicos ou caminhando pela Avenida Bourguiba agora usarem hijab, a cultura pública de intimidá-las não havia sido abandonada na nova Tunísia. Nour nunca olhou atravessado para uma garota que usava uma saia curta no bonde ou para uma mulher de camiseta regata. Elas responderiam a Deus no dia do julgamento. O cerne da liberdade era que todos pudessem se vestir como quisessem, não era? Seria realmente tão ofensivo assim para as mulheres que se vestiam de maneira mais liberal que ela, Nour, optasse por não usar as mesmas roupas? Mulheres hijabi estavam acostumadas a ser perseguidas pela polícia, pois a polícia perseguia todo mundo. Era o desprezo das mulheres comuns que ela achava mais difícil de aceitar.

Em uma sexta-feira de primavera, Nour havia se vestido com todo cuidado para doar sangue em uma clínica perto de Cartago. Ela usava uma blusa solta, com mangas que podia arregaçar com facilidade, e esperou que Walid fosse buscá-la. Ele cuidava dela enquanto Karim estava fora. A clínica ficava em uma rua residencial, ao lado de *villas* fechadas, cobertas de buganvílias. A mulher à mesa de recepção usava uniforme de enfermeira e maquiagem elaborada nos olhos. Ela olhou para Nour e balançou a cabeça. "Você não pode entrar desse jeito."

Nour desejou que suas feições continuassem impassíveis. Frases como *"Você não pode entrar desse jeito"* deveriam ter morrido com o antigo regime. "Estamos aqui apenas para doar sangue a um amigo; o que importa o que ela está vestindo?", perguntou Walid. A enfermeira começou a responder, mas Nour já estava do lado de fora.

Naquele dia, eles foram da clínica para uma cafeteria à beira-mar em La Marsa, um subúrbio abastado do norte de Túnis, para tomar café. Em frente ao local, havia um hotel boutique com uma piscina infinita, onde o ar cheirava a jasmim e o barman preparava drinks sofisticados. Seis meses antes, Abu Bakr Al-Baghdadi havia declarado um califado em Raqqa. Karim, como muitos combatentes tunisianos, deixou a Frente Al-Nusra, à qual havia se juntado inicialmente, e migrou para o EIIS. Nour o apoiou, e ela ainda estava ansiosa para se juntar a ele. Sua filha tinha agora quase 2 anos e nunca conhecera o pai. "Ela acha que meu pai é o pai dela", disse.

Walid examinou o ambiente ao redor e manteve a voz baixa. Achava que Nour era uma tola. Os tunisianos que partiam agora, afirmou, são muito diferentes da primeira onda idealista que se juntou à jihad, quando ele ingressou, em 2012. "Eles não vão libertar a Síria. Esta será a última opção. Eles são mercenários ou estão buscando o martírio, e tomando o caminho mais curto para conquistá-lo." Diferentemente de quando ele era adolescente, ouvindo fitas e vendo vídeos de jihadistas, os jovens agora extraíam suas informações sobre a jihad da internet. Isso mudou tudo. "Agora, trata-se do poder do meio, não do conteúdo", declarou. "É uma questão de estética e de quem produz o vídeo mais bonito."

O café à beira-mar estava entre os mais modestos de La Marsa, mas, mesmo lá, a roupa de Nour — uma túnica escura de duas peças, calças e Converses pretos — chamava a atenção. La Marsa era o bairro em que moravam tunisianos e expatriados ricos e educados fora do país. O bairro possuía os obrigatórios nail bars e padarias sem glúten. Lá, os liberais desfrutavam de uma maioria confortável e, como tal, o bairro era um palco de conflito em que mulheres seculares emancipadas intimidavam mulheres religiosas emancipadas. Um ano antes, quando uma estrela em ascensão no partido Ennahda, Sayida Ounissi, educada na Sorbonne, assistiu a uma palestra em La Marsa, uma mulher a abordou no banheiro e inquiriu: "Você é tão bonita e inteligente, por que usa esse pano estúpido na cabeça?"

Da sua cadeira no café, Nour olhou para o mar. Um camelo passeava pela praia com borlas fluorescentes em volta do pescoço, parecendo, como a maioria dos camelos, estranhamente feliz. A VIDA ESTÁ EM NOSSAS MÃOS, anunciava um outdoor perto da British International School. Um grupo de mulheres com saias de flamenco e hijabs vermelhos combinando posava para uma sessão de fotos ao longo da alameda costeira. A beira-mar era repleta de palmeiras murchas e meio secas que lutavam contra o escaravelho-vermelho, uma praga originária de Túnis que dizimava

PARTE IV: CIDADÃS DA MORADA DO ISLÃ

essas plantas e migrou para o norte, atacando as palmeiras de Palermo e Cannes. Os tunisianos comentavam que os escaravelhos-vermelhos eram uma maldição trazida para a Tunísia pelo genro do presidente deposto, aquele que tinha um tigre de estimação.

Nour disse que achava aceitável o EIIS matar civis no Ocidente, mas não conseguiu articular quais decisões religiosas permitiam isso. À medida que o EIIS se tornava mais cruel, muitos clérigos salafistas condenavam seus atos de violência. Ela parecia perplexa por não ter uma evidência teológica para o que sentia — política, emocional e moralmente — ser certo.

Walid interveio nesse ponto, sentindo a necessidade de explicar por que Nour sabia tão pouco sobre a religião que seguia com tanta devoção. A educação religiosa, no sistema educacional de Ben Ali, disse ele, era deliberadamente esparsa e superficial. Ele se lembrou de ter aprendido uma passagem do Alcorão na escola, a respeito do comportamento correto diante da injustiça. Em casa, quando seu pai abriu o Alcorão no referido verso, Walid descobriu que o professor havia censurado o trecho, deixando de fora as passagens mais fortes. Essa educação parca encorajou jovens curiosos a procurar informações online, onde se depararam com sermões, fontes e textos de autenticidade e de origem não verificadas. "Eles são como um quadro em branco pronto para se escrever", afirmou.

O conhecimento religioso frágil era comum entre as jovens tunisianas que haviam se associado às redes salafistas ou viajado para se juntar a militantes na Líbia ou na Síria. Uma mulher, que morreu em um ataque aéreo em um campo de treinamento do EIIS na Líbia, havia sido reprovada no exame de admissão para obter um diploma em direito islâmico na Universidade de Túnis. Foi isso que Walid quis dizer ao declarar que um sistema educacional que rejeitava as instruções religiosas, em um país amplamente religioso, deixava as portas abertas para manipulação por agentes que usavam a linguagem da religião para outros fins.

Nour não se sentia especialmente confusa por apoiar um grupo que estava, naquele ponto, fortemente associado à violência teatral. Para ela, as crucificações e o comércio de escravas sexuais eram a propaganda fantasiosa dos inimigos do grupo. Ela parecia cética em aceitar que o EIIS tivesse realizado esse tipo de coisa. Muitos jovens como Nour não acreditavam no que ouviam sobre o grupo. A mídia, na maioria das sociedades árabes, era muito politizada, emaranhada aos regimes políticos autoritários, cujos interesses e vieses ela refletia. Muitos jovens apenas se desengajaram. Quando questionada sobre a tática do EIIS de atacar outros muçulmanos, mesmo que estivessem apenas em oração nas mesquitas, sob a alegação de que haviam se tornado incrédulos, Nour se mostrou a favor. Walid, acendendo um cigarro, retrucou: "Então não tem problema que o grupo ataque a Al-Nusra?" Ela respondeu sem muita convicção e eles discutiram por alguns minutos.

Depois que Karim partiu para a Síria, a polícia começou a "convidar" Nour para conversar. Isso significava ir a uma delegacia de polícia cerca de duas vezes por mês, sentar-se em uma sala com uma mesa de metal e geralmente responder às mesmas perguntas feitas pelo mesmo funcionário com vastas sobrancelhas: *Por que você está vestindo essas roupas? Por que não as tira? Com quem você está se comunicando? Quem é seu mentor religioso?*

Por um tempo, Nour conseguiu esconder de seus amigos e familiares a constante vigilância da polícia. Ela apresentava desculpas elaboradas por precisar mudar de planos, mas não havia nada que pudesse fazer em relação ao número desconhecido que insistia em aparecer em seu telefone. Em Kram, os rumores se espalhavam rapidamente. Algumas de suas amigas começaram a evitá-la. Ninguém queria ser associado a uma garota que estava sendo monitorada pela polícia.

Quando os vizinhos perguntaram à sua mãe onde o genro estava, ela respondeu que ele precisou ir à França a trabalho. Mas Nour suspeitava que muitos deles sabiam a verdade. Um amigo da família, motorista de táxi, culpou Karim e seus irmãos islâmicos pelo fato de os navios de cruzeiro terem parado de visitar a Tunísia. Nos anos anteriores, os navios ancoraram no porto de La Goulette todos os dias, despejando milhares de europeus alegres em Túnis para algumas horas de compras. O taxista repetiu os nomes dos navios com carinho, como se acariciasse um rosário: "O *Majestic,* o *Fantastic,* o *Adonia*..." Às vezes, Nour o pegava olhando para ela com raiva nos olhos.

Ricochetes

Em meados de 2015, o EIIS se estabeleceu como uma ameaça global cujo alcance se estendeu por toda a Europa, Norte da África e além, perturbando a ordem política em países da Alemanha à Tunísia. Tantas centenas de britânicos viajaram para se unir ao EIIS que um ex-funcionário antiterrorista do Reino Unido sugeriu que o governo "deveria fazer voos charter para a Síria".

Um caça jordaniano caiu perto de Raqqa e o piloto, Muath Al-Kasasbeh, foi capturado pelo EIIS. Depois de fingir interesse em uma troca de prisioneiros com a Jordânia, o grupo pediu sugestões no Twitter sobre como ele deveria ser morto, usando a hashtag #SuggestAWayToKill TheJordanianPigPilot [sugira uma forma de matar o maldito piloto jordaniano]. Aparentemente, o mundo não conseguia perceber como as empresas de mídia social possibilitavam a guerra, ganhando tráfego e, portanto, lucrando com as interações das pessoas com esse tipo de conteúdo.

O EIIS divulgou imagens do piloto sendo queimado até a morte em uma jaula. Os principais estudiosos islâmicos de todo o mundo condenaram o assassinato. A Jordânia e os Estados Unidos retaliaram com ataques aéreos, e o grupo alegou que esses ataques mataram a refém norte-americana Kayla Mueller.

Durante a primavera, afiliados do grupo desencadearam atentados no Iêmen, no Afeganistão e na Tunísia. Realizaram uma execução teatral em massa no antigo anfiteatro de Palmyra.

Naquele verão, o êxodo populacional suscitado pela guerra civil síria atingiu seu auge, desestabilizando a Europa. A chanceler alemã Angela Merkel chamou de "dever nacional" o ato de receber o maior afluxo de refugiados na história da Europa, declarando: "Podemos fazer isso." Em alguns dias, Munique registrou um fluxo diário de 13 mil refugiados, às vezes 40 mil em um fim de semana. Milhares de refugiados morreram antes da chegada, asfixiados em caminhões ou afogados no mar.

A extrema direita europeia tratou os refugiados que fugiam da guerra como invasores indesejados e explorou a situação para ganhar terreno no cenário eleitoral. Ocorreram centenas de ataques a centros de refugiados todos os meses. Uma camerawoman húngara se tornou a face global desse ódio — ela foi gravada dando uma rasteira em um homem que corria com uma criança nos braços pela fronteira. A Hungria ergueu uma cerca de arame farpado. A União Europeia precisou lidar com o fato de que muitos de seus membros não compartilhavam valores democráticos liberais, como direitos humanos.

Em setembro, uma foto estampou a primeira página de jornais de todo o mundo: o bebê Alan Kurdi, afogado, vestindo uma camiseta vermelha e shorts azul-marinho, de bruços em uma praia vazia, com as mãozinhas viradas para cima e os braços em direção oposta à maré.

Apesar do apoio das milícias lideradas pelo Irã, o governo de Assad parecia estar em perigo real de cair. No último dia de setembro, a pedido de Assad, a Rússia lançou seus primeiros ataques aéreos no que viria a ser um ponto de virada definitivo na guerra.

RAHMA E GHOUFRAN

Maio de 2015, **Túnis**

QUANDO OLFA CHEGOU EM CASA E VIU QUE O CARREGADOR DO CELULAR havia sumido, assim como todos os véus, ela soube. Era uma manhã sem nuvens no final da primavera e Rahma se fora.

Rahma ligou dois dias depois, mas não quis falar com Olfa. "Chame uma das meninas", disse primeiro em uma mensagem. Quando o telefone tocou, Olfa fez o que ela pedira, pois sabia que a filha desligaria. Aconteceu o mesmo com Ghoufran, que se comunicava apenas com a irmã, não com a mãe. Para as duas, Olfa era uma pária, uma incrédula.

Olfa conseguia entender. Ela havia conversado com os mesmos sheiks e achara suas ideias atraentes. Pensou brevemente em usar as mesmas roupas austeras que suas filhas haviam adotado. Em meio a suas vidas de privações e dificuldades, Olfa conseguia perceber o apelo de trilhar um caminho de certezas. Para qualquer problema que surgisse, eles tinham uma maneira de resolvê-lo. Para qualquer mágoa, qualquer injustiça ou desprezo, eles tinham um bálsamo. Quem não gostaria de tal consolo?

Olfa se culpou por tudo isso; culpou seus métodos de criação e a própria Tunísia. Ela sabia, em seu coração, que não tinha sido amiga de Rahma; que tinha sido severa, reagido ao seu mau humor e comportamento problemático com raiva e tapas, que havia se permitido descontar o próprio sofrimento e rancor na filha.

E quanto à Tunísia, como uma criança que crescia nesse país poderia ser normal? Qual deveria ser a reação normal à religião em um país que parecia hospitaleiro apenas com os radicais?

Junho de 2015, Sousse, Tunísia

EM UM DIA SEM NUVENS de junho, por volta do meio-dia, um jovem estudante de engenharia caminhou pela praia de um dos hotéis de luxo na costa de Sousse. Havia turistas por toda parte, principalmente britânicos, descansando em cadeiras de praia, molhando os pés no mar. Seifeddine Rezgui segurava um guarda-sol desajeitadamente ao lado do corpo, escondendo o Kalashnikov embrulhado em suas dobras. O jovem puxou o rifle e começou a atirar em todas as direções.

As pessoas gritavam enquanto ele perambulava pela praia. Alguns mergulharam na água para escapar. Outros correram, tropeçando na areia, ou rastejaram para baixo das espreguiçadeiras da praia para se esconder. Ele virou na direção do complexo do hotel, recarregando pente após pente e parando para lançar granadas. No total, Rezgui matou 38 pessoas — a maioria britânicas — em um ataque furioso que durou quarenta minutos até que a polícia finalmente chegasse e o abatesse.

Rezgui não era de uma família religiosa. Era dançarino de break; admirava políticos de esquerda; bebia álcool e tinha uma namorada. Morava com a família em uma casa de um quarto em Sousse, não muito longe de onde Olfa morava com os filhos, e estava terminando o mestrado. Sua família ficou atordoada. E permanece atordoada até hoje. Seus familiares acreditam que Rezgui sofreu uma lavagem cerebral ou emboscada.

Seus amigos contam uma história diferente. Assim como eles, Rezgui era um homem jovem na época da revolução em 2011 e esperava que a mudança ocorresse rapidamente. Com a queda de Ben Ali, acreditou que a sociedade se afastaria de seu secularismo autoritário e adotaria mais valores religiosos e justiça social no governo e na vida pública; quando isso não aconteceu, quando até as minúsculas frestas da política islâmica se fecharam, ele começou a conviver com alguns jovens salafistas da região, que compartilhavam de sua furiosa decepção. Os amigos disseram que a guerra de Bashar Al-Assad na Síria o levou ao limite.

PARTE IV: CIDADÃS DA MORADA DO ISLÃ

Sua transformação foi lenta e aconteceu internamente. Ele se tornou um jovem religioso com queixas políticas veementes. Desenvolveu a convicção de que a violência era a única maneira de expressá-las. Os salafistas locais o colocaram em contato com militantes na Líbia, que administravam um campo de treinamento. Seu pai disse que esses jovens contaminaram Rezgui com "maus pensamentos" e que ele fora vítima de "radicalização". Mas, nas palavras de Olfa, que se debatia com essa pergunta todos os dias: "Qual é a diferença entre um extremista e um muçulmano muito transtornado?"

Havia uma linha tênue invisível conectando Olfa a Rezgui. Ele fora enviado para a praia naquele dia por Noureddine Chouchane, uma influente figura do EIIS na Líbia. Havia um centro de tunisianos em Sabratha, na Líbia, onde Noureddine às vezes se abrigava. Foi lá que uma irmã tunisiana recém-chegada chamou sua atenção: Rahma.

Dois meses após sua chegada a Sabratha, Rahma finalmente concordou em falar com a mãe, apesar de considerá-la uma incrédula. Assim como muitas mães que recebem telefonemas de filhas que fugiram para o EIIS e ligam de zonas de conflito, Olfa não fugiu à regra e optou por desabafar, gritando com Rahma por cinco minutos inteiros. Quando finalmente se acalmou, a filha pediu desculpas. Explicou que era seu dever partir. Esperava que um dia Olfa entendesse.

"E sua irmã?", perguntou Olfa. Ao que parece, um homem havia pedido Ghoufran em casamento pouco depois de sua chegada. "Quando ela o conheceu pessoalmente, mamãe, achou que ele parecia estranho, então recusou!", contou Rahma. "Você conhece Ghoufran, ela sempre pensou que se casaria com um cara bonito. Então esperou até encontrar um príncipe", disse a menina. Ghoufran se casou com um segundo homem — mais um golpe no coração partido da mãe. Olfa havia pensado muitas vezes sobre a alegria de planejar ou aprovar os casamentos de suas filhas.

Quando desligou, Olfa se consolou com a crença de que Ghoufran estava feliz. Nenhuma outra mãe e filha poderiam ter sido tão próximas; eram mais irmãs do que mãe e filha. A parte dentro dela que sentia saudades de Ghoufran sabia, em algum nível, que, se a filha não sentia sua falta, deveria estar realmente contente. Pelo menos foi o que Olfa disse a si mesma.

LINA

Março de 2016, **Tal Afar, Iraque**

NAQUELA PRIMAVERA, CADA UM DELES TINHA SUA TAREFA. A DE LINA ERA dar à luz e trazer o segundo filho deles ao mundo. A de Jafer, viajar até Mosul e passar por uma segunda cirurgia para remover mais um pedaço da perna machucada. O médico de Tal Afar havia aconselhado o procedimento, dizendo, de maneira bastante ameaçadora, que parecia que o primeiro cirurgião "não estava muito familiarizado com casos assim".

Em março, quando as dores do parto começaram, Jafer já havia partido, então Lina foi sozinha ao hospital. Como esposa do EIIS, ela tinha prioridade sobre os civis; hospitais operavam com base na prioridade do EIIS, independentemente da triagem, e a infraestrutura básica do hospital ainda estava intacta. Porém, mais da metade dos moradores da cidade fugira, o que esvaziou os postos de médicos competentes; dos que permaneceram, muitos optaram por não mais clinicar, ou por trabalhar em clínicas particulares, fora do sistema hospitalar público que estava sob controle do EIIS.

Era a quinta vez que Lina dava à luz, então ela sabia o que estava por vir. Mas, quando chegou a hora de fazer força, algo parecia errado. O bebê não estava se mexendo e a dor era diferente. Houve muitos gritos, e Lina se agarrava às laterais da cama. Ela tentava se concentrar nas rachaduras no teto. Finalmente o bebê nasceu — disseram que era um menino antes de levá-lo embora — e Lina ficou ali deitada, encharcada de suor, insistindo para vê-lo.

PARTE IV: CIDADÃS DA MORADA DO ISLÃ

Depois de uma hora, a médica o trouxe de volta, com um sorriso tenso no rosto. "Ele está em perfeita saúde, graças a Deus", informou, entregando o bebê a Lina. Mas ela soube instantaneamente que seu filho não estava bem. Havia hematomas roxos na lateral da cabeça e perto de um olho. Como eles não a deixaram vê-lo assim que nasceu, Lina suspeitou que tinham feito isso com seu filho. Concluiu que deviam ter injetado algo no rosto dele com uma seringa. "Este bebê precisa de oxigênio!", gritou. Mas a médica a ignorou e continuou repetindo que ele estava bem. Lina o colocou no peito, mas sua boca estava apática. A médica bufou de irritação quando ela comentou que ele não estava mamando. Disse a Lina para levá-lo para casa e que, quando estivesse mais relaxada, o bebê mamaria.

Porém, uma mulher sabe quando seu bebê está muito doente. Sabe tão seguramente como se fosse seu próprio corpo, porque, apenas momentos antes, era mesmo. Lina decidiu ir para casa; não fariam mais nada por ela ali. Foram eles que machucaram seu filho em primeiro lugar.

Em casa, ela limpou o corpo do bebê com um pano úmido. Ele estava com febre e tossia sangue. Ela o abanou enquanto ele dormia. Acordou no meio da noite e encontrou o corpo dele queimando de febre, que parecia de mais de 40°C. Não tinha remédio em casa, certamente nenhum remédio infantil, e correu para o vizinho. Bateu no portão da frente, mas era madrugada e ninguém ouviu. Quando Lina voltou, o braço do bebê estava esticado em um ângulo de 90°. Seu filho estava se enrijecendo lentamente. Tentou massagear o braço dele; pensou que, se pudesse mantê-lo flexível, ele sobreviveria até de manhã e ela o levaria a outro hospital. *Ele não deve ficar rígido. Ele não deve ficar rígido.* Sussurrou em seu ouvido e massageou seus pezinhos tão perfeitos. Em certo ponto, o bebê deu dois suspiros profundos e agonizantes, e então ficou imóvel.

Lina encarou o tubo azul de creme para as mãos na mesa de cabeceira, a lata de balas que Jafer chupava quando não conseguia dormir, o tapete listrado entre as duas camas. Ela foi tomada por dois impulsos: o primeiro, de ficar totalmente calma e esperar o espírito do bebê retornar a Deus, que deve tê-lo amado tanto que o quis imediatamente de volta; o segundo, ter certeza absoluta de que ele estava morto. Lina precisava da confirmação de outra pessoa. Bateu de novo na porta do vizinho, dessa vez gritando e berrando, até que finalmente o homem veio ao portão.

"Preciso que você venha ver se meu bebê está realmente morto", disse ela. "Por favor, vá buscar sua esposa."

De manhã, Lina embrulhou o bebê em um lençol e, na companhia do vizinho, levou-o ao necrotério.

Ela passou a tarde na casa de outra alemã, mas de repente teve a sensação de que Jafer já poderia ter retornado da cirurgia. Quando chegou em casa, encontrou-o deitado no sofá, pálido e fraco. Ele deveria ficar no hospital por pelo menos dois dias a fim de se recuperar — a cirurgia consistia em cortar seu fêmur —, mas voltara para ver sua esposa e seu novo bebê.

Lina sentou-se ao lado dele e contou o que tinha acontecido. Jafer chorou e ela envolveu o rosto do marido com as mãos. Foi um ponto decisivo para ela. Depois de uma vida inteira cuidando dos outros — seus filhos, seu primeiro marido, seus sogros, os aposentados abandonados de Frankfurt, seu segundo marido inválido —, agora, finalmente, Lina precisava de alguém para cuidar dela.

PARTE V:
AMOR E LUTO: O ETERNO CICLO

ASMA, AWS E DUA

Janeiro de 2015, **Raqqa, Síria**

Para o mundo exterior, o território controlado pelo EIIS parecia hermeticamente fechado. Mas as rotas para dentro e fora de sua capital, Raqqa, eram permeáveis, rotineiramente percorridas tanto pelos combatentes do EIIS quanto pelas pessoas comuns, com quem interagiam e faziam negócios. Seu território ainda era um mercado, e Raqqa, esparramada às margens do Eufrates, era uma importante confluência comercial e geográfica desde o século VIII. Motoristas de caminhão circulavam diariamente, entrando e saindo do califado do EIIS, para fornecer de tudo aos militantes, desde gasolina a biscoitos de chocolate e bebidas energéticas.

Foi essa normalidade comercial permeável, especialmente até o final de 2014, que permitiu a fuga de Dua, Aws e Asma. Dua, a garota com tatuagem de rosa, filha de um fazendeiro, que havia se casado com o saudita rico, foi a primeira. Ela conversou com o pai e o irmão sobre a fuga e ambos concordaram que, se não conseguisse aceitar outro casamento, como o califado queria, a única opção era partir.

Seu irmão começou a fazer contato com amigos sírios no Sul da Turquia, pessoas que tinham experiência com a travessia da fronteira e podiam encontrar Dua do outro lado. Era uma noite gelada de janeiro quando ela e seu irmão pegaram um micro-ônibus para fazer o trajeto de duas horas de Raqqa até a fronteira de Tal Abyad. Naquela época, refugiados cruzavam diariamente a fronteira para a Turquia. Dua e seu irmão passaram com tranquilidade.

Quando Aws, a obstinada e romântica estudante de literatura inglesa que odiava seu segundo marido, decidiu partir quatro meses depois, não era mais tão fácil. A Turquia havia reforçado a segurança na fronteira. Aws entrou em contato com sua prima Dua, já em Sanliurfa, uma cidade turca a cerca de cem quilômetros ao norte da fronteira, e pediu o número de telefone do homem que a havia contrabandeado. Ele fazia parte de uma rede especializada em libertar pessoas do EIIS, homens afiliados a um ou vários grupos rebeldes, geralmente com a cooperação de alguém de dentro da organização. O homem enviou alguém para escoltá-la até a fronteira. Aws lhe mandou uma foto sua por e-mail e, quando sua escolta chegou, na noite marcada, trazia carteiras de identidade falsas para ambos, com o mesmo sobrenome; naquela noite, eram irmãos. Eles pegaram um táxi para a mesma fronteira, Tal Abyad, mas os guardas do posto de controle não pediram para ela mostrar o rosto. A carteira de identidade, sem uso, ficou no bolso da frente de sua bolsa preta.

No início da primavera de 2015, quando Asma, a estudante de marketing que se recusava a se casar com um combatente e cujo namorado ainda estava na Jordânia, se angustiava sem saber o que fazer, a cidade não era mais a mesma. Na maioria dos dias, ela circulava por Raqqa sem ver um único rosto familiar. Todos que podiam se dar ao luxo de partir haviam fugido, até mesmo muitas das famílias que inicialmente haviam colaborado com o califado. No mercado, as pessoas falavam árabe nos dialetos do Norte da África e do Golfo. Era comum ouvir inglês com sotaque francês, pessoas falando um terceiro idioma, tentando ocultar suas identidades, como se espiões as espreitassem em meio às mercadorias.

Quando Asma e uma prima tramaram sua fuga, não contaram a ninguém, nem mesmo a suas famílias, e levaram consigo apenas suas bolsas. Um amigo do EIIS concordara em ajudá-las. Eles dirigiram para a fronteira em meio ao breu da noite de lua nova, uma jornada que Asma fizera tantas vezes para transportar mulheres até o califado que era capaz de saber, pelo ritmo das curvas da estrada, quanto tempo faltava. Uma comichão de medo percorria todo seu corpo, principalmente pelo amigo do EIIS, o receio do que poderia acontecer se descobrissem que ele as ajudara. Quando entregou sua identidade ao guarda de fronteira no posto de controle do EIIS, Asma estava convencida de que o homem sabia que eram fugitivos. Sentiu falta de ar e mordeu a língua, tentando controlar a torrente de adrenalina que inundava seu corpo. Quanto mais

PARTE V: AMOR E LUTO: O ETERNO CICLO

assustada parecesse, mais suspeitas despertaria. Ela tentou se lembrar de
que os pensamentos e o pavor estavam dentro de sua cabeça, não visíveis externamente, como um filme projetado por sua mente. Os guardas
turcos estavam na pausa para um chá e acenaram para que passassem. O
carro que os esperava, um moderno modelo coreano de quatro portas,
emitia um brilho prateado sob a luz no posto de controle.

Urfa, a cidade turca oficialmente chamada Sanliurfa, ficava a cem
quilômetros ao norte da fronteira com a Síria. As planícies de vegetação
seca nos arredores eram pontilhadas com amendoeiras, ameixeiras, pinheiros e oliveiras. O boom imobiliário dos últimos anos fizera surgir
prédios baixos na periferia, fornecendo acomodações baratas que possibilitaram que muitos refugiados sírios reconstruíssem aos poucos suas
vidas. A guerra síria havia mudado permanentemente a cara da cidade,
da mesma forma que fizera em lugares como Istambul e Beirute; suas
alamedas e avenidas centrais estavam repletas de crianças sírias, travessas
e descabeladas, pedindo esmola e vendendo pacotes de lenços de papel.
Mas havia oportunidades de trabalho, e o aluguel de um apartamento
de dois quartos em Urfa não era de todo inacessível, ao contrário das
cidades maiores.

Comparada a outros lugares, era provinciana e modesta. Sua população mista de origem curda e árabe tendia ao conservadorismo social, a
maioria das mulheres cobria os cabelos e não havia um dogma político
pairando no ar — nem a presença intimidadora de estátuas gigantes de
Assad ou bandeiras negras esvoaçando ao vento. As praças continham
estátuas de figuras banais, como pimentões vermelhos gigantes. O lago
adjacente à antiga mesquita era cheio de carpas gordas, consideradas sagradas, nadando no local onde se acreditava que o rei Nimrod jogara o
profeta Ibrahim no fogo. O forte de Sanliurfa observava a cidade do alto.
O reluzente novo shopping, Piazza, parecia deslocado, como se tivesse
sido transportado de avião pelo governo turco para ensinar os residentes
locais a comprar sapatos em lojas com ar-condicionado, em vez de vasculhar pilhas de calçados espalhados sobre panos na entrada do bazar.

No início de 2015, quando Aws, Dua e Asma chegaram, havia residentes sírios suficientes para administrar e sustentar típicos restaurantes
e lojas de baklava no centro da cidade; homens que durante anos prepararam o *molokhiya,* um ensopado verde e viscoso servido com arroz,

em suas cidades natal, Alepo e Homs, agora faziam o mesmo em Urfa. Os comerciantes do bazar costumavam dizer, em árabe: "Este preço é especial para você!"

Quanto às mulheres, o que faziam antes em Raqqa era um segredo muito bem guardado. Foram exiladas, deslocadas, escondendo passados que sabiam que poderiam machucá-las. Tinham saudades de suas famílias, se sentiam alienadas e deslocadas em Urfa, que parecia ser cerca de três gerações mais atrasada do que Raqqa antes da guerra, e esperavam poder mudar para uma região mais animada e moderna da Turquia. Frequentavam aulas de inglês e turco, sabendo que precisariam de alguma proficiência para ajudá-las a traçar um futuro em outro lugar. Moravam com famílias sírias que conheciam de suas cidades de origem, que chegaram antes e já estavam mais bem acomodadas; Asma se hospedou com parentes distantes. As famílias ajudavam a cobrir grande parte de seus custos de vida e elas usavam o dinheiro que trouxeram da Síria para arcar com os cursos de idiomas e as despesas diárias.

Aws acordava todos os dias com o mesmo ritual de despertar: café e a cantora libanesa Fairuz.

Seus dois casamentos em Raqqa não haviam abalado sua alegria; ela era resiliente e jovem, uma mulher instruída que adorava ler romances e ainda desejava aqueles bebês embrulhados em folhas de repolho. O álbum de Urfa da galeria de fotos de seu celular a aproximava de sua vida em Raqqa antes do EIIS: amigos bonitos posando diante de rios e inúmeros cafés de shisha. Ela conseguia falar com a família cerca de duas vezes por mês. Na casa onde morava a tratavam como uma filha; eles até pagavam suas faturas de celular. Ela queria encontrar uma maneira de concluir seus estudos universitários, mas, acima de tudo, queria ser normal novamente. Em Urfa, ninguém nunca o deixava esquecer que era um refugiado. Certa vez, enquanto caminhava com um amigo sírio na cidade, eles foram interpelados por um turco revoltado. "Se você fosse um homem de verdade, não teria deixado seu país", gritou para o amigo.

Asma estava mais amedrontada e raramente saía. Urfa estava infestada de agentes de inteligência de vários países. Os militantes do EIIS circulavam por toda a parte e às vezes caçavam dissidentes sírios. Ela cortou todo o contato com sua família, preocupada que o EIIS os punisse por sua fuga. Uma vez por semana, enviava um e-mail e ligava para uma

PARTE V: AMOR E LUTO: O ETERNO CICLO

amiga em Raqqa para reclamar sobre sua família sem coração e como a rejeitaram. Era mentira, mas ela esperava que a inteligência do EIIS ouvisse — o grupo monitorava as comunicações telefônicas de muitos residentes de Raqqa, especialmente daqueles que trabalhavam para ele — e que isso protegesse sua família da responsabilização.

Asma sentia-se dominada pela melancolia. Não era mais a Asma que estudara marketing e queria trabalhar na área de hospitalidade, que possuía um Galaxy Note II, usava perfume almiscarado e venerava Taha Hussein; não era mais a mulher que desistira do amor de sua vida por causa do hijab e depois acabou trabalhando para o EIIS. Em Sanliurfa, era apenas uma refugiada. Quando usava roupas elegantes ou arrumava os cabelos, sentia um olhar de censura sobre ela. Era como se não pudesse ser feliz ou rir, como se a única maneira permitida de agir fosse ser discreta ou, melhor ainda, parecer atormentada. Ela encontrava prazer onde podia; recentemente havia feito uma escova de queratina nos cabelos, que levou três dias consecutivos de tratamento no salão de beleza. Economizou o suficiente para passar um tempo em Antália, na costa turca. Todos os dias depois da viagem, assistia aos vídeos que gravara em seu celular: a boate com sua escuridão anônima, luzes piscantes, corpos em movimento.

Asma, Aws e Dua às vezes almoçavam juntas. Ocasionalmente, discutiam sobre a Síria e o futuro, embora nenhuma delas soubesse quando a guerra terminaria ou o que viria depois. Aws não via como os intolerantes grupos armados sectários pudessem ter lugar no poder. A Síria era uma miscelânea, tinha muitas minorias religiosas — cristã, drusa, alauita, xiita — para considerar um governo islâmico sunita uma opção.

Porém, Dua, mais devota e conservadora, só aprendera sobre o Islã quando o EIIS assumiu o poder, e desejava ver políticos religiosos — moderados e legítimos, certamente não esses fanáticos que usavam a religião como ornamento — no comando. Seu problema com o EIIS não derivava da pretensão de estabelecer um Estado islâmico e impor a lei islâmica, mas da desconsideração dos preceitos básicos dessa lei. O grupo instrumentalizou o Islã, tornou-o um meio para seus fins políticos; extirpou a fé de tudo que ele representava e o reduziu a uma tática: *takfir,* termo usado para designar seus oponentes como inimigos cujo sangue poderia ser derramado.

Dua passara a preferir a Jabhat Al-Nusra, ou Frente Al-Nusra, um dos grupos rebeldes mais importantes que lutavam na guerra síria. A Al-Nusra era uma afiliada declarada da Al-Qaeda na Síria, mas também era composta majoritariamente de sírios e estava na vanguarda da luta armada da oposição contra o governo. Ao contrário do EIIS, não impunha um "Estado" jihadista às populações locais. Em vez disso, cultivava o apoio popular e coexistia com outras correntes da oposição síria.

"Não, não, a Al-Nusra não é uma opção", disse Aws, irritada com o que considerava ingenuidade de sua prima. Esse ponto de vista era compartilhado por muitos países ocidentais, que concluíram que uma ascensão jihadista ao poder na Síria — o próprio EIIS ou o mais extremo dos rebeldes — era uma ameaça estratégica maior que Assad. Muitos sírios concordaram. Se esse número era suficiente para desequilibrar a balança a favor de Assad, sem a intervenção militar da Rússia, é uma questão que ainda será objeto de discussão por muitos anos. Mas Assad cultivara uma oposição tão radical que o mundo seria obrigado a ficar do seu lado — essa era apenas uma verdade inventada, uma tática que protegia seu governo, ainda que de forma injusta, de ser realmente desafiado.

As mulheres evitavam discutir o futuro, pois, quando o faziam, como aconteceu em uma tarde sufocante no verão de 2016, suas conclusões pareciam perpetuar o que aparentava ser uma existência temporária e prosaica. No apartamento do soldado do Exército Livre da Síria que as ajudara a escapar, onde se reuniram, um cheiro azedo e salgado emanava do restaurante que servia cérebro de cordeiro no térreo do prédio.

Muita coisa mudou desde que as três se juntaram às primeiras manifestações em Raqqa, quando entoaram palavras de ordem ao lado de seus vizinhos pedindo a queda do regime. Agora, afirmavam que nunca mais voltariam à Síria, pois não havia nada para o que voltar. A Raqqa que conheciam existia apenas como uma coleção de memórias nas galerias de fotos de seus celulares, para relembrar no escuro antes de adormecer.

"Quem sabe quando a guerra acabará?", indagou Asma. "A Síria se tornará a Palestina; todo ano, pensamos que no próximo a luta terminará, que seremos livres. E décadas passam. A Síria é uma selva agora."

"Mesmo que um dia as coisas fiquem bem, nunca voltarei a Raqqa", declarou Aws. "Muito sangue foi derramado por todos os lados. Não estou falando apenas do EIIS, mas de todos."

LINA

***Primavera de 2017*, Raqqa, Síria**

O CALIFADO FABRICAVA UMA PROFUSÃO DE VIÚVAS, E ELAS, COMO TODOS sabem, são especialmente propensas à inveja. E se essas mulheres eram viúvas duas ou três vezes, como era o caso de muitas, o problema da inveja assumia dimensões assombrosas. Ser viúva no EIIS significava ser condenada a uma existência árdua e reclusa em uma casa de viúvas. No meio da guerra turbulenta, essas mulheres cobiçavam a proteção de um marido que lhes desse um lar. Aspiravam, despudoradamente, se tornarem as segundas esposas de homens já casados, indiferentes à aceitação das primeiras esposas. Em 2017, tal era o estado das coisas em Raqqa que uma mulher como Lina poderia ser invejada por seu marido de uma perna. Enquanto andava pela rua com Jafer mancando ao seu lado, ela notava o olhar das outras mulheres, na verdade os *sentia*, mesmo através das ínfimas frestas no meio de todo aquele tecido preto que agora eram obrigadas a usar sobre os olhos.

Eles se mudaram de Tal Afar no início da primavera de 2017, antecipando um ataque à cidade. Lina estava grávida de novo, e ela e Jafer queriam recomeçar, apagar as memórias da morte do bebê. Em seu vilarejo nos arredores de Raqqa, a vida era incrivelmente boa no início, como se tivessem desembarcado em alguma bucólica aldeia alemã. As noites eram frescas e as famílias costumavam frequentar o parque. O céu noturno era forrado de estrelas; na verdade, tantas que as estrelas cadentes eram lugar-comum e logo perderam o encanto. A família de Jafer enviou dinheiro da Alemanha e ele comprou um carro e uma cozinha totalmente nova — uma geladeira, um fogão, uma máquina de lavar novíssima. Compraram roupas novas para o filho. E o melhor de tudo, não era dinheiro do Daesh. A distinção era importante para Lina. Ela se sentiria contaminada por ter tais confortos fornecidos pela organização e teria preferido não os ter.

Entretanto, quando as mulheres locais começaram a presenciar todo o conforto de Lina e Jafer, passaram a lhes lançar *nazar,* o olhar do mal. Não era mera superstição. O Alcorão reconhece o olhar do mal e contém uma referência à busca de refúgio "do mal do invejoso, quando inveja". Muitas *hadith,* as narrações do Profeta, descrevem o olhar do mal como uma flecha que voa diretamente do coração dos invejosos para o corpo dos invejados. Lina e Jafer foram consultar um sheik local para uma recitação do Ruqyah Al-Sharia, um encantamento do Alcorão destinado a evitar ou afastar o mau-olhado. O corpulento sheik de barba rala anunciou que sua condição era bastante séria. Alguém havia lançado um feitiço sobre eles. "Eu cuidarei disso", prometeu, e pediu que voltassem no dia seguinte.

Na segunda visita, a sala de espera cheirava a suor e roupas não lavadas, e transbordava com outras famílias que sofriam de aflições do mau-olhado. O sheik começou o que parecia ser um encantamento em grupo. Em sua cadeira, Lina fechou os olhos. No meio da cerimônia, ela se sentou ereta em um sobressalto. Havia lido o Alcorão muitas vezes. O que estava ouvindo decididamente não era do Livro Sagrado. Será que o sheik era um charlatão? Estariam ouvindo vozes? Jafer também se mexeu com desconforto em seu assento, notando algo de estranho. No momento em que o sheik terminou, Jafer agarrou a mão dela e do filho deles e disse: "Vamos sair daqui."

O que quer que tenha acontecido na casa do sheik naquele dia, parecia malévolo e anormal. Em casa, Jafer segurou uma mamadeira de água nos lábios do bebê e Lina recitou o Alcorão, o verdadeiro, sobre sua cabeça.

LINA ERA CALEJADA NA ARTE de suportar, talvez até demais; suportava tanto e tão bem que, geralmente, quando decidia que era hora de dar um

PARTE V: AMOR E LUTO: O ETERNO CICLO

basta em uma situação, já havia cruzado o limite do abominável. Foi assim com seu casamento abusivo; foi assim com a solidão e a depressão em Frankfurt; e era assim agora, nos meses finais do califado. Ela sobrevivera desde a morte de seu bebê restringindo seu mundo à ilha de sua casa.

Mas agora, no verão de 2017, uma voz clara e inequívoca dizia a ela que era hora de partir. Talvez o nascimento do novo bebê a tenha infundido um pouco de coragem, ou talvez o encontro com o sheik tenha deixado claro para ela que o EIIS estava ruindo; em tempos de desespero, o comportamento das pessoas tendia a ficar cada vez mais sombrio e imprevisível. Talvez em meio ao colapso houvesse uma chance de fugir, e menos chances de ser pega.

Não importava o quanto o assunto irritasse Jafer, Lina tentava persuadi-lo a partir. A sogra na Alemanha, a quem Lina nunca conheceu, acabou se mostrando uma aliada. Ela implorou que eles voltassem. Disse à nora que ela era como uma filha, que todos seriam uma família se voltassem para a Alemanha. As palavras foram um suave alento. Nenhuma figura feminina falara com ela em um tom tão carinhoso desde que era uma garotinha na Alemanha, antes de seu pai a sequestrar de volta ao Líbano, e Lina nunca mais ver a própria mãe.

A situação de Jafer era insuportável. Se fosse pego fugindo, seria executado ou preso. E na prisão, eles lhe dariam tramadol? Improvável. Mas Lina continuou insistindo. Se tentassem, pelo menos teriam uma chance; se ficassem, morreriam em um ataque aéreo ou seriam capturados pelo exército iraquiano ou pelas milícias xiitas, que agora avançavam rapidamente e, segundo relatos, executavam membros do EIIS ao primeiro sinal.

Depois que o marido mudou de ideia, o plano evoluiu rapidamente. Lina iria primeiro com as crianças e ele, em seguida. Jafer lhe deu US$4 mil e disse que entregasse metade ao contrabandista, um amigo, ao chegar à fronteira entre a Síria e a Turquia. O contrabandista levaria Lina e as crianças para a casa dele; quando a estrada estivesse segura e aberta, ele as escoltaria até a Turquia.

Quando se encontraram, o contrabandista pediu a Lina para deixá-lo guardar seu dinheiro, por segurança — não apenas a metade dele, mas tudo. Como era amigo de Jafer, ela não cogitou que não devesse confiar nele. No dia seguinte, enquanto se preparavam para sair, todos no carro tinham um papel a desempenhar. Lina seria a esposa do contrabandista; os filhos dela seriam filhos deles; um senhor que viajava com eles, seria o sogro de Lina; e um garoto fugitivo de 15 anos seria um primo surdo--mudo. Posavam como uma família civil comum de Raqqa, pessoas que não tinham laços ou simpatias pelo EIIS. Se tudo corresse bem, poderiam atravessar para a Turquia, onde estariam livres.

No entanto, o contrabandista não estava dirigindo para o norte. O carro seguia na direção errada, atravessando o marrom das planícies desertas, ruínas de edifícios destruídos por ataques aéreos, paredes desabadas e vergalhões retorcidos. O contrabandista parou o veículo a cem metros de um posto de controle, ordenou que todos saíssem e foi embora, levando todo o dinheiro de Lina.

Essa não era a fronteira turca. Era a fronteira com o Norte da Síria, a área sob o controle da milícia curda conhecida como YPG — ou Forças Democráticas Sírias, FDS. Duas soldados curdas com AK-47s penduradas nos ombros se aproximaram dela. Faziam parte da força curda que provocava baixas diárias na batalha por Raqqa, e as covas recém-abertas se multiplicavam nas cidades próximas. Não tinham motivos para tratar as mulheres que fogem do EIIS com gentileza. Lina estremeceu e os dois filhos se agarraram a ela.

EMMA/DUNYA

Primavera de 2015, **Manbij, Síria**

Toda vez que Dunya ia ao mercado de produtos agrícolas, as criancinhas notavam o rifle pendurado no ombro e se encolhiam, procuravam as mãos de suas mães ou se escondiam sob suas saias. A princípio, ela desviava o olhar, fingindo não ver que se tornara algo capaz de assustar crianças. Muitas estrangeiras pensavam que esse medo que infligiam nos sírios era a reação correta à sua autoridade como mulheres do EIIS. Mas Dunya não conseguiu se adaptar; tudo isso, os olhares amedrontados das crianças, o comportamento depreciativo dos vendedores locais, apesar de parecer insignificante, reverberava dentro dela, lembrando-a de que nem sempre o EIIS levava a melhor.

Sair desarmada era impensável. Um dia, caminhando apenas dois quarteirões até a casa de outra alemã para tomar um café, levou um susto. Era hora da oração e as ruas estavam vazias. Um carro diminuiu a velocidade atrás dela, seguindo-a com o motor ligado; ela se esforçou para não correr, manter a calma e seguir em frente até chegar a seu destino.

Depois disso, Selim a ensinou a disparar um rifle e lhe disse para nunca sair de casa sem ele. Mas os olhares das crianças a afligiam. Ela queria uma arma pequena, mas Selim disse que eles não podiam pagar, esse tipo de arma era caro. Mais tarde, conseguiu uma pequena o bastante para caber na bolsa, com uma amiga alemã que tinha uma extra.

Selim também estava mudando. Ficava doente com frequência e seu comandante se recusava a lhe dar uma folga do combate, porque cada vez mais combatentes estrangeiros se fingiam de doentes para evitar a frente de batalha. Muitos recrutas não esperavam que o EIIS os enviasse para lutar e matar outros insurgentes muçulmanos sunitas. No entanto, bastava uma leve suspeita de que se recusavam ao combate — ou pior, de que queriam ir embora — para sofrerem uma punição severa. Um combatente alemão disse a seus amigos que estava pensando em voltar para casa; uma semana depois, a organização o levou sob custódia. Ele sofreu afogamentos e choques elétricos, e depois voltou com o olhar sombrio e cansado de alguém que fora torturado. Serviria de exemplo para os outros.

A liderança do EIIS decepcionou Selim — ele reconhecia sua brutalidade e injustiça, mas mesmo assim parecia internalizar seu extremismo. Quando as autoridades ordenaram que as mulheres cobrissem os olhos e as mãos em público — usassem véus faciais que obscureciam os olhos e luvas pretas debaixo daquele calor —, Dunya achou que ele não parecia tão perturbado quanto deveria. Selim passou a usar termos pejorativos para se referir aos sírios.

Uma noite, Selim entrou em casa e espiou por cima do ombro de Dunya. Quando ele percebeu que ela estava baixando um aplicativo no celular, explodiu. "Você não percebe que, concordando com os termos e condições, concorda com a lei dos Estados Unidos? Uma lei *kuffar*?"

Ela não conseguia acreditar que ele falava sério, e tentou aliviar. "Selim, você realmente lê contratos na internet? Tudo? Quem faz isso?"

Mas ele estava tomado de raiva. "Não preciso lê-los para saber que você concorda contratualmente com os termos das leis deles. Leis *feitas pelo homem*."

"Eu preciso usar este aplicativo. É útil para mim. Até quando você vai fazer *takfir* de tudo? A aranha rastejando naquela parede também é *takfir* para você?"

Essa foi uma das discussões mais importantes, e marcou o ponto em que Dunya começou a perceber que — além da dificuldade de viver em uma zona de guerra, além dos períodos de tempo em que a deixava sozinha, sem saber se estava vivo ou morto — ele estava se transformando em uma pessoa diferente. Supostamente eles tinham se juntado à causa porque Selim queria defender os muçulmanos que Assad estava matan-

PARTE V: AMOR E LUTO: O ETERNO CICLO

do. Mas, com o passar do tempo, sua personalidade ficou mais severa; as rígidas regras do EIIS se infiltravam em sua vida cotidiana.

Era como atravessar um campo minado sem um mapa, seu corpo em constante tensão. Dunya achava que já enfrentara muita coisa; era capaz de suportar a incerteza e a ameaça dos ataques aéreos, mas o peso emocional de aturar Selim, ter que ouvir o tempo todo que tudo o que fazia estava errado, era agora o desafio mais difícil.

A CASA DAS VIÚVAS ERA um lugar de tamanha inabitabilidade e tormento que poucas mulheres conseguiam permanecer lá por muito tempo sem enlouquecer. Mas essa era exatamente a intenção. Todas as cidades controladas pelo EIIS tinham uma ou várias dessas casas de viúvas, dependendo do tamanho, mas todas se assemelhavam em condições e ambiente. A casa de viúvas era um estado de espírito. Em todo o califado, as mulheres que passavam por elas eram levadas a compreender que o lugar de uma mulher membro do EIIS era ao lado de seu marido, *qualquer* marido, e que se recusar a casar era um comportamento rebelde que não seria incentivado por um quarto confortável com banheiro privativo.

As acomodações para dormir costumavam consistir em várias mulheres em um quarto. As idas ao mercado eram rigidamente controladas por mal-humorados guardas da casa, em geral marroquinos, que gritavam com as moradoras e retinham artigos de higiene pessoal e outros itens necessários como punição. Uma alemã que Dunya conhecia ficou viúva quando o marido se explodiu em um carro-bomba. Quando os comandantes do EIIS chegaram à sua casa depois de três ou quatro semanas para pedir que ela se casasse de novo, Mildred recusou e foi enviada à casa de viúvas local. Depois de uma semana lá, ela mudou de ideia. Casou-se com outro homem, mas, depois de três dias, concluiu que não conseguiria tolerar nem o segundo casamento nem o retorno à casa de viúvas. Um dia, quando o marido saiu, ela organizou um encontro com um contrabandista, que a ajudou a chegar à fronteira turca, onde se entregou.

Quando Dunya chegou a Raqqa, esses albergues não tinham um nome específico; algumas vezes eram referidos genericamente como *maqqar,* base ou *modafae'eh,* hospedaria. Com o tempo, quando não havia mais nenhuma mulher solteira, passaram a ser chamados simplesmente de casa das viúvas.

Dunya sabia que não tinha muito tempo. Várias mulheres que conheceu ao chegar na Síria estavam mortas e muitas outras estavam partindo. Os primeiros dias em Manbij, de relativa segurança e viagens ao pôr do sol, não passavam de uma lembrança desbotada. Agora todos viviam aterrorizados; todos os dias havia histórias de alguém acusado de ser espião e jogado na prisão. Comportamentos que no passado eram aceitáveis — como manter contato com a família, navegar na internet quando não devia — de repente se tornaram motivos de grave suspeita. Não ir para o combate não era uma opção. Não lutar contra outros grupos rebeldes sírios, compostos de muçulmanos sunitas, não era uma opção. Ser um cidadão reservado que ficava em casa não era uma opção. A única opção que lhe restava era fugir.

Junho de 2016, **Pequeno Vilarejo a Noroeste de Raqqa**

HAVIA UMA NUVEM ESCURA PAIRANDO sobre o casamento deles. Não importava o que acontecesse ao EIIS, não importava que destino teriam os sírios, Selim queria viver para sempre um estilo de vida islâmico austero e ortodoxo. Idealmente, eles se estabeleceriam na Turquia, onde ele poderia morar entre muçulmanos, ouvir o chamado à oração cinco vezes por dia e alimentar suas esperanças de que um dia um califado melhor surgiria das ruínas daquele pelo qual lutava. Selim parecia ter alguma esperança de que, com o tempo, as coisas pudessem melhorar; se os combatentes do EIIS conseguissem manter sua supremacia e Al-Baghdadi não se sentisse tão ameaçado, se os recrutas continuassem chegando para reforçar suas tropas, talvez a liderança se comportasse de forma mais correta.

Dunya achava que sua esperança e lealdade eram ingênuas. Ela não alimentava mais essas conversas. Deixou que Selim acreditasse no que quisesse e disse-lhe simplesmente que estava com muito medo de ficar, que tentaria fugir e esperar por ele na Turquia.

Partir exigia conexões e ser bem conectada era algo em que Dunya era boa. À noite, ela passava horas em meio aos bate-papos do WhatsApp,

PARTE V: AMOR E LUTO: O ETERNO CICLO

preparando tudo. Um conhecido a colocou em contato com uma figura de médio escalão no Exército Livre da Síria (ELS), o chamado grupo rebelde moderado anti-Assad que recebia financiamento e armas da CIA. Uma vez que o EIIS via o ELS como um traidor por trabalhar com os norte-americanos, ela não podia contar a Selim quem a estava ajudando. Na verdade, não disse uma palavra sobre seus planos, pois temia que a inteligência do EIIS estivesse monitorando as comunicações por telefone e o punisse por deixá-la escapar.

Na noite de sua partida, Dunya fez as malas com cuidado e se certificou de deixar tudo organizado, para que Selim pudesse voltar para uma casa arrumada. Encheu a geladeira com suco e frutas e procurou afastar da mente os pensamentos indesejados — ele voltando das linhas de frente para uma casa vazia. Passou os dedos sobre o sofá e se despediu silenciosamente desse último de tantos lares temporários.

Passava das 11h quando houve uma batida na porta. Ela apagou as luzes e pegou a bolsa. Do lado de fora estava um homem e, atrás dele, uma moto. Dunya disse: "Uma moto? Ninguém me disse nada sobre uma moto. Não tem como levar minhas coisas nesse treco." O homem examinou as malas enormes na porta, a mochila e uma cesta que miava furiosamente. "Que som é esse?", perguntou o homem. Ela abriu a cesta e lhe mostrou os gatos, que observavam com olhinhos brilhantes.

Ele ficou confuso. "Porra, mulher, está brincando comigo?" "Bem, você não espera que eu os deixe para trás, não é? Sou a mãe deles." Ela se preocupara em passar rímel e piscou para ele com seus longos cílios.

Essa encenação de princesa europeia levara Dunya muito longe no mundo dos homens do Oriente Médio, que a achavam, inicialmente, desarmante. Em geral, caíam na risada, reconheciam suas exigências como absurdas, e depois a atendiam. Mas o truque não estava mais funcionando.

"Faça o que achar melhor, estou indo", disse ele dando de ombros, virando-se para a motocicleta. Sugeriu que Dunya falasse com o amigo em comum novamente. Então ligou o motor e desapareceu na noite.

"VOCÊ NÃO ME DISSE QUE tinha tanta coisa", disse o contato do ELS, irritado, quando ela ligou para reclamar. Quinze membros de sua família haviam sido mortos apenas no ano passado, e o restante morava em campos de deslocados na Turquia. Era uma guerra. O que essa mulher achava que era, algum serviço de salvamento bem avaliado no TripAdvisor?

Dunya chorou ao telefone, dizendo que os gatos passariam fome sem ela, que ninguém lá se importava com animais. Tudo seria melhor quando ela chegasse em casa. Ele sabia que na Alemanha havia regras impostas pelo Estado sobre o tamanho de uma gaiola de hamster?

"Tudo bem", suspirou. Ele mandaria um carro na noite seguinte. Mas ela precisaria fazer a travessia sem as coisas. Ele providenciaria para que fossem enviadas mais tarde, em um caminhão comercial.

Dunya ficou satisfeita quando ele cumpriu com sua palavra. Durante uma semana, ela ficou em uma casa perto da fronteira com a Turquia, na companhia de outras mulheres que esperavam para atravessar clandestinamente. A fronteira não era de fato uma fronteira; era mais como uma divisa nebulosa que demarcava o território controlado pelo EIIS do controlado pelo ELS. O contrabandista disse que se aproximar da divisa era mais seguro à noite, então já passava da meia-noite quando eles finalmente iniciaram a jornada.

A lua estava redonda e brilhante e dava para enxergar com clareza. Mas isso significava que também podiam ser vistos. Depois de aproximadamente oito quilômetros, ouviram tiros. O único refúgio eram algumas árvores mais à frente. Estavam em quatro no total — Dunya, duas outras mulheres e o contrabandista — e correram para as árvores. "Apenas descansem", instruiu o homem. Ele se deitou com a cabeça na raiz da árvore e fechou os olhos. "Vamos partir ao raiar do dia."

O chão estava frio a princípio, mas logo um calafrio penetrou nos ossos de Dunya. Seu estômago se contorcia por causa do medo. Ela ouviu a respiração da mulher ao seu lado e tentou igualar o ritmo, para se acalmar. Dormiu apenas alguns minutos intercortados e estava acordada para assistir ao céu noturno suavemente se transformar em cor-de-rosa. O contrabandista logo acordou também, despertou as outras mulheres e as conduziu pelos últimos quilômetros até o carro que os esperava.

Novembro de 2016, Vilarejo no Norte da Síria

DUNYA NÃO DORMIU A NOITE toda. Mudou a foto de seu WhatsApp para um coração sangrando sobre a palavra *Halab,* Alepo em árabe. Uma alemã que ela conhecia estava circulando a seguinte mensagem:

> Olá, esta é uma mensagem urgente de Alepo sitiada, os ônibus estão presos desde ontem de manhã nos postos de controle, a situação das pessoas é extremamente difícil, devido ao frio e à escassez de água e alimentos. A evacuação forçada está suspensa e as pessoas não podem sair dos ônibus, precisamos alcançar o maior número possível de jornalistas para informá-los e colocá-los em contato com as pessoas, precisamos chegar à ONU também. Algumas pessoas no ônibus têm telefones celulares e podem conversar com eles, embora todas as baterias estejam quase descarregadas, se você puder enviar mensagens para o maior número possível de jornalistas, acordá-los [do sono], se necessário. A situação não pode esperar até de manhã.

Dunya sentiu a fúria crescer dentro dela e começou a mandar mensagens. "Burros idiotas que matam turistas quando a guerra está aqui."

O Estado Encolhe

A intervenção russa fez a guerra pender lentamente a favor do regime sírio; no primeiro semestre de 2016, o território do EIIS encolheu 10%. A Turquia reduziu seu apoio aos grupos rebeldes e começou a realizar incursões no Norte da Síria, criando mais uma frente de conflito em potencial com combatentes curdos apoiados pelos EUA.

A liderança do EIIS preparou seus seguidores para mais perdas. Enquanto o território do califado diminuiu, os ataques aumentaram no exterior: em novembro de 2015, militantes lançaram seis ataques simultâneos em Paris, matando 350 pessoas; em dezembro de 2015, Tashfeen Malik e seu marido abriram fogo em uma festa de Natal em San Bernardino, Califórnia, matando 14 pessoas. Em janeiro de 2016, um ataque suicida em Istambul matou 13 pessoas; em março de 2016, três ataques coordenados em Bruxelas, dois no aeroporto e outro em uma estação de metrô movimentada, deixaram 32 mortos.

Em março, durante a campanha presidencial nos Estados Unidos, Donald Trump declarou em rede nacional: "Acho que o Islã nos odeia." Em novembro, ele venceu a eleição, com a promessa de "um fechamento total e absoluto da entrada dos muçulmanos nos Estados Unidos".

Foi a primeira vez na história contemporânea que um líder norte-americano sugeriu que o Islã era um inimigo do Ocidente e que os muçulmanos não eram bem-vindos nos Estados Unidos, ecoando dois pontos frequentemente salientados pelo EIIS.

SHARMEENA, KADIZA, AMIRA E SHAMIMA

Dezembro de 2015, **Raqqa, Síria**

KADIZA, PARA QUEM O MUNDO DO ENSINO MÉDIO DA BETHNAL GREEN agora parecia apenas uma lembrança fugidia e distante, passava os dias vagando apática por uma mansão decadente em Mosul, tentando descobrir quem entre as viúvas continuava fanática pelo EIIS, quem já havia se desiludido e quem preservava seu fanatismo e fingia estar desiludida para denunciar as companheiras às autoridades do EIIS.

Kadiza havia se casado com um somali-americano pouco depois de sua chegada à Síria. Por um tempo, eles viveram juntos na periferia de Mosul enquanto ele procurava trabalho para evitar ter que lutar. Ela passava os dias cuidando da casa para o marido, cozinhando e limpando. Como estrangeira, podia se movimentar com um certo grau de liberdade e tinha permissão para ir ao mercado e aos cibercafés. Embora ela e suas amigas da Bethnal Green tenham se separado depois de chegar à Síria, mantiveram contato próximo.

Quando seu marido, por fim, foi mandado ao fronte e acabou morto, Kadiza se arrependeu da decisão de viajar para a Síria. O califado não era uma terra de honra e justiça onde os muçulmanos podiam manter a cabeça erguida, onde o chamado à oração preenchia o ar e a calçada era recoberta de rosas. Em vez disso, era um turbilhão de violência e corrupção onde homens colecionavam carros e mulheres se vingavam de vizinhas e inimigas, como se vivessem em uma eterna guerra da máfia.

Se tivesse ficado no Reino Unido, estaria estudando para os exames de admissão e pensando em quais universidades se inscrever. Na Síria, com apenas 16 anos, Kadiza já era uma viúva vivendo entre as viúvas.

Algumas das britânicas se tornaram fiéis devotadas. Havia uma garota de Londres que levara seu bebê e o fazia atuar em vídeos de propaganda usando roupas de combate e uma faixa do EIIS na cabeça. A mãe era ativa nas mídias sociais, vangloriando-se das decapitações de reféns ocidentais e prometendo se tornar "a primeira britânica a matar um terrorista do Reino Unido ou dos EUA!".

Kadiza considerava essas mulheres fanáticas. Estava apavorada; queria voltar para casa. Sua família tentou aconselhá-la de longe, ajudando nos planos de fuga. Como viúva, ela morava em uma casa para mulheres, repleta de intrigas, rivalidades e desconfianças. Sentia que as outras a observavam com atenção, suspeitando que desejava escapar. Havia rumores de que uma garota austríaca pega tentando fugir fora espancada até a morte. Especialmente assustador foi o destino de outra garota de East London que tentara fugir: casada com um ex-jogador de futebol abusivo, ela conseguiu chegar a um vilarejo próximo com sua filha pequena. O marido a encontrou e a processou, a garota acabou presa por um tribunal da Sharia e viu sua filha ser levada para ser cuidada pela segunda esposa.

Kadiza conversava com seus familiares em East London com certa regularidade. Eles não a viam há quase um ano. Sentiam sua falta, mas às vezes deixavam que a raiva tomasse conta e gritavam com ela ao telefone. Ela queria voltar de qualquer maneira. "Não tenho um bom pressentimento. Tenho medo", disse à irmã. "Se algo der errado, é o fim."

Sua irmã assegurou-lhe que essa ansiedade era normal. Na verdade, suspeitava que Amira, ainda leal ao EIIS, tentava desencorajar Kadiza a escapar. Temia que Kadiza pudesse ter confidenciado seus planos a Amira e se colocado em perigo, caso a melhor amiga decidisse entregá--la. Kadiza confessou que estava apavorada. "Você sabe que as fronteiras estão fechadas agora. Como vou sair? Não vou passar pelo território do PKK [Partido dos Trabalhadores do Curdistão] para sair. Nunca faria isso."

Essa parte da guerra era simples de entender: o território pelo qual Kadiza precisava passar para sair da Síria era controlado por grupos que

PARTE V: AMOR E LUTO: O ETERNO CICLO

odiavam o EIIS; e ela achava que eles não hesitariam em matar alguém associado ao califado. A certa altura, Kadiza conseguiu se mudar para Raqqa, ainda capital do território controlado pelo EIIS, onde esperava poder arranjar sua fuga sob olhares menos atentos. Umm Layth, a blogueira adolescente de Glasgow, morava no mesmo prédio, embora tivesse parado de escrever agora que as empresas de tecnologia estavam finalmente monitorando o conteúdo do EIIS.

A família de Kadiza, com a ajuda de seu advogado, usou o rastreamento de celular para localizar sua posição em um raio de quinhentos metros. O plano era que ela entrasse em um táxi, que estaria esperando em um horário e local determinados. Em Londres, sua irmã olhava um mapa de Raqqa, tentando explicar a localização para Kadiza por telefone. "Bem perto do restaurante Al–Baik", disse ela. "Qual seu nível de confiança?", perguntou, esperando que Kadiza conseguisse se munir de um pouco de otimismo em relação ao plano.

Depois de uma longa pausa, com a voz trêmula e quase inaudível, Kadiza respondeu: "Zero. Cadê a mamãe? Quero falar com a mamãe."

RAHMA E GHOUFRAN

Fevereiro de 2016, **Sabratha, Líbia**

Os aviões de combate norte-americanos sobrevoaram Sabratha nas primeiras horas da sexta-feira, muito antes da agitação para a oração do amanhecer dentro dos campos de treinamento nas margens da cidade ou nas casas nos distritos oeste e sul. Em uma dessas casas, Rahma e Ghoufran dormiam.

O impacto jogou seus corpos para longe da cama antes que suas mentes tivessem chance de despertar. Parte do teto desabou. O gesso começou a cair. O ar se encheu de fumaça. Rahma abriu os olhos e tentou ver através da névoa de poeira cinza. Seus ouvidos zuniram e ela ouviu gritos agudos que pareciam vir de longe. Então percebeu que os sons vinham de Ghoufran, do outro lado do cômodo, presa ao chão, visível agora através da poeira, com o olhar atordoado, chamando desesperadamente o nome da filha.

Ao amanhecer, havia homens por toda parte, examinando os danos causados pelas bombas norte-americanas. Grande parte de Sabratha lembrava uma paisagem lunar tropical, repleta de crateras e palmeiras. Alguns homens apareceram para levar Ghoufran ao hospital. Rahma não sabia para onde ir. Ela ficou um tempo sentada nos escombros, apática, segurando a bebê de Ghoufran, de poucos meses de idade. Um combatente veio lhe contar que Noureddine, o marido de Ghoufran, estava morto.

Mais tarde, uma das mulheres lhe emprestou um telefone. Quando ligou para Olfa, o som da voz de sua mãe rompeu o choque. Rahma começou a chorar e falar em frases intercortadas. Olfa não conseguia entender uma palavra que ela dizia. A filha soluçava, e a mãe conseguiu apenas captar fragmentos sobre aviões e a morte do marido de Ghoufran.

"Se você está com medo, venha para casa. Não é longe. Você me ouviu, Rahma? Você pode voltar para casa."

"Não", disse Rahma, seu tom de repente se acalmara. "Se chegou a minha hora, é porque Deus quis assim."

Olfa estremeceu. No espaço de um minuto, ela passou por sua habitual montanha-russa de emoções: culpa, autorrecriminação e depois uma intensa frustração com a filha mais nova, que — mesmo agora, mesmo cercada de morte e destruição, com a irmã no hospital — agarrava-se à cegueira.

Maio de 2016, Prisão do Aeroporto de Mitiga, Trípoli, Líbia

Após o ataque aéreo a Sabratha, Rahma e Ghoufran foram detidas pelas milícias do governo de Trípoli, apoiado pela ONU, que concluíram que ambas eram membros do EIIS. Elas foram levadas para a prisão do aeroporto. Rahma insistiu que não queria ir embora. Disse a todos que perguntavam — Olfa ao telefone, os guardas da prisão, os jornalistas — que preferia ficar na prisão líbia, onde era tratada com dignidade, do que retornar à Tunísia, para viver na pobreza à mercê permanente da polícia.

Uma tarde, pouco depois de chegarem à prisão, os guardas trouxeram um menino para as duas irmãs cuidarem. Tinha o cabelo bem cortado, um nariz arrebitado e orelhas proeminentes. Tameem tinha 2 anos e era órfão. A mãe, uma tunisiana chamada Samah, morrera no ataque aéreo de Sabratha. Tameem nascera na Turquia e retornou a Túnis com a mãe quando tinha alguns meses, mas, após intermináveis incursões da polícia no meio da noite à procura de informações sobre simpatizantes do EIIS, ela viajou para a Líbia a fim de se juntar ao marido. O pai do bebê, militante do EIIS, havia desaparecido. Foi dado como morto, mas não havia corpo para comprovar.

O pai de Samah, avô do bebê, morava em Túnis. A essa altura, o senhor já havia perdido vários filhos. O filho partiu para lutar na Síria alguns anos antes e acabou morto. Agora sua filha mais velha estava morta, vítima de um ataque aéreo.

O pai de Samah, de volta à sua casa sobressalente em um bairro decadente de Túnis, teve o cuidado de não apoiar explicitamente a escolha dos filhos de se juntar aos militantes. Porém, declarou, com um certo orgulho em sua voz, que muitos do bairro haviam partido. "Entre eles havia médicos, pessoas que deixaram para trás milhões e disseram: 'Vamos lutar por Deus.' Está vendo? Não foram apenas os desempregados, como você e eu poderíamos imaginar. Pessoas que estavam bem de vida partiram para a jihad. Mas eu realmente não consigo entender", disse, encolhendo os ombros.

Ele viajou duas vezes até Trípoli, com o objetivo de tentar levar seu neto Tameem para casa na Tunísia. As autoridades líbias foram prestativas, mas os tunisianos criaram obstáculos burocráticos. "Pode ser qualquer bebê", disse um funcionário. "Como sabemos que é um bebê tunisiano? Ele tem documentos?"

O pai de Samah continuou a viajar de um lado para o outro a fim de visitar Tameem, que estava crescendo e ficando cada vez mais estressado na prisão. Nas fotos que tirou do neto quando o visitou, o menino parecia apático e distante. Muitos dos órfãos na prisão haviam sido resgatados dos escombros de ataques aéreos. Eles molhavam as calças e se tornavam cada vez mais retraídos. À noite, não conseguiam dormir.

Naquela época, nada no mundo parecia fazer sentido para o pai de Samah. O que se poderia dizer sobre um mundo em que seu neto era mantido por meses a fio em uma prisão, porque os burocratas queriam punir as famílias pelo caminho que os filhos haviam tomado? O governo da Tunísia e grande parte de seu povo continuavam em negação sobre quantos cidadãos tunisianos de fato haviam partido para se juntar à jihad, pois isso implicava acusar o próprio Estado. Mohammed Iqbal Ben Rejeb, o fundador de uma organização para ajudar tunisianos no exterior, cujo próprio irmão havia ido para a Síria, advertiu que permitir que essas crianças definhassem na Líbia daria início a um novo ciclo, o futuro repetindo o passado. "O que serão quando ficarem mais velhas?

PARTE V: AMOR E LUTO: O ETERNO CICLO

Médicas? Engenheiras?", indagou. "Não, formarão a próxima geração do EIIS."

O pai de Samah ecoava o mesmo pensamento. "Mesmo que Al-Baghdadi morra amanhã, alguém o substituirá", declarou, cansado. "Pedimos paz a Deus, só isso."

Em abril de 2017, um emissário da Tunísia viajou até Trípoli para visitar mulheres e crianças tunisianas detidas na Líbia, mas não conseguiu se encontrar com elas. Algumas das crianças foram detidas na companhia das mães; as autoridades tunisianas apresentaram um plano para repatriar apenas as crianças, o que foi recusado por todos.

Em outubro de 2017, após mais de um ano e meio de negociações, as autoridades tunisianas permitiram que Tameem voltasse para casa. Um jornal publicou uma foto dele ao lado do avô, ambos risonhos e exibindo um sinal de positivo, a primeira foto do menino sorrindo.

As autoridades de Túnis não levaram para casa as outras 44 crianças tunisianas mantidas na Líbia.

BETHNAL GREEN

Agosto de 2015, **East London**

EM 2015, O NATIONAL YOUTH THEATRE DE LONDRES ENCOMENDOU UMA peça chamada *Homegrown*, que explorava o tema da radicalização da juventude britânica. A peça era cáustica, capaz de abalar até os menos sensíveis, mas também era abrangente e equilibrada, um diálogo interno, que trazia à tona os preconceitos e as dores juvenis, para depois rebatê-los. Era encenada em uma escola, por alunos espalhados pela plateia e pelo teatro, de modo a transmitir uma sensação de uma conversa em coro no pátio da escola. Trecho da Cena 1, Ato 5:

Garota: Ei, pessoal. Hoje é um dia superemocionante, porque vou mostrar três estilos incríveis de hijabs para vocês. Além de serem originais, não precisam de alfinetes…

[Eu vi seu pai na TV.]

[Aparentemente você gosta de *Keeping Up with the Kardashians* — não posso dizer o mesmo.]

[As pessoas a chamarão de traidora ou infantil.]

[Eu vi você no Twitter.]

[As coisas estão ficando sérias agora.]

[Tenho certeza de que eu nunca teria coragem suficiente para fugir aos 16 anos.]

PARTE V: AMOR E LUTO: O ETERNO CICLO

[Ouvi dizer que você foi fisgada.]

Garota: Ok, pessoal. O segredo é deixar um lado mais longo que o outro. Mas deve ser imperceptível, apenas alguns centímetros — isso faz toda a diferença entre um hijab horrendo e um hiperestiloso.

[Um grupo terrorista ideológico e cínico.]

[Você não é uma pessoa má.]

[Eu não concordo com suas decisões.]

[Você estava procurando algo em que acreditar.]

[O que fez você acreditar que estava fazendo a coisa certa?]

A peça mostrava como era ser um jovem muçulmano e ser humilhado por revistas policiais "aleatórias". Retratava jovens fazendo piadas sobre as decapitações; havia uma cena desoladora sobre Mohammed Emwazi, que se tornou o carrasco Jihadi John, a qual exalava reprovação, empatia e uma realidade perturbadora ("conheço jovens como ele"); revelava a indignação das meninas muçulmanas obrigadas a ouvir que sua religião era misógina; mostrava que até mesmo os adolescentes sabiam que não fazia sentido o governo estar em "guerra com o Islã radical" e ao mesmo tempo "bancar o capacho de empresários sauditas". Reproduzia piadas dolorosas sobre a islamofobia liberal: "Quem está mais nervoso do que um muçulmano no metrô? O leitor do *Guardian* sentado ao lado dele, fingindo que está tudo bem." Resumia a vida como Sharmeena, Kadiza, Amira e Shamima a experimentaram, enquanto lutavam para compreender toda a confusão ao seu redor. Era também a história de suas colegas que escolheram ficar para trás, que continuaram a conviver diariamente com toda essa angústia.

A peça estava planejada para estrear em uma escola em Bethnal Green, mas o conselho de Tower Hamlets, o distrito que supervisionava a área, a pressionou a cancelar. O National Youth Theatre (NYT) encontrou outro local, porém, havia mais indícios de que a peça continuava causando inquietação. A polícia pediu para ler o roteiro, assistir às três primeiras apresentações, plantar oficiais à paisana na plateia e fazer varreduras em busca de bombas. Os atores adolescentes protestaram e os ensaios prosseguiram.

Duas semanas antes da noite de estreia, toda a produção foi abruptamente cancelada pelo NYT, sem nenhuma explicação. Em 1968, com a aprovação da Lei dos Teatros, o Reino Unido pôs fim a um sistema formal de censura estatal de 230 anos. Desde então, nenhuma peça havia sido proibida por um teatro ou pela polícia sem uma indicação clara de que poderia resultar em violência. Um e-mail vazado, de autoria do diretor do NYT, criticou "o tom e a opinião unidimensional" da peça e acusou o escritor e o diretor de terem uma "agenda extremista". Vários grupos protestaram, do English PEN ao Index on Censorship, que disse que o governo havia "criado uma atmosfera" que deixava grupos de artes cada vez mais tensos em abordar assuntos controversos, "especificamente a questão do extremismo islâmico".

Entretanto, o problema não era simplesmente a dificuldade de produção das peças que abordavam o extremismo islâmico. De fato, cerca de um ano depois, o próprio Teatro Nacional apresentou *Another World: Losing Our Children to Islamic State,* que incluía as histórias de Kadiza, Amira e Shamima como parte da narrativa. Mas essa produção intercalou suas histórias com os pontos de vista de generais e advogados dos EUA e eliminou suas nuances até que nada restasse, exceto o clichê que declarava para a plateia: "Somos exatamente iguais a vocês." Se havia alguma verdade a ser extraída das histórias dessas meninas, era que suas vidas, visões de mundo e experiências *não* eram exatamente iguais às do público branco de classe média que compareceu ao Teatro Nacional.

Talvez *Homegrown* fosse franca e real demais: expressava as opiniões dos adolescentes britânicos sem interrompê-los para incorporar as opiniões de generais norte-americanos. Demonstrava simpatia pelo jovem Mohammed Emwazi, antes de se tornar Jihadi John, o assassino do EIIS. O que fazer quando você encomenda uma peça para jovens, e eles criam isso? Como lidar com a verdade perturbadora de que, *ao mesmo tempo*, sentiam pena e desprezavam esse homem? Acima de tudo, como era possível permitir a revelação de que, apesar de rejeitarem o próprio EIIS, concordavam com seu retrato abrangente da situação do Oriente Médio e com a atribuição de culpa às intervenções e políticas estatais do Ocidente para essa situação? Que, de fato, essa visão era tão disseminada que não poderia, de maneira alguma, ser chamada de visão do EIIS, mas, sim, de um sentimento amplamente compartilhado por muitos muçulmanos e árabes, na região e no Ocidente, que foi simplesmente articulado pelo EIIS com seu próprio viés e agenda política.

A conclusão foi de que não era possível permitir que todos esses aspectos fossem exibidos publicamente. Era censura, é claro, mas, no Reino Unido da época, a vigilância deveria prevalecer à liberdade artística ou até mesmo à própria liberdade de expressão. *Homegrown* foi proibida porque remetia incessantemente à política externa como causa instigadora de tanta raiva entre os jovens muçulmanos britânicos. Seu elenco de personagens exalava tanta mágoa que era impossível ler ou assistir à peça e não compreender como o EIIS recrutava os jovens com tanta habilidade — não por ser especialmente inteligente, mas por conhecer muito bem seu público-alvo.

E, embora a imagem de circuito interno das adolescentes caminhando pelo aeroporto tivesse paralisado o mundo, havia muito pouco desejo de realmente entender *por que* haviam partido. O desaparecimento levantou muito mais perguntas do que respostas, mas sua história parecia levar a uma conclusão irritada após a outra, à medida que todos — a mídia, a polícia, os oficiais da Prevent, as feministas muçulmanas, as feministas ocidentais, os grupos de direitos humanos — competiam para impor suas justificativas em relação ao sumiço das meninas. Na Londres de 2015, mergulhar em um pântano de suposições e meias-verdades parecia mais seguro do que ouvir o que um grupo de teatro juvenil, nascido e criado com aquelas garotas, tinha a dizer.

KADIZA

Maio de 2016, **Raqqa, Síria**

UM ATAQUE AÉREO DESTRUIU O PRÉDIO ONDE KADIZA MORAVA. ELA ESTAva lá dentro e morreu instantaneamente. Sharmeena, a primeira das meninas da Bethnal Green a viajar para a Síria, aquela cujo exemplo as amigas haviam seguido, ligou para a irmã de Kadiza em Londres a fim de lhe dar a notícia.

SABIRA

Primavera de 2016, Walthamstow, Distrito Nordeste de Londres

APÓS A CONFUSÃO NO AEROPORTO, SABIRA PASSOU SEMANAS TENDO QUE lidar com juízes, policiais e agentes antiterroristas. Foi um processo institucional de várias camadas que resultou na perda de seu passaporte, em vigilância semipermanente e na percepção tardia de que — no meio de sua depressão e com a influência de Imran — ela quase destruíra sua jovem vida.

No que dizia respeito a Imran, era como se de repente ele tivesse sido lançado sob uma lâmpada fluorescente. O que sua própria carência e doença haviam obscurecido — as manipulações, o carisma ardiloso — agora parecia óbvio. Em seu celular reserva, recebeu uma mensagem de texto: "Sinto sua falta." Ela considerou várias respostas possíveis: *Como está a sua esposa? Obrigada por fazer meu passaporte ser confiscado!* —, mas decidiu que nenhuma delas valia a pena. Uma noite, naquela primavera de 2016, Imran apareceu em sua porta. Ao ouvir sua voz, ela se encolheu contra a parede do corredor no andar de cima. A mãe se comportou de maneira brilhante, pela primeira vez. "Nunca mais ponha os pés na direção da nossa casa!", gritou furiosa, batendo a porta. Sabira sentiu as vibrações reverberarem através das paredes.

Ela foi obrigada a comparecer à mais alta corte do país para receber sua sentença; o pai a acompanhou até o tribunal na Strand, em Londres. Assim como dezenas de outras jovens mulheres no Reino Unido que as autoridades consideravam suscetíveis de viajar para a Síria, a juíza a tornou tutelada do Estado. Sabira usava o cabelo solto, um vestido cinza-escuro e meia-calça cinza. Agradeceu por todos na corte a terem tratado com respeito e bondade e pelo Reino Unido ter lhe dado outra chance, apesar de perder o passaporte e ser impedida de viajar por um determinado período, para qualquer país muçulmano. Se fosse uma jovem norte-americana em circunstâncias semelhantes, apanhada pelas autoridades dos Estado Unidos, provavelmente teria sido processada nos termos de dispositivos vagos que tratam de "apoio material ao terrorismo" e forçada a cumprir uma sentença de prisão de um ano.

Ela passou semanas em contato via e-mail com vários detetives da polícia. Foi submetida a avaliações psiquiátricas e recebeu visitas de oficiais da Prevent, que se sentavam sem jeito em sua sala de estar e perguntavam sobre o Islã e a sua posição em relação à religião. "Que tipo de pensamentos islâmicos você tem agora? Qual sua ideologia islâmica atualmente, Sabira?", perguntou a agente, sentando-se no sofá, com uma linguagem artificial, como se estivesse lendo um roteiro. O que dizer para uma mulher assim?

Sabira queria responder que estava bem, que não era uma paciente mental, que uma situação terrível havia ocorrido, mas, dadas as perguntas simplistas que lhe eram feitas, tinha certeza de que nunca entenderiam. Se queriam saber por que tentou fugir, então por que perguntavam sobre os "pensamentos islâmicos"? Não percebiam que uma menina ingênua e amargurada poderia seguir um irmão amado até os confins da Terra? Não percebiam que garotas abusadas eram presas fáceis para homens carismáticos com intenções duvidosas? Não percebiam que os pais às vezes eram infelizes e não notavam o abuso debaixo de seu nariz, e, mesmo que notassem, estavam frequentemente muito intimidados e preocupados com o que as pessoas diriam para fazer algo a respeito? Não percebiam que, se o irmão não tivesse partido, ela nunca teria se metido em tamanha confusão para início de conversa, e, se não houvesse revolta síria nem repressão violenta, ele não teria ido embora? Como poderia explicar a essa mulher branca bem-intencionada, mas extremamente ignorante e, portanto, potencialmente perigosa, em sua sala de estar, que todos esses eventos foram gravados em sua mente como anéis de crescimento de uma árvore, que ela não podia separar um anel e considerá-lo seus "pensamentos islâmicos"?

PARTE V: AMOR E LUTO: O ETERNO CICLO

No entanto, Sabira respondeu com paciência e humildade, porque entendeu que Allah, as pessoas no tribunal e a polícia haviam lhe dado uma segunda chance. Falava muito consigo mesma naqueles dias. *Sabira, você é uma jovem tão inteligente e esperta. Como permitiu se sentir tão pequena?*

Os objetivos de longo prazo de Sabira sempre foram trabalhar produtivamente, casar com um bom rapaz muçulmano e levar uma vida confortável. Essas eram as aspirações da maioria das jovens em sua comunidade, muitas das quais cresceram em famílias mais pobres e ainda mais excludentes do que as de Sabira. Durante grande parte dos anos 2000 e 2010, devido a medidas de austeridade, o governo cortou programas que visavam ajudar imigrantes menos qualificados a encontrar trabalho e se integrar. Em meados da década de 2010, na época em que os acontecimentos na vida de Sabira se desenrolavam, essa política colidiu com uma mudança generalizada na maneira como o governo britânico encarava e lidava com seus cidadãos muçulmanos.

Em 2015, o governo redefiniu seu pensamento em torno do contraterrorismo, declarando que o radicalismo não era alimentado pela marginalização econômica ou pelas queixas políticas, mas pela ideologia do islamismo conservador. Naquele ano, o primeiro-ministro David Cameron expôs a nova abordagem em um discurso: britânicos que rejeitavam "valores liberais" estavam "fornecendo auxílio" a extremistas violentos. De repente, usar o hijab, ser socialmente conservador, pertencer a uma família que ainda não havia feito a transição do patriarcado de aldeia para a independência moderna se tornaram características que marcavam uma pessoa como extremista. E, alertou Cameron, "a visão de mundo extremista é a porta de entrada e a violência é o destino final".

Em 2017, Louise Casey, responsável governamental pela integração, argumentou que a "opressão das mulheres nas comunidades muçulmanas" estava ligada ao extremismo e ao terrorismo islâmico. Ela foi ainda mais longe, culpando os muçulmanos pela ascensão da extrema-direita no Reino Unido, descrevendo a relação causal da seguinte forma: o conservadorismo religioso dos muçulmanos levou a uma integração frágil; que por sua vez, aliada ao conservadorismo, levou ao terrorismo; e este alimentou os movimentos supremacistas brancos e de extrema direita.

Logo, não havia quase nenhum aspecto da vida muçulmana cotidiana e da observância religiosa que fosse considerado fora dos limites do escrutínio pelas autoridades. Embora os governos britânicos mais recentes tenham resistido à tendência europeia de proibir véus faciais, no início de 2016, a adesão tanto ao hijab comum quanto ao niqab aumentou a ponto de se tornar preocupação de segurança nacional. Cameron exortou instituições como tribunais e escolas a elaborar suas próprias "regras sensatas", enquanto outras autoridades deixaram claro que a proibição de véus faciais em certos espaços não era apenas uma questão de segurança razoável, mas também de empoderamento liberal. Em 2016, ao tratar dos véus faciais, um alto funcionário da educação declarou que os "valores liberais do Ocidente" devem ser protegidos e que "a comunidade muçulmana precisa ouvir", porque a sociedade britânica percorreu um longo caminho "a fim de garantir que tenhamos igualdade para mulheres" e "não devemos retroceder".

Em meio a todas essas discussões e intervenções, as autoridades claramente nunca consideraram que, para um grande número de meninas como Sabira, usar o véu garantia liberdade, autonomia, acesso ao espaço público e à educação. Mas a censura ao hijab nunca foi de fato uma questão de igualdade feminina. Era sobre como o Estado se sentia obrigado, agora que havia confundido o conservadorismo muçulmano com o extremismo, a pressionar a comunidade na direção do liberalismo.

Há um debate necessário sobre a igualdade de gênero entre os muçulmanos. A comunidade muçulmana sul-asiática do Reino Unido é altamente conservadora, a ponto de, muitas vezes, tornar a vida insuportável para algumas de suas jovens mulheres e, em uma extensão diferente e menos imediata, para os rapazes. Existem proibições sufocantes em torno do casamento, problemas com casamento forçado, violência doméstica, rigorosos padrões duplos no tratamento de filhas e filhos e tabus envolvendo o confronto e a denúncia de abuso sexual. (Muitos desses comportamentos são importados do Sul da Ásia e, curiosamente, sua rejeição incentivou os jovens a buscar conhecimento e identidade religiosos de imãs urbanos treinados em Meca.) Mas a possibilidade de se livrar desse conservadorismo atávico e manter os valores religiosos foi perdida na amargura, no medo e na suspeita mútua que dominavam a comunidade muçulmana.

PARTE V: AMOR E LUTO: O ETERNO CICLO

Era possível incentivar as pessoas a reconsiderar tendências patriarcais herdadas ao diagnosticar esses mesmos padrões de comportamento como patologias que levam a bombardeios e decapitações? Em janeiro de 2016, Cameron estabeleceu um novo fundo para o ensino de inglês para muçulmanas. Ele advertiu que aqueles que fracassassem nas provas após alguns anos poderiam ser deportados, pois os que não falam inglês são "mais suscetíveis à mensagem extremista vinda do [EIIS]". A abordagem era algo semelhante à integração sob a mira de uma arma: *Quanto mais inglês você sabe, menor a probabilidade de seus filhos se explodirem.*

A mãe de Sabira, por exemplo, estaria melhor preparada para perceber e lidar com a atração da filha e de Soheil pelo extremismo se fosse mais integrada? E quanto às mães, avós ou irmãs mais velhas de Sharmeena, Kadiza, Shamima e Amira?

Depende do nosso entendimento da própria integração. Os pais imigrantes estavam mal equipados para os desafios contemporâneos da paternidade na Europa urbana do século XXI. Comportaram-se como se ainda estivessem em casa, em Bangladesh ou na Etiópia, onde havia uma rede de apoio circundante de familiares e amigos lançando um olhar protetor a todas as crianças ao seu redor, pois elas sempre foram criadas assim, coletivamente. Em Londres, não existia essa proteção; havia gangues e crimes com facas, predadores no Facebook e no Instagram, toda uma miríade de ameaças físicas e virtuais. Esses pais assumiram que a mesquita e as aulas do Alcorão eram espaços seguros, mas a realidade era que não havia mais espaços seguros, ponto-final, seja online, seja no mundo real.

Acrescente à mistura pobreza, famílias desfeitas, pais ausentes, pais desempregados, pais que não puderam sustentar e proteger suas famílias e tempere tudo isso com humilhação — realidades comuns na vida de todas essas meninas. A imigração geralmente significava longos anos de separação que causavam o fracasso dos casamentos, como os pais de Sharmeena; significava que os casamentos não sobreviviam às pressões da chegada, com as quais as mulheres costumavam lidar melhor enquanto os homens definhavam na vergonha e na amargura dos baixos salários; significava ter que dedicar muito tempo e energia a coisas básicas, como garantir o aluguel, acessar o serviço de saúde, cuidar de parentes doentes, tudo dentro de um sistema burocrático estrangeiro e confuso.

Ser pai de millenials muçulmanos na era da Guerra ao Terror exigia níveis de conscientização que geralmente estavam além da capacidade dos pais imigrantes. A integração, então, no contexto de *vocês são integrados o suficiente para impedir que seus filhos se juntem ao EIIS,* exigia camadas de proficiências, capacidades, conscientização e confiança obtidas de diversas direções: avanço socioeconômico, educação, habilidades linguísticas, acesso a serviços sociais fornecidos adequadamente, envolvimento na vida pública.

Entretanto, para o governo, a integração passou a significar aceitação de "valores britânicos", ponto-final. A identidade nacional central do Reino Unido estava enraizada no liberalismo de gênero, na visibilidade física das mulheres, na aceitação da homossexualidade e na política externa do Reino Unido, especialmente no respeito a Israel.

Como a noção do governo sobre a integração era orientada à segurança, acabou por levar a políticas que irritavam cada vez mais os muçulmanos do país, que se sentiam discriminados, vigiados e estigmatizados. No fim das contas, essa foi uma escolha política do governo; até hoje, não há pesquisa empírica clara e estabelecida que mostre por que as pessoas cometem atos de violência extremista ou se juntam a grupos militantes. Para cada menina ou rapaz de um lar desfeito que foi para a Síria, havia outros de famílias unidas e amorosas; para cada um cuja mãe falava um inglês precário, havia outros cinco cujas mães eram falantes nativas ou fluentes em inglês. Filhos de diplomatas e de médicos ilustres haviam se juntado ao EIIS ao lado dos filhos de garçons e de desempregados que vivem de assistência social.

A verdade espinhosa era que os fatores *estruturais* que geraram o extremismo — as tiranias e os golpes árabes, as guerras ocidentais e os colapsos estatais explorados pelos extremistas — dificilmente eram consideradas pelo policiamento contraterrorista no Ocidente. Essas metaforças eram grandes demais, lucrativas e endêmicas demais para sequer ser *reconhecidas* como impulsionadoras do extremismo. Apenas os fatores mais leves, e na verdade alguns inventados, pareceram viáveis: fazer o YouTube apagar os vídeos de Anwar Al-Awlaki, bloquear a criptografia em aplicativos de mensagens, vetar oradores em universidades por causa de "visões extremistas", desencorajar boicotes a Israel ou trabalho de

PARTE V: AMOR E LUTO: O ETERNO CICLO

ajuda para a Síria, porque esses tipos de ativismo foram retratados como porta de entrada para visões extremistas.

Um oficial local da Prevent descreveu com frustração seus esforços para falar com os muçulmanos britânicos, especialmente homens, sobre extremismo. "Tudo que esses homens sabem dizer é que 'o problema é sua política externa'", afirmou. Para ele, isso era como reclamar do clima britânico: inútil. A política externa do país não mudaria tão cedo, e aqueles que se opunham a ela — emocional, prática ou legalmente — se veriam cada vez mais oprimidos pela Prevent. A agência agora exigia que médicos, professores e assistentes sociais ficassem alertas quanto a sinais de "extremismo". Se uma família tirasse a filha adolescente das aulas de natação em grupo, os professores eram incentivados a consultar as orientações da Prevent. Um garoto afegão-britânico que frequentou a escola com uma insígnia "Palestina Livre" na mochila acabou com a polícia antiterrorista em sua porta. "É mais fácil falar com as mulheres do que com os homens", concluiu o oficial da Prevent. As mulheres só queriam impedir que seus filhos partissem para morrer e eram mais cooperativas. Elas se culpariam no final, de qualquer maneira. Os homens só queriam falar do *porquê* de seus filhos estarem partindo.

O filho de Soheil nasceu no início do verão de 2016, quase um ano depois de seu casamento. Nos vídeos, ele olhava encantado para o filho, fazendo cócegas no queixo para que risse. Mandava fotos para a irmã a cada poucas semanas. Então, um dia, Sabira recebeu uma mensagem de texto de um de seus primos: "Seu irmão está tentando entrar em contato com você." Ela baixou um novo aplicativo e eles conseguiram conversar.

Soheil e Nadim, primo deles, estavam juntos no carro. A conexão era incomumente boa. Era a primeira vez que os três conversavam juntos desde que os dois jovens partiram, há mais de um ano e meio. Sabira queria tanto estar no carro com eles. Ela e Nadim sempre foram muito próximos. Ele sempre dizia que ela era o modelo perfeito de comportamento feminino e incentivava que suas irmãs se comportassem mais como ela. "Pergunte a Sabira se ela ainda está indo para a academia. Pergunte a Sabira se o tio e a avó ainda se hostilizam. Pergunte a Sabira se a mãe ainda fala em provérbios." Ela atualizou os dois homens sobre o humor, o peso, a tendência a provérbios e as vidas sociais de todos.

A CASA *das* JOVENS VIÚVAS

Dois dias depois, Sabira estava no carro com a mãe, indo visitar o pai em Birmingham, quando abriu uma mensagem de texto incomumente longa de Soheil. Ela teve que parar de ler após a primeira linha: "Nadim está morto." Ele não disse como aconteceu. Se tinha sido excruciante ou rápido e indolor. A falta de informações logo se transformou em raiva ardente. Ela queria gritar com ele: *Não! Nadim estava agora mesmo no carro com você. Acabamos de nos falar. Ele estava vivo!*

As memórias voltaram à tona. Ela pensou no riso gutural de Nadim; em sua estranha aversão a refrigerantes; nos doces que comprava para ela em East London; nas caretas de olhos arregalados que ele fazia para que o filhinho caísse na gargalhada; na sua gentil insistência, quando suas irmãs colocavam filmes de Bollywood, de que roupas e danças tão reveladoras eram, na sua opinião, apenas tentadoras, o triste resultado de muçulmanos indianos se misturarem com muitos hindus adoradores de elefantes, que gostam de mostrar o umbigo e bajular os brancos. "Não adianta eu continuar falando isso", dizia para suas irmãs, suspirando. "A modéstia tem que vir de dentro de vocês. Como em Sabira."

Já era fim da manhã; o céu estava leitoso e elas ainda tinham duas horas de estrada pela frente. Sabira agarrou a manga da mãe, dizendo: "Temos que voltar." Pararam na saída seguinte e sua mãe apertou o volante e chorou. Os olhos de Sabira estavam secos. Ela fora a primeira a saber; tinha que se manter forte para todos.

Depois de voltar para Londres, elas entraram na sala de estar de sua tia sem aviso prévio. Sabira pegou o controle remoto e desligou a televisão. A prima, que acabara de voltar da academia, vestindo o que passava por roupas discretas — uma legging justa, uma túnica que chegava ao meio das coxas, mas marcava tudo ao longo do caminho —, ergueu os olhos intrigada. Sabira encontrou a tia na cozinha, levou-a para a sala e pediu que se sentasse. Quando contou a notícia, pensou que sua tia cairia em soluços amargos e bateria no peito. Mas seus olhos semicerraram e se tornaram duros como pedra. "Não acredito em você", disse. "Peça a Soheil para mandar uma foto. Não vou acreditar até ver."

Sabira não imaginara que poderia ser uma notícia falsa. Mas, no contraste entre sua tia, recusando-se firmemente a chorar, e a mãe e a prima, que se abraçavam e soluçavam, ela viu que era uma tentativa

PARTE V: AMOR E LUTO: O ETERNO CICLO

de ganhar tempo. Sem provas, sua tia poderia permanecer em negação. Em um certo nível, era simplesmente inconcebível — depois de acabar no Reino Unido, filha de um imigrante paquistanês cuja família havia abandonado sua fazenda em meio à violência da partição, de ter feito o possível para criar um filho feliz em meio a um difícil período de cisão cultural, de vê-lo cada vez mais irritado por sentir-se britânico de uma maneira que ela mesma nunca se sentiu, apesar de ele se misturar melhor do que ela jamais conseguiu — assistir a esse filho retraçar o caminho de sua própria família de volta para o leste e acabar lutando e morrendo no Levante árabe na guerra civil-territorial de outra pessoa sob a bandeira da jihad. Seria ele um mártir que morreu lutando pela ideia de um califado, um reino dos céus onde os muçulmanos poderiam viver com dignidade sob os desígnios de Allah? Um soldado de infantaria na insurgência jihadista sunita sírio-iraquiana que não queria fazer parte nem do Iraque nem da Síria e se rebelou contra esses regimes? Seria ambos? *Poderia* ser ambos? Qual foi o legado de sua morte? Isso significava que ela criara o filho com um coração que se inflamava contra a injustiça ou que fracassara, sem perceber que ele se tornara um alvo? Era demais para ela suportar. "Preciso de uma foto", repetiu categoricamente.

"Mesmo? Devo mesmo enviar uma foto?", perguntou Soheil, quando Sabira conseguiu lhe enviar uma mensagem mais tarde. Ela respondeu: *"A tia precisa de uma explicação. Apenas envie."*

Era noite quando ele enviou a foto. Dava para ver a lua pela janela do quarto, inflada, mas ainda não cheia, despejando luz na rua. Por uma fração de segundo, Sabira pensou que Soheil havia enviado a foto errada. A imagem parecia retratar os corpos sírios mutilados que costumavam ver em seus telefones dezoito meses antes, quando a guerra da Síria estava começando. Mas essa não era uma vítima anônima. Era Nadim, com fragmentos do rosto e do ombro esquerdo faltando, pedaços de osso aparentes, cinzas recobrindo seus restos. Ela não conseguia entender o que havia causado tudo aquilo. Ele fora baleado? A imagem parecia emitir som, um grito estridente e insuportável, como uma sirene. Sabira sentiu-se desorientada, suas mãos agiam por vontade própria, batendo a tela do telefone contra a mesa de cabeceira.

EM OUTUBRO DE 2016, POUCOS meses após o nascimento do bebê, oito meses depois da morte de Nadim, Soheil foi morto por um tiro de sniper na cabeça durante uma campanha prolongada de combate fora de Manbij. Aparentemente, uma morte instantânea, disse sua esposa mais tarde.

"Você não quer partir, agora que ele se foi?", perguntou Sabira em uma mensagem.

"Não. Não vou me casar de novo. Não há ninguém para mim depois de Soheil. Mas nunca irei embora. Estou esperando a vida após a morte, onde poderemos ficar juntos."

O luto dos familiares por Nadim se misturou ao luto por Soheil, em um período em que tudo que faziam era contar os dias: o sétimo dia, o quadragésimo dia. Atravessaram esses marcadores de tempo fisicamente, como se passassem contas em um cordão de oração. Sabira flutuou por muitos daqueles dias quase inconsciente, frequentemente espantada por tudo do lado de fora permanecer inalterado: o atalho do beco que levava diretamente à estação da linha Victoria, a hera que rastejava da treliça do vizinho para a cerca, os jacintos azuis que cercavam o campo de críquete.

Há mais de um ano, antes dos desastres nas viagens, Sabira havia se matriculado em um curso profissionalizante de ludoterapia. Era paciente e adorava crianças. Amava suas idiossincrasias, suas pequenas vulnerabilidades, sua inocência. Quando as aulas começaram, no final de 2016, atordoada pela tristeza, ela foi movida por um senso de obrigação mecânica, mas rapidamente se envolveu nas matérias, nas teorias sobre estruturas familiares, na miríade de maneiras que algo simples como brincar poderia ser usado para ajudar as crianças a lidar com pequenos medos e grandes traumas. Sabira aguardava ansiosa a observação clínica uma vez por semana. Gostava do quanto precisava estar presente, observando o comportamento das crianças em busca de sinais, antecipando as reações do terapeuta qualificado.

Acima de tudo, ela gostava do quanto se sentia produtiva, de estar naquela sala, de ajudar a fazer a diferença na vida dessas crianças. Gostava de, toda semana, chegar e ver as crianças correndo até ela. Gostava de ser um exemplo, com seu hijab e sua abaya, de uma mulher muçulmana forte. Há muito tempo se afastara das extremistas do Al-Muhajiroun, cujas atitudes em relação à "mistura livre de gêneros" teriam tornado seu

PARTE V: AMOR E LUTO: O ETERNO CICLO

trabalho impossível. Sabira queria ser produtiva e contribuir para a sociedade, assim como a primeira esposa do profeta Muhammad, Khadija, que era uma ativa mulher de negócios. Esse fato fazia parte de um lado do antigo Islã que ela certamente nunca ouvira falar quando se mudou para os círculos do Al-Muhajiroun. O Islã era uma religião grandiosa demais para impor essas restrições às mulheres, e nobre demais para aceitar tratar os não muçulmanos com desprezo, ela pensou.

Sabira começou a assistir a palestras islâmicas no YouTube novamente e ler o Alcorão antes de dormir. Era estranho pensar no futuro, em sua *iman* e nas responsabilidades com Allah. Foi em meio a tudo isso que ela resolveu usar o hijab novamente. Ouviu as várias posições acadêmicas; leu e releu as seções do Alcorão que tratam da modéstia. Decidiu que se cobrir mais era o que Allah desejava e sentiu uma paz serena e radiante por escolher sozinha o caminho para agradá-Lo.

Ela não sentiu um pingo de ressentimento ao vestir o hijab pela manhã. O melhor de tudo é que não se sentia superior às muçulmanas que não o usavam. Agora o considerava uma escolha individual, e não sentia desprezo pelas garotas que usavam hijab no estilo turbante, no estilo bandana ou emoldurando os rostos carregados de maquiagem, com roupas ostensivamente sensuais. Ninguém era perfeito. Cada um peca à sua maneira. Sabira se sentiu abençoada desde o primeiro dia em que o vestiu de novo. A diminuição dos comentários diários, das provocações, do assédio, dos olhos percorrendo seu corpo de cima a baixo: era apenas mais uma vantagem. Graças a Deus ela pôde escolher e encontrou o caminho de volta a essa escolha.

Sabira recordava o verão de 2015 como um período de delírio e sentia vergonha por sua imprudência e ingenuidade. Ainda a magoava quando os jornais zombavam de todos os jovens de Walthamstow que haviam partido, como seu irmão e Nadim. Ela nunca os desonraria assim, pois sabia por que haviam partido. Os jornais só se importavam em descobrir quem os havia submetido à lavagem cerebral, nunca contra *o que* tinham ido lutar. Em setembro de 2016, Anjem Chaudry, o narcisista da mídia obscura cujo grupo levou Soheil e Nadim à Síria, finalmente foi preso. A triunfante manchete do *Daily Mail* dava uma dica de como o jornal havia gostado da caçada: "Enfim Capturado! Por 20 anos, o pregador de ódio que vivia de assistência social debochou do Reino Unido e disseminou o terror no mundo inteiro. Agora, depois de jurar lealdade ao EIIS, ele enfrenta 10 anos atrás das grades."

Mais tarde, um amigo contou a Sabira que, durante o verão de 2015, um grupo de mais de vinte estudantes de medicina britânicos de origem sudanesa havia viajado para se juntar ao EIIS. Ler sobre esses jovens tornou seu próprio erro um fardo mais leve. Eram filhos respeitáveis, educados e ricos de consultores, médicos e diplomatas; se jovens assim podiam ser atraídos para o califado, era de se admirar que Soheil tivesse sido aliciado? Que ela tivesse permitido que a ideia passasse por sua mente?

Às vezes, à noite, Sabira esmiuçava os noticiários online. Era tão fácil para eles chamar essas pessoas de "um desperdício de espaço" ou sua religião de demoníaca. Porém, se alguém criasse um mural em memória de todas as centenas de milhares de jovens brilhantes, instruídos, promissores e de bom coração que foram para a Síria, seria possível olhar no rosto deles e não perceber que havia algo a aprender? Mas esse era um espelho para o qual ninguém realmente queria olhar.

O único rosto que Sabira queria ver era o do irmão, olhando-a de volta na pequena moldura do rosto do sobrinho, que era uma cópia dele. Mas ela havia se resignado a sentir falta até mesmo disso.

EMMA/DUNYA

Janeiro de 2017, em um Vilarejo no Norte da Síria

Hoje era seu aniversário e Dunya estava se aproximando dos 30, sem um tostão, em um vilarejo sírio. Ela colocou "Desert Rose", do Sting, a música que quase sempre a fazia se sentir melhor; comeu os brownies de chocolate comprados pela família com a qual se hospedara. O gerador desligou com um barulho alto e triste, levando com ele o Wi-Fi e o pequeno aquecedor elétrico. Dunya suspirou e começou a vestir meias extras. O frio deixou seus dedos dormentes e minou sua vontade de sair da cama, até para as refeições. Sem internet, sentia-se como o personagem de Tom Hanks em _Náufrago._ Ao contrário da maioria das noites, ela se lembrara de encher a bolsa de água quente antes que o gerador morresse, e pressionou os dedos dos pés contra seu calor reconfortante.

Às vezes, parecia que Dunya seria a última alemã restante em toda a Síria. Sabia de muitas outras que haviam conseguido atravessar a fronteira para a Turquia, mas, embora o consulado alemão em Ancara dissesse repetidamente que estava trabalhando em seu caso, nenhuma ajuda jamais se materializou. A ideia de improvisar, e só caminhar ou dirigir até a fronteira e se entregar às autoridades turcas, a assustava, mesmo que provavelmente as outras tenham feito isso. E se a jogassem em um centro de detenção imundo, onde teria que passar semanas dormindo em um chão coberto de sujeira e comendo mingau, cercada de viciadas e prostitutas? E se a interrogassem por horas como no filme *O Expresso da Meia-Noite* antes de entregá-la às autoridades alemãs?

Depois, havia o problema de seus gatos, só um pouco menos complicado do que sua própria situação. Os gatos teriam que ficar na Turquia por um período de três meses, recebendo vacinas e sendo tratados por um veterinário, antes que pudessem se qualificar para exames de saúde e um passaporte oficial para animais de estimação. Com quem eles ficariam? Ela não falava turco e não conhecia uma viva alma na Turquia, além dos homens sírios do ELS que a ajudaram e que cruzavam de um lado para o outro da fronteira.

Pessoas a procuravam em busca de informações. Jornalistas que tinham seu número do WhatsApp e ligavam com perguntas; agentes de inteligência que apareciam em sua casa fingindo ser trabalhadores de ONGs locais ou a polícia municipal, como se ela não fosse capaz de perceber imediatamente quem de fato eram. Algumas dessas pessoas prometeram ajudar a transportar e encontrar acomodação para os gatos. Uma delas mandou uma mensagem para indicar uma página no Facebook, a Cihangir Cat Lovers, popular entre os donos de gatos que moravam em um bairro sofisticado de Istambul, e sugeriu que Dunya publicasse um pedido. Ela recusou: "Não posso dizer a ninguém 'por favor, vamos nos encontrar na fronteira síria, pois você tem que pegar meus gatos lá'." Mesmo que alguém conseguisse levar os gatos até Istambul, ela ainda estava inquieta. "Não quero entregá-los a estranhos do Facebook. Mas quando penso em deixá-los na Turquia por três meses, começo a chorar como um bebê 😿😿😿😿."

A família com quem ela se hospedara era o clã mais proeminente nessa pequena vila no Norte da Síria. Moravam todos juntos, três gerações, em um lar comunitário, e permitiam que Dunya vivesse com eles por compaixão, embora, quando ela conseguia oferecer pequenos pagamentos, aceitassem com gratidão. Apoiavam firmemente o Exército Livre da Síria e eram religiosos fervorosos. Não havia bebida. Dunya usava o hijab quando os homens estavam presentes. Até onde ela sabia, os homens do vilarejo haviam se casado com suas esposas quando jovens, arranjos considerados propícios às relações locais. Todos pareciam tolerantes com a ideia de que agora, anos e muitos filhos depois, eles estivessem à procura de segundas esposas.

PARTE V: AMOR E LUTO: O ETERNO CICLO

A matriarca da família era extremamente gentil e tratava Dunya como uma de suas próprias filhas — ia até o seu quarto caso não aparecesse, cuidava dela quando passava mal depois de um kebab estragado ou nas crises de bronquite. Se Dunya estivesse muito doente ou deprimida para sair, a matriarca enviava uma das crianças até o quarto com um prato de rosquinhas ou doces. Era a primeira vez que uma família cuidava dela assim, e o cuidado deles deixava Dunya envergonhada de ser um fardo e relutante em ir embora.

Ela passava horas sozinha. Em uma noite qualquer, estes eram os pensamentos que poderiam habitar sua mente: como seria emocionante fazer compras em Manhattan e como isso era improvável por causa de sua estupidez e da eleição de Trump; como tinha que ser forte e não ceder ao desespero por ter tomado uma decisão ruim e precisar lidar com as consequências; por que algumas mulheres ficavam melhor que outras usando o hijab; a sabedoria do poeta sírio Nizar Qabbani, que percebeu que o amor poderia transformar e que o segredo da felicidade era permitir que o coração fizesse escolhas. Qabbani, ela pensou, entendia o desejo como ninguém mais. Ele escreveu que "a mulher não quer um homem rico, bonito ou mesmo um poeta, ela quer um homem que entenda seu olhar se ela ficar triste e aponte para o peito dele e diga: 'Aqui é seu lar'".

Assim como sua mãe, Dunya odiava homens; não queria mais saber deles. Ela pensou em assar um bolo no formato de um homem e comê-lo bem devagar, pedaço por pedaço. Mudava sua foto de perfil do WhatsApp obsessivamente. Era um melhor indicador de seus humores, aspirações, desejos e arrependimentos do que qualquer palavra que pudesse articular. No período de um mês, exibia a foto da mãe, ela mesma quando bebê, uma BMW ao pôr do sol, a preguiça de *Era do Gelo,* um tênis Nike cor de pêssego, pinguins abraçados, o Taj Mahal banhado pela luz da lua, Homer Simpson segurando um cartaz com os dizeres "O fim está próximo", crianças sírias em um campo agitando sua bandeira nacional, um tétrico "eu odeio você" em árabe, selfies fazendo beicinho com cabelos esvoaçantes, selfies fazendo beicinho com hijab, SnapChat com orelhas de rato, uma praia ao luar, "Tanto faz", "Às vezes você precisa esquecer o que quer para se lembrar do que merece" e um combatente em um campo segurando um gato no colo.

Dunya costumava sonhar acordada imaginando como seria sua vida na Alemanha, depois que cumprisse uma pena de prisão, o que certamente seria necessário. Ela queria abandonar a religião por um tempo, tirar o hijab e levar uma vida europeia normal de novo. Sempre seria uma muçulmana e, em algum momento, voltaria a se cobrir. Porém, se usasse o véu, não poderia entrar em um bar nem ficar sentada fumando shisha, e queria fazer essas coisas. Queria ter aulas de árabe, pois continuava apaixonada pelo idioma, a língua do Alcorão e de Umm Kulthum.

UMA NOITE, O BOMBARDEIO DE autoria da YPG, Unidades de Proteção Popular, nas proximidades foi tão alto que as janelas chocalhavam sem parar. Dunya desejou que simplesmente quebrassem de uma vez.

A YPG era uma milícia curda síria intimamente ligada a um grupo que os Estados Unidos consideravam uma "entidade terrorista", mas agora, há pouco reformulada e renomeada como Forças Democráticas da Síria, trabalhava em conjunto com os militares norte-americanos e europeus para expulsar o EIIS das áreas ao leste e a nordeste de Raqqa, pois o grupo se aproximava cada vez mais da cidade. Dunya se levantou para lavar a máscara facial, caso o gerador resolvesse desligar. Era uma gosma preta, feita de algo parecido com carvão, e ela precisava da luz para removê-la. Agora que havia escapado do califado, Dunya se dedicava ao seu bem-estar. Fazia esfoliantes com sal e mel, máscaras com óleo de amêndoas e azeite, e descobriu que o autocuidado orgânico poderia tranquilamente preencher um longo período de um dia normal.

Quanto à guerra, continuou como pano de fundo. Dunya agora vivenciava a luta principalmente por meio do som e desenvolveu um catálogo auditivo especializado: os russos lançavam o que ela chamava de bombas monstruosas, rajadas implacáveis de sete explosões, sempre sete, voavam e retornavam depois de dez ou quinze minutos para outra rajada; os bombardeiros do regime sírio eram erráticos e bombardeavam de forma indiscriminada, atingindo frequentemente áreas civis, shopping centers e hospitais; os aviões norte-americanos, pelo menos naquela época, faziam ataques furtivos.

PARTE V: AMOR E LUTO: O ETERNO CICLO

Uma amiga mandou uma mensagem para perguntar como ela estava. Dunya respondeu: "Maldita YPG. A manhã inteira de bum bum bum e agora de novo 😑."

Trocaram mensagens por um tempo sobre o ataque e depois começaram a falar de maquiagem.

"Odeio a luta diária com o rímel na Alemanha. Pareço um panda todas as manhãs 🐼 queria cílios postiços 3D."

"Não sei, eles são halal? 🤔."

"Verdade, por causa da cola e dos postiços, talvez a água não consiga chegar em todos os cílios."

A internet muçulmana estava dividida acerca da permissão dos cílios postiços pela religião. Dunya assistia a *CSI Miami, CSI Nova York;* memorizou as especificações da nova BMW série 6. Lia poesia e, na companhia da família politicamente ativa, acompanhou o surgimento contínuo de novos grupos rebeldes que se fundiam com os antigos. Era capaz de discutir suas diferentes táticas e até que ponto a religião era um aspecto genuíno ou instrumentalista de sua visão militar e política.

As notícias de Selim eram esporádicas. Ele não conseguia sair de Raqqa sozinho, e ela mantinha contato com outros combatentes do EIIS que tentavam ajudá-lo a escapar. A jornalista alemã que ajudara a coordenar sua fuga se recusara a socorrer Selim; disse que era doutrinado demais e poderia representar um perigo para qualquer sírio que tentasse tirá-lo de lá. Dunya decidiu que era hora de entrar em contato com a família dele; independentemente do que tivesse acontecido no passado, eles mereciam ser atualizados sobre a situação.

Ela se lembrou dos sonhos de terem filhos juntos. Pensou na noite em que seu primeiro gato, doente por algo tóxico que comera na rua, morreu nos braços de Selim. Ele ficara acordado por horas acariciando sua cabeça e chorou quando o pobrezinho finalmente parou de respirar. Dunya rezou para que conseguisse ver seu marido uma última vez, para que pudesse explicar por que havia fugido e pedir perdão por tudo.

Outubro de 2017, **Mesmo Vilarejo da Síria**

ELA AINDA ESTAVA NA SÍRIA quando o califado começou a desmoronar. O EIIS enfrentou ataques de todas as direções — das forças da coalizão, dos combatentes curdos, do exército iraquiano, do regime de Assad, das milícias xiitas apoiadas pelo Irã. Os combatentes e suas famílias estavam fugindo para toda parte, entregando-se, tentando evitar a captura. Dunya pensou em como seu marido seria tratado. Será que alguém perguntaria quando ele chegara e reagiria com base nisso? Embora a vida do falso califado tenha durado apenas dois anos, a data de chegada importava profundamente. Fora nos primeiros dias, quando a guerra parecia justa e correta? Ou mais tarde, quando se transformou em uma orgia de violência espetacular?

Os melhores homens chegaram cedo e morreram rápido. Detinham os mais puros ideais e convicções, foram para lutar por Deus. Se soubessem como as coisas acabariam, não teriam ido. Os homens que chegaram depois, respondendo ao chamado da violência, eram mercenários e canalhas, convertidos vulneráveis e almas perdidas, bandidos à procura de uma causa, pequenos gângsteres e vagabundos, buscando redenção, identidade, significado. Não eram homens em cujos ombros seria possível construir uma sociedade.

NOUR

Primavera de 2016, Le Kram, Túnis

Nour acordou assustada com o primeiro estrondo. Era final da primavera de 2016, e sua janela, que dava para a rua, estava aberta, assim ela pôde ouvir a polícia gritando enquanto batia na porta da frente. Trancou a porta do quarto, em pânico; precisava esconder o celular antes de chegarem a ela.

A polícia estava no corredor agora, exigindo que Nour abrisse a porta. "Estou apenas colocando meu véu", gritou, mexendo no guarda-roupa, onde enfiou o telefone, embrulhado em uma meia, em um emaranhado de roupas.

"Saia, Nour. Não temos nada contra você. Seu caso está encerrado. Só queremos saber onde está seu marido", disse o policial.

Nour abriu a porta e saiu. Explicou que estava se divorciando de Karim e não tinham mais um contato regular. Não havia motivo para que a incomodassem. Eles pediram para ver seu celular e ela disse que não tinha. "Tudo bem", suspirou o oficial. "Vamos ter que ir até a delegacia."

Mal tinha amanhecido quando eles cruzaram as ruas de Kram. Na delegacia, o policial retomou a intimidação. Chutou as pernas da cadeira, empurrando-a para trás. Ameaçou atormentar sua vida, a menos que ela entregasse o telefone. Nour se manteve impassível até que, mais tarde, a porta se abriu e eles trouxeram seu pai. Ele tinha 50 e poucos, mas anos de trabalho recurvaram e enrugaram seu corpo como se fosse duas décadas mais velho. Este era o trunfo deles: ordenaram que lidasse com a filha, ou então tornariam a vida um inferno para toda a família. O pai parecia pálido e se agarrou nas laterais da cadeira. Nour se levantou e disse que buscaria o celular.

A mãe estava cortando legumes na cozinha quando ela voltou para casa a fim de pegar o telefone. Nour deu um beijou na testa da mãe antes que os policiais a escoltassem de volta para o carro que os aguardava. Na delegacia, lhe ofereceram o almoço — um sanduíche de queijo com harissa, empurrado sobre a mesa de metal. Quando Nour ligou o celular, descobriu que tudo havia sido apagado: seus aplicativos, Facebook, Telegram, WhatsApp. Sua engenhosa irmã caçula agira rapidamente.

A polícia pediu que Nour reinstalasse o Facebook, e ela obedeceu. Examinaram sua linha do tempo, não encontraram nada e passaram para a lista de amigos. Havia algumas meninas salafistas, e a polícia perguntou quem eram.

Assim como muitas jovens conservadoras que optaram por não trabalhar fora, ou que não conseguiam encontrar emprego por causa de seus véus faciais, Nour experimentou criar um negócio de roupas em casa, vendendo recatados trajes islâmicos. Durante o auge do ativismo salafista que se seguiu à revolução de 2011, as mulheres niqabi se organizaram para exigir o direito de frequentar as aulas da universidade com o rosto coberto. Havia pouco apoio político para essa inquietante reivindicação, que fundia um impulso progressista (acesso das mulheres ao ensino superior) a um altamente ortodoxo (o desagregador e impopular véu). Na sociedade tunisiana, a noção de feminismo salafista parecia absolutamente risível. Não havia uma corrente política que visse algum benefício em abraçar a causa dessas jovens. O Ennahda recusava-se a se envolver com qualquer questão de discriminação do niqab — um fato que as jovens manifestantes consideraram prova da excessiva cautela do grupo — e permaneceu em silêncio durante todo o tempo, mesmo quando o reitor da Faculdade de Letras, Artes e Humanidades da Universidade de Manouba deu um tapa em uma estudante niqabi por cobrir o rosto. Mas, em parte, a guerra do niqab era um meio de expandir barreiras, uma maneira de jovens radicais e antiestablishment verem até que ponto a nova esfera política estava disposta a ceder e incluí-los.

PARTE V: AMOR E LUTO: O ETERNO CICLO

O legado de Bourguiba como "libertador de mulheres" se revelou um sucesso estrondoso, com ramificações inesperadas. A ascensão de mulheres como Nour e suas irmãs salafistas mostrou que as religiosas da Tunísia haviam internalizado a mensagem da independência. Agora, exercitavam sua recém-descoberta liberdade para fazer uma reivindicação bastante complicada: que a sociedade as incluísse e as aceitasse dentro da estrutura de uma visão ortodoxa e altamente conservadora do Islã. O que fazer com mulheres voluntariosas como elas, que começaram como meninas assertivas determinadas a usar o hijab, impacientes para que a sociedade as incluísse? Os políticos mal sabiam como reagir, muito menos a polícia, que olhava para uma mulher como Nour e, verdade seja dita, só queria acabar com sua devoção desobediente na base da pancada.

"Elas compram roupas de mim, são minhas clientes", explicou Nour, em resposta à pergunta da polícia sobre as mulheres salafistas. Eles encontraram uma conta mais antiga no Facebook que também pertencia a ela e examinaram a linha do tempo. Um deles analisou as postagens mais antigas e as atualizações de status e suspirou alto. Segurou a tela na frente do rosto de Nour, a centímetros de seu nariz. "Exatamente o que isso significa?" O post dizia: *"Não há outro Deus senão Deus, e Muhammad é seu mensageiro"* e abaixo a legenda *"minhas últimas palavras antes da morte"*. "Você quer ser uma mártir, hein?", inquiriu o policial.

Outro oficial entrou com uma pilha de papéis. Era uma lista de garotas, com fotos e nomes. Pediram a Nour para examinar a lista e perguntaram se conhecia alguma delas. As que sabia que já haviam sido presas, fingiu não conhecer. Não queria que elas passassem pelo mesmo inferno novamente. As que ainda não haviam sido presas, admitiu conhecer.

Nour perguntou se podia ir para casa, mas os policiais empurraram o sanduíche intocado em sua direção e disseram que ainda não. Na hora da oração da noite, eles trouxeram seu irmão mais novo até a delegacia e sentaram-no em um canto. O policial jogou a lista na frente dela novamente. O irmão se recostou na cadeira, como se quisesse ocupar menos espaço. Ver a camiseta do Barcelona FC surrada e desbotada na sala de interrogatório quase a fez desmaiar. Quando os policiais exigiram que olhasse a lista novamente, ela respondeu que só faria isso quando levassem o irmão para casa.

A sala de interrogatório era pequena e sem janelas, com um piso de linóleo manchado. Antes da revolução, os serviços de segurança estupravam e agrediam rotineiramente mulheres suspeitas de vínculo com a oposição religiosa, interpretando o que consideravam "laços" da maneira mais ampla possível. Era para ser diferente agora que a Tunísia era um modelo de democracia. Nour manteve-se calada, recusando-se a falar até que levassem o irmão embora. Cerca de uma hora depois, a porta se abriu novamente e o interrogador empurrou outra mulher para dentro da sala. Ela frequentava a mesma mesquita que Nour, em Kram.

"Quando você a conheceu?" O interrogador partiu, como sempre, de uma premissa.

"Não a conheço", respondeu Nour, mentindo.

"Você não conhece os convidados de seu próprio casamento?"

"Meus pais convidaram muitas pessoas."

"Ela compartilha de sua ideologia? Ela ficou feliz quando os policiais foram massacrados? O que você é, Nour? É da Al-Qaeda? Do Ansar Al-Sharia? Da Jabhat Al-Nusra? Do Daesh?"

Nour se perguntou se o policial sabia até que ponto esses grupos diferiam um do outro e, se não sabia, como parecia ser o caso, por que era policial. Se tudo que a polícia fazia, além de aceitar subornos, era caçar militantes islâmicos, seus membros não deveriam ter algum conhecimento básico sobre as diferentes facções? Ao que parece, até isso era esperar demais. Continuou assim por cerca de quinze minutos. A garota balançava para frente e para trás contra a parede. Nour fingiu olhar para ela, como se estivesse tentando genuinamente reconhecê-la. A polícia trouxe mais três mulheres, os policiais exigiram que Nour dissesse se as reconhecia e ela continuou fingindo que não.

Por volta das 22h, após um dia inteiro de interrogatório, a polícia colocou Nour em uma van e a levou para Al-Gorjani, o centro de detenção onde os suspeitos de terrorismo eram mantidos. O turismo evaporou na Tunísia após os ataques terroristas do ano anterior, na praia de Sousse e em um museu em Túnis, dando à polícia amplos motivos para perseguir extremistas. Mas, na realidade, eles usavam a ameaça terrorista para fins muito mais amplos: caçar qualquer pessoa com conexões suspeitas ou que apenas entrasse em contato com essas pessoas. A polícia da Tunísia era propensa a abusos e foi incumbida de uma tarefa que convidava ao abuso: combater o terrorismo em escala nacional.

Essa nova sala de espera em Al-Gorjani era um pouco maior e continha uma variedade aleatória de mulheres: uma adolescente, a esposa de um membro do Ansar Al-Sharia e uma mulher que declarou, perplexa: "Tudo o que encontraram foram fotos de Bin Laden no meu telefone, só isso." Todas estavam sentadas no chão, com as pernas estendidas; duas das mulheres estavam grávidas e se moviam inquietas tentando encontrar uma posição.

Os dias começaram a se misturar, a mesmice da luminosidade e dos ruídos interrompidos apenas por interrogatórios. As perguntas também eram as mesmas: "Você é do EIIS?" "Você prefere a Al Qaeda?" "Você acredita no Estado-nação?" "Que sheik você segue?" Nour queria ficar calada. Queria ficar quieta para que seu silêncio ganhasse forma com a própria força e devorasse esses homens. Mas ela tinha medo que a espancassem, então se pronunciava apenas para negar tudo, e o interrogatório sempre terminava da mesma maneira: "Cadela *takfiri* estúpida, você mataria todos nós!"

A polícia variou sua tática, tentando encontrar novas maneiras de assustá-la para que falasse. Um dia, levaram um jovem para a sala, um detento, lhe deram socos e pancadas até que caísse no chão, cobrindo o rosto com as mãos. Dois policiais o chutaram até que um olho afundou e havia sangue para todo lado. Quando ele levou a mão ao olho e se virou, deixou uma marca de sangue em formato de mão na parede.

Nour dormia em um colchão imundo no chão, inalando o fedor do banheiro na cela, com um braço sobre os olhos para atenuar a luz fluorescente que brilhava dia e noite. O almoço era um caldo gelado e ralo de tomate com algumas ervilhas flutuando.

Um dia, cedo o suficiente para que a manhã ainda estivesse fria, chegou um novo investigador com uma pasta de documentos contendo extratos bancários e comprovantes de transferências. Nour não sabia mais que dia era. Naquela manhã, ao alvorecer, um guarda da prisão impediu que ela e as outras mulheres da cela rezassem juntas. Agora tinham que usar uma despensa com esfregões imundos no fim do corredor, orando uma de cada vez. A sala aonde o novo interrogador a levou ficava em uma parte diferente do centro de detenção, uma ala mais limpa, com escritórios de verdade, com mesas e computadores. O novo interrogador tinha todas as informações, e as mentiras de Nour pareciam mais pesadas e opressivas. O computador de alguma forma estava conectado às várias de suas contas. Ele podia ver suas mensagens, como se o telefone dela estivesse na tela, e apontou para uma mensagem do marido no Telegram. "O que você está planejando, Nour? Está planejando algo aqui em Kram? Quer matar alguém?"

Nour não sabia se dizia que Karim mandara o dinheiro para ela e o bebê, ou se negava que o recebera. Falou que achava que o marido estava morto. Havia pedido um advogado dois dias antes e eles haviam permitido que um homem enviado por seu pai a visitasse. Mas, quando o advogado pediu sua ficha, os policiais negaram; quando ele protestou, apenas riram e disseram: "Vá reclamar com o chefe de segurança, se isso o incomoda."

Ela perdeu a noção de quanto tempo estava na prisão. Uma noite, um dos policiais levou uma jovem até a sala. Nour se lembrava vagamente dela de Kram, uma garota que fora para a Líbia no verão anterior. Era outra tentativa de obrigá-la a falar. "Conte-nos sobre seu marido, ou essa garota ficará sentada nua aqui o dia inteiro", informaram eles.

Ela não achava que cumpririam a ameaça, menos ainda da forma como fizeram. Quatro homens a atacaram de uma vez, rasgando suas roupas. A garota gritou e caiu. Nour saltou da cadeira e tentou empurrá-los para longe dela. Eles seguraram o braço da menina nas costas para arrancar sua camisa. Sua pele era tão pálida que em todos os lugares que agarravam explodiam manchas vermelhas. Eles a seguravam, apertavam sua pele, agredindo-a como cães selvagens.

Detiveram a garota de Kram por uma semana. Outra jovem foi trazida por fumar um baseado na rua. Sob supostas acusações de uso de drogas, os serviços de segurança costumavam deter ativistas, religiosos e seculares que, às vezes, eram mantidos presos por um ano, simplesmente por posse de maconha. Era uma maneira discreta de manter a oposição sob controle sem parecer autoritário diante da comunidade internacional.

Uma tarde, deixaram que o pai de Nour a visitasse. Na pequena sala reservada para visitas, ele sussurrou para ela que, se pagassem ao chefe 2 mil dinares e trocassem de advogado, a filha não seria mais uma *takfiri* terrorista acusada de ser membro do Ansar Al-Sharia e da Al-Qaeda e de ajudar um membro do EIIS. Nem Nour nem seu pai sabiam disso, mas o suborno que o oficial havia pedido era modesto; dependendo do tipo de acusação, a polícia costumava exigir entre 3 mil e 20 mil dinares em casos de terrorismo. Com tantas mulheres detidas simplesmente por estar "em contato com jihadistas", além dos milhares de outras presas por suspeita de atividade militante real, a polícia tinha um grupo farto de reclusos para extorquir. A recomendação de um novo advogado era uma maneira popular de lidar com isso: ele incorporaria o suborno em seus "honorários" e depois dividiria o dinheiro com a polícia.

O modo corrupto e ilegal de lidar com os acusados de extremismo era típico do governo da Tunísia. Se um suborno desencadeara a revolução tunisiana — a imolação do vendedor de frutas Bouazizi em dezembro de 2010, o momento que abalou o Oriente Médio —, parecia, certamente para mulheres como Nour, que o círculo havia se completado. Talvez, para outros, muita coisa tenha mudado, mas, para ela, a história da nova Tunísia, a que estava sendo escrita, era a história antiga que já conhecia.

Após três semanas de detenção, Nour havia perdido peso e tinha crostas nas pernas por causa de picadas de insetos. Não via a filha desde que fora presa. No último dia, sua mãe foi levada à delegacia. Ela usava um véu azul claro cobrindo os cabelos e o único casaco que tinha para ocasiões formais, e agarrou a mão do pai de Nour ao entrar na sala.

"Basta. Já chega."

Assim que sua família pagou o suborno e trocou de advogado, a polícia retirou todas as acusações contra ela.

PERTO DE CARTAGO, NOUR ESTAVA sentada em um café com a irmã e uma amiga. O sol projetava longas sombras no chão e elas tomavam seu café lentamente. Viu um homem olhando-a atentamente e depois falando no celular. Não tirava os olhos dela. Nour pegou a bolsa, levantou-se e sinalizou para a irmã sair do café. Elas caminharam a passos apressados pela rua principal e depois viraram em um beco. Um carro parou ao lado dela e um dos policiais que a interrogara apenas alguns meses antes inclinou a cabeça para fora.

"Nour, é você mesmo?", seus olhos percorreram minuciosamente seu jeans apertado. "Suponho que você não deveria estar falando com homens, não é? Quero que saiba que tenho uma ordem para prendê-la. Mas não vamos fazer isso hoje. Por enquanto, a deixaremos em paz. Tome cuidado… E, Nour? Você está muito gostosa."

EPÍLOGO

AS IMPOSTORAS

"Ela própria é uma casa assombrada. Não tem a posse de si mesma; seus ancestrais às vezes aparecem e espreitam pela janela de seus olhos, e isso é muito assustador."

— ANGELA CARTER, "The Lady of the House of Love"

"As cidades morrem assim como as pessoas."

— KHALED KHALIFA, *No Knives in the Kitchens of This City*

A ÚLTIMA VEZ QUE VI NOUR FOI EM UM CAFÉ PERTO DA AVENIDA Bourguiba, próximo da loja de sapatos em que ela trabalhava. O café tinha várias televisões, todas sintonizadas no canal de música Rotana; a rede de música era de copropriedade de um milionário saudita e refletia as maneiras obscuras pelas quais o dinheiro saudita chegava ao mundo, seja pelo financiamento de jihadistas na Síria, seja pela depravação da música pop na televisão.

Era início de 2017 e já tinham se passado mais de seis meses desde a libertação de Nour da prisão. Ela parecia radicalmente diferente de qualquer das ocasiões em que nos encontramos. Usava um suéter de lã cor de lavanda, jeans escuros, as unhas estavam compridas e bem cuidadas, e os cabelos, era a primeira vez que eu os via, eram lustrosos e ondulados, salpicados de dourado. Sua maquiagem era como a de uma sofisticada universitária norte-americana: sobrancelhas naturais, mas cheias, um rímel discreto, um toque de blush. Era tão agradável de olhar que eu a achei mais atraente e simpática do que em ocasiões anteriores. Essa reação pode ser bastante natural — tendemos a simpatizar mais facilmente com quem é mais parecido conosco —, mas isso fez com que me sentisse culpada. A Nour com aparência de modelo, com cílios esvoaçantes como asas de borboleta, não deveria parecer uma garota mais defensável por causa de sua nova aparência, mais liberal e refinada. Também era verdade que parecia mais aberta nessa nova apresentação. Sorriu e falou mais, mas talvez tudo fizesse parte do papel que encenava.

Nour me disse que tinha parado de ir à mesquita às sextas-feiras, e não via mais o grupo de irmãs salafistas. Algumas de suas amigas foram à Líbia para se juntar aos maridos, que ainda lutavam em uma facção do EIIS. Perguntei-lhe como era ter uma aparência externa tão diferente de seu interior. Os olhos dela se encheram de lágrimas enquanto observava a avenida Mohammed Cinq, a rua de Túnis inspirada nas avenidas de Paris. "É como viver uma mentira", respondeu.

Sentamo-nos no segundo andar de um movimentado café *art déco*, as mesas ao nosso redor estavam lotadas de idosos de boina de tweed fumando, jovens comendo doces franceses, casais conversando intimamente. A certa altura, perguntei se ela apoiava o que aconteceu em Paris em novembro de 2015. Acenando para as mesas ao nosso redor, eu lhe disse que as vítimas eram pessoas comuns, pessoas como as que estavam ali, muitas delas muçulmanas. Nour deu de ombros. Claro que apoiava os ataques. "Eles matam nosso povo. Eles não jogam de acordo com as regras. Por que deveríamos?"

Julho de 2017, Campo de Refugiados de Ain Issa, Cerca de 50km ao Norte de Raqqa

Era quase meia-noite quando saíram do campo de refugiados, Ayesha com seus três filhos, e uma turca sisuda acompanhada de suas duas crianças; Ayesha fingia estar com um pé quebrado que, em alguns momentos, parecia milagrosamente melhor. Subornaram o motorista com dinheiro que conseguiram guardar quando fugiram de Raqqa, complementando-o com a venda das fraldas que os curdos lhes deram no campo de refugiados. Seus maridos combatentes estavam na prisão e sabe-se lá o que os curdos planejavam fazer com eles. A única coisa a fazer era desaparecer, chegar até Manbij e depois à fronteira com a Turquia, desaparecer nas cidades do Sul da Turquia como se nada tivesse aconte-

EPÍLOGO: AS IMPOSTORAS 297

cido, como se o califado tivesse sido um sonho, um sussurro tão perverso quanto os próprios Versos Satânicos.

Ayesha havia traçado o plano. Flertou, subornou e conseguiu cair nas graças de um número suficiente de homens no campo de refugiados para escapar sem que ninguém desse o alarme. Era uma síria magra e atraente, mas de uma maneira carismática, não propriamente bonita, com um jeito de professora que sempre conseguia que as pessoas fizessem o que queria. A turca não tinha tais habilidades ou encantos. Era baixa e curvada, com feições que estavam agora permanentemente contraídas, o resultado de tentar esconder o quanto desprezava as pessoas ao seu redor. A turca pediu para se juntar à Ayesha por desespero: a barriga da filha de dez meses estava tão inchada que parecia uma bola de basquete, e os curdos não a levavam ao hospital. Não que houvesse qualquer hospital em funcionamento para onde levá-la. Não que, com o ataque final a Raqqa se desenrolando a apenas cinquenta quilômetros ao sul, um bebê do EIIS com a barriga inchada fosse prioridade de qualquer um.

O restante das mulheres do EIIS observou-as partir, em silêncio. Elas moravam em dez ou doze em um quarto, o tipo de proximidade que gerava ressentimentos e ódio ocasional, além da sensação de não terem ficado desapontadas o suficiente para que, naquela noite, Deus não achasse oportuno encobrir o brilho da lua com nuvens.

As duas mulheres e seus filhos se afastavam em direção à fronteira turca, passando pelos dois primeiros postos de controle sem problemas. No terceiro, o motorista lançou aos guardas um olhar cansado, falou em curdo e eles acenaram para que seguisse. As janelas da van eram pintadas e ninguém pediu para ele abrir as portas.

Quando chegaram ao quarto posto de controle, Ayesha estava começando a relaxar, satisfeita com sua desenvoltura — era tão diferente das outras mulheres, passivamente aprisionadas no campo de refugiados aguardando seus destinos. Ela não conseguia entender o curdo que falavam, mas sabia que a conversa estava demorando demais. O motorista sacudia as mãos. O soldado no posto de controle repetia uma palavra: talvez *abrir,* ou *rápido,* ou *agora,* algo assim, porque o motorista desceu e abriu a porta de trás da van. O posto de controle nada mais era do que várias lajes de concreto enormes dispostas de maneira irregular, para que qualquer carro tivesse que desacelerar e contorná-las. Abraçada às próprias pernas, Ayesha não tirava os olhos das lajes.

O soldado olhou para elas. Ayesha desejou por um momento não ter trazido a turca a tiracolo, já que a mulher nunca poderia passar por uma árabe síria ou curda e cuja inclusão nos planos exigiu o uso de uma van. Ela devia ter trazido a russa que se parecia com Michelle Pfeiffer, que era tão absurdamente bonita que seu rosto causava rebuliço em qualquer lugar que chegasse. Ayesha e seus filhos poderiam ter se acomodado na traseira de um carro comum, convenientemente adormecidos, passando-se pela família do motorista. Mas, com a turca, não havia dúvida de quem eram: mulheres do EIIS em fuga. O que mais uma mulher turca branca como papel estaria fazendo no interior da Síria em meio à ruína do califado?

O soldado fez um gesto para encostarem e ligou para alguém. Estava tudo acabado. Os soldados curdos os escoltaram de volta pela mesma estrada, passando pelos mesmos prédios destruídos que brilhavam à luz da lua. Uma hora depois, estavam de volta ao acampamento, e Ayesha, a turca e as crianças retornaram para seus aposentos. De volta às salas de concreto e aos vasos sanitários turcos, a uma refeição carregada de amido por dia, de volta às moscas e aos olhares cheios de ódio dos *awam,* os sírios comuns, que pareciam querer cravar facas nelas ali mesmo. Mais uma vez, teriam que enfrentar a realidade de que muitas pessoas não se importavam com seu arrependimento, que a maioria delas não acreditava em você e que, mesmo que elas acreditassem, ainda queriam que pagasse.

O MAR DE TENDAS BRANCAS se estendia pelo deserto, pontilhado pelas gigantescas cisternas vermelhas de água. Durante o dia, a temperatura geralmente atingia 46°C; à noite, o céu ficava forrado de estrelas e havia uma brisa refrescante, mas os mosquitos atacavam qualquer corpo que se atrevesse a permanecer ao relento. No centro do campo, havia um mercado, montes de roupas e sapatos usados expostos sobre lonas, as pessoas vasculhavam as pilhas tanto para passar o tempo quanto por necessidade de uma camiseta desbotada. Havia uma fileira desorganizada de quiosques cobertos que vendiam biscoitos embrulhados em papel alumínio, batatas fritas e sorvete.

As forças especiais e os oficiais norte-americanos e britânicos perambulavam pela área, na maior parte do tempo à paisana. Estavam

EPÍLOGO: AS IMPOSTORAS 299

montando postos avançados nesse trecho ao nordeste da Síria chamado Rojava, terra administrada pelos curdos sírios, fora do alcance do
regime. As bases norte-americanas que abrigavam oficiais de segurança, agentes de inteligência, diplomatas e a Agência dos Estados Unidos
para o Desenvolvimento Internacional (USAID, na sigla em inglês)
eram tão novas que ainda não tinham nome, apenas coordenadas de
GPS. Ninguém sabia por quanto tempo essas bases ficariam lá — se os
Estados Unidos estavam apenas ajudando a processar as fases finais da
guerra terrestre contra o EIIS e interrogando combatentes capturados,
ou se pretendiam ficar e ocupar de vez essa parte da Síria. Quaisquer
que fossem os planos, a escala e o objetivo da presença norte-americana
quase nunca eram divulgados à mídia, raramente eram discutidos pelos
políticos e, como tal, permaneciam muito fora do alcance do escrutínio
público. Não era como no Iraque em 2003, quando autoridades norte-americanas ostentavam sua ocupação administrativa de Bagdá, rodeadas
de aliados na Zona Verde vestindo roupas cáqui, idealizando campanhas antitabagistas para os iraquianos enquanto desfrutavam de coque-
téis e cachorros-quentes fornecidos pela Halliburton, para só mais tarde,
quando insurgentes sunitas começaram a plantar bombas na estrada para
atacar seus comboios militares, perceber que havia problemas. Diziam
que os norte-americanos, diferentemente dos britânicos, não sabiam
como criar um império, pois lhes faltava sutileza e memória institucional. Sua discrição no leste da Síria sugeria que estavam aprendendo.

O campo tinha apenas uma estrutura permanente: um abrigo de cimento de quatro cômodos e teto baixo. O zumbido de moscas era intenso e o local, coberto de poeira, mas tinha paredes e um teto de verdade
e ficava próximo dos chuveiros improvisados, das latrinas de fossa, da
sala de alimentação e dos quiosques. Aos olhos dos 7 mil habitantes do
acampamento — a maioria civis do distrito leste de Raqqa, que fugiram
para lá enquanto combatentes curdos expulsavam o EIIS da cidade —,
o abrigo era um hotel de luxo. Era ali que as mulheres do EIIS residiam
com seus filhos, com conforto e privacidade, protegidas do sol, dos mosquitos e da discussão noturna dos vizinhos que pairava pelas tendas.

Todos no acampamento chegaram depois de semanas e meses de bombardeios, sob o zumbido permanente e sinistro dos drones, o que por si só
já era capaz de enlouquecer. Agora passavam o tempo atordoados, deitados
apáticos em tendas ou vagando pelo acampamento. O campo era como

uma Raqqa transplantada para cerca de cinquenta quilômetros ao norte, mas, se era uma Raqqa liberta ou reocupada, ninguém sabia.

A entrada estava repleta de tiras de tecido preto pisoteadas, as abayas e os niqabs pretos que as fugitivas rasgaram e descartaram ao chegar. Os refugiados acreditavam que tinham escapado do EIIS, e as mulheres agora se vestiam como costumavam, mangas compridas, saias longas e véus na cabeça. Mas então surgiram as mulheres do EIIS em seus niqabs pretos, como usavam nas ruas de Raqqa, fantasmas flutuando pelo campo, destoando da terra branca como giz. Às vezes, quando as viam, as crianças refugiadas se encolhiam e se agarravam às mães. Mas, com o passar dos dias, começaram a absorver as mudanças nas circunstâncias. Ouviam dos adultos que estavam seguras, que as mulheres de preto não tinham mais poder sobre elas. As crianças, então, passaram a se sentir encorajadas. Jogavam pedras quando viam as mulheres do EIIS na fila das cisternas; as seguiam pelos quiosques para exigir dinheiro.

No complexo vigiado onde ficavam as mulheres do EIIS, os soldados curdos administravam o que poderia ser chamado de um programa de desradicalização ou de doutrinação, dependendo do ponto de vista. Se essas mulheres eram meras esposas civis ou jihadistas em causa própria, era uma pergunta que ninguém se sentia pronto para responder.

O comandante Salar era um membro sênior da Força Democrática Síria, encarregado da segurança do campo de refugiados de Ain Issa e das mulheres do EIIS detidas no local. Ele as observava desde que começaram a chegar e não considerava a maioria delas combatente nem mesmo perigosa. Em sua opinião, eram civis que seguiram o caminho errado. E ele tinha uma posição privilegiada para saber a diferença entre elas e as mulheres ativamente envolvidas na guerra, já que, na FDS, comandava mulheres combatentes que prendiam os longos cabelos, jogavam rifles nos ombros e iam para o fronte, assim como seus homens.

Salar cresceu na Síria entre famílias curdas segregadas por linhas políticas distintas à medida que a guerra civil se desenrolava: filhas que ingressaram no Partido dos Trabalhadores do Curdistão, conhecido como PKK, filhos que se juntaram ao EIIS por medo do "fracassado projeto nacional" dos curdos. Percebeu que a militância tinha muitos caminhos, que nem sempre envolviam a militância em si. Frequentemente, ela era uma reação à repressão, às aspirações desfeitas e às falsas esperanças, uma

EPÍLOGO: AS IMPOSTORAS 301

rejeição às circunstâncias que pareciam insuportáveis. "A maioria dessas mulheres nem sequer é do EIIS de verdade", disse. "Elas foram iludidas e enganadas e acabaram aqui, movidas pela crença no verdadeiro Islã."

No entanto, ele não estava mais preocupado com essas questões. Seu trabalho era oferecer a detenção mais humanitária e fiel às normas internacionais possível no meio do calor abrasador do deserto, a fim de apoiar os sonhos dos curdos de preservar aquele trecho da Síria como um Estado independente. Os combatentes curdos mantinham o regime de Assad longe desse grande trecho oriental da Síria há anos — era uma autonomia temporária de fato, que fazia com que a perspectiva de se tornar definitiva parecesse tentadoramente ao seu alcance. Assim como todos os seus soldados, Salar conseguia fazer a barba todas as manhãs, apesar da falta de eletricidade e água corrente. O rosto limpo era ideologicamente necessário, simbolizando o feroz secularismo da milícia, ou pelo menos seu ferrenho compromisso com o culto à personalidade de seu líder, Abdullah Öcalan, o separatista curdo turco aprisionado em uma ilha no Mar de Mármara.

A maioria das reportagens da imprensa norte-americana sobre a batalha por Raqqa em 2017 trazia descrições intricadas, e repletas de siglas, da FDS. Ela era geralmente retratada como uma força militar curda e árabe, ligada às Unidades de Proteção Popular (YPG), a ala militar do Partido da União Democrática (PYD), que, por sua vez, estava ligado ao PKK, o grupo separatista militante curdo classificado como uma organização terrorista pelos Estados Unidos e pela Turquia. Apesar dessas distorções, que pretendiam encobrir realidades políticas embaraçosas, todos na região chamavam a FDS de "curdos" e havia demonstrações de sua lealdade a Öcalan, líder do PKK, em toda parte. Sua foto ostentando vastos bigodes estava pendurada em postes de iluminação em cidades e escritórios na parte oriental da Síria.

Todas as manhãs, o comandante Salar tocava música pop árabe para as crianças do EIIS, nas vozes guturais e sedutoras das divas libanesas e egípcias. Elas se aglomeravam ao redor dos soldados, com seus cabelos desgrenhados e infestados de piolhos, e gritavam ofendidas. *"Haram!"* "Você é um *kafir*!", berrava o menino Abu Bakr, de 4 anos. O comandante Salar reproduzia um *nasheed* do EIIS em seguida e as crianças relaxavam. Os curdos tocavam música pop todas as manhãs. Após cerca de uma semana, algumas das mulheres do EIIS deixaram de cobrir o rosto e as mãos, e não estremeciam mais ao falar com o comandante Salar. "Os maridos delas lhes disseram que nós as decapitaríamos. Demora um pouco para que o choque da chegada passe", afirmou ele. Por fim, as crianças se familiarizaram com a música pop. Mas elas continuavam correndo pela terra encenando jogos de guerra e gritando *"Allahu akbar!".*

Algumas mulheres do EIIS tomaram rotas tortuosas para chegar até lá, na esperança de evitar cair nas mãos das forças iraquianas que lutavam contra o EIIS ao sul, dentro do Iraque. Já estavam surgindo relatos de atrocidades cometidas durante a retomada de Mosul, de que as forças iraquianas executavam civis simplesmente por serem sunitas que ficaram para trás, ajustando contas antigas sob o pretexto de exterminar o EIIS. Segundo os rumores, as mulheres do EIIS que acabaram nas mãos dessas forças eram obrigadas a se divorciar de seus maridos, muitas vezes estupradas. Por enquanto, elas estavam mais seguras nas mãos dos curdos, embora seus parâmetros do que era considerado um tratamento decente fossem baixos demais.

Agora que o Estado aspirante de Al-Baghdadi estava desmoronando, era conveniente, na verdade uma questão de sobrevivência, que seus habitantes e governantes em fuga declarassem nunca ter de fato acreditado na causa. A queda de todo império é acompanhada por uma onda de sinceridade e autoanálise, e como a queda de cada império reflete necessariamente um núcleo interno decadente, cabe ao tempo o trabalho árduo de distinguir quais histórias de arrependimento são genuínas e quais são inventadas. Naquele momento, a verdade poderia ser obtida principalmente das crianças de Ain Issa. A devoção de seus pais ao EIIS, pelo menos por determinado tempo, podia ser vista em suas brincadeiras e em nomes como Jihad e Abu Bakr — embora a mãe de Abu Bakr, de 4 anos de idade, tenha sido rápida em explicar: "Em homenagem a Abu Bakr Al-Siddiq, é claro", o companheiro do Profeta Muhammad, não a Al-Baghdadi.

Quase todas as mulheres do EIIS detidas nesse campo alegavam ser vítimas, dissidentes de coração, forçadas a permanecer no território do EIIS, porque era impossível sair. Elas citavam o acaso, os maridos coniventes e os maus caminhos como as razões para acabarem no EIIS. Admitiam que originalmente acreditavam no projeto de construção do Estado, mas sustentavam que logo perderam a fé quando viram que era uma mentira cruel e deprimente.

Os civis no campo não acreditavam nisso nem por um segundo. Nem alguns dos oficiais e funcionários encarregados de cuidar delas. "São

EPÍLOGO: AS IMPOSTORAS

mentirosas, filhas de cães sarnentos", disse um sírio local que trabalhava para o Alto Comissariado das Nações Unidas para Refugiados. "Se dependesse de mim, eu as mataria lentamente. Cortaria os dedos, depois os braços e os pés."

Algumas mulheres do EIIS mantinham o ar arrogante de governantes recém-depostos. Outras eram humildes, de ombros curvados, conscientes de que deveriam carregar o peso de sua escolha, por mais desastrosa que tenha sido. Se o pátio das mulheres poderia ser considerado um microcosmo do EIIS em exílio, então o campo mais amplo era o futuro da Síria, fervilhando de questionamentos sobre cumplicidade e arrependimento, todos competindo por uma parte na vitimização.

AYESHA, A MULHER QUE NÃO conseguiu escapar do campo, perambulava com o ar de uma aristocrata exilada e sitiada — como uma russa do Exército Branco refugiada em Paris, uma persa pós-xá em Kensington —, ávida por demonstrar que seu status atual não refletia sua posição adequada na vida. "Meu tio tem um apartamento perto do Hyde Park", anunciou ela, oferecendo-me um cigarro com um olhar conspirador. "Está tudo bem, podemos fumar aqui."

Ela estava em todos os lugares ao mesmo tempo, piscando sedutoramente para os guardas (às 10h, já estava com olhos esfumaçados impecáveis), insinuando-se para os vendedores do quiosque. Descobri que ela frequentou a Universidade Homs ao mesmo tempo que Mahmoud, o jornalista que me acompanhou no Iraque, e eles conversaram sobre conhecidos em comum ("Você se lembra daquela garota palestina, a gorda, que estudou literatura inglesa?"). As crianças dividiam uma sacola de doces e ela guardou um para mais tarde. "Não consigo fumar com algo mais na boca", explicou ela, delicadamente.

Na universidade, Ayesha também estudou literatura inglesa. "Fazíamos de tudo — poesia, crítica, tradução", relembrou. Ela leu Shakespeare, Christopher Marlowe, Dostoiévski e a *Ilíada*. Sonhava com um marido sensível às suas "necessidades e sentimentos", mas acabou se casando com um engenheiro sem imaginação chamado Mohammad, com quem era infeliz. "Ele não era nada atraente. Era a cara dele", disse, acenando para o filho mais velho, Mohammad, que se movia pela sala com um leve barulho, por causa de um único chinelo.

O casal morou junto na capital, Damasco, com os filhos. Alguns meses depois da revolta contra Assad, seu marido foi morto por um tiro de sniper na cabeça enquanto rezava na mesquita. Sozinha, Ayesha ensinou inglês para sustentar seus filhos, contou com a ajuda de vizinhos para cuidar das crianças e sofreu com a posição especialmente inferior ocupada por viúvas ou divorciadas nas sociedades conservadoras. Mais tarde, Ayesha decidiu se mudar para perto da irmã, que na época morava na Turquia. A rota direta, pelo norte, que seria sua primeira escolha, fora bloqueada por causa dos conflitos, e ela teve que viajar por vias tortuosas pelo leste para atravessar o país, aproximando-se da fronteira turca ao norte de Raqqa. Passou a noite em Raqqa, na casa de uma amiga professora. "Pela manhã a polícia do EIIS chegou e me disse que era proibido viver na Terra da Descrença", contou. "Fui forçada a ficar."

Ficar presa em Raqqa, no entanto, mudou seu destino. "A primeira vez que o vi, pensei que estava sonhando. Ele era alto, bonito, tinha cabelos vastos, ombros largos... Estava morando na casa ao lado, sozinho, sem mulher para lhe fazer chá! Fiz um chá e pedi que as crianças levassem na casa do lado. Ele lhes perguntou: 'Onde está seu pai?' E elas responderam: 'Não temos pai!'"

O vizinho era um marroquino, comerciante de ouro da medina de Tânger, que fora "convencido pelos amigos do Facebook" de que Assad matava muçulmanas, de que deveria ajudá-las e participar da luta; de que poderia praticar seu Islã livremente na Síria. Um dia, o marroquino levou Ayesha e seus filhos ao parque para tomar sorvete, e lá, entre as árvores, confidenciou que queria fugir. "Onde está esse Assad com quem vim lutar?", ele teria lhe dito. Além disso, o salário do EIIS era escasso; ele reclamava que mal dava para comprar um par de sapatos e óculos de sol. Apesar de tudo isso, o marroquino a pediu em casamento. Se tinham que ficar presos, que ficassem presos juntos. Quem disse que não é possível encontrar amor em um momento de brutalidade?

Em circunstâncias normais, um homem solteiro bonito teria procurado uma noiva mais jovem e menos menosprezada do que uma viúva com três filhos como Ayesha. Ela estava tão sedenta de amor que se considerou afortunada. "Toda a minha vida mudou depois disso", relembrou extasiada. "Sabe quando você finalmente sente que alguém te ama? Ficávamos acordados a noite toda rindo, fumando, olhando nos olhos um do outro. Nós dois sempre dizíamos: 'Gostaria de ter conhecido você antes!'"

Ayesha parecia consciente de que partes de sua história careciam de plausibilidade e passava rapidamente para outros tópicos em que adquiria um tom mais persuasivo: "O EIIS estava realmente explorando as vulnerabilidades das jovens europeias que já tinham problemas com suas famílias. Eles foram muito espertos em atacar os europeus assim." Ela mencionou que, recentemente, uma jornalista de uma rede de televisão com sede em Dubai tinha visitado o campo; Ayesha se perguntava o que havia sido noticiado sobre ela e as outras mulheres.

"Nada muito positivo", informei. "Ela escreveu sobre como vocês reclamaram que seus maridos gastavam muito com maquiagem para as escravas sexuais."

"Sério?" Ayesha pareceu decepcionada. "Mas ela foi tão legal conosco."

Estranhamente, apesar de seu excelente inglês, seus audazes planos de fuga e sua educação relativamente sofisticada, ela não era tão boa em expressar vergonha ou arrependimento.

Ayesha dizia coisas como: "Eles nunca servem peixe aqui. Nem legumes frescos."

Quando seus filhos a cercaram na sala de concreto onde conversávamos, percebi que estavam visivelmente mais limpos do que algumas das crianças de outras mulheres do EIIS. Suas roupas eram do tamanho certo, o cabelo da filha estava curto para evitar piolhos, e o bebê dormia silenciosamente em uma cadeirinha de carro, vestindo uma fralda limpa. Antes, um bebê de outra mulher entrou na sala e se agachou, expelindo um jato de diarreia pelo chão.

"Por que elas não têm fraldas?", perguntei ao comandante Salar.

"Elas têm fraldas suficientes para dois meses", suspirou. "Elas as vendem nos quiosques."

O campo estava começando a receber visitas de grupos de ajuda internacional, oficiais da inteligência militar e jornalistas. Todo mundo tinha alguns euros na carteira e sentiria pena de um bebê sem fralda forçado a fazer cocô no chão.

"Você conheceu Hoda?", perguntou Ayesha alegremente. Quando a companhia das mulheres do EIIS se tornava insuportável, ela chamava Hoda, uma indonésia de 19 anos que, com o restante de sua família de 22 membros, vivia em uma espaçosa tenda na entrada do acampamento. A tenda era organizada com cuidado, com áreas separadas para fazer chá, cozinhar e dormir. Havia um canto de reciclagem cheio de garrafas de água vazias. Era aconchegante e arrumada, um lembrete de que as pessoas pareciam fazer coisas muito diferentes a partir do nada.

Hoda tinha uma pele lisa, um nariz delicado, a fala acelerada e sorria com frequência. Em Jacarta, era uma estudante normal do ensino médio, devota e curiosa, e, como uma autêntica millenial, sentia-se mais viva e confortável quando estava online. Tudo começou quando ela encontrou um blog no Tumblr chamado *Diary of a Muhajirah,* escrito por uma mulher da Malásia que se intitulava Bird of Jannah. Era a versão asiática da escocesa Umm Layth, a blogueira que fascinou as jovens londrinas.

Bird of Jannah era uma médica que foi sozinha até a Síria em 2014, com o apoio ocasional dos pais, a fim de trabalhar e contribuir para o projeto do EIIS. Narrou suas experiências em seu blog, detalhando os serviços de saúde e educação gratuitos, os empregos e a generosidade oferecidos no EIIS, pedindo aos muçulmanos que se juntassem a ela. Publicou fotos de natureza morta representando a si mesma e seu novo marido — um estetoscópio e um Kalashnikov — e contou de forma divertida as dificuldades de se comunicar com ele pelo Google Tradutor.

Na Indonésia, o pai de Hoda estava desesperadamente endividado. A família vivia tensa de preocupação. Ela achou que tinha encontrado a solução. Contou a eles sobre um lugar na Síria onde muçulmanos devotos estavam construindo um Estado islâmico. Contatou oficiais do EIIS por meio de Bird of Jannah e recebeu garantias de que quitariam as dívidas de seu pai. Assistência médica, custos de viagem, moradia — tudo seria pago. Todos fizeram as malas, os pais, as duas irmãs, as tias, os primos e os tios, eram 25 no total, e partiram para a Turquia. O comandante Salar disse que a Turquia, que inicialmente apoiou a revolta contra Assad, cobriu os custos de viagem da família de Istambul a Raqqa.

E os atos violentos e sanguinários que a mídia mostrava o EIIS cometendo? A decapitação do trabalhador humanitário Alan Henning e os relatos de mulheres yazidi sendo forçadas à escravidão sexual? Hoda abai-

EPÍLOGO: AS IMPOSTORAS

xou a cabeça. "Você sabe como é quando ama tanto a ideia de algo que está disposta a ignorar as coisas ruins?" A verdade que se esconde por trás de suas palavras é que, se o EIIS realmente tivesse criado um Estado apropriado, se tivesse cumprido suas obrigações, se agisse com justiça e proporcionasse segurança e meios de vida a seus cidadãos, a violência poderia ter sido perdoada — considerada um meio para atingir um fim, a brutalidade necessária para alcançar a independência. Hoda e sua família pareciam inocentes ao ponto da ingenuidade perigosa, o tipo de pessoas que seriam as primeiras a se envolver em um esquema de pirâmide na cidade.

Quando a família estava em Raqqa, os combatentes do EIIS rapidamente tentaram levar os homens da família para o treinamento militar. "Lutar? Ninguém disse nada online sobre ter que lutar!", lembrou Hoda. Estavam todos indignados. Os homens se recusaram a ser treinados, a ir para a linha de frente. Enquanto isso, Hoda e as mulheres estavam confinadas em um dormitório, esperando acomodação. Conseguir qualquer coisa do EIIS, ela logo descobriu, era como tentar convencer um cartel de drogas a respeitar o Estado de direito. O EIIS continuou apresentando razões pelas quais a família de Hoda não merecia nada. "Eles nos chamavam de hipócritas e covardes, porque nossos homens não lutavam. Costumavam nos dizer: 'O que vocês fizeram pelo Estado? O que fizeram pelo Islã para merecer nossa ajuda?'"

Hoda passava os dias escrevendo e-mails para as autoridades do EIIS, explicando por que as demandas de sua família eram legítimas. Tentou ser minuciosa. Tentou ser litigiosa. Nada deu certo. Fez amizade apenas com sírias civis, e não com mulheres do EIIS, porque as achava insuportavelmente mesquinhas e propensas à fofoca e à deslealdade. A irmandade islâmica que Bird of Jannah descreveu de forma tão comovente parecia, na realidade, mais uma temporada especialmente cruel de *Real Housewives*. Ela se sentia mal por seus amigos *madani,* civis. Eles viviam em constante medo, e o governo do EIIS cobrava deles um valor três vezes mais alto pela eletricidade.

O pior de tudo, porém, era os combatentes grosseiros e inconvenientes tentando agarrá-las o tempo todo. Apareciam ou mandavam emissários propondo casamento a Hoda e suas irmãs. "Exigiam uma resposta no *fim* do dia! Não é estúpido? Diziam: 'Ele é deste ou daquele lugar.' Uma frase! Nem mesmo 'ele é arquiteto ou médico!'", conta, franzindo o rosto em desaprovação. "Os homens eram completamente obcecados por mulheres. Conversavam sobre mulheres em seus grupos de bate-papo; na rua, quando eu estava com meu pai, eles o interpelavam: 'Você conhece mais alguém que tenha filhas para nós?'"

Os homens da família de Hoda acabaram na prisão por se recusarem a lutar. Um tio desapareceu e outro morreu em um ataque aéreo. Os outros passaram três meses detidos enquanto Hoda vasculhava a internet, tentando encontrar ajuda. Ela entrou em contato com a embaixada indonésia em Damasco; enviou mensagens para a Raqqa Is Being Silently Slaughtered, uma organização clandestina que enviava as notícias de atrocidades do EIIS ao mundo. Por duas vezes, contrataram contrabandistas para tirá-los de lá, e nessas duas vezes foram abandonados e roubados antes da fronteira. Na terceira vez, os contrabandistas levaram seus celulares, mas pelo menos fizeram a travessia.

Hoda e a maioria das mulheres de sua família deixaram de usar as abayas pretas. Elas retomaram os hijabs brancos imaculados, preferidos pelas mulheres na Indonésia — eles atraíam menos atenção quando saíam da barraca para coletar água ou comida. Em uma das cisternas no centro do campo, as pessoas pararam para conversar sob um céu que começava a enrubescer no horizonte; mais pessoas lentamente saíam de suas tendas para conversar e passear no precioso período de duas horas, antes e depois do pôr do sol, quando o calor suavizava gradualmente e os mosquitos ainda não atacavam.

NAHLA AHMED, 15 ANOS, MORAVA em uma das tendas junto com o irmão e os pais. A família era do leste de Raqqa. Seu pai vivia de bicos como faz-tudo e tinha algumas ovelhas; eles eram o tipo de pessoas que não podiam se dar ao luxo de fugir para lugar algum. Nahla disse que as mulheres instaladas no complexo de cimento eram "punidoras" do EIIS e jurou que as reconhecia de Raqqa. Uma vez elas cortaram um de seus chinelos porque não era preto. Isso foi nos primeiros dias, antes das gaiolas e das crucificações, antes que os métodos dos militantes se igualassem aos dos cartéis de drogas mexicanos, que enviavam mensagens ameaçadoras expondo cadáveres mutilados em locais públicos de destaque.

O primo de Nahla era eletricista em uma oficina de automóveis em Raqqa. Um dia, um comandante do EIIS apareceu com seu carro e exigiu que fosse consertado imediatamente. Sob o sistema de duas castas do governo do EIIS, os militantes e as suas famílias sempre furavam a fila. O primo dela disse ao comandante para esperar sua vez. E, por conta disso, foi decapitado. Naquela noite, todos na vizinhança, incluindo a noiva do jovem, souberam da notícia. Quando perguntei se Nahla achava que alguma das mulheres do EIIS no campo também poderiam ter sofrido nas mãos de homens, raivosos o suficiente para executar mecânicos por insolência, Nahla estreitou os olhos e riu. "Você já ouviu falar de um criminoso que admitiu seu crime? Elas não têm outra escolha senão dizer essas coisas para você."

Outras mulheres de tendas próximas apareceram para visitar Nahla. Elas mencionaram algo a que chamavam de máquina de morder: um dispositivo com garras serrilhadas de metal usado pela polícia moral do EIIS para punir mulheres por infrações de vestuário. A máquina de morder, explicaram elas, era fixada no seio de uma mulher e pressionada como se fosse uma mordida. As descrições da máquina variavam muito e reforçavam os ares de um conto de fadas sombrio: "Tinha terríveis dentes afiados" ou "os dentes afiados de um tubarão pequeno". As amigas de Nahla estavam sentadas no chão da tenda, concordando com a cabeça ante os relatos da máquina de morder, que parecia fruto de uma imaginação coletiva medieval.

As jovens descreveram punições das quais eu nunca tinha ouvido falar: esfregar cabeças decepadas contra os corpos das mulheres; fritar pessoas vivas em óleo quente; prender mulheres em gaiolas nos cemitérios do anoitecer até o amanhecer. Essas coisas realmente aconteciam? Não importava. Suas histórias denotavam o ponto em que a mente humana não podia mais tolerar o escopo da violência e do trauma reais aos quais era exposta; assim, começava a se desassociar, inventando narrativas cada vez mais sombrias e grotescas para tornar o cotidiano mais tolerável. Enquanto conversávamos, o irmão mais velho de Nahla permaneceu imóvel em um tapete, de costas para a família, com o rosto a centímetros da lona da barraca. Ele ficou assim por muito tempo.

Cerca de duzentas pessoas chegavam ao acampamento todos os dias. Naquela noite, um homem se aproximou da entrada carregando uma criança ferida. Ele caminhou o trecho de cinquenta quilômetros desde Raqqa. A camisa xadrez vermelha e a barba comprida estavam cobertas de poeira. Seus olhos eram vazios e ele dava passos lentos e hesitantes, segurando a criança com os braços estendidos, como se tentasse alcançar um local seguro, como se houvesse alguém lá para pegá-la.

ENQUANTO AYESHA E A TURCA iniciavam sua fuga, o comandante Salar se retirou para o prédio municipal de dois andares em Ain Issa, onde ele e seus soldados dormiam. O local era guardado por várias fileiras de barreiras de concreto, espirais de arame farpado e vários postos de controle. Um gerador alimentava um aparelho de televisão sintonizado em uma rede curda. Os soldados entravam e saíam, acomodando-se em colchonetes alinhados às paredes.

A situação das mulheres do EIIS assolava a mente de Salar. A presença delas no campo era perturbadora e precária. Ele fumava um cigarro após o outro. "Algumas dessas mulheres já apareceram na televisão. Por que seus governos não estão perguntando por elas? Por que não as levam de volta?", indagou, balançando a cabeça. "O que devo fazer com elas?"

O fato era que nenhum país queria que seus cidadãos do EIIS retornassem. Garantir-lhes o devido processo era caro e demorado; as evidências frequentemente eram inadmissíveis ou difíceis de encontrar. Isso dificultava processar as mulheres ou combatentes do EIIS que cometeram atrocidades, e o risco era que os tribunais tivessem que permitir que muitos fossem libertados ou impor sentenças leves. Mas, igualmente, não existia um mecanismo para explicar a violência e a coerção que muitos membros suportaram nas mãos do grupo. Como peneirar os arrependidos dos dissidentes, os que ficaram horrorizados com o que encontraram no EIIS e tentaram escapar, mas não conseguiram? A maioria dos países ocidentais se contentava em considerar seus cidadãos do EIIS como problemas dos outros — dos curdos sírios, dos curdos iraquianos, do sistema de justiça criminal do Iraque. Impor esse fardo a países frágeis, já profundamente endividados e lutando para se recuperar de anos de guerra, era imoral; também gerava o risco de permitir que membros do EIIS, homens e mulheres, recebessem justiça na forma de vingança, ou ainda pior, justiça nenhuma.

Talvez tenha ficado claro desde o início do conflito que as nações ocidentais haviam deixado de ver aqueles que se juntam ao EIIS como seus cidadãos. No início da guerra, nações como o Reino Unido, a França e os Estados Unidos emitiram "listas de alvos" para as Forças Armadas iraquianas. Uma autoridade britânica disse abertamente que "infelizmente, a única maneira de lidar com eles será, em quase todos os casos, matá-los".

EPÍLOGO: AS IMPOSTORAS   311

"É muito difícil recebê-los de volta", expliquei ao comandante Salar. "Você faria isso?"

"Se eles fossem meus cidadãos, sim. Eu os aceitaria."

UMA DAS ÚNICAS MULHERES DO EIIS à vontade no campo era Khadija Omri, 29 anos, uma tunisiana robusta de pele oliva. Ela entendia que os civis no campo a viam como uma praga e que ela tinha os primeiros trinta segundos de cada encontro para reverter isso. Frequentemente conseguia. O comandante Salar tinha uma boa opinião sobre ela. "É a intelectual entre eles, a única que de fato ponderou o que aconteceu." Quando os soldados precisavam transmitir diretrizes às mulheres do EIIS, conversavam com Khadija.

Khadija cresceu em um bairro denso e conservador de Túnis, em uma família grande e unida, ao mesmo tempo devota e mundana. Quando adolescente, praticava hip-hop e teatro. Seus irmãos partiram para a França o mais rápido possível, sabendo que não havia futuro para eles na Tunísia. Seu bairro estava cheio de jovens desempregados, que "ajudavam" em quiosques que vendiam lenços de papel e frutas secas. Para seus irmãos, abandonar a Tunísia valeu a pena: um se tornou um chef de sucesso, o outro, um kickboxer de destaque.

Khadija se casou com um primo distante, Mohammad Ali, que tinha um diploma universitário em matemática e formação como professor, mas que — sem as conexões corretas em um sistema político corrupto — passava os dias em casa, sem emprego, uma situação que durou seis anos. Quando se casaram, ele começou a trabalhar em canteiros de obras, ganhando pouco mais do que um mendigo talentoso era capaz de ganhar em um bom dia. Certa vez, um velho amigo da universidade o viu trabalhando como operário e o chamou para conversar. "Como chegou a essa situação? Por que você não ora mais e passa algum tempo conosco?" Foi quando Mohammad Ali se envolveu com um grupo de salafistas local com inclinações jihadistas. Ele desistiu de qualquer perspectiva de futuro na Tunísia e decidiu que era seu dever lutar por Deus na Síria e auxiliar os irmãos que tentavam instituir um Estado.

No final de 2013, quando Mohammad Ali deixou Túnis, ainda não havia EIIS. Apenas a Jabhat Al-Nusra e outros grupos rebeldes que lutavam contra Assad. Khadija finalmente o seguiu, contrariando os desejos de sua família. Viajou com a filha de 1 ano e já estava grávida do segundo. Poucos meses depois de sua chegada, Mohammad Ali foi morto lutando contra o Exército Livre da Síria em Alepo.

Como muitas outras, ela acabou em uma casa de viúvas. A governanta era uma mulher brutal e poderosa, filha de Abu Luqman, o Emir do EIIS em Raqqa. Se uma viúva a ofendesse, ela a baniria das áreas comuns da casa e a manteria trancada em um pequeno cômodo com os filhos o dia inteiro. A comida seria passada por baixo da porta. Ela se recusou a chamar as filhas de Khadija, Barra e Sajida, pelo nome, e em vez disso lhes atribuiu números, 99 e 88. Quando uma jovem mulher somali-britânica machucou o pé, a governanta a acusou de estar fingindo e se recusou a levá-la ao hospital. Quando o marido, também britânico, voltou de seu treinamento militar para buscá-la, ela mal conseguia andar. Ele apresentou uma queixa por negligência que não deu em nada. Uma síria entrou em trabalho de parto no meio da noite e não conseguiram tirar a governanta da cama para levá-la ao hospital. A mulher deu à luz no banheiro. O bebê não sobreviveu. "A essa altura, eu odiava o EIIS", disse Khadija.

Quando ela se casou novamente, no início de 2015, as cidades controladas pelo EIIS estavam repletas de homens gravemente feridos em batalha que agora ficavam em casa, deficientes e viciados em analgésicos opioides. Alguns começaram a organizar uma rebelião contra Abu Bakr Al-Baghdadi. Escreviam abertamente no Facebook sobre as injustiças e a brutalidade que viam ao seu redor, compartilhando postagens de importantes estudiosos islâmicos que se pronunciavam contra o EIIS. Postaram: "Estamos aqui, em campo, e podemos dizer que o Profeta, que a paz esteja com ele, jamais faria algo assim, as coisas que estamos vendo."

A princípio, Khadija e seu segundo marido, Abdi, não confiavam um no outro o suficiente para revelar suas verdadeiras opiniões sobre o EIIS. Ele temia que ela o traísse se lhe dissesse o que realmente pensava; um medo que também a atormentava. Em seu círculo de tunisianos, muitos homens haviam sido executados por tentar escapar ou se recusar a lutar. Alguns deles tentaram se mudar para os confins do interior, onde o EIIS tinha pouca ou nenhuma presença.

EPÍLOGO: AS IMPOSTORAS

Por fim, Abdi e Khadija perceberam que tinham o mais importante em comum — sua única aspiração era saírem vivos do território do EIIS. Abdi a proibiu de conversar com outras mulheres do EIIS e de ir à mesquita. "Ele não acreditava mais no Islã, no que estavam fazendo", disse Khadija. No final, eles se mudaram para Mayadin, uma das fortalezas mais importantes do grupo, perto da fronteira com o Iraque, e Abdi se juntou a uma gangue de combatentes que tentava juntar dinheiro para escapar roubando carros do EIIS e vendendo-os em cidades rurais próximas. Nas últimas semanas, Khadija testemunhou coisas que permaneceriam em sua mente até o fim de seus dias. Pouco depois de dar à luz seu primeiro filho com Abdi, ela e uma amiga visitaram a casa de um conhecido. Lá havia uma garota yazidi, de Sinjar, sendo mantida na família como escrava. Seus olhos haviam perdido o brilho, como se estivesse anestesiada. Assim que viu Khadija, se aproximou em um salto e perguntou se podia segurar seu bebê. Uma vez que a criança estava em seus braços, ela a embalou no peito, balançou para frente e para trás e chorou silenciosamente.

"O que há com essa garota? O bebê dela morreu?", sussurrou Khadija para a amiga, que lhe explicou que a jovem yazidi havia dado à luz recentemente e que seu sequestrador do EIIS lhe tomou o bebê e o deu para sua esposa infértil. Conforme a cidade se aproximava do colapso, Khadija ouviu histórias até de um bordel na rua Tal Abyad. Era uma casa onde os combatentes visitavam as mulheres cativas, pois estavam cansados da poligamia e das brigas das coesposas, cansados dos grupos do WhatsApp com fotos de meninas yazidi à venda, cansados de assumir a responsabilidade por uma mulher por meio da posse formal e da subjugação.

"Muitos de nós deixamos nossas famílias e viemos para este lugar, porque queríamos morar em um país que segue o verdadeiro Islã", afirmou Khadija. "Vivi no EIIS por quatro anos. Não vi nada que se parecesse com o legítimo Islã. Eles só se importavam com mulheres, prazer, dinheiro e poder. Muitos tunisianos chegavam a duvidar que Abu Bakr Al-Baghdadi existisse. Se existia, por que não mostrava o rosto?"

Havia soldados curdos perambulando constantemente pela sala de cimento onde Khadija estava sentada, contando essas histórias. Um jovem parou e disse: "Se era tão ruim, por que você não saiu antes? Como sabemos que não está dizendo essas coisas só porque o EIIS foi derrotado?"

"Falarei por mim", respondeu ela. "Se o EIIS fosse real, eu não o teria deixado. Teria preferido morrer lá, em vez de fugir. Mas não foi fácil sair do EIIS. Se você desaparece, mesmo que por um breve período, todo mundo começa a fazer perguntas. Todo mundo o observa. Era quase impossível. A princípio, até meu marido temia falar comigo sobre sair."

Em junho de 2017, eles conseguiram ser contrabandeados. Nos esconderijos dos contrabandistas, viveram a ansiedade da travessia, o medo de que Khadijah fosse estuprada pelos curdos ou pelo exército iraquiano ou pelo exército de Assad. Logo depois de chegarem à fronteira, foram presos por soldados norte-americanos e curdos. Ela chorou, convencida de que seria estuprada. Mas o soldado curdo ao seu lado no carro segurou sua mão e disse para se acalmar. Era o mês do Ramadã, o calor os assolava como uma fornalha e, ao entardecer, os norte-americanos lhes trouxeram comida e bebida. Um soldado norte-americano trouxe algo para ela deitar o bebê. "Como é que ele não me estuprou? Isso mudou completamente a maneira como eu pensava." Ela se sentiu mortificada ao ver os incrédulos a tratarem com tanta decência.

Khadija gostava de perambular pelos quiosques e conversar com outras mulheres no campo. Estava sempre ávida para falar e conversar. A vida no campo seria mais fácil se ela parasse de usar suas vestes pretas, mas tinha se apegado a elas, e assumiu uma posição defensiva sobre seu significado. "Eu lhe digo, isso não é roupa do EIIS! Essa é a roupa das esposas do Profeta, a roupa das mulheres do Islã. É uma roupa islâmica. Também ouvi dizer que a rainha da Inglaterra veste roupas escuras e às vezes cobre os cabelos. É verdade?"

Não tive coragem de lhe dizer: sim, mas apenas quando ela se aventura dirigindo seu Range Rover pelas terras altas de Balmoral.

A OFENSIVA DA COALIZÃO PARA retomar Raqqa estava arrasando a cidade. Aviões norte-americanos, britânicos e franceses atacavam quase ininterruptamente, disparando dezenas de milhares de rajadas de artilharia. Esses ataques eram realizados por um centro de comando a quase 2 mil quilômetros de distância, no Estado do Catar, no Golfo Pérsico, valendo-se de poucos segundos de observação e informações muitas vezes desatualizadas. Jornalistas que visitavam locais de ataques da coalizão no

Iraque descobriram que 1 em cada 5 resultava em morte de civis, uma taxa 31 vezes superior à admitida pela coalizão.

Em Raqqa, o Exército dos EUA operava com a crença de que a cidade não era para civis; que estar lá era pedir a morte. A cidade foi pulverizada, rua por rua. Raqqa, como grande parte de Mosul, se tornou um mar de escombros.

No campo de refugiados de Ain Issa, a noite às vezes era quieta, outras, atravessada pelo som de uma aeronave. Eles estavam se deslocando em direção à cidade de Raqqa, a apenas cinquenta quilômetros ao sul do acampamento, onde nos sentamos do lado de fora, sob o céu escuro da noite, fervilhando de estrelas. Era o mais próximo que eu estive de Amira, Sharmeena e Shamima nos meses e anos que se passaram desde que fui procurá-las. Desde a chegada, me perguntava se elas teriam tentado escapar no êxodo final da cidade. Será que não conseguiram se esgueirar entre as mulheres que chegaram ao acampamento?

HAJAR. O NOME SIGNIFICA AQUELE que migra, e era adequado para essa mulher, de olhos inquietos e carregados de desdém. Ela tinha 20 e poucos anos, pele branca e translúcida, como papel. Relutava em falar, porque era a única dessas mulheres que não se arrependia nem estava disposta a mentir. O comandante Salar disse que seu sogro era uma figura importante do EIIS e que, durante os primeiros dias de sua detenção, Hajar ameaçou seus homens com tortura e decapitação, caso a machucassem. Isso tinha acontecido há semanas. Nesse ínterim, ninguém foi resgatá-la, e seu tom estava abrandando. Salar afirmou que ela não falava com ninguém, mas me disse que eu poderia tentar, pois ela era livre para continuar se recusando.

Hajar hesitou por um segundo, decidindo se deveria falar conosco. Mahmoud, que me acompanhava, era um curdo sírio, e percebi que ela queria lhe pedir informações. Para as mulheres do EIIS, todo curdo que conheciam era um soldado do YPG. Para Mahmoud, toda mulher do EIIS era uma mentirosa.

Ela não sabia que Mahmoud era de Ain Issa, a cidade em que se situava o acampamento. Que ele se mudou de Homs para lá a fim de ensinar na escola, em constante disputa com os dominadores membros do Partido Ba'ath local. Que seu filho nasceu em Ain Issa, que ele e a esposa compraram sua primeira casa lá, uma casa da qual acabou tendo que fugir com o filho pequeno a tiracolo, deixando tudo para trás. Os três tiveram que enfrentar uma tempestade de neve para cruzar as montanhas para o Curdistão iraquiano; seu filho quase morreu no caminho. Na mesma manhã em que conheci Mahmoud, ele voltou à casa de Ain Issa pela primeira vez depois de três anos fora. Estava cravejada de balas, um canto do telhado desabando sobre a sala de estar. Ele olhou através das grades da porta e apontou para o pano vermelho florido que sua esposa havia pendurado no final do corredor, pois, segundo ela, bloqueava os cheiros da cozinha. "Ainda está lá", disse ele, com um sorriso largo.

Os filhos mais velhos de Hajar estavam perdidos, ou pelo menos perdidos para ela. Deixou-os com um vizinho para recolher o salário do EIIS do marido em Raqqa e foi capturada por combatentes curdos no caminho de volta a Mayadin, onde moravam. Estava com o bebê, Jihad, mas não conseguiu mais falar com seu filho e sua filha, de 7 e 5 anos.

"Se alguém morresse, eles o queimariam?", Hajar perguntou a Mahmoud. Na verdade o que ela queria saber era: *Se os soldados curdos matassem meu marido combatente do EIIS, como suspeito, eles o jogariam em uma vala ou queimariam seu corpo, ou o envolveriam em uma mortalha e lhe dariam um enterro islâmico?*

Mahmoud hesitou diante da pergunta. "Quem vai saber? Na semana passada, queimaram um imã vivo em frente à mesquita dele." Ele estava realmente dizendo: *Como você se atreve a atribuir esse tipo de punição a nós?*

"EIIS?", perguntou ela.

"Quem mais seria? Só o EIIS queima as pessoas."

"Estou perguntando sobre os curdos. Meu marido foi levado por eles."

"Não, eles não matam detidos. São organizados. Levam os feridos para os hospitais."

"Perguntei a um dos comandantes", disse ela, acenando com a cabeça em direção ao posto avançado onde os soldados curdos estavam sentados. "Ele me disse: 'Seu marido está no inferno.'"

"Não sabemos onde ele está."

"Eu preciso saber se ele está vivo ou não. E preciso saber o que vai acontecer comigo. Você sabe? Haverá uma audiência para as mulheres?"

Hajar. Em certo sentido, era a mulher do EIIS que eu estava esperando durante todos aqueles meses e anos. Uma verdadeira crente; uma verdadeira jihadista. Não era uma adolescente órfã doutrinada e manipulada pela propaganda ardilosa. Não era uma alma perdida que se apaixonou por um irmão de fala mansa e presunção religiosa. Não era uma irmã ingênua e abandonada que seguia um irmão, uma esposa leal e culpada que seguia um marido. Não era uma errante narcisista que só queria se rebelar e viver confortavelmente à custa da dor e da miséria dos outros. Não era uma divorciada mentalmente instável. Nem uma crente sincera, mas insuficientemente cética, que pensou que um reino dos céus, forjado no meio de uma guerra sangrenta, salvaria o marido ou a família de dívidas e desemprego.

Hajar não era nada disso. Ela acreditava em tudo. Acreditava no iminente apocalipse profetizado por Al-Baghdadi e nos sinais já aparentes do fim dos tempos. Sua linguagem era impregnada de referências do próprio Alcorão sobre a terra abençoada. Ela disse: "Haverá muito sangue. Ao andar, não encontrará um lugar para colocar os pés, haverá muito sangue." Hajar deveria ser a personificação da escuridão apocalíptica no coração do EIIS, despida de explicações, ressentimentos e justificativas.

Porém, até Hajar tinha uma história, que se confundia com a da própria Síria: o governo autoritário da dinastia Assad e até onde estava disposto a chegar — massacres, opressão e derramamento de sangue — para manter o poder absoluto. Hajar nasceu em 1990 na cidade de Hama; seus pais já haviam perdido o ânimo e a dignidade muito antes de ela nascer. Era filha de uma família, como muitas outras, cuja herança inicial foi a perda.

Quando a cidade de Hama se insurgiu contra Hafez Al-Assad em 1982, o pai de Hajar abandonou as forças armadas para se juntar à revolta, assim como a maioria dos homens da cidade, incluindo muitos que não tinham nada a ver com a Irmandade Muçulmana. Quando Assad despachou suas tropas para arrasar a cidade, quatro membros da família de Hajar foram mortos: dois tios paternos, um tio materno e um primo. O primo teve uma morte estúpida, levou um tiro nas costas enquanto andava de moto.

O pai de Hajar estava treinando para ser piloto, mas, depois do massacre, claramente não havia futuro para ele nas forças armadas. Por um longo tempo, ficou em casa, deprimido, e acabou montando uma loja que vendia portas e janelas. Naqueles anos, Hama era uma cidade traumatizada. Seus moradores caminhavam pelas ruas agora livres dos cadáveres, passando por novos bustos do presidente ostentando, ofensivamente, o credo do Islã: *Não há outro deus senão Allah, e Muhammad é seu mensageiro.* Havia um cemitério não muito longe do parquinho perto de sua casa, onde muitos dos mortos no levante foram enterrados. Sua família, lembrou ela, ficou arrasada com os acontecimentos. "Muitos de seus parentes foram mortos, muitos desapareceram. Conhecíamos algumas pessoas que ficaram na prisão por vinte anos. Meus pais estavam com muita raiva."

Mahmoud ouvia Hajar, impassível. Ser questionada sobre Hama, sobre o passado, a relaxou e ela estava falando mais abertamente. Ela descreveu sua família como "engajada, não extremista". Mahmoud sussurrou para mim: "Ninguém em Hama é moderado! O moderado deles *é* extremista."

Hajar cresceu querendo ser médica, mas seu pai deu sua educação por encerrada e pediu que ela se casasse. "Eu não queria, mas concordei por ele. Tive que obedecê-lo." Ela era uma jovem mãe e dona de casa quando o desenrolar dos acontecimentos na pobre cidade de Dara'a, no sul, provocaram os protestos de 2011 contra o governo, então nas mãos do filho de Hafez Al-Assad, Bashar.

O pai de Hajar voltou à vida, como se despertasse de um estupor de três décadas. "Achamos que dessa vez Bashar cairia rapidamente", disse ela. "Nunca imaginamos que haveria tantas facções, que elas se expandiriam." Todos os dias, seu pai saía de casa, ajudando os feridos. Os militares sírios invadiam sua casa todos os dias, em geral por volta das 5h. Apareciam com veículos blindados e tanques. Levavam ônibus verdes de passageiros e arrebanhavam homens, carros, motos, indiscriminadamente. "Assad ou eu queimo o país", declarou o presidente, ou seja: *Sou eu ou a destruição.*

E para os sírios isso significou: 500 mil mortos, 11 milhões de refugiados, incluindo os deslocados internos, e cidades em escombros. Rapazes e moças com educação excepcional, que antes sonhavam com

EPÍLOGO: AS IMPOSTORAS

carreiras cosmopolitas e famílias felizes, agora empobrecidos e apátridas, concentravam-se apenas na subsistência.

Era sem dúvida o conflito mais definidor do nosso tempo, e, no entanto, algum outro conflito moderno foi tão prontamente incompreendido? A guerra civil síria, que agora chegava ao fim, era considerada mais uma guerra sectária entre xiitas e sunitas, um conflito por procuração entre o Irã e os países árabes do Golfo, e uma disputa pela supremacia entre esses países árabes. Aqueles que desejavam relevar o papel dos Estados Unidos em exacerbar o conflito a chamavam de uma guerra de agressão iraniana, encorajada pela Rússia; aqueles que desejavam desafiar a hegemonia dos EUA minimizavam os crimes de guerra de Assad e descreviam sua oposição como fanáticos da Al-Qaeda.

Todas essas descrições eram sussurros da verdade, mas desprezavam muitas outras divisões da Síria — as rupturas entre os sunitas sírios, ao longo de linhas geográficas e de classe, graus de religiosidade e secularismo; o apoio amedrontado e precoce de outras minorias religiosas da Síria, os cristãos e os drusos, a Assad, cujas décadas de governo autoritário familiar pareciam mais seguras do que qualquer alternativa que pudesse substituí-lo; a decisão de milhões de sírios de simplesmente se conformar, não por lealdade, mas porque estavam cansados de lutar ou escolheram o regime como o menor dos males.

Depois, havia a natureza fluida da oposição, que incluía homens como o marido de Hajar, tão empenhados em derrubar Assad que se deslocaram pragmaticamente entre quaisquer grupos que parecessem mais bem preparados para atingir esse objetivo. O marido de Hajar começou no Exército Livre da Síria, apoiado pela CIA, e depois se mudou para a Frente Al-Nusra, que era chamada de afiliada da Al-Qaeda. E então, finalmente, para o EIIS.

Um dia, o pai de Hajar saiu de casa, como sempre, para se reunir com outros homens da cidade. Nunca mais voltou. Dois meses depois do desaparecimento, um homem ligou para o celular de Hajar, alegando ser um amigo do ELS. Ela pediu para falar com o pai e o homem disse que não era possível, que ele estava ferido. Mas Hajar nunca mais o viu.

Foi em Al Hol, no flanco oeste da Síria, a cerca de 250km a oeste de Ain Issa, naquele campo fétido e gelado, cheio de gente, que Shamima Begum ressurgiu aos olhos do mundo. "Sou uma irmã de Londres, sou uma das meninas de Bethnal Green", disse ela à jornalista britânica que a encontrou e estampou seu rosto ao lado de uma entrevista nas primeiras páginas do *Times*.

A essa altura, três das meninas de Bethnal Green — Amira, Shamima e Sharmeena — ainda estavam vivas. Um mês antes, no final de janeiro de 2019, quando as Forças Democráticas Sírias intensificaram a pressão na faixa final do território mantido pelo EIIS no Sudeste da Síria, em uma área conhecida como Baghuz, as meninas avaliavam o que fazer. Os maridos de Amira e Sharmeena haviam sido mortos em combates anteriores. Estavam solteiras e sozinhas, mas ainda eram devotas e deter-minadas a permanecer no califado até o fim. O inverno estava frio e elas agora estavam em constante movimento, mal comiam e dormiam sob as árvores. O marido de Shamima ainda estava vivo. Ele ainda acreditava, aparentemente por nenhuma razão além da fé cega, que o grupo poderia prevalecer.

Shamima teve dois filhos e estava no fim da gestação do terceiro. A filha e o filho estavam doentes, mas era difícil ser atendido por um mé-dico; os hospitais da região, em torno de Mayadin e Hajin, estavam so-brecarregados com os feridos de guerra. Eram obrigados a recusar até pessoas feridas com estilhaços de bomba. Não havia remédios. Seu filho morreu primeiro. Foi quando Shamima soube que tinha que tentar sair, pelo bem da filha e do bebê. Ela se juntou à multidão que se afastava dos combates, na direção do território mantido pelas milícias que comba-tiam os últimos remanescentes do EIIS. Sua filha, cada vez mais doente, morreu antes de chegarem ao campo de Al Hol, onde famílias e civis fugitivos do EIIS estavam abrigados.

A entrevista de Shamima com a jornalista britânica do *Times* não foi antipática, mas, como muitas que se seguiram, lhe deu bastante corda para se enforcar. Quando questionada se havia testemunhado execuções, ela negou, mas acrescentou que certa vez viu uma cabeça decapitada em

EPÍLOGO: AS IMPOSTORAS 321

uma lixeira na rua: "Não me perturbou", afirmou. A observação foi divulgada em quase todos os noticiários de rádio e televisão do Reino Unido.

O FATO DE SHAMIMA TER sido iludida e recrutada aos 15 anos, instruída e doutrinada pelo EIIS, evaporou das discussões públicas sobre ela. O fato de ter sido uma noiva criança, casada antes da idade legal, de dois de seus filhos terem morrido recentemente, não impediu os repórteres de interrogá-la sobre as notícias lidas vorazmente em seu país natal. Será que se dava conta, perguntaram, de que o público questionava se ela poderia ser reabilitada? "Ainda estou no estado de espírito de ter aviões sobrevoando minha cabeça e uma mochila de emergência, e passar fome, essas coisas", afirmou. O que tinha a dizer ao chefe da inteligência britânica, que declarou que mulheres como ela eram perigosas? Shamima aceitaria se as autoridades britânicas levassem seu filho embora, caso fossem admitidos de volta ao Reino Unido? O que ser "britânica" significava para ela? Criaria seu filho como um menino britânico? Aceitava a democracia e os direitos britânicos para mulheres e homossexuais? Shamima respondeu alegremente a essas perguntas, professando com uma voz às vezes trêmula que podia, sim, ser reabilitada, que não sabia quais seriam suas opções e não achava apropriado exigir um tratamento específico para si mesma; parecendo mais ingênua e confusa a cada dia, exatamente como a jovem traumatizada e doutrinada de apenas 19 anos que era. "Acho que muitas pessoas deveriam ter empatia por tudo o que passei."

PORÉM, EMPATIA NÃO ERA O sentimento do público. Poucos dias depois de Shamima aparecer e pedir ajuda para voltar para casa, o Ministro do Interior do Reino Unido ordenou que fosse despojada da cidadania britânica. O fundamento legal era que Shamima, por causa de sua origem bangladesa, era elegível para a cidadania de um segundo país. Bangladesh rapidamente disse que não queria envolvimento com ela; Shamima nunca havia sequer visitado o país, como poderia passar a ser problema deles? Os memes racistas começaram a proliferar e a se espalhar, uma página no Facebook surgiu exclusivamente para exibi-los: Shamima comparada a uma barraca de guarda-chuvas pretos; a garota em um hospital dando à luz uma bomba-relógio; sua cabeça recortada sobreposta a sites pornográficos e cartões do Dia das Mães. Muitas das imagens se transformaram em uma repugnância generalizada e assustadora de extrema direita contra os muçulmanos, zombando de suas vestes, da cor de sua pele e de sua aparência física; até o nome dela se tornou um insulto racista, uma ofensa às meninas muçulmanas britânicas nas ruas de Londres: *"Shamima Begum"*, a nova versão feminina de "Paki".

EM MEADOS DE FEVEREIRO, SHAMIMA deu à luz um menino. Ela lhe deu o nome de Jarrah e posou para um fotógrafo, de pé no acampamento com um mar de tendas brancas ao fundo, segurando o bebê enrolado em um cobertor listrado de azul e branco. Três semanas depois, Jarrah morreu de pneumonia.

•   •   •

LÁ FORA, PERTO DOS QUIOSQUES que vendiam chá, onde as pessoas se reuniam para fumar ou conversar ao anoitecer, ouvia-se relatos das bizarras histórias que circulavam no campo, histórias que membros do EIIS em fuga contavam na tentativa de esconder o que fizeram: havia o homem que dizia que foi para o califado como vendedor de *simit* e ficou para escrever contos; de repente, havia uma profusão de cozinheiros e auxiliares de escritório.

Durante todo o ano de 2017 e até 2019, os campos na Síria e no Iraque cresceram com milhares de mulheres e crianças do EIIS cujos maridos e pais estavam mortos ou detidos por forças curdas iraquianas ou aliadas dos EUA. Tribunais em Bagdá começaram a condenar muitas estrangeiras à morte. Os julgamentos geralmente duravam apenas dez minutos, e as evidências, quando haviam, eram mantidas em segredo; os advogados de defesa recebiam quase nada. A rapidez era o único incentivo.

O Escritório do Alto Comissariado das Nações Unidas para os Direitos Humanos alertou que esses julgamentos levariam a "erros judiciários irreversíveis", mas, para o governo iraquiano, os julgamentos sumários eram uma espécie de retribuição à extrema selvageria que o EIIS e seus antecessores haviam demonstrado aos xiitas iraquianos. As autoridades judiciais também eram pragmáticas: se a maioria dos países de origem dessas mulheres se recusava a reavê-las, o que deveriam fazer? Quem sabia se haviam descascado batatas no califado ou cometido atrocidades? E se elas ainda acreditassem que todo mundo que não fosse afiliado ao EIIS era um inimigo de Deus que merecia a morte? Quem queria mulheres assim vivendo em seu país?

Na Europa, o Reino Unido e a França foram os primeiros a despojar a nacionalidade de seus cidadãos que haviam se juntado ao EIIS. O Ministério do Interior do Reino Unido argumentou que isso era "para o bem público" e que a cidadania era "um privilégio, não um direito", ainda que a medida transformasse esses indivíduos em apátridas, sem os recursos ou a supervisão de um processo ou normas legais de *qualquer* Estado. Como medida de segurança destinada simplesmente a impedir o retorno de cidadãos europeus que haviam lutado na Síria, ela funcionou. Mas era uma abordagem destinada a fomentar mais conflitos e mais ressentimentos.

Depois do 11 de Setembro, no submundo da Guerra ao Terror, os Estados de segurança ocidentais tomaram um caminho sombrio; começaram a rejeitar até a ideia de que a guerra tinha regras, que os prisioneiros ainda eram humanos com direitos. A Guerra ao Terror dos Estados Unidos criara uma terceira dimensão transnacional e duradoura, um limbo letal, livre da ordem internacional baseada em regras, na qual os suspeitos eram passados de mão em mão, presos indefinidamente, torturados e executados. O Ocidente tornou-se mais extremo e alegou surpresa com o extremismo que surgiu em resposta.

O EIIS AGORA ESTAVA DERROTADO como força militar. No final de 2018, seu exército foi reduzido a alguns milhares de homens no interior do deserto da Síria; em março de 2019, as Forças de Defesa da Síria invadiram Baguz, a última fortaleza do grupo, hastearam suas bandeiras e declararam vitória. Os líderes de países cujos cidadãos partiram para se unir ao EIIS, do Marrocos à Arábia Saudita, fingiram reconhecer a necessidade de rever as condições que levaram seus jovens, homens e mulheres ao "campo de jihads da Síria". Mas praticamente todas as suas políticas fracassadas permaneceram em vigor. O mesmo ocorreu com o disfuncional sistema norte-americano de patrocínio a esses regimes árabes problemáticos, que possibilitou suas falhas e os protegeu de suas próprias populações dissidentes.

Na Tunísia, onde Nour criava sua filha sozinha em um país em que ela fora impossibilitada de receber educação por causa de sua fé, houve pelo menos um vislumbre de mudança. A economia ainda mantinha sua família na pobreza limítrofe, a maioria dos encontros com a polícia ainda terminava em suborno e sua ala de ativismo salafista foi banida. Mas havia uma transição democrática em andamento, suficientemente poderosa para que os embaixadores e torturadores do antigo regime fossem à televisão à noite e confessassem. Talvez essa transição fosse sutil e frágil, e para Nour, que sofrera muitas privações, não tinha sentido. Rahma, falando com jornalistas em sua detenção na Líbia, deixou claro que se sentia da mesma maneira.

No entanto, para muitos tunisianos, seu governo vacilante, mais inclusivo, devia ser valorizado — o único Estado em toda a região em que a oposição pré-Primavera Árabe ainda participava do jogo político e as antigas elites haviam encontrado alguma aparência de justiça. A nova Tunísia enfrentou poderosos inimigos regionais, particularmente a Arábia Saudita e os Emirados Árabes Unidos, que se irritaram ao ver um país em que os islamitas moderados haviam prevalecido. Mas, pelo menos, seu destino ainda não estava escrito. Em 2011, uma eminente política do Ennahda atuou como vice-presidente da Assembleia Constituinte do país, um dos mais altos cargos políticos exercidos por uma mulher em todo o Oriente Médio. Na primavera de 2018, Túnis elegeu a primeira mulher prefeita do mundo árabe, afiliada ao partido Ennahda. A filha de Nour cresceria em um país onde isso tudo era possível.

Para Asma, Aws e Dua, as jovens sírias de Raqqa, a aparente impermanência de viver como refugiada na Turquia logo se tornou seu cotidiano. Para Asma e Aws, que antes tinham um futuro promissor como mulheres instruídas, preparadas para alcançar mais independência do que qualquer geração de sírias antes delas, a guerra arruinou essas perspectivas. Agora, o desejo era sobreviver. Dua, que sempre desejara uma vida simples, com dignidade, estava presa em um país estrangeiro, sem habilidades ou educação, separada de sua família, sozinha com a lembrança de que seu marido saudita havia morrido matando outros muçulmanos.

Na Síria controlada pelo governo, a terra destruída que Bashar Al-Assad dirigia como vencedor nominal, não havia sinal de que o regime extinguiria as políticas de repressão e violência que provocaram a

EPÍLOGO: AS IMPOSTORAS

insurreição original. Em julho de 2018, o governo emitiu atestados de óbito para 60 mil pessoas que simplesmente desapareceram em suas prisões. Aqueles que permaneceram na Síria, de ambos os lados da divisão entre regime e oposição, acabaram relegados à corrupção, lutando pela subsistência básica em meio à ilegalidade e à insegurança de sete anos de guerra. Reabrir uma loja, obter um atestado de óbito, solicitar informações sobre parentes desaparecidos: todo pequeno ato exigia pagamentos exorbitantes para milícias locais, advogados particulares ou burocratas. Nada estava normal. A reconstrução parecia um delírio. Custos à parte, quem ainda restava fisicamente para reconstruir o país? A guerra dizimou grande parte da população masculina; milhões fugiram e, dentre os que ficaram, muitos foram mutilados ou mortos.

Para Dunya, ainda abandonada no pequeno vilarejo sírio perto da fronteira com a Turquia, uma vida na Alemanha tinha um certo apelo, se ela conseguisse chegar lá. A extrema direita estava em ascensão, a ala direita do partido de Angela Merkel, ansiosa por uma vantagem, e a exclusão e o racismo cotidianos que Dunya viu muçulmanos alemães nativos suportarem na juventude foram exacerbados pelo influxo de refugiados sírios. Mas ela aceitaria sua antiga vida de volta sem titubear. Se a próxima geração de muçulmanos na Alemanha seguiria um caminho semelhante, se sentiria uma injustiça global suficientemente aguda para ser levada ao buraco negro da militância, só Deus poderia saber.

Em Londres, Sabira continuava em luto pelo irmão Soheil e, muitas vezes, ainda sofria com as regras contraditórias e confusas a que as pessoas próximas a ela submetiam as boas muçulmanas.

No Reino Unido, as relações entre os britânicos muçulmanos e o governo continuaram se deteriorando. No verão de 2018, Boris Johnson, um importante político conservador com ambições de se tornar primeiro-ministro, declarou que as muçulmanas que usavam o véu de rosto pareciam ladrões de bancos e caixas de correio. O assédio nas ruas e os ataques físicos a muçulmanas aumentaram após seus comentários. Na primavera de 2019, o deputado conservador Jacob Rees-Mogg demonstrou simpatia por um grupo de extrema direita alemão no Twitter, sinalizando que um partido que procura explicitamente livrar a Alemanha dos muçulmanos merece a atenção dos britânicos. O fanatismo contra os muçulmanos tornou-se a maneira mais sórdida, porém, mais segura, de ascender politicamente no Reino Unido contemporâneo.

No governo de Donald Trump, os Estados Unidos abandonaram até mesmo a pretensão de apoiar a democracia árabe ou a autodeterminação. No outono de 2018, o presidente descreveu abertamente o relacionamento dos EUA com a Arábia Saudita como esquema de proteção, declarando que os sauditas não conseguiriam "sobreviver duas semanas" sem a proteção norte-americana. Os militares dos EUA, por sua vez, recusaram-se a contabilizar os civis mortos no ataque final contra o EIIS. "Ninguém nunca saberá quantos morreram", admitiu um porta-voz do Departamento de Defesa. Washington disse que não daria um tostão para a reconstrução da Síria, a menos que Assad e o Irã concordassem com certos termos, que sem dúvida recusariam. Se tais condições fossem viáveis, a guerra provavelmente não se arrastaria por sete anos, desafiando qualquer tentativa de resolução.

· · ·

INICIALMENTE, DECIDI ESCREVER ESTE LIVRO PORQUE FIQUEI PERTURBADA com os relatos da mídia sobre o desaparecimento das meninas de Bethnal Green e com a especial atribuição de culpa como consortes do mal, apesar de sua juventude muito evidente. Fiquei impressionada com o fato de os comentários mais nocivos sobre essas meninas terem sido feitos por outras mulheres, na verdade mulheres que normalmente se identificariam como feministas liberais.

Para o público, eram noivas jihadistas ingênuas ou monstros calculistas. Mas a maioria das mulheres deste livro não era passiva nem predatória, e tentar determinar seu grau de autonomia parecia ser apenas uma linha de investigação, e sem dúvida não a mais reveladora. Algumas colaboraram ou agiram conscientemente; outras eram tão jovens que, apesar da aparência externa de escolha deliberada, não eram maduras o suficiente para exercer qualquer coisa que se aproximasse de um julgamento adulto.

A maioria dos documentos políticos, das discussões públicas e das iniciativas de segurança que lidam com gênero e extremismo parece totalmente desconectada das experiências vividas pelas mulheres no Oriente Médio. Isso ocorre principalmente porque os discursos antiterroristas, das Nações Unidas e de todos os governos nacionais, buscam discutir e elaborar políticas voltadas para mulheres em uma ampla gama de contextos políticos e sociais — desde os bairros modernos da pacífica East London, as cidades em ruína da Síria e do Iraque, assoladas pela guerra, até os campos de batalha da Somália e da Nigéria, onde Estados impopulares, fracos ou corruptos enfrentam oponentes armados e populares.

Em 2017, a Comissão dos Direitos da Mulher e da Igualdade dos Gêneros do Parlamento Europeu divulgou um relatório sobre as mulheres e o extremismo violento. O documento fala da primeira jihad, a conquista do Islã no subcontinente árabe no início do século VII, como se fosse um evento ocorrido no ano passado. Inclui a palavra "ideologia" 42 vezes e argumenta que as mulheres passam por um "processo de radicalização" por meio de vários "fatores de atração e repulsão", e depois se tornam "parte integrante da jihad".

Lidar honestamente com os problemas dos conflitos modernos envolve reconhecer verdades embaraçosas sobre como acabamos com essa violência em primeiro lugar. Porém, esse relatório de 2017 se posiciona na história de maneira ainda mais estranha. Começa no século VII, como se houvesse mais pistas a serem colhidas sobre o EIIS em 622 d.C. do que nos anos 1990, período em que a longa história de totalitarismo e crueldade institucionalizada do Iraque atingiu seu ápice com a opressão violenta das rebeliões xiitas e curdas, ou mesmo a partir de 2003, ano em que os Estados Unidos, com o apoio de aliados europeus — contrariando a vontade de milhões de pessoas que marcharam pelo mundo contra essa intenção —, invadiram e ocuparam o Iraque e desencadearam o conflito que acabaria por ajudar a criar o grupo.

Quando o relatório descreve o contexto em que jovens europeias foram atraídas pela militância do EIIS, cerca sua linguagem de uma maneira que parece suspeitar das realidades factuais: a invasão do Iraque em 2003 e as atrocidades cometidas pelo presidente sírio Bashar Al-Assad são "injustiças *percebidas*" (grifo nosso). O aumento da islamofobia pós-11 de Setembro tem "*sentimentos incitados* por exclusão social e cultural e marginalização". O relatório tem como objetivo combater os estereótipos de gênero, mas sua abordagem é muito semelhante à escrita vitoriana sobre a histeria — há coisas que se passam na cabeça das mulheres, *sentimentos incitados* e *percepções,* e há coisas que os bons médicos concluem que são de fato problemáticas. Estas são diagnosticadas de forma inequívoca: "um senso de aventura", "o desejo de fazer parte de algo maior e divino", a "aspiração de construir um califado utópico".

Os autores escrevem que, na narrativa do EIIS, "o feminismo ocidental é retratado como imperialista e vantajoso exclusivamente para as mulheres brancas, deixando pouco ou nenhum espaço para as mulheres islâmicas e seus valores". Mas isso não é simplesmente propaganda ardilosa do EIIS; é algo que uma geração inteira de muçulmanas em todo o mundo diz pronta e regularmente em livros, artigos, dissertações e nas mídias sociais.

Essa perspectiva me lembra de novo dos médicos vitorianos que diagnosticavam a histeria como uma condição peculiarmente feminina. O relatório entende o extremismo da muçulmana como uma patologia de gênero: a aflição de uma mulher que internalizou o patriarcado masculino com tanta assiduidade que, de forma delirante, busca a ação possível dentro de suas próprias restrições. Os médicos do século XIX acreditavam que as mulheres "histéricas" eram possuídas por demônios e desejos sexuais desviantes; no século XXI, os "desradicalizadores" profissionais acreditam que as mulheres militantes são consumidas por ideologias religiosas perversas e repressão sexual.

A comparação é útil principalmente para identificar o poder do diagnosticador em relação ao sujeito: a histeria era uma doença inventada, construída por forças médicas em uma cultura que valorizava a docilidade e a pureza femininas. A militância com certeza não é inventada. Porém, é mais politicamente conveniente sugerir que as mulheres foram enfeitiçadas do que reconhecer as guerras, os conflitos e a repressão autoritária que criaram as queixas e o espaço para o extremismo prosperar.

A década de 2010 foi a da leitura feminista da militância, com base no louvável objetivo de ser menos sexista e estereotipada na avaliação do envolvimento de muçulmanas no apoio, no desenvolvimento e na manutenção de grupos jihadistas. Mas esse esforço não envolveu muita vontade de examinar antigas crenças sobre as causas e as raízes de conflitos violentos, ou certezas dualistas sobre o liberalismo secular esclarecido versus o Islã patriarcal retrógrado. A análise progressiva certamente nos ajuda a ver como as mulheres experimentam de forma diferente ordens políticas repressivas, nas quais são marginalizadas e destituídas de status social, seita religiosa, filiação política ou mosaicos de identidade de todos esses aspectos. Mas o foco parece recair excessivamente sobre *a maneira como elas as experimentam* em vez de confrontar as causas e as realidades estruturais mais amplas que trouxeram essa experiência à tona em primeiro lugar. O que pretendo dizer, de maneira mais simples, é que espero que os eventos relatados neste livro mostrem a importância crucial do contexto: entender como Nour experienciou a Tunísia na época de Ben Ali como mulher é crucial para a trajetória de sua vida, mas, em última análise, sua história está inserida em um mundo que ela compartilhou com Walid e Karim, seus colegas tunisianos.

A especificidade social e política é essencial para a compreensão de qualquer conflito, e as políticas que buscam lidar com o extremismo na totalidade ao impor uma linguagem genérica e ideias de políticas em várias sociedades são profundamente equivocadas. Na melhor das hipóteses, elas falharão e desperdiçarão recursos e, na pior, podem agravar as condições ao impor soluções punitivas e mal-intencionadas. Espero que, depois de passar algum tempo na vida dessas mulheres, você entenda instintivamente por que isso acontece.

Há uma escassez de relatos que consideram como as mulheres comuns no Oriente Médio são atraídas para a militância como último recurso — depois de buscarem maneiras pacíficas, cívicas e alternativas de contornar circunstâncias de pobreza, instabilidade, ilegalidade, discriminação, corrupção, repressão estatal e abuso. Embora reconheça como seu gênero moldou suas escolhas, não vejo como podemos separar suas circunstâncias da sociedade ao seu redor e, de fato, da condição dos Estados em que viviam e como esses países interagiram com a ordem global e o mercado, dominado ainda pelos Estados Unidos.

Sem dúvida, as mulheres podem experienciar guerras, volatilidade e representação estatal de maneira diferente dos homens. Mas, em última análise, o gênero não define sua experiência, simplesmente a particulariza; as mulheres deste livro têm muito mais em comum com os homens ao seu redor do que com mulheres de países totalmente diferentes.

No FINAL DE UMA TARDE, Asma, Aws e Dua se reuniram para almoçar em um apartamento anônimo no segundo andar, nas ruelas estreitas de Urfa. Um cheiro azedo e salgado vinha do restaurante que vendia pratos de cérebro e tripas de cordeiro no térreo do prédio. Asma e Dua não viam Aws há um tempo, e ela mostrou um novo colar de borboleta que comprou no bazar. Nenhuma delas estava trabalhando, pois não havia empregos disponíveis em Urfa que mesmo uma mulher síria semirrespeitável pudesse cogitar em aceitar. Para os homens, não era tão ruim lavar a louça em um restaurante ou dirigir carros de aluguel; eles ainda conseguiam alguma renda, sustentavam a família.

Para as mulheres, esse trabalho servil se agarrava a elas de alguma forma e as maculava aos olhos de seus colegas sírios. Cinco anos depois, ninguém se lembraria do que um homem teve que fazer para sobreviver, mas as pessoas se lembrariam para sempre se uma mulher tivesse entrado na casa de uma família turca para trabalhar como faxineira. Em parte, esse era um dos motivos pelos quais as três pensavam constantemente em deixar para trás o mundo de refugiados sírios, a fim de tentar se mudar para alguma cidade europeia onde poderiam começar de novo. Na Europa, haveria trabalhos que não roubariam sua honra; as mulheres não as veriam como uma concorrente barata que seduziria seus maridos; e era possível tentar evitar outros árabes e sírios e começar a esquecer o que aconteceu no seu país.

Para Asma, era impressionante como, na própria Síria, boa parte da antiga cultura de vergonha começara a diminuir; mulheres em cafés, mulheres em universidades, mulheres ocupando a esfera pública como se tivessem o direito de estar lá e sempre estivessem lá — tudo isso estava se tornando mais corriqueiro em suas vidas. Mas ali, em Urfa, era como se o progresso de uma geração tivesse sido apagado da noite para o dia; as circunstâncias de todos eram tão reduzidas que as possibilidades decentes de ser ativo, presente e engajado na vida estavam mais uma vez fora de alcance; em meio a toda tensão e deslocamento, os velhos tabus foram reavivados e ganhavam força, ainda que as mulheres trabalhassem mais — como todos, na verdade — apenas para sobreviver. Dizem que a guerra transforma o status das mulheres em uma sociedade mais rapidamente do que qualquer outro tipo de mudança. Mas não estava claro que tal força se aplicaria à diáspora de refugiados que agora era sua casa.

Com o devido distanciamento, elas puderam ver que participaram de toda a destruição retrógrada. Asma disse que não conseguia perdoar os estrangeiros que foram para a Síria e distorceram a revolução com seus próprios projetos. Ela se aproximou da janela, apesar de não haver brisa para suavizar o calor. Aws balançou a cabeça, discordando e recordando as bandeiras pretas penduradas em Raqqa assim que a oposição tomou a cidade. Ela ainda estava perplexa que muitos em sua comunidade, os meninos com quem cresceu, tivessem desejado um futuro como aquele, tão fechado e ortodoxo, um Islã de *sharia* e pouco mais. "A questão é que todos os lados que lutaram na Síria eram sírios. Foi uma luta entre nós. Ninguém era realmente um estranho."

Entretanto, era quase como se todos os erros tivessem sido escritos previamente. Que vertente forte e brilhante poderia de fato ter emergido de um governo sinistro e obscuro como o dos Assad, mantida distinta e intocada pela brutalidade em escala industrial, pronta para seguir um curso diferente? Não havia facção no conflito sírio que tivesse se enobrecido, que não tivesse cedido a um desejo primitivo de poder e que tivesse se recusado a ferir os outros.

Pelo menos era o que as meninas disseram a si mesmas, embora soubessem que nunca mais poderiam encarar os vizinhos de Raqqa. Quem poderia esquecer o que havia sido feito com seus entes queridos e os responsáveis por esses atos? A comunidade que existia antes da guerra, tão monótona em seus hábitos, mas, em retrospecto, tão inocente, agora estava destruída, e era irrecuperável. As pessoas carregavam feridas de guerra até a velhice, transmitiam lembranças e inimizades para as gerações futuras. Quem poderia pensar que seu pequeno mundo começaria a se recuperar agora, quando o sofrimento era tão recente? Havia um lento fluxo de sírios voltando para suas cidades e seus vilarejos de origem, mas a própria ideia de normalidade, qualquer que fosse, parecia uma aspiração grandiosa que lhes seria negada para sempre. "Mesmo que um dia as coisas fiquem bem, nunca voltarei", declarou Aws. "Muito sangue foi derramado por todos os lados. Não estou falando apenas do EIIS, mas de todos."

Nas cidades europeias que lhes acenavam a distância, com promessas de dias melhores nesta Terra, permanecia um medo intransigente de que mulheres como Asma, Aws e Dua, assim como homens que empunharam armas na Síria, chegassem como refugiados e perambulassem pelas ruas, à espera de sua cidadania. Rumores alertavam que um comando inteiro da Al-Nusra, facção da Al-Qaeda na Síria, estava agora refugiado na mesma cidade alemã.

Esse medo residual era tudo o que havia sobrado do califado do EIIS aos olhos daqueles que nunca o desejaram. Para Sabira, em Londres, que refletia sobre tudo o que havia acontecido desde o fatídico dia em que seu irmão parou na tenda de *dawah* na rua há tantos anos, a experiência deixou uma parte dela permanentemente à deriva. Algumas pessoas que perderam irmãs e filhas por causa do projeto de Al-Baghdadi zombavam causticamente. "Terra onde não se tem nada. Terra de perdedores que morrem como *shaheed*." Sabira ainda se irritava com as pessoas que chamavam os irmãos que foram lutar de zumbis; alguns, ela inclusive, haviam sido impulsionados por valor e princípio, e, embora ela própria fosse jovem e tola e tivesse que viver com as consequências para sempre, repetiria essa afirmação eternamente.

Ninguém sequer dizia as palavras — califado, *khilafa,* a morada da fé, a terra de Allah e seu profeta, Dar Al-Islam —, termos que durante um tempo adornaram suas conversas como joias preciosas. Só a ideia de ter motivos para dizê-las já era fascinante, era como se alguma janela tivesse se aberto no meio de suas vidas no século XXI, oferecendo um vislumbre de uma saída, um vislumbre de algum tipo de pátria, um futuro, uma nação, um reino onde tudo se encaixava. O que fazer agora com toda a esperança e saudade que essas palavras continham? Sabira imaginou que tudo acabaria regredindo, de volta à reclusão de antes.

Essa escuridão guardava dor e desejos primitivos, emoções muito mais fáceis de suportar quando estavam entorpecidas e ocultas. Mais do que tudo, a decepção: esse presente sombrio, essa civilização, esse destino seria sua única herança? Viver como eternos estranhos no Ocidente, dentro dele, mas nunca parte dele; cada vez mais vilipendiados; marcados como diferentes por conta de sua religião, mesmo que essa religião fosse apenas um aspecto de suas identidades; desconexos de qualquer poder; obrigados a assistir à queda de um Estado do Oriente Médio após o outro. "O que isso tem a ver com você?", perguntou Sabira ao irmão várias vezes antes de ele partir. Ele tentou explicar, mas acabou desistindo. Como diz a surata Al-Baqarah [a vaca], do Alcorão Sagrado: "É possível que repudieis algo que seja um bem para vós e, quiçá, gosteis de algo que vos seja prejudicial; todavia, Allah sabe, e vós ignorais."

AVISO AO LEITOR

Todas as mulheres deste livro são pessoas singulares e reais. Mudei os nomes e alguns pequenos detalhes biográficos de algumas, a fim de garantir sua privacidade e segurança. A maioria de suas histórias foi extraída de entrevistas pessoais realizadas entre 2015 e 2018 no Reino Unido, na Turquia, na Tunísia e na Síria. Em alguns casos, descrevi relatos e cenas com base em conversas por telefone e em mensagens de texto com membros da família, amigos e outros associados, e recorri a relatórios de domínio público. Sempre que possível, consultei o maior número de fontes em torno dessas histórias e eventos, bem como perspectivas alternativas, na tentativa de verificar a veracidade das narrativas.

No decorrer de minha pesquisa, falei com mais de vinte mulheres associadas ao EIIS e com as famílias de várias outras. Foi desafiador decidir quais histórias incluir, porque as mulheres cujas experiências refletiam com mais clareza aspectos distintos do apelo e do recrutamento do EIIS não eram necessariamente as mulheres a quem eu tinha um acesso sólido ou consistente. Na época em que iniciei minha pesquisa, qualquer pessoa afetada por esse assunto era muito arisca. Poderia levar semanas para convencer até amigos e parentes distantes a conversar, que então exigiam semanas de persuasão para pensar em fazer novos contatos. As próprias mulheres, não importa o lugar, estavam compreensivelmente assustadas; sabiam que eram vigiadas de perto pelos serviços de segurança e tinham pouco incentivo para chamar a atenção para si mesmas. Algumas se encontraram comigo uma vez, ficaram com medo e depois se recusaram a me encontrar pela segunda vez. Outras simplesmente desapareceram. Havia a estudante tunisiana de belas artes com a tatuagem comunista que caíra no que só posso descrever como uma subcultura do hedonismo salafista; a garota de Londres que se apaixonou pelo jogador de futebol decididamente errado; a iraniana de um vilarejo curdo que alegou ter entrado no califado em busca de fertilização *in vitro*. Se eu tivesse escrito uma peça, as teria colocado no palco em participações especiais, mas, nestas páginas, o vasto elenco de personagens parecia já exigir o suficiente do leitor.

Nas seções em que retratei um contexto social e político mais amplo, com detalhes significativos, passei meses e anos, em alguns casos, colhendo a história de fundo. Na Tunísia, por exemplo, entrevistei imãs, advogados, juristas, ativistas, jornalistas, diplomatas ocidentais, acadêmicos, políticos, militantes de diversas origens, tentando recriar o passado recente e avaliar o contexto atual, como me foi relatado. Passei um tempo nos bairros que se tornaram personagens próprios e fiquei por horas nas salas de estar das pessoas. Assisti a vídeos de protestos e manifestações que surgiram nas histórias das pessoas e examinei muitos álbuns de fotos de celulares, vislumbrando momentos e pessoas que meus personagens haviam descrito. Em Londres, passei anos investigando e escrevendo sobre a complexa história de fundo do desaparecimento das meninas de Bethnal Green, cujo desenrolar da história principal é a evolução da própria comunidade muçulmana britânica e seu relacionamento cada vez mais tenso com um establishment político e midiático que é simpático e inclinado à extrema direita.

A intimidade de alguns dos relatos reflete dois aspectos. Primeiro, a proximidade que senti com os lugares, as personagens e a história. Sentar com uma mãe tunisiana vociferando contra suas filhas perdidas; uma impulsiva garota paquistanesa-britânica insultando seus pais opressivos; conversar com jovens sírias negociando reivindicações matrimoniais em meio a uma nova ordem sombria que havia se instalado da noite para o dia; o apelo sedutor do radicalismo político misturado com a religião; o desdém do instruído liberal tunisiano pelo oponente que usa barba ou véu — todas essas dinâmicas pareciam profundamente familiares para mim. Embora eu não apareça nesta narrativa, pude ouvir minha adolescência, minha mãe, nossa família e nossa história nacional ecoando por tudo isso.

Segundo, embora muitas vezes confiasse em um tradutor, dada a variedade de dialetos árabes e contextos sociais em que eu estava tra-

AVISO AO LEITOR

balhando, realizei entrevistas que abordavam assuntos íntimos sozinha com as fontes, sem a presença intimidadora de um homem ou de qualquer terceiro na sala.

Pode surgir a dúvida sobre a possibilidade de minha criação iraniana ter prejudicado minha pesquisa. Fiquei animada por isso não ter acontecido. Como qualquer repórter, julguei quando compartilhar informações pessoais com base no relacionamento e no grau de afinidade e confiança que estabeleci com as fontes. Ser capaz de se misturar fisicamente e compartilhar uma formação religiosa básica sem dúvida ajudou.

Estou perfeitamente ciente de que esses relatos não contam a história abrangente de todas as mulheres do EIIS e que muitas se envolveram em atrocidades que resultaram em crimes de guerra. Esse fato permanece, de modo contundente, como sua própria verdade. Tentei escrever o mais próximo possível da perspectiva das próprias mulheres, fornecendo argumentos que tornassem suas ações inteligíveis. O contexto existe para esclarecer, não para justificar, e o julgamento continua sendo uma prerrogativa do leitor.

Considerações éticas são importantes, mesmo com os suspeitos do EIIS. Declararei abertamente, e desejo que mais colegas façam o mesmo, que as mulheres associadas ao EIIS sendo mantidas por forças de segurança curdas ou iraquianas consentiram as entrevistas no contexto de detenção civil, mas mesmo assim detenção. Elas podem não se sentir seguras ao divulgar suas opiniões reais sobre qualquer coisa, desde o próprio EIIS até as condições em que estão sendo mantidas. As coisas que dizem, verdadeiras, falsas ou simplesmente resultado de coação, podem colocá-las em risco de maus-tratos. Esse fato deve ser reconhecido ao escrever e relatar sobre elas, além das preocupações éticas e legais que isso suscita. Os jornalistas voltam à segurança das capitais ocidentais, com suas matérias de primeira página ou seu material de podcast em mãos, raramente pensando no destino das mulheres que deixam para trás, se agora estão mais vulneráveis a abusos ou processos ilícitos por causa das coisas que disseram, suas identidades quase nunca protegidas. Decidi não incluir a experiência de pelo menos uma entrevistada na narrativa, pois senti que as condições de sua detenção eram muito rígidas para considerar seu consentimento nominal livremente concedido.

Contei com várias publicações de acadêmicos, jornalistas e pesquisadores ao longo de minha narrativa, incluindo trabalhos de Nadia Marzouki, Hamza Meddeb, Fabio Marone, Rory McCarthy, Youssef Cherif, Habib Sayah, Darryl Li, Thomas Hegghammer, Shadi Hamid Max Weiss, Stéphane Lacroix, Shiraz Maher, Joas Wagemakers, Guido Steinberg, Madawi Al-Rasheed, Michael Ayari, Sam Heller e Richard Atwood, além dos seguintes livros: *The Muslims Are Coming: Islamophobia, extremism, and the domestic war on terror,* de Arun Kundnani; *Ambiguities of Domination: Politics, rhetoric, and symbols in contemporary Syria,* de Lisa Wedeen; *Syria's Peasantry, the Descendants of Its Lesser Rural Notables, and Their Politics,* de Hanna Batatu; *Disciplining Terror: How experts invented "terrorism",* de Lisa Stampnitzky; *Infatuated with Martyrdom: Female jihadism from al-Qaeda to the "Islamic State",* de Mohammad Abu Rumman e Hassan Abu Hanieh; *A Theory of ISIS: Political violence and the transformation of Global Order, Global Salafism: Islam's new religious movement,* de Mohammad-Mahmoud Ould Mohamedou, editado por Roel Meijer; e *No Turning Back: Life, loss, and hope in wartime Syria,* de Rania Abouzeid.

Projetos corporativos e edições personalizadas
dentro da sua estratégia de negócio. Já pensou nisso?

Coordenação de Eventos
Viviane Paiva
viviane@altabooks.com.br

Assistente Comercial
Fillipe Amorim
vendas.corporativas@altabooks.com.br

A Alta Books tem criado experiências incríveis no meio corporativo. Com a crescente implementação da educação corporativa nas empresas, o livro entra como uma importante fonte de conhecimento. Com atendimento personalizado, conseguimos identificar as principais necessidades, e criar uma seleção de livros que podem ser utilizados de diversas maneiras, como por exemplo, para fortalecer relacionamento com suas equipes/ seus clientes. Você já utilizou o livro para alguma ação estratégica na sua empresa?

Entre em contato com nosso time para entender melhor as possibilidades de personalização e incentivo ao desenvolvimento pessoal e profissional.

PUBLIQUE SEU LIVRO

Publique seu livro com a Alta Books.
Para mais informações envie um e-mail para: autoria@altabooks.com.br

CONHEÇA OUTROS LIVROS DA ALTA BOOKS

Todas as imagens são meramente ilustrativas.

 /altabooks /alta-books /altabooks /altabooks /altabooks

Este livro foi impresso nas oficinas gráficas da Editora Vozes Ltda.,
Rua Frei Luís, 100 – Petrópolis, RJ.